Politische Reformprozesse in der Analyse

Thomas Fischer, Andreas Kießling, Leonard Novy (Hrsg.)

Politische Reformprozesse in der Analyse

Untersuchungssystematik und Fallbeispiele

Verlag BertelsmannStiftung

Bibliografische Information der Deutschen Nationalbibliothek

Die Deutsche Nationalbibliothek verzeichnet diese Publikation in der Deutschen Nationalbibliografie; detaillierte bibliografische Daten sind im Internet unter http://dnb.d-nb.de abrufbar.

© 2008 Verlag Bertelsmann Stiftung, Gütersloh
Verantwortlich: Leonard Novy
Lektorat: Sibylle Reiter
Herstellung: Christiane Raffel
Umschlaggestaltung: Nadine Humann
Umschlagabbildung: Image Source
Satz: pagina GmbH, Tübingen
Druck: Hans Kock Buch- und Offsetdruck GmbH, Bielefeld
ISBN 978-3-86793-015-4

www.bertelsmann-stiftung.de/verlag

Inhalt

Abkürzungsverzeichnis 7

Einführung in die Konzeption des Strategietools für
politische Reformprozesse (SPR) 9
Thomas Fischer, Andreas Kießling, Leonard Novy

Die Gesundheitsreform der Großen Koalition:
Strategische Erfolge im Schatten des Scheiterns 85
Nils C. Bandelow, Mathieu Schade

Die Agenda 2010: Ein Reformpaket und sein
kommunikatives Versagen 145
Frank Nullmeier

Die Riester-Reform:
Systemwechsel durch strategische Politik 191
Simon Hegelich

Die »Große Steuerreform« der Regierung Kohl:
Versuch und Scheitern 253
Manuel Fröhlich, Stefan Schneider

Synthese und Perspektiven:
Vom Strategietool zum Optionenreservoir 309
Thomas Fischer, Andreas Kießling, Leonard Novy

Die Autoren 321

Abkürzungsverzeichnis

ALG	Arbeitslosengeld
AVmEG	Altersvermögensergänzungsgesetz
AVmG	Altersvermögensgesetz
BK	Bundeskanzleramt
BMAS	Bundesministerium für Arbeit und Sozialordnung
BMF	Bundesministerium der Finanzen
BMG	Bundesministerium für Gesundheit
BMJ	Bundesministerium der Justiz
DGB	Deutscher Gewerkschaftsbund
GKV	Gesetzliche Krankenversicherung
GKV-WSG	Gesetz zur Stärkung des Wettbewerbs in der gesetzlichen Krankenversicherung
GMG	GKV-Modernisierungsgesetz
GRV	Gesetzliche Rentenversicherung
PKV	Private Krankenversicherung
SGB	Sozialgesetzbuch
SPR	Strategietool für politische Reformprozesse
VDR	Verband Deutscher Rentenversicherungsträger

Abbildung 8: Das Strategietool für politische Reformprozesse

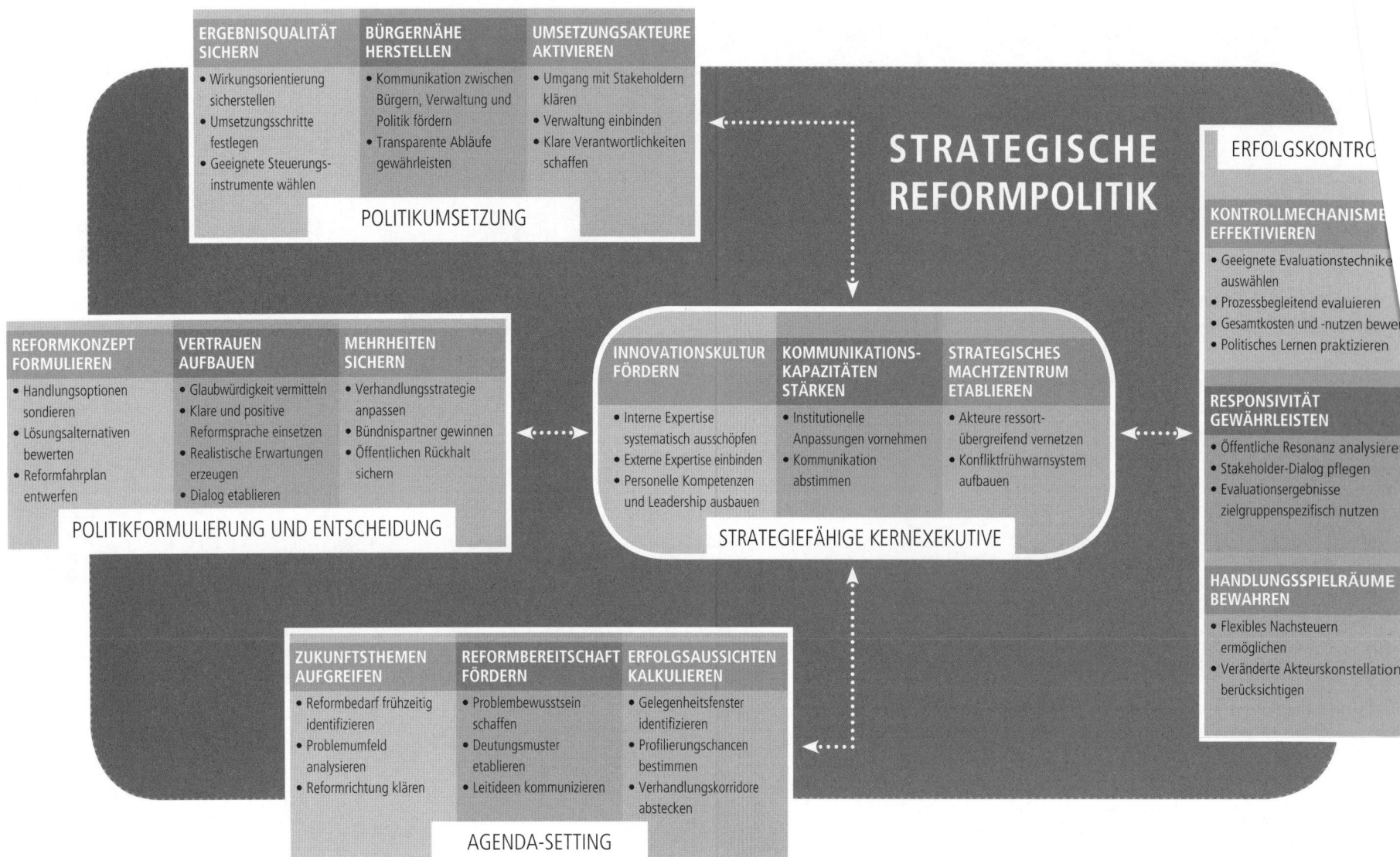

Quelle: eigene Darstellung

Einführung in die Konzeption des Strategietools für politische Reformprozesse (SPR)

Thomas Fischer, Andreas Kießling, Leonard Novy

Vorbemerkung

Trotz der in Deutschland vorherrschenden Systembedingungen, die hohe Anforderungen an strategisches Handeln in der Politik stellen, verfügen die politischen Entscheider über erhebliche Gestaltungsspielräume. Inwieweit es ihnen tatsächlich gelingt, diese Handlungskorridore zu nutzen, um notwendige Veränderungsprozesse in Gang zu setzen, hängt von ihrer Strategiefähigkeit ab.

Strategiefähige Politiker denken neben sachgerechten Politikinhalten immer auch die Kommunikation sowie die Mehrheits- und Durchsetzungsfähigkeit politischer Reformmaßnahmen im Willensbildungs- und Entscheidungsprozess mit. Nur so lässt sich die Gestaltungsdimension von Politik mit der Machtdimension in Einklang bringen. Das Strategietool für politische Reformprozesse (SPR) der Bertelsmann Stiftung soll ein solches ganzheitliches Denken bei der Planung, Durchführung und Bewertung von Reformen erleichtern. Dafür systematisiert es zentrale Steuerungsziele und die dazugehörigen Aufgabenbereiche im politischen Reformprozess.

In seinem Aufbau orientiert sich das SPR an einer modifizierten Fassung des Politikzyklusmodells. Auf diese Weise ist es möglich, den Ablauf von Reformprozessen in seiner Gesamtheit abzubilden – also vom Agenda-Setting über die Politikformulierung und Entscheidung bis zur Politikumsetzung. Anstelle einer linearen Lesart, die eine chronologische Abfolge dieser Einzelschritte unterstellt, liegt dem SPR allerdings ein dynamisches Verständnis des politischen Prozesses zugrunde. Deshalb beschränkt sich die politische Erfolgskontrolle im Rahmen des Tools nicht auf eine reine Ergebnisevaluation. Vielmehr ist sie dort als kontinuierlicher Rückkoppelungsprozess angelegt, der sich über den gesamten Reformverlauf erstreckt.

Außerdem wird der spezifischen Perspektive des Tools durch die Einführung der zusätzlichen Kategorie der strategiefähigen Kernexekutive Rechnung getragen. Das SPR geht zum einen davon aus, dass es vor allem die politischen Akteure innerhalb der Kernexekutive sind, die politische Reformprozesse vorantreiben können. Zum anderen wird die Kernexekutive selbst als Handlungsfeld strategischer Prozesssteuerung betrachtet und das Tool zeigt auf, inwieweit die dortigen Arbeitsabläufe und Strukturen im Sinne größtmöglicher Strategiefähigkeit optimiert werden können.

Aufgrund dieser Modifikationen des klassischen Politikzyklusmodells führt das SPR fünf Handlungsfelder reformpolitischer Prozessgestaltung auf: Agenda-Setting, Politische Politikformulierung und Entscheidung, Politikumsetzung, Erfolgskontrolle sowie strategiefähige Kernkompetenz. In einem weiteren Schritt wird jedes dieser Handlungsfelder entlang von drei strategischen Dimensionen aufgefächert: Ausgehend von der Prämisse, dass wirksame Reformen dann gelingen, wenn bei ihrer Umsetzung die Balance zwischen politischen Macht- und Gestaltungszielen gewahrt bleibt, benennt das Tool die strategischen Steuerungsdimensionen »Kompetenz«, »Kommunikation« und »Durchsetzungsfähigkeit«. Eine zentrale Grundaussage des Tools lautet, dass die Erfolgsaussichten der treibenden Reformakteure deutlich steigen, wenn es ihnen gelingt, diese Dimensionen über den gesamten politischen Prozess hinweg in ein ausgewogenes Verhältnis zueinander zu setzen. Durch die Ausdifferenzierung jedes der fünf Handlungsfelder entlang der drei Strategiedimensionen entsteht eine Systematik, auf deren Basis das SPR die zentralen Steuerungsziele und -aufgaben von Reformpolitik erfasst.

Das so strukturierte SPR erhebt keinesfalls den Anspruch, eine Art Gebrauchsanweisung für Reformpolitik zu sein. Es soll nicht mehr, aber auch nicht weniger leisten, als einen systematischen Überblick über wichtige Erfolgsdeterminanten von Reformprozessen bereitzustellen. Einsetzbar ist das SPR als Analyse- und Beratungsinstrument für abgeschlossene, laufende und anstehende Reformprozesse. Seine Ex-ante-Anwendung soll einerseits die systematische Entwicklung von Reformstrategien erleichtern. Andererseits kann es während der konkreten Durchführung politischer Reformvorhaben erfolgversprechende Optionen zum Nachjustieren aufzeigen. Und schließlich lässt sich das SPR auch einsetzen, um ex post Stärken und Schwächen einer Reformpolitik zu untersuchen und somit politisches Lernen zu ermöglichen.

In dem vorliegenden Band wird die Analysesystematik des Strategietools für politische Reformprozesse zunächst detailliert dargestellt. Daran schließen vier Fallstudien an, die das SPR auf vier konkrete Reformbeispiele aus der jüngeren deutschen Politik anwenden: die Gesundheitsreform der Großen Koalition, die Agenda 2010 der rot-grünen Bundesregierung, die Rentenreform der Regierung Schröder und die Steuerreform der Regierung Kohl. Entstanden sind das Konzept für das Strategietool und die Buchpublikation in einem mehr als zweijährigen Austausch mit politischen Praktikern und wissenschaftlichen Experten. Zum Abschluss dieses Dialogs fand im April 2008 der Expertenworkshop »Politische Reformprozesse in der Analyse« in Berlin statt, auf dem die vorliegenden Arbeitsergebnisse und Fallstudien Vertretern aus Politik und Wissenschaft präsentiert wurden. Die Teilnehmer an diesem Treffen haben viele nützliche Anregungen geliefert, die bei der Fertigstellung der Beiträge zu diesem Buch noch berücksichtigt werden konnten.

Der Dank der Bertelsmann Stiftung gilt zunächst allen, die ihre Expertise und ihr Erfahrungswissen in die Entwicklung des SPR eingebracht haben. Das kontinuierliche Feedback unserer Autoren Nils C. Bandelow von der TU Braunschweig, Manuel Fröhlich von der Friedrich-Schiller-Universität Jena, Simon Hegelich von der Westfälischen Wilhelms-Universität Münster und Frank Nullmeier von der Universität Bremen lieferte wertvolle Impulse für die konzeptionelle Weiterentwicklung des Tools. Manuela Glaab und Sophia Burkhardt von der Forschungsgruppe Deutschland am Centrum für angewandte Politikforschung (C.A.P.) der Ludwig-Maximilians-Universität München haben das Projekt durch die politikwissenschaftliche Begleitung und die redaktionelle Betreuung der Publikation maßgeblich unterstützt. Wichtige Anregungen hat schließlich auch Dominic Schwickert von der Universität Münster beigesteuert, während er in der Bertelsmann Stiftung für das Projekt »Optimierung politischer Reformprozesse« tätig war.

1   Zielsetzung

Die moderne Wissensgesellschaft und die fortschreitende Globalisierung stellen die deutsche Politik vor neue Herausforderungen und setzen sie unter ständigen Modernisierungsdruck. Allerdings erschweren es die herrschenden Rahmenbedingungen erheblich, sachgerechte Antworten auf diesen Reformbedarf zu geben. So sind die Wähler durch die weitreichenden politischen Reformen der letzten Jahre verunsichert und zunehmend reformmüde: Die Gesundheitsreform der Großen Koalition wird von weiten Teilen der Bevölkerung abgelehnt. Die Agenda 2010 hat eindringlich gezeigt, wie sehr die Entwicklung einer Reformpolitik im reinen Elitendiskurs dazu beitragen kann, eine Regierungspartei in ihren Grundfesten zu erschüttern, die Parteibasis von der Führung zu entfremden und sogar parteipolitische Abspaltungen zu provozieren.

Gleichzeitig muss die deutsche Politik damit umgehen, dass Veränderungen im Wahlverhalten politische Mehrheiten immer unsicherer machen und zu neuen Kompromiss- und Koalitionszwängen führen. Außerdem stehen politische Entscheider unter ständiger medialer Beobachtung, die zu einer weiteren Beschleunigung politischer Prozesse führt sowie zu einer taktisch motivierten und auf kurzfristige Wirkung ausgerichteten »Darstellungspolitik« – auf Kosten einer längerfristig ausgerichteten, problemlösungsorientierten »Entscheidungspolitik« (Korte und Hirscher 2000).

Nicht zuletzt scheinen auch die institutionellen Rahmenbedingungen hierzulande Reformen nicht gerade zu begünstigen: In wenigen parlamentarischen Demokratien gibt es eine solche Fülle von potenziellen Vetopunkten und institutionellen Barrieren gegen Mehrheitsentscheidungen wie in Deutschland (Helms 2005: 205).

Dennoch bestimmen die spezifischen Merkmale eines politischen Systems keineswegs die potenzielle Reichweite und die Erfolgsaussichten von Reformen. Dafür sprechen auch die empirischen Vergleichsergebnisse der Sustainable Governance Indicators der Bertelsmann Stiftung. Diese untersuchen die Reformfähigkeit der 30 OECD-Demokratien. Dort zeigt sich: Die »Kunst des Regierens« hat nach wie vor entscheidenden Einfluss auf den Reformerfolg (Bertelsmann Stiftung 2009).

Demnach können politische Schlüsselakteure ihre Gestaltungsspielräume durchaus selbst beeinflussen und bewegen sich bei der Reformplanung und -umsetzung nicht von vornherein innerhalb starr vorgegebener Handlungskorridore und Pfadabhängigkeiten – seien diese nun institutionell oder politisch-kulturell bedingt. Inwieweit es gelingt, diese Korridore zu weiten, hängt wesentlich von der Strategiefähigkeit der politischen Reformakteure ab – also von der Fähigkeit dieser Akteure, ihr Denken und Handeln bei der Planung und Umsetzung von Reformprozessen strategisch auszurichten.

Strategiefähigkeit steht dabei für die Kompetenz, »strategisches Wissen und Know-how aufzubauen, vor allem in den Bereichen Problemlösung, Konkurrenz und Öffentlichkeit« (Raschke und Tils 2008: 18). Strategisches Reformhandeln in diesem Sinne zeichnet sich dadurch aus, dass es bei der Planung und Umsetzung von Veränderungsvorhaben sowohl Gestaltungs- als auch Machtziele im Blick behält. Anders ausgedrückt: Neben sachgerechten Politikinhalten denken strategiefähige Politiker immer die Kommunikation sowie die Mehrheits- und Durchsetzungsfähigkeit politischer Reformmaßnahmen im Willensbildungs- und Entscheidungsprozess mit.

Um Reformakteuren dabei behilflich zu sein, diesen komplexen Anforderungen strategischer Prozesssteuerung gerecht zu werden, hat die Bertelsmann Stiftung das Strategietool für politische Reformprozesse (SPR) entwickelt. Das SPR soll die Planung und Durchführung von Reformvorhaben erleichtern, indem es zentrale Steuerungsziele und die dazugehörigen Aufgabenbereiche im Reformprozess systematisiert – von der Identifikation von Zukunftsthemen bis zur Sicherung der Ergebnisqualität, vom Aufbau von Vertrauen bis zum Bilden von Mehrheiten.

Keineswegs ist damit der Anspruch verbunden, das SPR könne eine Art Gebrauchsanweisung für Reformpolitik liefern. Jeder Versuch, Politik durchgängig zu planen, stößt rasch an seine Grenzen. Die politische Realität ist von Widersprüchen und Unwägbarkeiten geprägt, sodass häufig nur situative Lösungen möglich sind. Deshalb soll das SPR nicht mehr, aber auch nicht weniger leisten als die Bereitstellung eines systematischen Überblicks über wichtige Erfolgsdeterminanten von Reformprozessen – ausdifferenziert in zentrale Steuerungsziele und -aufgaben.

Seinen praktischen Nutzen kann das SPR nur dann voll entfalten, wenn bei seiner Anwendung auf konkrete Reformprozesse den Spezifika des jeweiligen Politikfeldes und den dort herrschenden Akteurskonstellationen Rechnung getragen wird. Wird das SPR jedoch an den jeweiligen Kontext angepasst, so eignet sich das Tool dafür, geplante, laufende und abgeschlossene Reformprozesse auf ihre Stärken und Schwächen zu überprüfen.

Im Falle seiner Ex-ante-Anwendung soll das SPR die Lagebeurteilung erleichtern, eine realistische Standortbestimmung ermöglichen und so zur systematischen Entwicklung von Reformstrategien beitragen. Im politischen Prozess kann es verfügbare Handlungsoptionen zum Nachjustieren aufzeigen. Wird das Tool hingegen rückblickend für die Stärken-Schwächen-Analyse abgeschlossener Reformen herangezogen, so ermöglicht es einen systematischen Überblick darüber, inwieweit tatsächlich alle relevanten Reformakteure hinreichend eingebunden und die verschiedenen Aufgabenbereiche strategischer Reformpolitik über den gesamten Prozess hinweg ausreichend berücksichtigt wurden.

Gerade diese Nutzung des SPR für Ex-post-Analysen dürfte erhebliches Potenzial für politisches Lernen bergen. Dass dies der Fall ist, sollen die vier Fallstudien zur Anwendung des SPR veranschaulichen, die im Anschluss an eine ausführliche Darstellung des Tools in diesem Band folgen.

Nils C. Bandelow und Mathieu Schade (S. 85–144) analysieren die Gesundheitsreform der Großen Koalition. Frank Nullmeier betrachtet die Agenda 2010 unter besonderer Berücksichtigung der Arbeitsmarktreform (S. 145–190), Simon Hegelich die Rentenreform der Regierung Schröder (S. 191–251). Manuel Fröhlich und Stefan Schneider widmen sich schließlich der Steuerreform der Regierung Kohl (S. 253–308). Alle vier Studien nehmen anhand der Analysesystematik des SPR eine Stärken-Schwächen-Analyse der jeweiligen Reform vor.

2 Reformpolitik aus der Perspektive der Kernexekutive

Die Strategiekompetenz der politischen Hauptakteure hat wesentlichen Einfluss darauf, wie gut es bei der Planung und Umsetzung von Reformen gelingt, Gelegenheiten rechtzeitig zu ergreifen und Handlungskorridore zu weiten. Deshalb betrachtet das Strategietool politische Reformprozesse aus der Perspektive dieser Schlüsselakteure. Das Ziel besteht darin, einen Kernbestand strategischer Steuerungsziele und -aufgaben herauszuarbeiten und zu bündeln. An diesem Kernbestand können sich Entscheider und deren Entscheidungsvorbereiter orientieren, um die Erfolgsaussichten ihrer Reformpläne zu erhöhen – und zwar sowohl mit Blick auf die gewünschten Politikergebnisse als auch mit Blick auf die machtpolitischen Durchsetzungschancen und die öffentliche Unterstützung der angestrebten Reformen.

Nur: Wie setzt sich der innere Kreis reformpolitischer Schlüsselakteure hierzulande eigentlich zusammen? Wo genau liegt in der deutschen Politik das strategische Macht- und Gestaltungszentrum bei der Planung und Umsetzung von Reformen? Schon auf diese Fragen gibt es keine einfache Antwort. Wer im Einzelfall maßgeblich an der Vorbereitung, Formulierung und Implementierung weitreichender politischer Entscheidungen beteiligt ist, hängt vom Reformgegenstand und von den politischen Machtkonstellationen ab. Daher lässt sich das tatsächliche Zentrum reformpolitischer Willensbildungs- und Entscheidungsprozesse nicht über rein institutionalistische Definitionen erfassen (vgl. Bandelow 2005).

Weit besser geeignet für die Abbildung der Realität ist das Konzept der »Kernexekutive«, das auf einer funktionalen Definition des politischen Machtzentrums beruht: »The term ›core executive‹ refers to all those organizations and procedures which coordinate central government policies, and act as final arbiters of conflict between different parts of the governmental machine« (Rhodes 1995: 12). Damit ist die funktionale Kernexekutive weiter gefasst und variabler als die institutionelle Exekutive. Neben dem Regierungschef und dem Kabinett kann die Kernexekutive eine Vielzahl weiterer Akteure umfassen (Rhodes 1995: 11).

In der deutschen Politik gibt es kein Machtzentrum mit völlig klar umrissenen Konturen. Stattdessen bilden sich fortlaufend unterschiedliche Schnittmengen aus Spitzenvertretern der Kollektivakteure heraus, die in Deutschland formell und informell am Regieren beteiligt sind. Dazu kann neben den Spitzen von Bundes- und Landesregierungen, Parteien und Koalitionsfraktionen auch deren unmittelbares Arbeitsumfeld zählen – wie Planungsstäbe, Fachverwaltung, informelle Zusammenschlüsse und zuarbeitende Personen.

Die Kernexekutive unterscheidet sich damit je nach Politik- bzw. Reformfeld und Machtkonstellation und ist in ihrer Zusammensetzung variabel.

Welche politischen Systemkomponenten stecken in Deutschland den Rahmen für die konkrete Zusammensetzung der Kernexekutive ab? Zu nennen sind hier vor allem vier Handlungskontexte der deutschen Politik:

Die *Regierungsorganisation*: Sie umfasst vor allem das Bundeskabinett und dessen administratives Umfeld. Das deutsche Grundgesetz verleiht dem Bundeskanzler[1] innerhalb dieser Organisation durch die Richtlinienkompetenz nach Art. 65 GG eine zentrale Stellung. Der Kanzler verfügt außerdem mit dem Kanzleramt über eine bedeutende institutionelle Ressource (Korte und Fröhlich 2006: 81). Das Kanzlerprinzip wird durch das Ressort- und das Kollegialprinzip ergänzt. Während das Kabinett nach dem Kollegialprinzip nach innen und außen als Kollegialorgan handelt, wird jedem Minister nach dem Ressortprinzip die Verantwortung für seinen Geschäftsbereich zugeschrieben. Vor allem diese Eigenverantwortlichkeit der Minister schränkt die Macht des Kanzlers ein (Helms 2005: 236f.).

Meistens spielen das Finanzministerium und häufig das Auswärtige Amt bei Entscheidungen eine wichtige Rolle, ohne dass beide Ministerien offiziell die Federführung innehaben. Je nach Politikfeld tun sich außerdem bestimmte Fachministerien besonders hervor. So liegt es nahe, dass in der Gesundheitspolitik das Gesundheitsministerium dominiert. Eine hervorgehobene Rolle spielt die Exekutive und somit die Regierungsorganisation in Handlungsfeldern, in denen wirksame Regelungen nur noch über die europäische Ebene möglich sind. Hier kommt der Bundesregierung durch ihre Mitwirkung im Rat der Europäischen Union eine Schlüsselstellung zu.

Die *Parteiendemokratie*: Die Regierungspraxis in Deutschland ist parteidemokratisch geprägt. Dies spiegelt die Verankerung der Parteiendemokratie im Grundgesetz wider. Parteien rekrutieren das politische Personal, zeichnen für politische Inhalte verantwortlich, wirken an der Meinungsbildung mit und nehmen starken Einfluss auf die Politikplanung und -entscheidung. Besonders großen Einfluss

---

1 Diese Publikation verwendet vorwiegend die männliche Sprachform. Bei allen männlichen Funktionsbezeichnungen sind stets auch Frauen gemeint.

üben die Parteien in der Phase der Regierungsbildung aus, in der sie die Koalitionsverhandlungen prägen und das Personaltableau bestimmen (Niclauß 2001: 84ff.).

Die Regierungspartei ist zudem eine zentrale Machtressource des Kanzlers. Er ist häufig gleichzeitig Parteivorsitzender. Da Regieren nur mit Unterstützung der Partei möglich ist, hängt die Durchsetzbarkeit sachpolitischer Entscheidungen entscheidend davon ab, ob diese normativ mit der Parteilinie übereinstimmen. Änderungen im politischen Kurs bedürfen der Zustimmung der Partei. Auch auf europäischer Ebene spielen die Parteien über die Fraktionen im Europäischen Parlament eine wichtige Rolle. Die Parteispitzen der Regierungsparteien haben also erheblichen Einfluss innerhalb der Kernexekutive.

Die *Koalitionsdemokratie*: Für gewöhnlich müssen sich die Parteien in Deutschland zu Regierungskoalitionen zusammenschließen. Die Kompromisslinien des Koalitionsvertrags geben der Regierung den Rahmen für die Politikgestaltung vor. Der Ressortzuschnitt unter den Koalitionspartnern erfolgt dabei nicht primär nach dem Kriterium der Problemlösungskompetenz, sondern ist im Regelfall macht-, proporz- und personalpolitisch motiviert. Da Schlüsselentscheidungen aus den formell zuständigen Institutionen wie dem Kabinett ausgelagert werden und stattdessen in Koalitionsrunden sowie informellen Gesprächen (vgl. Helms 2005) getroffen werden, trägt die Koalitionsdemokratie erheblich zur Informalisierung der Politik bei. Diese Informalisierung erhöht nicht zuletzt das politische Gewicht der Partei- und Fraktionsführungen.

Der *Föderalismus*: Ein weiteres konstituierendes Element des politischen Systems in Deutschland ist die bundesstaatliche Struktur. Das deutsche Modell des kooperativen Föderalismus führt dazu, dass die deutschen Länder vielfach an der Entscheidungsfindung in der Bundespolitik beteiligt sind. Je nach Politikfeld haben die Landesregierungen auch nach der ersten Runde der Bundesstaatsreform 2006 die Möglichkeit, über den Bundesrat die Gesetzgebung maßgeblich zu beeinflussen oder die Verabschiedung von Gesetzen zu verhindern.

Dabei spielen parteipolitische Gesichtspunkte zwar eine wichtige Rolle, die Länderregierungen passen sich jedoch keineswegs grundsätzlich den Positionen der Bundesparteien an, sondern vertreten die

Interessen ihrer Länder auch gegen die eigene Parteiführung. Quer zur parteipolitischen Konfliktlinie liegen deshalb im Bundesrat weitere Konfliktlinien: neue versus alte Länder, finanzstarke zahlende versus empfangende Länder, Flächenstaaten versus Stadtstaaten (Rudzio 2003: 332).

Wie stark sich diese verschiedenen Handlungskontexte auf den Zuschnitt der Kernexekutive und die dortige Machtverteilung auswirken, hängt von den gegebenen politischen Mehrheitsverhältnissen und den spezifischen Politikinhalten ab. Auch individuelle Aspekte spielen eine wichtige Rolle. So hat es erheblichen Einfluss auf die Handlungs- und Strategiefähigkeit der Kernexekutive, ob zu ihrem Kreis Top-Entscheider zählen, die persönlich bereit und fähig sind, bei der Verwirklichung von Reformvorhaben eine aktive »Leadership«-Rolle zu übernehmen (Glaab 2007a: 307).

Um zu illustrieren, wie wenig die Kernexekutive als starres Konstrukt betrachtet werden kann, reicht ein kurzer Blick auf die vier Fallstudien in diesem Band. So führten die unterschiedlichen Mehrheiten in Bundestag und Bundesrat dazu, dass den Ländern und der CDU/CSU-Opposition bei der Vorbereitung der sozialdemokratischen Agenda 2010 eine wichtige Rolle zukam. Zeitweise schien anstelle der rot-grünen Bundesregierung eine faktische Große Koalition am Werk zu sein (Nullmeier 2008: 150). Dies führte wiederum dazu, dass den Koalitionsparteien und -fraktionen der Regierungsmehrheit eine eher nachgeordnete Bedeutung zukam. Bei der Steuerreform der Regierung Kohl darf hingegen die Rolle des »kleinen« Koalitionspartners nicht unterschätzt werden. Die FDP verteidigte ihr Image als »Steuersenkungspartei« und blockierte nicht zuletzt eine mögliche Einigung zwischen Sozial- und Christdemokraten im Dezember 1997 (Fröhlich und Schneider 2008: 258).

Daneben kann innerhalb der Kernexekutive auch die Rollenverteilung zwischen Kanzleramt und Fachressorts variieren. So führte etwa bei der Gesundheitsreform der Großen Koalition die fachliche Kompetenz des Gesundheitsministeriums zu einer Dominanz des Ministeriums über das Kanzleramt (Bandelow und Schade 2008: 100). Im Gegensatz dazu war der Einfluss des Kanzleramts bei der Rentenreform der Regierung Schröder ausgesprochen stark (Hegelich 2008: 227 ff.).

Wie auch immer ihre konkrete Zusammensetzung aussehen

mag – die Kernexekutive konstituiert in jedem Fall den politischen Machtkern bei der Planung und Umsetzung von Reformvorhaben. Gleichzeitig gilt für die deutsche Politik jedoch in besonderem Maße, dass sie durch eng miteinander verzahnte, sich in ihrer Logik teils widersprechende Handlungskontexte und -rationalitäten geprägt ist. Unter diesen Systembedingungen bleibt strategische Politikgestaltung also zweifelsohne ein schwieriges Unterfangen.

Das Strategietool für politische Reformprozesse trägt diesen komplexen Ausgangsbedingungen Rechnung, indem es sich darauf beschränkt, eine Art gemeinsamen Orientierungsrahmen für die Entwicklung sachgerechter Reformstrategien und deren erfolgreiche Umsetzung bereitzustellen. Durch die Systematisierung der zentralen Ziele und Aufgaben strategischer Reformpolitik werden divergierende Interessenlagen zwischen den wechselnden Akteuren der Kernexekutive und ihren unterschiedlichen Handlungskontexten keinesfalls überwunden. Immerhin erleichtert das SPR jedoch eine frühzeitige Identifikation von Interessenunterschieden im Reformprozess.

Das Tool soll zu einem gemeinsamen Verständnis strategischer Handlungserfordernisse beitragen und konkrete Anhaltspunkte liefern, welche Maßnahmen zur Verfügung stehen, um innerhalb der Kernexekutive steuerungsfähige strategische Machtzentren zu etablieren – und so die Strategiefähigkeit der Kernexekutive insgesamt zu verbessern.

3 Der Aufbau des Strategietools

Den Reformprozess möglichst in seiner Gesamtheit abbilden und gleichzeitig strategische Ziele und Aufgaben in diesem Prozess verorten – darin liegt das konzeptionelle Grundanliegen des Strategietools für politische Reformprozesse. Die Struktur des SPR beruht daher auf einer doppelten Ausdifferenzierung. Durch eine Modifikation des Politikzyklusmodells wird zunächst der Reformprozess in fünf Handlungsfelder aufgegliedert. In einem Folgeschritt wird jedes dieser Handlungsfelder entlang der drei strategischen Dimensionen Kompetenz, Kommunikation und Durchsetzungsfähigkeit aufgefächert. In die so entstandene Struktur lassen sich dann Ziele und Aufgaben im Reformprozess einordnen.

Abbildung 1: Die Grundlage des Strategietools für politische Reformprozesse

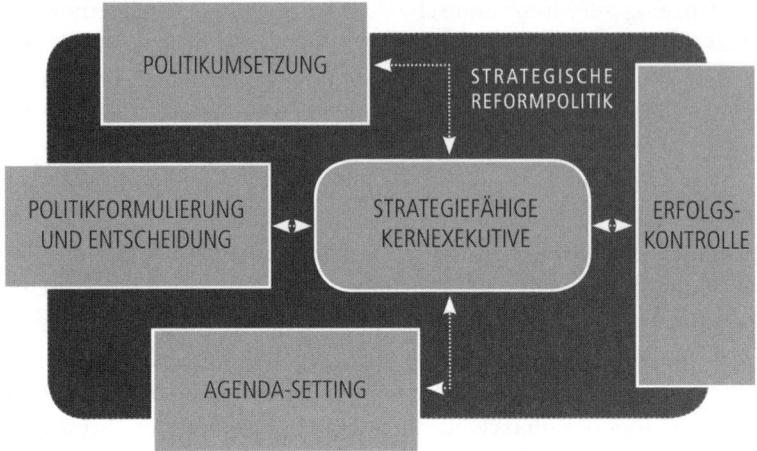

Quelle: eigene Darstellung

3.1 Handlungsfelder im politischen Prozess

Zur Analyse politischer Prozesse hat die Politikwissenschaft das Politikzyklusmodell entwickelt. In seiner ursprünglichen Form stellt dieses Modell politische Prozesse als zyklische Abfolge der vier Phasen Agenda-Setting, Politikformulierung und Entscheidung, Politikumsetzung sowie Erfolgskontrolle dar. Genau diese Sichtweise bildet jedoch eine der zentralen Schwächen des Modells. In der Realität lässt sich eine chronologische Phasenabfolge nicht trennscharf beobachten. Politik ist ein vielfältig verflochtener Prozess, bei dem sich verschiedene Abläufe häufig überschneiden oder ineinandergreifen (Jann und Wegrich 2003: 81).

Dennoch bildet das Politikzyklusmodell einen hilfreichen Ausgangspunkt, um unterschiedliche Komponenten des politischen Prozesses zu kompakten Handlungsfeldern zu bündeln. Dafür werden zwar zunächst die vier Kategorien des Agenda-Setting, der Politikformulierung und Entscheidung, der Politikumsetzung sowie der Erfolgskontrolle übernommen. Sie werden jedoch nicht mehr im Sinne aufeinanderfolgender Phasen interpretiert, sondern als miteinander verbundene Handlungsfelder strategischer Prozesssteuerung.

Darüber hinaus erfolgen an zwei Stellen grundlegende Modifikationen des Politikzyklusmodells. Neu ist die Ausdehnung des Handlungsfeldes Erfolgskontrolle auf den gesamten Reformprozess. Durch diesen Übergang zu einer permanenten prozessbegleitenden Evaluation wird das Ausgangsmodell dynamisiert.

Eine zweite Anpassung besteht darin, dass dem SPR die spezifische Perspektive der Kernexekutive zugrunde gelegt wird. Dies geschieht durch die Einführung der zusätzlichen Kategorie »strategiefähige Kernexekutive«. Sie steht im Zentrum des überarbeiteten Modells und bildet dort ein fünftes, eigenständiges Handlungsfeld. Denn die strategiefähige Kernexekutive arbeitet kontinuierlich an der Optimierung ihrer eigenen Strukturen und Prozesse. Gleichzeitig treibt sie aber als Akteur das Agenda-Setting, die Politikformulierung und Entscheidung sowie die Politikumsetzung voran und führt eine kontinuierliche Erfolgskontrolle durch.

Dem Strategietool liegt somit ein dynamisches Verständnis – und keine lineare Lesart – des politischen Prozesses zugrunde. So werden die Handlungsfelder nicht als chronologische Phasen betrachtet und es kann beispielsweise durchaus sinnvoll sein, an Aufgaben in den Bereichen Agenda-Setting und Politikformulierung gleichzeitig zu arbeiten oder noch während der Politikumsetzung erneut Agenda-Setting zu betreiben.

Die Dynamisierung entsteht durch das Handlungsfeld Erfolgskontrolle, das in der SPR-Struktur prozessbegleitend angelegt ist. Vom Agenda-Setting bis zur Politikumsetzung erfolgt über den gesamten Reformprozess hinweg eine ständige Rückkoppelung durch Erfolgskontrolle. Werden bei der begleitenden Evaluation Schwächen in einem Handlungsfeld deutlich, so kann dies dazu führen, dass bestimmte Steuerungsaufgaben erneut bearbeitet werden müssen. Im Rahmen der Erfolgskontrolle werden überdies Veränderungen der Akteurskonstellationen und der Umweltbedingungen analysiert. Eventuell ergibt sich hieraus die Notwendigkeit einer Strategiekorrektur oder -anpassung.

In der Praxis halten sich politische Akteure nicht starr an die zu Beginn des politischen Prozesses definierten Zielsetzungen. Gerade in der Politik bedeutet strategisches Handeln auch, Chancen zu realisieren, sich bietende Gelegenheiten zu ergreifen sowie Ziele neu zu akzentuieren (Rüb, Alnor und Spohr 2008: 12). Ist im Handlungsfeld

Erfolgskontrolle für prozessbegleitende Mechanismen gesorgt, so erhöht dies die Fähigkeit der politischen Akteure zu flexiblem Handeln.

3.2 Die drei strategischen Dimensionen

Wollen politische Akteure Reformprozesse ergebnisorientiert steuern, so sind strategische Ziele von zentraler Bedeutung. Erst durch Zielgewissheit werden politische Prozesse strategisch steuerbar (Raschke und Tils 2007: 145). Dies gilt in besonderem Maße für politische Reformprozesse, die nur dann zum Erfolg führen, wenn der strategische Zielhorizont gleichermaßen Macht- und Gestaltungsziele berücksichtigt.

Das SPR operationalisiert diese Grundprämisse einer Balance von Macht- und Gestaltungszielen, indem es davon ausgeht, dass über den ganzen Reformprozess hinweg Ziele in drei strategischen Dimensionen verfolgt werden sollten: »Kompetenz«, »Kommunikation« und »Durchsetzungsfähigkeit«. Entscheidend für die erfolgreiche Steuerung politischer Reformprozesse ist dabei, dass die drei Dimensionen durchgängig in einem ausgewogenen Verhältnis zueinander stehen.

In der *Dimension Kompetenz* werden Ziele und Aufgaben zusammengefasst, deren Erfüllung dazu beiträgt, Unsicherheiten über sachgerechte Lösungsalternativen bzw. Nichtwissen zu reduzieren und die inhaltliche Problemlösungsfähigkeit der politischen Akteure zu erhöhen. Dabei steht die Nutzung und Entwicklung möglichst problemorientierter Maßnahmen im Vordergrund. Sie dienen dazu, sachgerechte Reformkonzepte entlang der Grundüberzeugungen der Regierungsparteien zu realisieren.

Von zentraler Bedeutung sind hier die Art und der Umfang des Zugriffs auf internes und externes Expertenwissen. Vorausschauende Politik erfordert mehr denn je den Einsatz unabhängig erbrachten und gesicherten Wissens. In einer komplexen Welt sind politische Akteure auf innovative, verlässliche und verständliche Expertise angewiesen. Diese sollte jedoch zugleich so aufbereitet sein, dass sie unmittelbar politisch verwertbar ist.

Die *Dimension Kommunikation* zielt darauf ab, die Vermittlungsleistung und die Dialogfähigkeit der politischen Akteure zu verbessern. Im Idealfall gelingt es, Reformvorhaben im ständigen kommunikativen Austausch nach innen und außen zu erarbeiten, durchzusetzen und zu begründen. Hierfür sind tragfähige, den Bedingungen der ausdifferenzierten Mediengesellschaft angepasste Dialogstrategien nötig, die im laufenden politischen Prozess permanent an die aktuellen Kontextbedingungen angepasst werden. Zentralen Stellenwert für die Entwicklung entsprechender Strategien hat der Umstand, dass heute sowohl die politische Kommunikationsarbeit als auch die politische Informationsbeschaffung schwerpunktmäßig über die Massenmedien laufen. Die Logik der Medien und auch der Einfluss der Medienakteure spielen deshalb in der Kommunikationsdimension eine herausragende Rolle.

Ziele in der *Dimension Durchsetzungsfähigkeit* umfassen die Identifikation von Akteurs- und Machtkonstellationen im Entscheidungsprozess sowie dessen ergebnisorientierte Steuerung. Im Kern geht es dabei um die Frage, wie Unterstützerkoalitionen aufgebaut bzw. gesichert werden können. Die inhaltliche Ausrichtung, der Ablauf und die Umsetzung eines Reformvorhabens müssen mit einer Vielzahl politischer, wirtschaftlicher und zivilgesellschaftlicher Akteure ausgehandelt werden.

Am Ende muss in der Öffentlichkeit eine Mehrheit hinter den geplanten Reformen stehen. Dies ist in Deutschland vor allem dann der Fall, wenn die beschlossenen Maßnahmen als sozial gerecht empfunden werden. Ebenso wenig darf aber das Bemühen vernachlässigt werden, sich in den Reihen der eigenen Partei den notwendigen Rückhalt zu sichern.

Darüber hinaus müssen die Reformakteure ihre Politik stets gegenüber Vetospielern und anderen Stakeholdern durchsetzen, wofür ihnen konsens-, konflikt- und problemorientierte Verhandlungsstrategien zur Verfügung stehen. Da sich die Akteurskonstellationen in einem ständigen Wandel befinden, müssen diese Verhandlungsstrategien immer wieder angepasst werden. Die Strategieakteure sollten deshalb an jedem Punkt des Reformprozesses über gewisse Handlungsspielräume verfügen.

Wie bereits erwähnt, liegt ein Schlüsselfaktor für den Erfolg von Reformpolitik darin, dass die Zielerreichung in allen drei strategischen Dimensionen gleichzeitig und gleichwertig angestrebt wird.

Zugespitzt formuliert, führt die einseitige Überbetonung einer der drei Dimensionen strategischer Reformgestaltung entweder zu rein symbolischer Politik, bei der die politische Kommunikationsarbeit völlig im Dienst der Inszenierung von Handlungsfähigkeit steht. Politikdarstellung tritt hier an die Stelle des politischen Handelns. Oder Politikgestaltung erfolgt rein Politics-orientiert, indem das Entscheidungskalkül der politischen Akteure hauptsächlich auf den Machterhalt abstellt.

In beiden Fällen bleibt die Entwicklung und Durchsetzung problemlösungstauglicher Reformansätze von nachrangiger Bedeutung. Umgekehrt läuft eine zu starke Policy-Orientierung – die nur an sachgerechten Reforminhalten interessiert ist – stets Gefahr, in stark technokratisches Denken zu verfallen und dadurch Fragen der politischen Durchsetzbarkeit aus dem Blick zu verlieren.

Die Kombination aus der Aufgabenbündelung in fünf Handlungsfeldern einerseits und deren weiterer Ausdifferenzierung entlang der drei strategischen Dimensionen von Reformpolitik andererseits erlaubt es nun, das Grundmuster des Strategietools darzustellen. Dafür bildet das folgende Schaubild zunächst nur die oberste Ebene der strategischen Steuerungsziele ab. Diese Ziele werden dann in den anschließenden Abschnitten Handlungsfeld für Handlungsfeld um die darunter liegende Ebene der strategischen Steuerungsaufgaben angereichert.

4 Steuerungsziele und -aufgaben im Reformprozess

Entlang der drei Strategiedimensionen des SPR lassen sich für jedes Handlungsfeld im politischen Prozess zentrale Steuerungsziele herausarbeiten. Ausgehend von dieser systematischen Aufschlüsselung der Zielkoordinaten differenziert das Tool in einem weiteren Schritt die Gestaltungsaufgaben aus, deren Wahrnehmung wesentlich zur Erreichung dieser Ziele beiträgt. Das Strategietool stellt somit eine Gesamtschau strategisch relevanter Steuerungsziele und -aufgaben bereit, die rückblickend Aufschluss über die Stärken und Schwächen der Prozessgestaltung vergangener Reformen geben kann.

Bei der Begleitung laufender oder bei der Planung künftiger Reformen erfüllt das Tool hingegen die Funktion eines Optionenreser-

Abbildung 2: Die Systematik des Strategietools für politische Reformprozesse

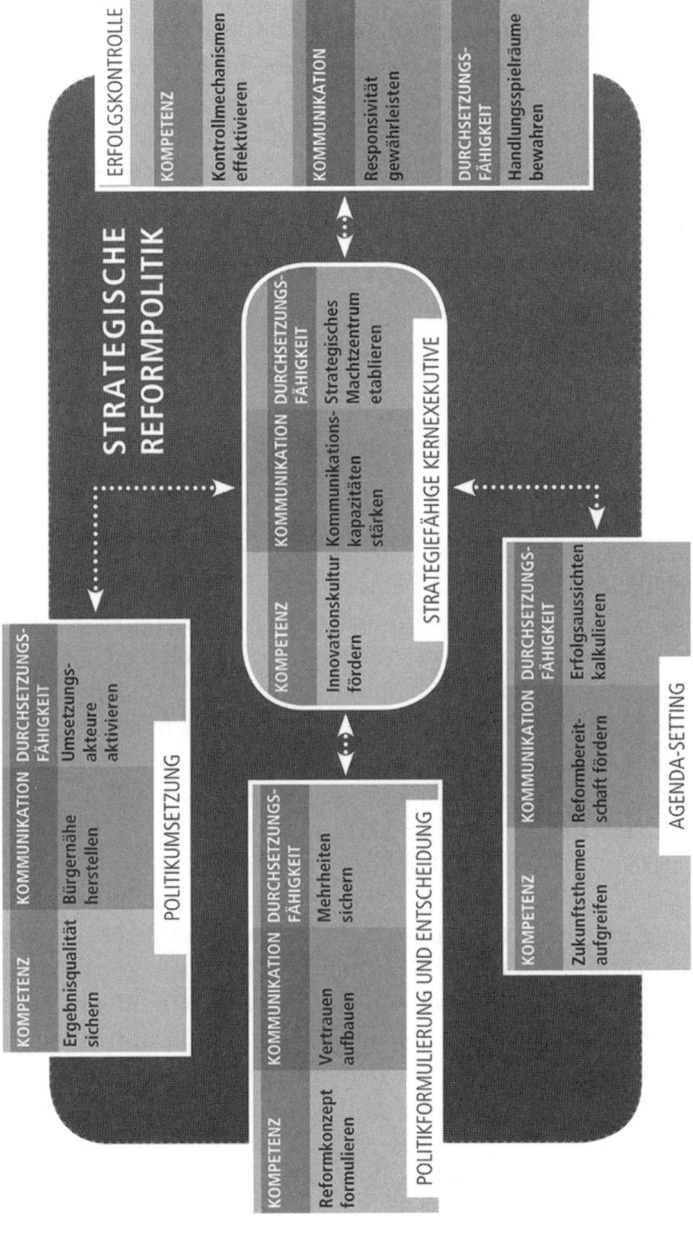

	KOMPETENZ	KOMMUNIKATION	DURCHSETZUNGS-FÄHIGKEIT
ERFOLGSKONTROLLE	Kontrollmechanismen effektivieren	Responsivität gewährleisten	Handlungsspielräume bewahren
POLITIKUMSETZUNG	Ergebnisqualität sichern	Bürgernähe herstellen	Umsetzungsakteure aktivieren
POLITIKFORMULIERUNG UND ENTSCHEIDUNG	Reformkonzept formulieren	Vertrauen aufbauen	Mehrheiten sichern
AGENDA-SETTING	Zukunftsthemen aufgreifen	Reformbereitschaft fördern	Erfolgsaussichten kalkulieren
STRATEGIEFÄHIGE KERNEXEKUTIVE	Innovationskultur fördern	Kommunikationskapazitäten stärken	Strategisches Machtzentrum etablieren

STRATEGISCHE REFORMPOLITIK

Quelle: eigene Darstellung

voirs für politische Entscheider. Dabei ist eine Balance der drei strategischen Dimensionen anzustreben. Die Aufgabenliste des SPR stellt jedoch keineswegs einen Pflichtkatalog für die Kernexekutive dar, der komplett abgearbeitet werden soll. Vielmehr muss es den politischen Akteuren je nach politischer Situation und Konstellation überlassen bleiben, abzuwägen und zu gewichten, welche Aufgaben im jeweiligen Handlungskontext in erster Linie zu erfüllen sind. Dies kann auch bedeuten, dass bei der Planung und Umsetzung eines Reformvorhabens bestimmte Steuerungsaufgaben bewusst ausgeklammert werden.

4.1 Strategiefähige Kernexekutive: die Gestaltung von Strukturen und Prozessen

Der erste Schritt bei der Anwendung des Strategietools besteht in der Analyse der Zusammensetzung der Kernexekutive: Welche Rolle spielt die Regierung bei der Entscheidung? Hat das Kanzleramt oder eines der Ministerien die formale oder informelle Federführung? Welchen Einfluss haben die Parteispitzen und die Fraktionsführungen der Koalitionsparteien? In welchem Umfang sind die Landesregierungen an der Entscheidung beteiligt? Gibt es bestimmte zentrale Führungsfiguren innerhalb der Kernexekutive?

Daneben gilt es, die Positionen der Akteure innerhalb der Kernexekutive auszuloten: Sind sie mehrheitlich für die Reform? Gibt es Reformskeptiker? Belasten Konflikte auf anderen Ebenen die Zusammenarbeit? Die Analyse der relevanten Akteure und ihrer Rollenverteilung innerhalb der Kernexekutive sollte kontinuierlich fortgesetzt werden und den gesamten Reformprozess begleiten. Denn Ereignisse wie zum Beispiel Landtagswahlen, der Neuzuschnitt von Ressorts oder auch personelle Veränderungen wie der Rücktritt eines Ministers können die Struktur der Kernexekutive grundlegend verändern und dadurch strategische Kurskorrekturen erforderlich machen.

Eine starke, strategie- und verhandlungsfähige Kernexekutive ist zentral für den Reformerfolg. Dass sie aufgrund ihrer internen Organisationsstruktur und Machtverteilung in der Lage ist, eine effektive Motorenfunktion auszuüben, ist allerdings keine exogene Vorbedingung strategisch ausgerichteter Reformpolitik. Vielmehr können die

Abbildung 3: Ziele und Aufgaben bei der Ausgestaltung einer strategiefähigen Kernexekutive

INNOVATIONS-KULTUR FÖRDERN	KOMMUNIKATIONS-KAPAZITÄTEN STÄRKEN	STRATEGISCHES MACHTZENTRUM ETABLIEREN
• Interne Expertise systematisch ausschöpfen • Externe Expertise einbinden • Personelle Kompetenzen und Leadership ausbauen	• Institutionelle Anpassungen vornehmen • Kommunikation abstimmen	• Akteure ressortübergreifend vernetzen • Konfliktfrühwarnsystem aufbauen

STRATEGIEFÄHIGE KERNEXEKUTIVE

Quelle: eigene Darstellung

Arbeitsstrukturen und Koordinierungsprozesse innerhalb der Kernexekutive als endogener Bestimmungsfaktor für den Erfolg des Reformprozesses betrachtet werden.

Aus dieser Perspektive ist es essenziell für den Reformerfolg, dass sich die politische Führungsebene fortlaufend darum bemüht, die Strategie- und Steuerungsfähigkeit der Kernexekutive als kollektivem Akteur sicherzustellen. Auch die strategischen Steuerungsziele und -aufgaben, denen sich die Akteure in diesem Handlungsfeld stellen sollten, lassen sich entlang der drei Dimensionen Kompetenz, Kommunikation und Durchsetzungsfähigkeit abbilden.

Innovationskultur fördern

Eine strategiefähige Kernexekutive zeichnet sich durch eine ausgeprägte Innovationskultur aus, in der es keine Denkverbote gibt. Offene und interdisziplinäre Strukturen ermöglichen bei der Lösungssuche verschiedene Perspektiven auf ein Problem. Sie schaffen ein kreatives Umfeld, auf dessen Grundlage längerfristig eine konstruktive und innovationsförderliche Arbeitskultur entstehen kann. Eine solche Kultur der Ideen erleichtert es, auf inhaltliche Herausforderungen vorbereitet zu sein und frühzeitig Reformkonzepte zu erarbeiten. Zentral ist dabei das Denken in langfristigen Perspektiven. Reformakteure sollten nicht einfach auf politische und gesellschaftliche Herausforderungen reagieren, sondern diese nach Möglichkeit antizipieren und frühzeitig die Initiative ergreifen (Sturm und Pehle 2007: 100).

Die Basis von gesellschaftlicher Innovation und Fortschritt ist Wissen. Hier können die Reformakteure in der Kernexekutive auf ein reichhaltiges Reservoir an interner Expertise zurückgreifen. Das vorhandene Erfahrungswissen im politisch-administrativen Raum – etwa bei Experten in Parlament, Regierung, Partei und Fachverwaltung – hat den Vorteil, dass nur begrenzt Übersetzungsleistungen zwischen inhaltlichem Know-how und politischer Machtrationalität erbracht werden müssen.

Gerade in Feldern wie der Gesundheitspolitik, in denen die Verknüpfung von Policy- und Politics-Rationalität für die Steuerung von Reformprozessen elementar ist, zeigt sich die Bedeutung der Kombination von intern vorhandenem Fachwissen und langjährigen Erfahrungen mit politischen Prozessabläufen (Bandelow und Schade 2008: 92).

Ein zentrales Problem bei der Nutzung interner Expertise besteht allerdings darin, dass in Deutschland mit den Planungsstäben und Grundsatzabteilungen in Ressorts, Parteien und Fraktionen zwar eine Vielzahl »strategischer Zellen« der Politik existieren; diese Planungskapazitäten sind jedoch kaum vernetzt und werden häufig »zweckentfremdet«. Um die Rolle dieser Einheiten bei der politischen Strategieplanung und -umsetzung aufzuwerten, müsste zunächst einmal ihr Personal weit weniger mit dem operativen Tagesgeschäft beschäftigt sein, als dies bislang der Fall ist (Glaab 2007b).

Komplementär zur Nutzung von interner Expertise haben die Reformakteure die Möglichkeit, externe Experten zu konsultieren, etwa in Gestalt von Expertenkommissionen, wissenschaftlichen Beiräten wie dem »Sachverständigenrat zur Begutachtung der Entwicklung im Gesundheitswesen« (Bandelow und Schade 2008: 98) oder Think-Tanks (Dettling 2005: 372). Handlungsleitend sollte bei all diesen Formen der Inanspruchnahme externen Sachverstands das Motiv sein, »den Graben zwischen wissenschaftlicher Expertise und politischem Handeln wenn nicht einzuebnen, so doch abzuflachen« (Kaiser 2007: 50).

Damit wird jedoch keineswegs unkritisch dem Motto eines »Je-mehr-desto-besser« das Wort geredet. So hatte etwa bei der Rentenreform der Regierung Schröder die Umgehung der etablierten Kompetenznetze in der Phase des Agenda-Settings keine direkten negativen Auswirkungen auf die Entwicklung des Reformkonzepts (Hegelich 2008: 191ff.).

Außerdem lässt sich an der Steuerreform der Regierung Kohl exemplarisch aufzeigen, wie sehr wissenschaftliche Expertenempfehlungen daran kranken können, dass sie den Fragen der politischen Machbarkeit ein zu geringes Gewicht beimessen: Das von der Bareis-Kommission vorgelegte Steuerkonzept sah eine problematische Kombination aus steigenden Steuersätzen und unpopulären Leistungseinschnitten vor, was letztlich dazu führte, dass Finanzminister Theo Waigel die Kommissionsempfehlungen als nicht durchsetzbar ablehnte (Fröhlich und Schneider 2008: 260).

Auf die Frage, welche Wissensquellen besonders ergiebig sind und deshalb von der Politik für die Entwicklung sachgerechter Reformkonzepte herangezogen werden sollten, gibt es keine pauschale Antwort. Festzustehen scheint nur so viel: Für die moderne Wissensgesellschaft ist eine fortschreitende Ausdifferenzierung und Dezentralisierung vorhandener Expertise kennzeichnend. Deshalb dürften neue, stärker partizipatorisch ausgerichtete Konsultationsverfahren und Formate der politischen Ideenfindung, die jenseits der etablierten wissenschaftlichen oder kommerziellen Beratung breitere Teile der Gesellschaft einbeziehen, künftig erheblich an Bedeutung gewinnen (vgl. Novy, Schwickert und Fischer 2008). Unter diesen veränderten Vorzeichen besteht heute eine zentrale Herausforderung für Reformpolitik gerade darin, dieses noch längst nicht voll ausgeschöpfte Angebot an externen Wissensressourcen kreativ zu erschließen, die gewonnenen Erkenntnisse politisch zu bewerten und gangbare Wege für ihre Umsetzung zu finden. Oder anders ausgedrückt: Die Qualität von Reformpolitik wird mehr und mehr daran gemessen, wie gut es ihr gelingt, vorhandenes Wissen in politisches Handeln zu übersetzen (Sturm und Pehle 2007: 101).

Ein weiterer entscheidender Faktor für die Gestaltung eines innovationsfreundlichen Klimas innerhalb der Kernexekutive ist der gezielte Ausbau von personellen Kompetenzen und Leadership-Qualitäten. Eine hohe fachliche Kompetenz der Mitarbeiter ist für die Entwicklung problemadäquater Reformideen unabdingbar und sollte durch regelmäßige Fortbildungsangebote gefördert werden. Speziell mit Blick auf Planungsstäbe und -abteilungen sollte zudem eine zentrale Erfahrung aus dem internationalen Vergleich berücksichtigt werden: Die Innovationskraft derartiger »Denkwerkstätten« der Politik hängt entscheidend davon ab, wie interdisziplinär sie zusammengesetzt sind. Dies spricht auch für möglichst offene Muster der Personalrekrutierung.

Jenseits dessen bedarf es verstetigter Prozessabläufe, die es ermöglichen, gezielt politische Ideenfindung, Strategiebildung und Entscheidungsvorbereitung zu betreiben. Formalisierte, tendenziell innovationsarme Wege der Informationsverarbeitung – wie zum Beispiel Mitzeichnungslisten (vgl. Glaab 2007b: 93) – sollten deshalb durch Arbeitsroutinen ergänzt werden, bei denen die Suche nach innovativen politischen Lösungsansätzen im Mittelpunkt steht und die Formulierung kreativer und unkonventioneller Gedanken gezielt gefördert wird (vgl. Prime Minister's Strategy Unit 2004: 56–60).

Sollen politische Planung und Reformumsetzung »aus einem Guss« sein, so setzt dies schließlich voraus, dass auf Seiten politischer Schlüsselakteure und ihrer Mitarbeiter eine stark ausgeprägte Bereitschaft und Fähigkeit zur Übernahme politischer Führungsverantwortung besteht. Die Wahrnehmung dieser »Leadership«-Rolle impliziert vor allem, dass Reformakteure willens und in der Lage sein müssen, den Verlauf politischer Ereignisse nicht nur punktuell, sondern nachhaltig und in den verschiedensten Lebensbereichen zu bestimmen (Glaab 2007a: 306).

Welche Nachteile fehlende Führung mit sich bringen kann, verdeutlicht unter anderem das Beispiel der Gesundheitsreform der Großen Koalition. In der Union fehlte eine fachlich und politisch unumstrittene Führung. Dies erschwerte für die CDU/CSU die Verhandlungen mit der SPD und schwächte die Position der Union gegenüber dem Koalitionspartner, weil auf Seiten der Sozialdemokraten die Führungsrolle von Gesundheitsministerin Ulla Schmidt außer Frage stand (Bandelow und Schade 2008: 100).

Kommunikationskapazitäten stärken

Eine strategiefähige Kernexekutive benötigt adäquate Kommunikationskapazitäten. Mit dieser Feststellung wird keineswegs einer einseitigen Betonung von Darstellungspolitik durch Regierungskommunikation und Öffentlichkeitsmanagement das Wort geredet, die kaum mehr Raum für substanzielle Entscheidungspolitik lässt. Führt politische Kommunikation an einen Punkt, wo »spin doctors« die Herrschaft übernehmen und die politische Botschaft an die Stelle politischer Inhalte tritt, so wird dies von der Öffentlichkeit schnell durchschaut. Die Folge sind Vertrauensverlust oder sogar die öffentliche Unterbewertung tatsächlicher politischer Erfolge (Sturm und Pehle 2007: 94).

Daraus ergibt sich das Erfordernis, ein ausgewogenes Verhältnis zwischen Darstellungs- und Entscheidungspolitik zu wahren. Dies ändert allerdings nichts daran, dass eine wirksame strategische Steuerung von Reformprozessen nur dann möglich ist, wenn diese von Anfang an durch professionelle politische Kommunikationsarbeit begleitet werden. Wie gut dies gelingt, hängt wesentlich von der institutionellen Verankerung der Regierungskommunikation, ihrer organisatorischen Ausrichtung sowie von den verfügbaren Ressourcen ab (Weidenfeld 2007: 9). Diese drei Faktoren sind von herausragendem Stellenwert für reformfähiges Regieren.

Entsprechend liegt ein möglicher Weg zur Stärkung der Kommunikationskapazitäten in institutionellen Anpassungen. So erleichtert die Einrichtung einer starken Kommunikationszentrale die Planung, Konzeption und Durchführung abgestimmter Kommunikationsmaßnahmen. Anstelle einer eher taktisch-operativen Ausrichtung der Kommunikationsarbeit erlaubt eine innere Regierungsschaltstelle die strategische Vermittlung von Reformvorhaben (Novy und Schmitz 2007: 249).

Was die deutsche Politik angeht, ist es allerdings strittig, wie sich eine solche Kommunikationszentrale verwirklichen ließe und wo sie organisatorisch verortet werden sollte. So empfehlen Sturm und Pehle, die Regierungszentrale eng mit dem Apparat der Regierungskommunikation zu verzahnen (Sturm und Pehle 2007: 95). In Deutschland dürfte dies jedoch auf erhebliche politische Widerstände stoßen, da vor allem der kleinere Koalitionspartner innerhalb einer Bundesregierung im Regelfall kein Interesse an einer zentral gesteuerten Kommunikationsarbeit hat und deshalb eine zu dominante Stellung von Bundeskanzleramt und Bundespresseamt ablehnt (Mertes 2007: 31).

Kommunikative Geschlossenheit setzt letztlich Kohärenz zwischen Kommunikationsinhalten und Akteurskonstellationen voraus. Sie ist außerdem eine Frage politischer Führung (Raschke und Tils 2007: 418). Fehlt diese, wie beispielsweise bei den Unionsparteien während der Beratungen zur Gesundheitsreform der Großen Koalition, dann besteht selbst innerhalb der Bundesregierung kaum die Möglichkeit, die relevanten Akteure auf für alle verbindliche Sprachregelungen in der politischen Kommunikation zu verpflichten (Bandelow und Schade 2008: 100).

Die Stimmigkeit der vermittelten Botschaften steht und fällt demnach mit der Qualität der Abstimmung von Kommunikationsaktivitäten. Mit Blick auf das Verhältnis zwischen den einzelnen Ressorts und dem Presse- und Informationsamt der Bundesregierung wäre allerdings nicht nur ein viel engerer inhaltlicher Abgleich anzustreben, auch die zeitliche Abstimmung müsste deutlich intensiviert werden. Eine lediglich nachgelagerte Regierungskommunikation, wie sie heute noch der Regelfall ist, wird den komplexen Anforderungen einer überzeugenden Vermittlung von Reformvorhaben nicht gerecht. Soll politische Kommunikation zum Reformerfolg beitragen, muss sie strategisch und vorausschauend angelegt sein (Novy und Schmitz 2007: 250–251).

Um die Konsistenz der an die Medien und die Öffentlichkeit gerichteten Regierungsbotschaften zu gewährleisten, bedarf es insbesondere einer effektiven Koordination zwischen dem Kanzleramt, dem Bundespresseamt als zentraler Instanz regierungsamtlicher Kommunikation und den betroffenen Ressorts. Zudem ist der professionelle Einsatz innovativer Kommunikationsinstrumente und -methoden und ein hohes Maß an fachlicher Expertise anzustreben – nicht nur in den Presse- und Öffentlichkeitsreferaten, sondern auch in den mit strategischer Planung befassten Stäben der Kernexekutive.

Strategisches Machtzentrum etablieren

Die Strategiefähigkeit der Kernexekutive bemisst sich nicht zuletzt daran, inwieweit dort ein klar definiertes strategisches Machtzentrum existiert, das die jeweilige Reformpolitik wirksam koordinieren kann: Gemeint ist damit ein »informelles Netzwerk von sehr wenigen Akteuren, die in formellen Führungspositionen platziert sind und über privilegierte Chancen verfügen, die Strategie einer Formation zu bestimmen und denen für die gesamte strategische Linienführung des Kollektivakteurs zentrale Bedeutung zukommt« (Raschke und Tils 2007: 545).

Übertragen auf das Strategietool ist dieses strategische Machtzentrum demnach gewissermaßen der Kern der Kernexekutive. Hier finden sich Entscheider zusammen, die langfristige Strategien entwickeln, über Strategiealternativen reflektieren und Umsetzungschancen kalkulieren. Grundsätzlich arbeitet das strategische Machtzentrum autonom und flexibel.

Da in manchen Bereichen bzw. bestimmten Phasen die Arbeit des Machtzentrums der Geheimhaltung unterliegt, steht die Strategieentwicklung in einem Spannungsverhältnis zur Beteiligung von Partei und Fraktion. Der mehr oder weniger geschlossene Charakter strategischer Machtzentren ist daher zwiespältig: Strategische Politik, die perspektivisch angelegt ist, braucht einerseits Rückzugsorte. Denn nur durch Auszeiten von der Dauerbeobachtung durch die Massenmedien können innovative und langfristige Denkmuster entwickelt und zukunftsfähige Reformvorhaben konzeptionalisiert werden.

Andererseits darf und kann das strategische Machtzentrum nicht abgekoppelt von Fraktion, Parteibasis und Wahlbevölkerung operieren, da es letztendlich auf deren Mehrheiten angewiesen ist (Raschke und Tils 2007: 170). Die Strategieentwicklung muss sich somit immer im Rahmen der Grundhaltungen und Ziele der Regierungsparteien bewegen, da diese von den Wählern einen politischen Gestaltungsauftrag erhalten haben.

So bestand ein grundsätzliches Problem im Rahmen der Politik der Agenda 2010 darin, dass zwar ein enger innerer Zirkel rund um Bundeskanzler Schröder existierte, der die Reformen wirksam vorantrieb. Gleichzeitig ließ sich der eingeschlagene Reformkurs jedoch weder der rot-grünen Koalitionsregierung noch der SPD als Partei klar zuordnen. Letztendlich liegt in dieser fehlenden Rückbindung der Reformen einer der Hauptgründe, warum Kanzler Schröder die Unterstützung durch die eigene Parteibasis und die Wähler verloren ging (Nullmeier 2008: 156f.).

Doch wie genau sollte ein strategisches Machtzentrum beschaffen sein? Zu seiner Etablierung bedarf es in erster Linie der ressort- und koalitionsübergreifenden Vernetzung einiger weniger Schlüsselakteure sowie des Aufbaus eines wirksamen Konfliktfrühwarnsystems.

Zum innersten Machtkern gehören in der Koalitionsdemokratie in der Regel der Regierungschef, der Chef des Kanzleramts, die Partei- und Fraktionsvorsitzenden sowie die Generalsekretäre der Mehrheitsparteien. Andere Mitglieder dieses Machtzentrums rekrutieren sich je nach Politikfeld und politischer Konstellation aus den Einzelressorts und den Landesregierungen.

Dabei gilt: Je konzentrierter, verflochtener und zentrierter das strategische Machtzentrum ist, desto zielorientierter kann es im Regelfall arbeiten. Im Fall der Rentenreform der Regierung Schröder wurde eine entsprechende Verdichtung des Machtzentrums beispielsweise durch eine besonders enge Zusammenarbeit zwischen Kanzleramt, Finanz- und Sozialministerium erreicht (Hegelich 2008: 193ff.).

Schlüsselbedeutung für die erfolgreiche Konstituierung eines strategischen Machtzentrums hat die Ressource Vertrauen. Sie kann selbst unter schwierigen Rahmenbedingungen wie bei einer Großen Koalition die Strategiefähigkeit der Kernexekutive deutlich verbessern. So kam es bei der Gesundheitsreform der Großen Koalition zwar zu einer Doppelung des strategischen Machtzentrums bei den Führungsstäben des Bundeskanzleramtes einerseits und des Gesundheitsministeriums andererseits. Gleichzeitig bestand jedoch eine solide Vertrauensbasis zwischen Kanzlerin Angela Merkel und Ministerin Ulla Schmidt, sodass die erforderliche Abstimmung trotz dieser parteipolitisch bedingten Doppelung immer wieder gelang (Bandelow und Schade 2008: 103).

Wie gestaltungsfähig das strategische Machtzentrum innerhalb der Kernexekutive tatsächlich ist, hängt schließlich auch von der Organisation, Besetzung und Vernetzung seines unmittelbaren Mitarbeiterumfeldes ab. So ist die Qualität der Kooperation und Vernetzung zwischen den Planungsstäben der Einzelressorts oder auch zwischen Planung und Fachbürokratie mitentscheidend für die effektive Koordination von Reformprozessen (Raschke und Tils 2007: 282ff.).

Um zukünftige Entwicklungen besser erkennen und steuern zu können, benötigt ein starkes strategisches Machtzentrum zudem ein funktionierendes Konfliktfrühwarnsystem. Essenziell ist in diesem Zusammenhang, dass die verantwortlichen Mitarbeiter in ständigem

Abbildung 4: Ziele und Aufgaben beim Agenda-Setting

ZUKUNFTSTHEMEN AUFGREIFEN	REFORMBEREITSCHAFT FÖRDERN	ERFOLGSAUSSICHTEN KALKULIEREN
• Reformbedarf frühzeitig identifizieren • Problemumfeld analysieren • Reformrichtung klären	• Problembewusstsein schaffen • Deutungsmuster etablieren • Leitideen kommunizieren	• Gelegenheitsfenster identifizieren • Profilierungschancen bestimmen • Verhandlungskorridore abstecken

AGENDA-SETTING

Quelle: eigene Darstellung

Austausch mit den relevanten Einzelressorts stehen und dadurch jederzeit über die erforderlichen Informationen und Sachkenntnisse verfügen, um reaktionsschnell Lösungsvorschläge erarbeiten zu können (Sturm und Pehle 2007: 101).

Derartige Strukturen fehlen bei allen in diesem Band untersuchten Reformen. Dies führte dazu, dass drohende Konflikte wie etwa die Auseinandersetzung um den Ausgleichsfaktor bei der Rentenreform oder die Abspaltungstendenzen von Teilen der SPD in der Folge der Agenda 2010 nicht rechtzeitig erkannt werden konnten (Hegelich 2008: 203f.; Nullmeier 2008: 163f.).

4.2 Agenda-Setting: Ermittlung von Reformbedarf und Themensetzung

Im Handlungsfeld des Agenda-Setting definieren die Reformakteure gesellschaftspolitische Probleme und artikulieren die Notwendigkeit eines steuernden Eingriffs (Jann und Wegrich 2003: 83). Hier entscheidet sich also, in welchen Bereichen Reformbedarf gesehen wird. Allerdings ist es eher selten, dass groß angelegte Reformprojekte Probleme aufgreifen, die noch nicht in das Bewusstsein der Bürger vorgedrungen sind. Reformpolitik setzt sich vielmehr zumeist mit gesellschaftlichen Problemen auseinander, die von einer breiten Öffentlichkeit bereits als drängend wahrgenommen werden.

Zukunftsthemen aufgreifen

Politische Reformakteure verfügen über begrenzte Problemwahrnehmungs- und -bearbeitungskapazitäten (Jann und Wegrich 2003: 84). Um diese begrenzten Kapazitäten effizient einzusetzen, müssen sie in der Lage sein, relevante Zukunftsthemen frühzeitig zu identifizieren und öffentlichkeitswirksam auf der politischen Tagesordnung zu platzieren.

Die politische Relevanz bemisst sich dabei zum Beispiel an der programmatischen Ausrichtung der Regierungsparteien oder daran, ob sich in der konkreten Situation besonders günstige Gelegenheiten bieten, öffentlich anerkannte Probleme (»problem stream«) mit politischen Lösungsansätzen (»policy stream«) zu verkoppeln. Entsprechende Gelegenheiten können nicht zuletzt aus Veränderungen der vorherrschenden Stimmungslage oder aus neuen Akteurskonstellationen (»political stream«) resultieren (Kingdon 1984: 173 ff.).

Bei der frühzeitigen Ermittlung von Reformbedarf helfen Instrumente wie die Trendforschung oder die Konsultation interner und externer Experten. Es ist aber auch möglich, dass Handlungsbedarf von außen an die Politik herangetragen wird: In solchen Fällen der Außeninitiierung (Cobb, Ross und Ross 1976) werden durch den öffentlichen Diskurs Themen und Probleme auf die Agenda der Politik gesetzt. Ist der externe Handlungsdruck groß genug, so sind die politischen Entscheidungsträger gezwungen, bestimmte Probleme anzugehen. Beispiele hierfür sind die Diskussionen um die Gentechnik oder die BSE-Seuche.

Greifen politische Akteure öffentlich diskutierte Themen dagegen von sich aus auf, so kann dies als Modus der Konsolidierung bezeichnet werden (Howlett und Ramesh 2003: 141). Von Inneninitiierung wird schließlich gesprochen, wenn einflussreiche Interessengruppen mit Zugang zu politischen Entscheidern die Themen setzen. Ein klassisches Beispiel dafür ist die deutsche Agrarpolitik (Jann und Wegrich 2003: 84), die durch gut organisierte Bauernverbände wesentlich beeinflusst wird. Gerade bei umfassenden Reformen ist allerdings davon auszugehen, dass sie bereits Teil des öffentlichen Diskurses sind – dies trifft auch auf alle in diesem Band diskutierten Reformen zu.

Ist der grundsätzliche Reformbedarf identifiziert, sollte eine differenzierte Analyse des Problemumfeldes erfolgen. Politische Probleme sind äußerst vielschichtig und komplex. Häufig lässt sich ihre volle Tragweite nur erfassen, indem gleichzeitig ihrer sachlichen, zeitlichen, räumlichen und sozialen Dimension Rechnung getragen wird. Strategiefähige Politik zeichnet sich vor diesem Hintergrund dadurch aus, dass die Reformakteure mithilfe interner und externer Expertise kausale Zusammenhänge aufdecken, künftige Entwicklungen eruieren, sich eine klare Vorstellung von der Reichweite der zu lösenden Probleme verschaffen und den Grad der Betroffenheit ungefähr abschätzen können (Raschke und Tils 2007: 194).

Nicht systematisch analysiert wurden diese Zusammenhänge im Fall der Agenda 2010. Die Entscheidung für eine Lösung erfolgte, ohne dass zuvor das Problemumfeld genauer untersucht worden wäre. Stattdessen folgte der Umgang mit relevanten Stakeholdern der Reform schon sehr frühzeitig einem groben Freund-Feind-Schema, was eine Folgenabschätzung im beschreibend-prognostischen Sinne gar nicht erst zuließ (Nullmeier 2008: 179f.).

Sobald ausreichend Klarheit über den tatsächlichen Problemlösungsbedarf besteht, steht die Klärung der Reformrichtung an, also die grobe Festlegung der Stoßrichtung und der übergeordneten Leitziele der Reformen. Angesiedelt in der Strategiedimension Kompetenz geht es bei dieser Steuerungsaufgabe vornehmlich um das Abstecken eines fachlich und finanziell abgesicherten Handlungsrahmens, der sich mit den (programmatischen) Grundorientierungen und Werten wichtiger politischer Reformunterstützer – hier vor allem der involvierten Parteien – deckt.

Dass dies in Koalitionsregierungen nicht einfach ist, wird unter anderem am Beispiel der Gesundheitsreform der Großen Koalition deutlich: Die beiden von den Koalitionspartnern bevorzugten Reformmodelle – die »Gesundheitsprämie« auf Seiten der CDU/CSU, die »Bürgerversicherung« auf Seiten der SPD – wurden als miteinander unvereinbar betrachtet. Obwohl somit bereits zum Zeitpunkt der Koalitionsverhandlungen klar war, dass kaum politische Schnittmengen existierten, fand das Thema Gesundheitsreform dennoch Eingang in den Koalitionsvertrag (Bandelow und Schade 2008: 110). In letzter Konsequenz sollte dies dazu führen, dass es den beiden Koalitionspartnern bei der Umsetzung dieses Vorhabens nie gelang, sich auf eine klare Reformrichtung zu einigen.

Reformbereitschaft fördern

So fachlich fundiert und sachlich richtig Problemdefinitionen und Reformideen auch sein mögen – jede Reform muss mehrheitsfähig sein. Schon beim Agenda-Setting sollte deshalb das strategische Steuerungsziel verfolgt werden, die Reformbereitschaft in Fraktion und Partei, bei zentralen Stakeholdern und in der Bevölkerung zu fördern. Heruntergebrochen auf einzelne Steuerungsaufgaben bedeutet dies, dass ein ausgeprägtes Problembewusstsein geschaffen, zustimmungsfähige Deutungsmuster etabliert und die eigenen Leitideen klar kommuniziert werden müssen.

Wie viel Mühe es kostet, breit angelegte Überzeugungsarbeit für die Notwendigkeit von Reformen zu leisten, und ob dies überhaupt gelingen kann, hängt stark vom jeweiligen Problemfeld und der Konstellation der Akteure ab. So kann man davon ausgehen, dass die Bürger Probleme, die nach dem Modell der Außeninitiierung oder Konsolidierung an die Politik herangetragen wurden, bereits als wichtig wahrnehmen. Anders sieht es aus, wenn die Reformakteure selbst Probleme auf die Agenda setzen. Dann müssen sie über gezielte Maßnahmen der Mobilisierung (Cobb, Ross und Ross 1976) selbst versuchen, Problembewusstsein zu schaffen und Handlungsbedarf zu vermitteln.

Durch Agenda-Building (Brettschneider 1998: 635) können die Reformakteure versuchen, Themen über die Massenmedien im öffentlichen Diskurs zu platzieren. Zentrale Erfolgsvoraussetzung hierfür ist allerdings, dass auch die politische Binnenkommunikation nicht vernachlässigt wird. Reformbedarf lässt sich nach außen nur schwer überzeugend vermitteln, wenn in Partei, Fraktion und Regierung kein geteiltes Problembewusstsein herrscht.

Bei der Steuerreform der Regierung Kohl bestand beispielsweise ein zentrales Problem darin, dass es innerhalb der Kernexekutive unterschiedliche Einschätzungen zur Notwendigkeit einer Mehrwertsteuererhöhung gab, die auch nach außen kommuniziert wurden. Damit entstand der Eindruck, es handele sich bei der Reform wohl nicht um eine »unumgängliche Notwendigkeit« (Fröhlich und Schneider 2008: 272).

Allerdings kann nicht jedes beliebige Thema auf die Agenda gesetzt werden. Die »richtige« Themenwahl hängt von einer Vielzahl von Faktoren ab, wie etwa von den inhaltlichen Merkmalen eines Themas, der Frage des günstigsten Zeitpunkts, dem Einsatz adäquater Kommunikationsmittel, den Aufmerksamkeitszyklen der Medien und Adressaten oder auch den kommunikativen Strategien der politischen Konkurrenz (Raschke und Tils 2007: 198f.). Auf viele dieser Faktoren haben die Reformakteure geringen Einfluss, sodass es bisweilen sinnvoll sein kann, auf öffentliche Diskurse aufzuspringen, also ein »Agenda-Surfing« zu betreiben (Brettschneider 2005: 499).

Selbst dann muss die politische Kommunikationsarbeit jedoch darauf ausgerichtet sein, das vorhandene Interesse in Medien und Öffentlichkeit gezielt als »Schwungrad« für die beabsichtigten Reformen zu nutzen. Allerdings ist an dieser Stelle einschränkend hinzuzufügen, dass Reformpolitik nur in dem Maße anschlussfähig an öffentliche Diskurse sein kann, wie sie dazu in der Lage ist, klar zwischen öffentlicher und veröffentlichter Meinung zu unterscheiden.

Bei der Agenda 2010 war genau dies nicht der Fall. Sie stützte sich in ihrer Begründung vor allem auf den wirtschaftsliberalen »Mainstream« der veröffentlichten Meinung. Wie sich zeigen sollte, hatte sie damit aber auf das »falsche Pferd« eines Eliten- und Teilgruppendiskurses gesetzt, der in keiner Weise die Mehrheitsmeinung in der Bevölkerung widerspiegelte (Nullmeier 2008: 172).

Eine zweite wichtige Aufgabe strategisch angelegter Reformkommunikation im Rahmen des Agenda-Setting ist schließlich die Deutung des Problems. So spielt es eine wichtige Rolle, welche Komponenten eines gesellschaftlichen Problems explizit betont werden und wie ein Thema kontextualisiert wird. Reformakteure legen ihren Probleminterpretationen und Lösungsvorschlägen eigene Deutungsmuster zugrunde und versuchen, diese auch im Diskurs zu etablieren. Hierbei stehen sie allerdings im ständigen Wettstreit mit den Medien, der Opposition und Stakeholdern, die ebenfalls ihre spezifische Weltsicht in die öffentliche Debatte einbringen.

So ergab sich bei der Gesundheitsreform der Großen Koalition die öffentliche Fokussierung auf die Finanzierungsreform auch durch das besondere Interesse der Medien an dieser Thematik. Die Regierung versäumte es hingegen, das konsensuale Qualitätsziel als zentrales Deutungsmuster zu nutzen (Bandelow und Schade 2008: 111).

Damit ist keineswegs gesagt, dass sich jedem Thema beliebig

neue Deutungsmuster überstülpen lassen. Gerade zu seit langem bekannten Phänomenen wie Arbeitslosigkeit, demographischem Wandel oder Staatsverschuldung haben sich viele Bürger längst eine Meinung gebildet (Förg et al. 2007: 16). Je stärker dies der Fall ist, umso mehr müssen die angebotenen Deutungsmuster an innerparteiliche Grundüberzeugungen und gesellschaftliche Meta-Diskurse anknüpfen. Recht erfolgreich war in dieser Hinsicht die Rentenreform. Sie verknüpfte die Begründung der Reform mit der bereits bekannten Problematik des demographischen Wandels. Dieser Problemzusammenhang wurde durch die Alterspyramide auch äußerst erfolgreich visualisiert (Hegelich 2008: 206 ff.)

Besonders erfolgversprechend ist es außerdem, neben Sicherheitsaspekten vor allem die Gerechtigkeitsdimension von Reformpolitik ins Zentrum der Kommunikation zu rücken. Die Einbettung in einen breiten sozialen Gerechtigkeitsdiskurs kann letztlich wichtiger für die Akzeptanz von Reformen sein als die Betonung der vermuteten ökonomischen Folgen (Förg et al. 2007: 9). Generell sollten Reformakteure bei der kommunikativen Vermittlung auf ein ausgewogenes Verhältnis von Sicherheit und Wandel achten.

In diesem Kontext ist auch die dritte zentrale Kommunikationsaufgabe beim Agenda-Setting zu sehen – die Entwicklung und Vermittlung überzeugender Leitideen bzw. -botschaften für beabsichtigte Reformen. Eine positiv besetzte Sprache und das Aufzeigen einer besseren Zukunft können solche Visionen unterstützen. Die Leitideen sollten aber zugleich in Einklang mit den Grundüberzeugungen und dem Image der Regierungsparteien stehen und klare strategische Prioritäten erkennen lassen.

Dies gelingt am ehesten, wenn die politischen Reformakteure eine verbindende Erzählung, ein so genanntes Narrativ, entwickeln, das sie nicht nur persönlich glaubhaft verkörpern (Novy und Schmitz 2007: 244), sondern das zugleich kompatibel ist mit den traditionellen Ideen und Werten der eigenen (Partei-)Anhängerschaft.

Auch hier zeigten sich bei der Agenda 2010 grundlegende Defizite: Weder ist es der Regierung Schröder gelungen, ein glaubhaftes übergeordnetes Narrativ mit einer positiven Geschichte zu entwickeln; noch wurde bei der innerparteilichen Vermittlung des Reformpakets auf traditionelle sozialdemokratische Grundüberzeugungen Rücksicht genommen (Nullmeier 2008: 173 f.). Der Widerstand aus den eigenen Reihen gegen die Agenda 2010 war damit bereits in der Phase des Agenda-Setting vorprogrammiert.

Erfolgsaussichten kalkulieren

Die Kontroverse über die großen gesellschaftlichen Herausforderungen, den daraus resultierenden Reformbedarf und den richtigen Reformweg steht im Brennpunkt des demokratischen Wettstreits. Um Wirkung entfalten zu können, müssen sich Reformkonzepte zunächst im politischen Willensbildungs- und Entscheidungsprozess durchsetzen. Deshalb sollten die Reformakteure die Erfolgsaussichten eines Reformthemas sorgfältig durchkalkulieren, bevor sie es auf die öffentliche Agenda setzen.

Im Einzelnen bedeutet dies, dass die Reformakteure zunächst vor allem drei Fragen beantworten müssen: Zeichnen sich bereits zeitliche Gelegenheitsfenster ab, innerhalb derer besonders günstige Rahmenbedingungen für die Durchsetzung des Reformanliegens vorliegen? Birgt die Besetzung eines Zukunftsthemas ausreichend Profilierungspotenzial für Akteure und Partei? Und wie breit sind die Verhandlungskorridore, die zur Verfügung stehen, um einen Reformerfolg zu erzielen?

Bei der Bewertung der Erfolgsaussichten spielt folglich die Suche nach dem geeigneten Zeitpunkt eine erhebliche Rolle. Die Akteure müssen Gelegenheitsfenster identifizieren und nutzen. Manche Gelegenheiten lassen sich recht einfach erkennen: So entsteht etwa beim Regierungsantritt in der Regel ein so genannter »Honeymoon-Effekt«. Der damit verbundene Vertrauensvorsprung weitet vorübergehend die Handlungskorridore der Regierung. Auch die Haushaltsverabschiedung bildet häufig einen günstigen Zeitpunkt für die Einleitung von Politikwechseln. In ihrem zeitlichen Verlauf ist Politik zudem oftmals durch Pendelbewegungen gekennzeichnet. Auf eine lange Periode der Ruhe folgen Zeiten der Wechselstimmung, die Reformen erleichtern.

Ein Beispiel für die Nutzung von vorhersehbaren Gelegenheitsfenstern ist die Rentenreform der Regierung Schröder. Arbeitsminister Riester war es gelungen, den Zeitpunkt der Reform ins zweite Regierungsjahr zu verlegen. Damit bestand einerseits ausreichend

Zeit zur Entwicklung eines umfassenden Reformkonzeptes, andererseits waren die nächsten Wahlen noch weit genug entfernt – ein wichtiger Punkt, denn im Ministerium ging man davon aus, dass ein Jahr vor den Bundestagswahlen keine Rentenreform mehr möglich sein würde (Hegelich 2008: 218).

Weit weniger vorhersehbar als das in diesem Beispiel angesprochene Gelegenheitsfenster sind solche, die aus »spill-over«-Effekten resultieren. Gemeint sind damit günstige Momente zum Handeln, die sich daraus ergeben, dass der Wandel in einem politischen Sektor günstige Voraussetzungen für weitere Veränderungen in einem anderen Bereich schafft. Reformakteure sollten auch nach solchen »spill-over«-Dynamiken Ausschau halten und entsprechende Gelegenheiten ergreifen.

Und schließlich ergeben sich in manchen Fällen Gelegenheiten für die Besetzung eines Reformthemas, die nicht vorhersehbar waren – eine externe Krise lässt ein Problem plötzlich akut werden, personelle Wechsel in der Kernexekutive verändern das politische Gleichgewicht oder in der politischen Opposition scheidet ein starker Gegenspieler aus. Ergeben sich aus derartigen Veränderungen überraschend günstige Gelegenheiten zum Handeln, so liegt es an den politischen Akteuren, schnell aktiv zu werden, bevor sich das offene Fenster wieder schließt (Kingdon 1984: 173–204).

Neben möglichen Gelegenheitsfenstern müssen jedoch auch die Profilierungschancen eines Themas ausgelotet werden. So gibt es bestimmte Themenstellungen, die politisch aussichtsreich sind und bei denen Kernkompetenzen und Profilierungschancen aufeinandertreffen (Raschke und Tils 2007: 197). Andere Themen sind risikobehaftet, etwa wenn die Gefahr besteht, einen Teil der eigenen Klientel zu verprellen. Die inhaltlichen Durchsetzungschancen gegenüber Wählern, Referenzgruppen, der eigenen Partei und dem Koalitionspartner müssen deshalb abgewogen werden, bevor Agenda-Setting betrieben wird.

Als ein Negativbeispiel für die einseitige Überbetonung des Profilierungsaspekts kann die Agenda 2010 ins Feld geführt werden: Die Regierung Schröder entschied sich angesichts der medialen Lage im Jahr 2003 für eine Profilbildung durch eher sozialstaatskritische Reformen – gegen die programmatische Ausrichtung der eigenen Partei und ohne die mittelfristigen machtpolitischen Folgewirkungen des beabsichtigten Kurses vorab hinreichend auszuloten (Nullmeier 2008: 158f.).

Bei der Gesundheitsreform der Großen Koalition war das Problem hingegen etwas anders gelagert. Hier bestanden durch die unterschiedlichen gesundheitspolitischen Modelle erhebliche Profilierungschancen. Kanzlerin Merkel nutzte parteiinterne Konflikte zur Sicherung ihrer Führungsposition. Für die SPD stellte das Modell der Bürgerversicherung eine Möglichkeit dar, ihr sozialdemokratisches Profil zu schärfen und Wähler anzusprechen, die bei den Reformen der Agenda 2010 verloren gegangen waren. Diese parteipolitische Profilierung erschwerte jedoch die Kompromissfindung mit dem Koalitionspartner erheblich (Bandelow und Schade 2008: 100).

Mit dem Stichwort der Kompromissfindung ist bereits eine weitere strategische Steuerungsaufgabe angesprochen, deren frühzeitige Wahrnehmung für die Abschätzung der Erfolgsaussichten spezifischer Reformthemen zentral ist: die Sondierung verfügbarer Verhandlungskorridore und ihr Abgleich mit möglichst klar definierten Schmerzgrenzen der eigenen Kompromissbereitschaft.

Deutsche Reformpolitik agiert unter den komplexen Rahmenbedingungen einer Koalitionsdemokratie mit bundesstaatlicher Politikverflechtung, Einbettung in das EU-Mehrebenensystem sowie korporatistischen Grundstrukturen (Korte 2001: 524). Vor diesem Hintergrund nehmen Kompromiss und Kooperation traditionell einen hohen Stellenwert in der politischen Kultur Deutschlands ein. Die politische Praxis in der Bundesrepublik ist stark geprägt von komplexen Abstimmungsprozessen und vielfältigen Aushandlungszwängen.

Gerade deshalb sollten die zentralen Reformakteure innerhalb der Kernexekutive von Anfang an ein möglichst klares Bild davon haben, welche Akteure merklichen Einfluss auf ihr Vorhaben ausüben können – sei es durch formale Vetorechte, die Möglichkeit zur Mobilisierung der Öffentlichkeit oder ihre Mitwirkungsrolle bei der Implementierung (Rüb, Alnor und Spohr 2008: 38).

Basierend auf dieser Lageanalyse der Interessen- und Machtkonstellationen sollten schon beim Agenda-Setting Verhandlungsspielräume ausgelotet, Kompromisspotenziale sondiert und erste Grenzen der eigenen Verhandlungsbereitschaft definiert werden. Besteht erst einmal eine gewisse Klarheit über gemeinsame politische Schnittmengen, so können die Reformakteure Minimal- und Maximalpositionen festlegen, um ihre Interaktion mit Schlüsselentscheidern und Stakeholdern besser zu strukturieren.

Wie problematisch Fehleinschätzungen bei der Analyse von Machtkonstellationen sein können, zeigt wiederum die Agenda 2010. Hier wurden die innerparteilichen Konstellationen zwar durchaus beobachtet, das Ausmaß der Frustration in den Reihen der Sozialdemokraten aber völlig unterschätzt. Weder wurde erkannt, wie inakzeptabel die Arbeitsmarktreformen für viele Mitglieder und Anhänger der eigenen Partei waren, noch wurde die Gefahr der Bildung einer auch in Westdeutschland starken Partei links von der SPD antizipiert. Wäre man hier zu einer realistischeren Einschätzung gekommen, wäre es möglich gewesen, kompensatorische Maßnahmen bei der Umsetzung der Agenda einzuplanen und so die Überwindung der »Durststrecke« zu erleichtern (Nullmeier 2008: 163f.).

4.3 Politikformulierung und Entscheidung: Auswahl und Durchsetzung einer Reformoption

In der Phase der Politikformulierung und Entscheidung werden konkrete Reformprogramme konzipiert, Handlungsalternativen diskutiert und verbindliche Entscheidungen getroffen. Auch hier kommt es auf eine ausgewogene Berücksichtigung der drei strategischen Steuerungsdimensionen Kompetenz, Kommunikation und Durchsetzungsfähigkeit an. Denn es genügt nicht, einen sachlich angemessenen Reformentwurf zu konzipieren. Neben der Festlegung auf die inhaltliche Ausgestaltung eines solchen Entwurfs muss dieser außerdem kommunikativ rückgekoppelt und von Mehrheiten in Gesellschaft und Staat akzeptiert werden.

Reformkonzept formulieren

Vollständige Rationalität von politischen Entscheidungen ist in einer durch Wissenslücken und Zeitmangel beschränkten Realität unmöglich (Howlett und Ramesh 2003: 168). Mit diesem Dilemma muss Politik umgehen. Dies befreit sie aber nicht von der Aufgabe, für notwendige gesellschaftliche Veränderungsprozesse sachlich mög-

Abbildung 5: Ziele und Aufgaben bei der Politikformulierung und Entscheidung

REFORMKONZEPT FORMULIEREN	VERTRAUEN AUFBAUEN	MEHRHEITEN SICHERN
• Handlungsoptionen sondieren • Lösungsalternativen bewerten • Reformfahrplan entwerfen	• Glaubwürdigkeit vermitteln • Klare und positive Reformsprache einsetzen • Realistische Erwartungen erzeugen • Dialog etablieren	• Verhandlungsstrategie anpassen • Bündnispartner gewinnen • Öffentlichen Rückhalt sichern

POLITIKFORMULIERUNG UND ENTSCHEIDUNG

Quelle: eigene Darstellung

lichst angemessene Reformkonzepte zu formulieren. Dafür müssen die politischen Akteure vorhandene Handlungsoptionen sondieren und deren Problemlösungstauglichkeit bewerten.

Bei der Suche nach Handlungsoptionen können verschiedene Techniken angewendet werden, die dabei helfen, Unsicherheit zu reduzieren. Dazu gehören zum Beispiel internationale »Good-Practice«-Vergleiche, aber auch negatives Lernen, das es ermöglicht, die Wiederholung von Fehlern zu vermeiden, die andernorts begangen wurden (Rüb, Alnor und Spohr 2008: 20).

Zur Bewertung von Lösungsalternativen existieren ebenfalls unterschiedliche Methoden, wie etwa die Beurteilung der voraussichtlichen Folgen und Nebenwirkungen eines Vorhabens durch Gesetzesfolgenabschätzung (Knill, Bauer und Ziegler 2006) oder die Analyse der umweltbezogenen, sozialen und wirtschaftlichen Auswirkungen durch eine Nachhaltigkeitsprüfung. Einen wichtigen Faktor stellen außerdem die Kosten der gewählten Option dar, die zum Beispiel durch Kosten-Nutzen-, Kosten-Nutzwert- oder Kosten-Effizienz-Analysen untersucht werden können. Dass ein derartiges Abwägen von Alternativen bei der Formulierung der Steuerreform der Regierung Kohl ausblieb, wurde öffentlich kritisiert und als Schwäche der Regierung gedeutet (Fröhlich und Schneider 2008: 300).

Gerade bei der Bewältigung komplexer Wirkungszusammenhänge, wie beispielsweise auf dem Gebiet sozialer Reformen, ist die Politik in hohem Maße auf wissenschaftliche und zivilgesellschaftliche Expertise angewiesen. Aus dem daraus resultierenden Bemühen, Reformpolitik auf eine möglichst solide Wissensbasis zu stellen, ist der Ansatz evidenzbasierter Politik hervorgegangen, der politischen Entscheidungsträgern bei der Reformkonzeption ein möglichst umfassendes Spektrum an unabhängiger und gesicherter Expertise an die Hand geben soll.

Ziel evidenzbasierter Politik ist es, den demokratisch legitimierten Akteuren Reformentscheidungen zu erleichtern, die sowohl lösungsorientiert sind als auch langfristig Wirkung erzielen (Jun und Grabow 2008: 82). In Großbritannien hat vor allem die Labour-Regierung von Premierminister Tony Blair versucht, diesem Ansatz zum Durchbruch zu verhelfen und ihn systematisch weiter auszubauen. In der britischen Regierung sitzt beispielsweise mit dem »Chief Scientific Adviser« ein unabhängiger Wissenschaftler mit am Kabinettstisch (Bullock, Mountford und Stanley 2001). In Deutschland deutet die in jüngster Vergangenheit vor allem von der Regierung Schröder geübte Praxis, Kommissionen und Beratungsgremien zu konsultieren (Siefken 2007), in eine ähnliche Richtung.

Einschränkend anzumerken ist, dass auch wissenschaftliche Aussagen nicht für sich beanspruchen können, die eine, unumstößliche Wahrheit zu kennen. Weder kann Wissenschaft in ihrer politischen Beratungsfunktion absolut neutrale oder werturteilsfreie Positionen einnehmen, noch lässt sich Politik nach der Maßgabe empirisch objektivierbaren Wissens gestalten.

Forciert durch eine immense Pluralität existenter Expertenmeinungen filtert die Politik deshalb das verfügbare Informationsangebot, indem sie auswählt, welche Experten und Wissensquellen konsultiert werden. Dass dadurch in der Öffentlichkeit der Eindruck entstehen kann, die Nutzung von Expertise durch die Politik erfülle nur eine Alibifunktion und sei interessengesteuert, verwundert kaum. Relativieren lässt sich diese Kritik allenfalls durch den ergänzenden Hinweis, dass wissenschaftliche Expertise politischen Akteuren die Letztentscheidung weder abnehmen kann noch soll.

Dennoch birgt die Tatsache, dass politische Akteure bei der Auswahl konsultierter Experten auch sachfremde Kriterien wie deren Linientreue anlegen, mit Blick auf die inhaltliche Qualität von Reformen durchaus Gefahren. Das bewusste Ausklammern von Expertise aus dem »falschen Lager« kann dazu führen, dass bei der Abwägung von Handlungsoptionen einzelne Lösungsoptionen vorschnell aus dem Blick geraten.

Ein anschauliches Beispiel dafür liefert die Rentenreform der Regierung Schröder: Der Verband der Rentenversicherungsträger (VDR) hatte ein Alternativkonzept zu Riesters Ausgleichsfaktor erarbeitet. Dieses Modell wurde allerdings zuerst kaum beachtet, was dazu beitrug, dass eine langwierige Kontroverse um den Ausgleichsfaktor ausbrach, an deren Ende eben dieser Faktor gekippt wurde – und Arbeitsminister Riester schwer beschädigt dastand (Hegelich 2008: 225).

Jenseits der Sondierung und Bewertung sachgerechter Handlungsoptionen kommt bei der Politikformulierung aber auch der zeitlichen Komponente von Reformpolitik große Bedeutung zu. Bei grundlegenden Reformvorhaben ist es meist weder möglich noch sinnvoll, alle Einzelschritte und -maßnahmen zeitgleich durchzuführen. Werden umfassende Reformpakete geschnürt, so drohen durch eine Politik des »alles auf einmal« nicht nur unerwünschte Wechselwirkungen oder »trade offs« zwischen verschiedenen Paketkomponenten. Vielmehr sind derartige Paketlösungen für die Bürger im Regelfall auch schwer durchschaubar, was eine Abwehrhaltung provozieren kann (Förg et al. 2007: 3). Es empfiehlt sich daher, unter den jeweils gegebenen politischen Bedingungen einen realistischen Reformfahrplan zu entwerfen und mögliche Wirkungszusammenhänge zwischen den Reformschritten zu antizipieren.

Zu diesem Zweck bietet es sich an, über Muster der Wirkungssequenzierung nachzudenken. Bei dieser Form der Sequenzierung wird untersucht, welchen Einfluss eine Reform-Policy voraussichtlich auf die Wirkung einer späteren Reform-Policy hat und welche Folgen sich daraus für eine möglichst effektive Verschaltung von Einzelschritten ergeben könnten (Ganghof 2007: 4).

In die Richtung einer solchen Wirkungssequenzierung weist die Entscheidung der Regierung Kohl, zunächst die angestrebte Haushaltskonsolidierung zu einem erfolgreichen Abschluss zu bringen und dann erst eine umfassende Einkommensteuerreform in Angriff zu nehmen. Hintergrund für diese zeitliche Staffelung des Vorgehens war die Annahme, dass eine Steuerentlastung nur dann ihre volle positive Wirkung entfalten würde, wenn die Steuerzahler angesichts einer soliden Haushaltslage darauf vertrauen könnten, dass die gewährten Entlastungen von Dauer sein würden (Ganghof 2007: 13f.).

Um die wesentlichen Eckpunkte des Reformfahrplans abzustecken, sollte möglichst frühzeitig die zeitliche Planung der anstehenden Großvorhaben konkretisiert werden. Insbesondere deren Abfolge kann entscheidenden Einfluss auf den Reformerfolg haben. Dies gilt beispielsweise, wenn sich mit hoher Wahrscheinlichkeit vorhersehen lässt, dass sich durch die Verwirklichung eines Vorhabens ein »spill-over«-Gelegenheitsfenster für ein Folgevorhaben öffnen wird. Nicht zu unterschätzen ist die Bedeutung eines solchen Fahrplans übrigens auch für eine glaubwürdige Reformkommunikation, vermittelt er der Öffentlichkeit doch eine klare Vorstellung von den anstehenden Veränderungen.

Vertrauen aufbauen

Vertrauen ist sowohl Voraussetzung als auch Mittel und Ziel erfolgreicher Reformpolitik. Für die Gestaltung von Reformprozessen spielt es deshalb eine wichtige Rolle, ob die Akteure der Kernexekutive bereits zu Prozessbeginn als vertrauenswürdig gelten oder ob sie zusätzlich Energie darauf verwenden müssen, prozessbegleitend das nötige Vertrauen aufzubauen.

Gelungene politische Reformkommunikation zeichnet sich unter anderem dadurch aus, dass sie das Vertrauen der Bürger in ihre Regierung fördert (Novy und Schmitz 2007: 239). Gleichzeitig muss sie diese vertrauensstiftende Wirkung aber mittels Binnenkommunikation in den parlamentarischen und parteipolitischen Raum hinein entfalten. Zum Ausdruck kommt darin die Doppelfunktion politischer Reformkommunikation, zur Mehrheitsbildung bzw. -sicherung in Gesellschaft und Staat beizutragen.

Eine so verstandene Politikvermittlung darf sich allerdings nicht auf eine nachträgliche Vermarktung von Inhalten beschränken, die zuvor unter Vernachlässigung kommunikativer Aspekte generiert wurden. Es geht bei der Kommunikation von Reformpolitik also nicht einfach um PR im klassischen Sinne, sondern um die Gestaltung von Reformprozessen im Dialog. Negative Rückmeldungen dürfen nicht allein als Probleme bei der Vermittlung der geplanten

Reforminhalte abgetan werden. Vielmehr können sie ihre Ursachen auch in einem generellen Mangel an Glaubwürdigkeit, dem Wecken unrealistischer Erwartungen oder dem fehlenden Dialog mit relevanten Stakeholdern haben.

Eine besonders wichtige Determinante für eine solide Vertrauensbasis von Reformpolitik ist Glaubwürdigkeit. Glaubwürdige politische Akteure werden als kompetent wahrgenommen, die anstehenden Probleme zu lösen. Sie vermitteln außerdem die Gewissheit, dass ihr Reformprojekt wirklich umgesetzt wird und umgesetzt werden kann (Althoff 2007: 211). Dabei spielen personale Faktoren eine wichtige Rolle, denn Personen stehen für Inhalte (Machnig 2002: 172).

Aber auch die inhaltliche Ausgestaltung des Reformprojekts beeinflusst die Glaubwürdigkeit der verantwortlichen Entscheider. Glaubwürdigkeit und Vertrauen entstehen nicht zuletzt dadurch, dass politische Akteure genau erklären können, was sie vorhaben. Hierbei ist es nicht damit getan, die Benennung der Reformziele auf einer abstrakten Ebene zu belassen. Vielmehr sollten die abstrakten Botschaften durch konkrete Vorschläge präzisiert, anhand von möglichst eingängigen Beispielen illustriert und an klar erkennbare Werte und Normen rückgebunden werden.

Zudem können politische Akteure die Glaubwürdigkeit ihres Veränderungsanliegens dadurch steigern, dass sie deutlich machen, an welchen Punkten die geplanten Reformen für Stabilität und Sicherheit sorgen und wo sie Wandel mit sich bringen werden. Hier lag eine Schwäche der Steuerreform der Regierung Kohl. Durch die Diskussion um die Besteuerung der Renten entstand erhebliche Verunsicherung bei den Rentnern. Diese wäre wohl sehr viel schwächer ausgefallen, wenn die Bundesregierung klar kommuniziert hätte, dass die Rentenbesteuerung real nur auf einen sehr kleinen Kreis von Betroffenen angewendet werden sollte. In der öffentlichen Politikvermittlung wurde hier der Aspekt der Sicherheit zu wenig herausgearbeitet (Fröhlich und Schneider 2008: 279).

Generell gilt es bei der Kommunikation von Reforminhalten immer zu bedenken, dass die Bürger einen Großteil ihrer politischen Informationen über die Massenmedien beziehen. Reformakteure sind deshalb bei der Kommunikation mit der breiten Öffentlichkeit auf die Medien angewiesen. An deren Logik muss sich die Politik ein gutes Stück anpassen, um Aufmerksamkeit zu generieren. Durch mediengerechte Öffentlichkeitsarbeit sowie professionelles Ereignis- und Themenmanagement kann die Politik jedoch durchaus einen gewissen Einfluss auf die Berichterstattung ausüben (Machnig 2002: 172).

Dabei gilt es auch, den Wandel auf den massenmedialen Märkten zu bedenken. So ist zwar das Fernsehen noch immer ein zentrales Medium. Im Zeitalter des Internet lässt sich allerdings eine zunehmende Segmentierung des Publikums beobachten. Entsprechend diversifiziert müssen politische Akteure heute ihre Medienstrategie anlegen.

Den Dreh- und Angelpunkt einer mediengerechten Kommunikationsarbeit bildet der Rückgriff auf eine klare und positive Reformsprache, in deren Mittelpunkt einige wenige schlüssige Kernbegriffe stehen sollten (Klein 2007: 203). Im besten Fall erregt das Reformvokabular Aufmerksamkeit, ist gleichzeitig positiv, verständlich, sachlich treffend und verspricht nicht zu viel.

Gerade auf dieser Ebene zeigen sich bei den in diesem Band behandelten Reformen erhebliche Probleme. Die Kernbegriffe der Agenda-Politik, wie »Agenda«, »2010«, »Hartz« oder »ALG«, besitzen keinerlei innere Werthaltigkeit und muten stattdessen ausgesprochen technokratisch an (Nullmeier 2008: 165).

Auch die Wahl des Begriffs Wettbewerbsstärkungsgesetz bei der Gesundheitsreform ist problematisch, da der Begriff Wettbewerb weder positiv besetzt ist noch von den Koalitionspartnern gleich gedeutet wurde. Sinnvoller wäre wohl der Begriff Qualitätsstärkungsgesetz gewesen (Bandelow und Schade 2008: 122). Dem Begriff Versorgungslücke, der zur Begründung der Rentenreform genutzt wurde, fehlt ebenfalls die positive Prägekraft (Hegelich 2008: 226).

Auf sprachlicher Ebene angesiedelt ist auch das so genannte »Framing«. »Frames« sind emotional und normativ besetzte, überwiegend unbewusst wirkende Basisvorstellungen von der Gesellschaft, vom Menschen und von den Aufgaben der Politik. Für die vertrauensstiftende Wirkung einer Reformbotschaft ist es von elementarer Bedeutung, in welche Interpretationsrahmen sich ihre zentralen Begriffe einordnen lassen. So besaß bei der Gesundheitsreform die »Bürgerversicherung« der SPD durch die Anknüpfung an den positiv besetzten Bürger-Begriff und die Rahmung durch die Solidaritätsfrage einen Vorteil gegenüber dem Gesundheitsprämien-Konzept der Union, das zu Beginn des Reformprozesses auch noch mit dem negativen Begriff »Kopfpauschale« belegt war (Bandelow und Schade 2008: 107ff.).

Das Framing einer Botschaft ist dabei weit mehr als sprachliche Effekthascherei. Seine Funktion besteht darin, Reformpolitik und ihre Gestaltungsanliegen sprachlich mit gesellschaftlichen Sinn- und Wertezusammenhängen zu verknüpfen (Novy und Schmitz 2007: 244–246). Auch hier scheiterte die Agenda 2010, denn die einseitige Betonung der Notwendigkeit geplanter Reformmaßnahmen verzichtete völlig auf eine sinnstiftende oder werteorientierte Kontextualisierung des Gesamtvorhabens (Nullmeier 2008: 166).

Besonders abträglich sind der Glaubwürdigkeit von Reformpolitik voreilige, nicht einlösbare Versprechungen. Der kurzfristige Nutzen solcher Versprechen steht in keinem Verhältnis zu dem zu erwartenden Vertrauensverlust (Klein 2007: 202) – zumal ein einmal erlittener Vertrauensverlust kurzfristig kaum mehr reparabel ist. Deshalb besteht eine Hauptaufgabe politischer Kommunikation bei der Politikformulierung darin, realistische Erwartungen zu erzeugen und so Überforderungen der Politik durch überzogene Leistungsansprüche entgegenzuwirken.

In dieser Hinsicht war die Strategie der Agenda 2010, die auf Anti-Illusionismus, Realismus und Pragmatismus setzte, durchaus glaubwürdig (Nullmeier 2008: 174f.). Schwachstellen im Erwartungsmanagement offenbaren sich hingegen im Falle der Gesundheitsreform der Großen Koalition. Das versprochene Ziel der Beitragssatzentlastung für die Bürger konnte nicht erreicht werden, was massive Vertrauensverluste nach sich zog (Bandelow und Schade 2008: 121).

Rückblickend wäre es besser gewesen, wenn anstelle eines so weitgehenden Versprechens von Anfang an die Grenzen politischer Handlungsfähigkeit im Gesundheitsbereich aufgezeigt und damit realistische Erwartungen erzeugt worden wären. Mit anderen Worten: Strategisch ausgerichtete Reformkommunikation muss schon bei der Politikformulierung darauf ausgerichtet sein, nicht nur die Möglichkeiten, sondern auch die Grenzen des politisch und gesellschaftlich Machbaren klar aufzuzeigen.

Es reicht jedoch nicht aus, wenn die Politik sich darauf verlässt, Vertrauen durch Kommunikationsmaßnahmen von oben zu vermitteln oder diese Aufgabe dem Filter journalistischer Berichterstattung zu überlassen (Plehwe 2007: 226). Mehr denn je scheint erfolgreiche

Vertrauensbildung bei Reformvorhaben davon abzuhängen, ob es der Politik gelingt, in einen kontinuierlichen Dialog mit den Bürgern zu treten. Die Reformakteure müssen dafür bereit sein, Argumente, Anregungen und Kritik der Bürger zu akzeptieren.

Der Dialog kann dabei über klassische Kanäle der innerparteilichen Willensbildung und Entscheidungsfindung bzw. über den Austausch mit der eigenen Parteibasis erfolgen. Angesichts abnehmender Parteiloyalitäten gewinnt jedoch die Nutzung neuer Informations- und Kommunikationstechnologien sowie verschiedener Formen der Bürgerbeteiligung (Beckmann und Keck 1999) an Bedeutung. Beispiele hierfür sind Expertenkonferenzen, Kommissionen, runde Tische, Ombudsmänner, Bürgerkonferenzen oder Planungszellen (Rüb, Alnor und Spohr 2008: 23).

Kennzeichnend für entsprechende Dialogformate ist, dass in ihrem Rahmen die Bürger nicht nur gehört, sondern ihre Wünsche und Meinungen auch tatsächlich berücksichtigt werden. Bleiben Mitspracheangebote an die Bürger dagegen substanzlose Formsache, fördert dies eher eine öffentliche Ablehnungshaltung gegenüber politischen Reformvorhaben sowie die ohnehin weit verbreitete Politikverdrossenheit (Förg et al. 2007: 11).

Dennoch ist der Dialog nicht nur ein wichtiges Element der öffentlichen Kommunikation. Auch in der Binnenkommunikation mit Partei, Fraktion, Umsetzungsakteuren und zentralen Stakeholdern sowie innerhalb der Kernexekutive gilt es, einen steten Austausch zu organisieren. Im Rahmen einer konstruktiven und transparenten Debatte besteht die Möglichkeit, gemeinsame Grundlinien zu entwerfen, die sich anschließend einheitlich nach außen kommunizieren lassen (Althoff 2007: 220).

Fehlt dagegen ein solcher Dialog, kann dies zu mangelnder Geschlossenheit führen und sich außerdem auf die Kommunikation mit den Bürgern auswirken. Beispielhaft zeigt dies die Steuerreform der Kohl-Regierung. Hier waren die Parlamentarier nicht nur verärgert, weil sie von Entscheidungen der Koalitionsführung erst durch die Presse erfuhren. Sie beklagten auch, dass sie in den Wahlkreisen zunehmend mit unangenehmen Fragen konfrontiert würden, auf die die Regierung keine Antwort gebe (Fröhlich und Schneider 2008: 281f.).

Mehrheiten sichern

Die Spitzenakteure der Kernexekutive können und sollen über Reformen nicht losgelöst von ihrem Umfeld entscheiden. Für die deutsche Verhandlungs- und Koalitionsdemokratie gilt in besonderem Maße, dass die Entscheidung für einen bestimmten Reformweg in der Regel das Ergebnis komplexer Aushandlungen zwischen einer Vielzahl politischer und gesellschaftlicher Akteure ist. Solche Entscheidungsprozesse laufen häufig inkrementell ab: Verhandlungen und Kompromisse im Vorfeld des parlamentarischen Raumes haben starken Einfluss auf die endgültige Entscheidungsfindung. Politische Entscheidungen sind dadurch sehr viel stärker von Interessenkonstellationen und der Machtverteilung zwischen den beteiligten Akteuren bestimmt als von rationaler Alternativenauswahl (Jann und Wegrich 2003: 87).

Angesichts dieser Grundbedingungen des demokratischen Entscheidungsprozesses ist nicht ausschließlich die Suche und Auswahl sachgerechter Problemlösungsoptionen für politische Reformakteure handlungsleitend. Sie müssen immer auch mitdenken, wie sich im politischen Prozess die erforderlichen Mehrheiten für die von ihnen favorisierten Reformkonzepte gewinnen und sichern lassen. Es ist deshalb keine Seltenheit, dass Reformpläne inhaltlich modifiziert werden müssen.

Um diesen Anpassungsdruck zu kanalisieren und die Abweichungen von den ursprünglich angestrebten Reformkonzepten und -zielen möglichst gering zu halten, muss sich Reformpolitik bei der Sicherung von Entscheidungsmehrheiten und der Gewinnung von Bündnispartnern drei strategischen Steuerungsaufgaben stellen: Sie muss geeignete Verhandlungsstrategien identifizieren und im Verlauf des Entscheidungsprozesses zu flexiblen Strategiewechseln in der Lage bleiben. Sie muss gezielt darauf ausgerichtet sein, ein möglichst breites Feld potenzieller Bündnispartner zu erschließen. Und sie muss sicherstellen, dass die Reformkonzepte sich auf ein hohes Maß an öffentlicher Zustimmung stützen können.

An vorderster Stelle steht bei der Mehrheitssicherung die Fähigkeit der Reformakteure, ihre Verhandlungsstrategien im Prozess der Politikformulierung und Entscheidung flexibel und passgenau auf das jeweilige Handlungsumfeld und die jeweilige Verhandlungskonstellation zuzuschneiden.

Die Wahl einer adäquaten Verhandlungsstrategie kann als erster Schritt einer Durchsetzungssequenz (Ganghof 2008) gesehen werden, der die Durchsetzbarkeit des darauf folgenden Reformprozesses erleichtert. Indem die Reformakteure der Kernexekutive die Spielregeln der Verhandlung aktiv bestimmen, sind sie in der Lage, ihren Einfluss auf den Erfolg des weiteren Reformverlaufs zu stärken. Gemäß einer im Auftrag der Bertelsmann Stiftung erstellten Studie lassen sich – in Anlehnung an Fritz W. Scharpf (Scharpf 2006: 212ff.) – drei Typen von Verhandlungsstilen unterscheiden (Rüb, Alnor und Spohr 2008: 16):

(1) Im Fall eines konfliktorientierten Verhandelns kann eine Entscheidungsoption von den Verhandlungspartnern nur angenommen oder abgelehnt werden. Eine gemeinsame Lösung wird nicht gesucht. Vielmehr setzen die Reformakteure ihre Macht ein, um Mehrheiten zu bilden und mit diesen Mehrheiten dann ihre Politik durchzusetzen. Im Rahmen des konfliktorientierten Verhandlungsstils wird bisweilen die »divide et impera«-Strategie eingesetzt, um Mehrheiten zu sichern (Castanheira et al. 2006: 207). Dabei werden einzelne Subgruppen unter den Verhandlungspartnern durch Zugeständnisse für die Reform gewonnen – um umgekehrt das Lager der politischen Reformgegner insgesamt zu schwächen.

Plastisches Anschauungsmaterial für diesen konfliktorientierten Verhandlungsstil liefert die Finanzreform bei der Gesundheitsreform der Großen Koalition. Die Koalitionspartner sicherten durch ihren Kompromiss eine Parlamentsmehrheit für ihren Entwurf und setzten ihn durch, ohne die Position der Verbände näher zu berücksichtigen (Bandelow und Schade 2008: 125f.). Auch die Regierung Kohl versuchte, wenn auch erfolglos, für die Abstimmung im Bundesrat über ihre Steuerreform einzelne reformwillige SPD-Ministerpräsidenten aus der Opposition herauszulösen (Fröhlich und Schneider 2008: 260).

Allerdings eignen sich konfliktorientierte Verhandlungsstrategien im Regelfall nicht für Politikbereiche, die stark durch sozialen Dialog und breite Konsensfindung gekennzeichnet sind – hier kann dieser Verhandlungsmodus Nachteile mit sich bringen (Castanheira et al. 2006: 253). So suchte die Regierung Schröder im Rahmen der Agenda 2010 Bündnispartner auf der anderen Seite des politischen Spektrums und brachte diese konfliktorientiert gegen die bisherigen Unterstützergruppen in Stellung. Dieses Vorgehen führte jedoch auf Seiten der Parteimitglieder und vieler ehemaliger Bündnispartner zur Ablehnung der Regierungspolitik (Nullmeier 2008: 171).

Insgesamt bieten sich konfliktorientierte Verhandlungsstrategien am ehesten dann an, wenn die Reformakteure über genügend Macht und politischen Rückhalt verfügen, um ihre Vorstellungen selbst dann durchzusetzen, wenn bestimmte Gruppen ihre Zustimmung verweigern. Besonders leicht fällt dies Regierungen, wenn sie auf große und homogene parlamentarische Mehrheiten zurückgreifen können, wie sie vor allem in politischen Systemen mit Mehrheitswahlrecht vorzufinden sind (Castanheira et al. 2006: 170). Entsprechend selten kommt es in der deutschen Reformpolitik vor, dass konfliktorientierte Strategien konsequent über einen längeren Zeitraum verfolgt werden.

(2) Der konsensorientierte Verhandlungsstil findet vor allem Anwendung, wenn es um die Lösung distributiver Probleme geht. Er steht für Verhandeln im eigentlichen Sinne, bei dem die Reformakteure ihren Verhandlungspartnern Kompensationen anbieten, um deren Zustimmung zu gewinnen. Solche Kompensationen sind zum Beispiel lange Übergangsperioden, Unterstützungsleistungen für bestimmte Gruppen oder Reformpakete.

Der Gesundheitsfonds als klassischer Kompromiss ist ein Beispiel für ein solches Reformpaket (Bandelow und Schade 2008: 98) und bei der Steuerreform der Kohl-Regierung hätten sich einige SPD-geführte Länder wie Niedersachsen und Rheinland-Pfalz wohl durch entsprechende Kompensationen zur Zustimmung bewegen lassen (Fröhlich und Schneider 2008: 287).

Allerdings ist beim konsensorientierten Verhandlungsstil die Gefahr einer Verwässerung der Reformkonzepte stark ausgeprägt. Reformakteure sehen sich dann dem öffentlichen Vorwurf ausgesetzt, sie seien aufgrund ihrer Verhandlungsschwäche auf eine Politik des Kuhhandels, der Flickschusterei und der halbherzigen Formelkompromisse angewiesen. Jenseits der hohen politischen Kosten, die somit aus konsensorientierten Verhandlungen resultieren können, ist die Wahl dieses Strategietyps zudem häufig mit hohem zeitlichen und finanziellen Aufwand verbunden (Castanheira et al. 2006: 188).

(3) Eine dritte Strategievariante bildet schließlich der problemorientierte Verhandlungsstil. Hier steht sach- und wahrheitsorientiertes Argumentieren im Vordergrund (Rüb, Alnor und Spohr 2008: 16). Dieser Strategietyp eignet sich vor allem für Handlungskonstellationen, in denen es weniger um die Lösung distributiver Probleme als um die Bewältigung kognitiver Auffassungsunterschiede geht. Wird dieser Verhandlungstypus gewählt, so geht es meist um die gemeinsame Suche nach plausiblen, rationalen und gemeinwohlorientierten Lösungen.

Eine Stärke des problemorientierten Verhandlungsstils liegt darin, dass er nicht nur dazu beiträgt, die Zustimmungsfähigkeit von Reformpolitik zu erhöhen, sondern dabei zugleich die Einigung auf sachrationale Problemlösungen in den Vordergrund rückt (Rüb, Alnor und Spohr 2008: 16). Entsprechend häufig werden problemorientierte Verhandlungsstrategien auf der Fachebene eingesetzt – wie sich unter anderem am Beispiel der Strukturreform der Gesundheitsreform der Großen Koalition zeigen lässt (Bandelow und Schade 2008: 124). Je stärker jedoch Umverteilungsfragen im Mittelpunkt politischer Reformvorhaben stehen, desto geringer dürfte die Bereitschaft der Verhandlungspartner ausfallen, sich auf Strategien problemorientierten Verhandelns einzulassen.

Gleichgültig welche Verhandlungsstrategie gewählt wird, Bündnispartner brauchen die Reformakteure immer. Sie zu gewinnen ist deshalb eine wichtige Steuerungsaufgabe. Hierfür gibt es wiederum unterschiedliche Strategien. In manchen Situationen lassen sich etwa Bündnispartner durch Zugeständnisse überzeugen. In anderen Fällen kann das Angebot zur Mitwirkung an der Entwicklung einer Problemlösung denselben Zweck erfüllen. Auch personale Faktoren spielen bei der Gewinnung von Bündnispartnern eine Rolle, wie die Rentenreform der Regierung Schröder zeigt: Der Bundeskanzler schaltete sich persönlich in die Debatte ein und trug so zur Einigung mit den Gewerkschaften bei (Hegelich 2008: 231).

Politische Mehrheiten müssen jedoch nicht nur in den Reihen der Stakeholder und Verhandlungspartner gesichert werden. Die Durchsetzungsfähigkeit politischer Reformentscheidungen hängt nicht minder vom öffentlichen Rückhalt ab, den sie genießen. Neben der Wahl angemessener Verhandlungsstrategien besteht deshalb eine weitere Hauptaufgabe der politischen Akteure bei der Politikformulierung und Entscheidungsfindung darin, öffentliche Zustimmung für ihre Reformkonzepte zu schaffen.

Wie schon erwähnt, stoßen dabei vor allem solche Reformen auf breite öffentliche Akzeptanz, die gleichzeitig ökonomisch als aussichtsreich und kognitiv-psychologisch als sozial gerecht empfunden werden (Förg et al. 2007: 7ff.). Mit hohen Werten öffentlicher Zustimmung können überdies Reformen rechnen, die so angelegt sind, dass die Bürger möglichst schnell erste Verbesserungen zu spüren bekommen.

Inwieweit es für die Reformakteure der Kernexekutive allerdings möglich ist, solche positiven Effekte vorab einzuplanen, hängt sehr stark vom Politikfeld ab. So zeigen sich etwa in der Steuerpolitik Veränderungen deutlich früher als in der Rentenpolitik. In diesem Politikfeld werden deshalb auch durchaus solche schnellen Gewinne einkalkuliert. So plante etwa die Regierung Kohl, die Teile der Steuerreform, die Entlastungen brächten, noch vor der Wahl 1998 in Kraft treten zu lassen, jene, die für die Refinanzierung der Reform sorgen sollten, dagegen erst nach der Wahl (Fröhlich und Schneider 2008: 274).

In jedem Fall gilt die Faustregel, dass kurzfristig eintretende Reformverluste wesentlich stärker wahrgenommen werden als langfristig anstehende Reformgewinne. Lassen sich gesellschaftliche Veränderungen nur in Verbindung mit solchen kurzfristigen Verlusten realisieren, so müssen drohende Abwehrreaktionen in der Öffentlichkeit durch frühzeitiges Erwartungsmanagement abgefangen werden.

Dass sich öffentlicher Rückhalt nicht von allein einstellt, zeigen exemplarisch alle in diesem Band zusammengefassten Reformen. In keinem Fall konnten die Reformakteure davon ausgehen, dass ihre Vorhaben auf starke öffentliche Unterstützung stoßen würden.

4.4 Politikumsetzung: Reformen in der praktischen Bewährung

Aus politischen Entscheidungen gehen Outputs in Gestalt von Gesetzen, Verordnungen, Förderprogrammen etc. hervor. Die Outcomes, also die tatsächlichen Ergebnisse einer Reformpolitik, zeigen sich hingegen erst im Verlauf der Umsetzungsphase bzw. zeitlich verzögert nach deren Abschluss (Korte und Fröhlich 2006: 28).

Abbildung 6: Ziele und Aufgaben bei der Politikumsetzung

ERGEBNISQUALITÄT SICHERN	BÜRGERNÄHE HERSTELLEN	UMSETZUNGS-AKTEURE AKTIVIEREN
• Wirkungsorientierung sicherstellen • Umsetzungsschritte festlegen • Geeignete Steuerungsinstrumente wählen	• Kommunikation zwischen Bürgern, Verwaltung und Politik fördern • Transparente Abläufe gewährleisten	• Umgang mit Stakeholdern klären • Verwaltung einbinden • Klare Verantwortlichkeiten schaffen

POLITIKUMSETZUNG

Quelle: eigene Darstellung

Bei der Politikumsetzung erweist sich mit anderen Worten, ob und inwieweit sich ein Reformkonzept in der Praxis bewährt. Erst an diesem Punkt des politischen Prozesses werden die Wirkungen eines Reformprojekts sichtbar und messbar. Damit eine möglichst effektive und störungsfreie Umsetzung gelingt, sollten die strategischen Herausforderungen einer ergebnis- und wirkungsorientierten Politikimplementierung schon bei der Reformkonzeption berücksichtigt werden (Howlett und Ramesh 2003: 193).

Ergebnisqualität sichern

Bei der Politikumsetzung geht es in erster Linie darum zu gewährleisten, dass die intendierten Reformeffekte in der Praxis tatsächlich eintreten. Den politischen Akteuren stellt sich hierbei in der Strategiedimension Kompetenz vor allem die Aufgabe, klare Wirkungsziele zur Sicherung der Ergebnisqualität zu definieren, die Umsetzungsschritte auf dem Weg dorthin genau festzulegen und die dafür geeigneten Steuerungsinstrumente auszuwählen.

Trotz der teils ernüchternden Praxiserfahrungen mit Methoden und Instrumenten des »New Public Management« hat im Verhältnis zwischen Politik und öffentlicher Verwaltung auch in Deutschland ein grundlegender Paradigmenwechsel stattgefunden. Anstelle der lange Zeit vorherrschenden Input-Steuerung, die den jeweiligen Ressourcenaufwand und Finanzbedarf als zentralen Bewertungsmaßstab für die Leistungsbewertung des administrativen Apparates heranzog, trat die Idee der wirkungsorientierten Verwaltungsführung.

Zunehmend liegt der Fokus nun auf der Performanz der öffentlichen Verwaltung – im Sinne des Outcome und Impact von administrativem Handeln (Schedler und Proeller 2006: 72). Mit Blick auf die Steuerung der Verwaltung durch die Politik bedeutet dieser veränderte Blickwinkel aber auch, dass gerade bei der Umsetzung politischer Reformen die Vorgabe mess- und bewertbarer Wirkungsziele wesentlich an Bedeutung gewonnen hat.

Gerade die Formulierung solcher Wirkungsziele stellt Reformpolitik in der Regel allerdings vor erhebliche Operationalisierungsprobleme. In der Realität gestalten sich Ursache-Wirkungsbeziehungen hochkomplex. Zudem zeigen sich die Auswirkungen von Reformen oftmals erst langfristig – und selbst dann lässt sich in vielen Fällen nicht eindeutig beantworten, welche Einflussfaktoren dabei wie zusammengespielt haben.

Auch birgt die Festlegung bewertbarer Wirkungsziele politische Risiken: Bei der Agenda 2010 wurde deshalb nach den schlechten Erfahrungen mit der Arbeitslosenzieldefinition beim Regierungsantritt Schröders und im Zuge der Arbeit der Hartz-Kommission auf eine nochmalige Nennung von konkreten Niveaus der Arbeitslosigkeit bewusst verzichtet, um sich vor Kritik zu schützen (Nullmeier 2008: 182).

Angesichts dieser Einschränkungen stellt sich die Frage, wie dennoch eine möglichst starke Wirkungsorientierung bei der Reformumsetzung verwirklicht werden kann. Eine allgemeine Richtschnur hierfür liefert der Ansatz, Regulierungsvorhaben vom Ende her zu denken, indem sie aus der Perspektive der Bürger heraus konstruiert werden. Reformakteure sollten deshalb ständig im Blick haben, welche Auswirkungen die von ihnen initiierten Veränderungsprozesse auf den Lebensalltag des einzelnen Bürgers haben dürften und inwieweit die tatsächlich eingetretenen Reformeffekte mit den von den Bürgern gewünschten Reformwirkungen in Einklang stehen.

So zeichnet sich moderne Regulierung bzw. »better regulation« – der englische Begriff trifft es etwas besser – nicht zuletzt dadurch aus, dass sie die Erfüllung konkreter Leistungserwartungen der Bürger an staatliche Einrichtungen zum zentralen Qualitätsmaßstab erhebt. Die strikte Orientierung von Reformpolitik an dieser Regulierungsphilosophie kann gleichzeitig entscheidend dazu beitragen, die nach wie vor häufig zu beobachtenden Reibungsverluste zu minimieren, die zwischen dem erforderlichen Erlass von Gesetzen und Vorschriften einerseits sowie den Ergebnissen der Politikumsetzung andererseits klaffen.

Durch regelmäßige Befragungen der Betroffenen können zuverlässige Informationen über die Reformwirkungen auf individueller Ebene gesammelt werden. Derartige Befragungen im Verlauf der Politikumsetzung und im Anschluss daran sind ein ausgesprochen nützliches Hilfsmittel, um weitere Kursbestimmungen vorzunehmen bzw. eventuell notwendige Kurskorrekturen frühzeitig zu erkennen. Von besonderem Belang für die politischen Reformakteure sind dabei Fragen der folgenden Art: Ist das Problem vollständig gelöst? Was hat sich konkret verändert? Sind unbeabsichtigte Nebenwirkungen erkennbar (Korte und Fröhlich 2006: 30)?

Komplementär zu den Ergebnissen derartiger Umfragen bieten sich vor allem staatliche Behörden auf der unteren Vollzugsebene als wichtige Informationsquellen an, wenn die Ergebnisqualität von Reformpolitik verbessert werden soll. Da diese Behörden in unmittelbarem Kontakt mit den Normadressaten stehen (Jann und Wegrich 2003: 91), können sie häufig relevante Detailkenntnisse beisteuern, wenn es darum geht, politische Reformprogramme in Richtung der erwünschten Wirkungen zu optimieren. Daher empfiehlt es sich bei der Politikumsetzung, regelmäßig Konsultationen mit den verantwortlichen Vollzugsbehörden vor Ort durchzuführen.

Allerdings können wirkungsorientierte Reformen auch dadurch erschwert werden, dass die Implementationsakteure eigene Interessen verfolgen, die nicht mit den Interessen der Bürger als Norm- oder Leistungsadressaten übereinstimmen. Dies war beispielsweise bei der Rentenreform der Regierung Schröder der Fall. Hier hatten die Reformakteure den erwarteten Nutzen für die Bürger zwar durchaus im Blick. So war geplant, dass in den ersten zehn Jahren die Rentenversicherungsverträge nicht mit Provisionsgebühren belastet werden sollten, um einen schnellen Kapitalaufbau zu fördern. Nur war dies nicht im Interesse der Versicherer, die sich deshalb wenig um die Vermarktung und den Verkauf der neuen Riester-Rentenverträge bemühten (Hegelich 2008: 237f.).

Ein hohes Maß an Ergebnisqualität und Wirkungsorientierung setzt indessen voraus, dass auch die einzelnen Umsetzungsschritte klar definiert sind. Die Wahrnehmung dieser strategischen Steuerungsaufgabe beinhaltet eine ganze Reihe konkreter Festlegungen zu Ressourcenausstattung, Implementierungsabläufen, Entscheidungskompetenzen und Verantwortlichkeiten: Wie und durch wen werden die einzelnen Maßnahmen des Reformprogramms durchgeführt? Welche personellen und finanziellen Mittel müssen bereitgestellt werden? Nach welchen Regeln wird im Einzelfall entschieden (Jann und Wegrich 2003: 90)?

Vom jeweiligen Reformkonzept und dem ihm zugrunde liegenden Steuerungsansatz hängt schließlich die Wahl der passenden Umsetzungsinstrumente ab. Das dafür verfügbare Instrumentarium stellt sich wie folgt dar:
- Regulative Instrumente wie Ge- und Verbote sowie Anzeige- und Genehmigungspflichten,
- Anreizinstrumente wie positive und negative finanzielle Anreize,
- Leistungsinstrumente, also die Bereitstellung von Gütern und Erbringung von Dienstleistungen,
- persuasive Instrumente wie Information und Beratung,
- prozedurale Instrumente wie das Zugestehen von Teilhaberechten (König und Dose 1993: 88).

Für jedes dieser Instrumente lassen sich spezifische Vor- und Nachteile anführen, die gegeneinander abzuwägen sind. So ist der Einsatz regulativer Instrumente häufig mit Problemen bei der Kontrolle der Regeleinhaltung verbunden. Bei positiven finanziellen Anreizprogrammen besteht die Gefahr von Mitnahmeeffekten. Außerdem sind ihrem Einsatz in Zeiten der Ressourcenknappheit enge budgetäre Grenzen gesetzt. Persuasive Instrumente erzeugen vergleichsweise geringe Effekte bzw. zeitigen häufig erst auf lange Sicht Wirkung.

In der Praxis führt dies dazu, dass bei der Politikumsetzung in der Regel ein Instrumenten-Mix zur Anwendung kommt. So ist der Einsatz prozeduraler Instrumente häufig mit dem Einsatz persuasiver Instrumente wie zum Beispiel Information und Beratung gekoppelt (König und Dose 1993: 99–109). Die Gesundheitsreform der Großen Koalition verband hingegen regulative Instrumente auf zentraler Ebene mit Anreizinstrumenten für Leistungsanbieter und Versicherte (Bandelow und Schade 2008: 129).

Bürgernähe herstellen

Die Kommunikation mit den Bürgern muss bei der Politikumsetzung besonders intensiv betrieben werden. Immerhin sind die Bürger an diesem Punkt konkret von den angestoßenen Veränderungen betroffen. Die Herstellung von Bürgernähe ist deshalb ein zentraler Erfolgsfaktor für die wirksame Implementation von Reformpolitik. Erreichen lässt sich dieses strategische Steuerungsziel durch die Förderung des Dialogs zwischen Bürgern, Verwaltung und Politik sowie durch die Gewährleistung transparenter Abläufe bei der Reformumsetzung.

Inwieweit Bürger, Verwaltung und Politik tatsächlich dazu in der Lage sind, miteinander zu kommunizieren, hängt stark von dem vorherrschenden Selbstverständnis der Administration ab, das sich am Leitbild einer menschlichen Verwaltung (Schedler und Proeller 2006: 61) orientieren sollte. Diese zeichnet sich durch eine starke Identifikation mit den jeweiligen Anspruchsgruppen aus. Zufriedene Bürger und Mitarbeiter sind ihr Ziel. Sie bemüht sich um eine verständliche Bürgeransprache und erklärt mit einfachen Worten die Veränderungen, die eine Reform mit sich bringt, um auf diese Weise die Akzeptanz bei den Bürgern zu fördern.

Gelingt eine solche Kommunikation nicht, kann dies zur öffentlichen Ablehnung einer Reform beitragen, wie die jüngste Gesundheitsreform zeigt. Dass bis heute die Kenntnisse über die Reform gering sind, liegt auch daran, dass die unmittelbare Staatsverwaltung, repräsentiert durch Landesbehörden und die Nachfolgeorganisationen des früheren Bundesgesundheitsamtes, keinen direkten Kontakt zur Bevölkerung etabliert hat (Bandelow und Schade 2008: 131).

Allein der Kontakt zu den Bürgern genügt aber nicht. Die Verwaltung muss sich bewusst sein, dass die richtige Reformsprache zentral für den Reformerfolg ist. So sollte sie unverständliches Bürokratendeutsch vermeiden, das auf die Bürger technokratisch-seelenlos wirkt. Lehnt sich die Reformsprache hingegen zu stark an die Management-

und Werbesprache an, läuft die Reformpolitik Gefahr, bei ihren Adressaten als zynisch wahrgenommen zu werden (Klein 2007: 201).

Allerdings sind Kommunikationsdefizite der Verwaltung häufig darauf zurückzuführen, dass die Politik klare Botschaften schuldig bleibt. Auch hier gilt es also intensive Kommunikationsarbeit zu betreiben. Im Vermittlungsdreieck zwischen Politik, Verwaltung und Bürgern sollten die politischen Entscheider aber noch aus einem weiteren Grund im ständigen Austausch mit den für die Politikumsetzung verantwortlichen Verwaltungsakteuren stehen: Nur durch einen solchen Austausch ist gewährleistet, dass die Probleme der Bürger im Zuge der Reformumsetzung in die Politik zurückgespielt werden und diese gegebenenfalls nachsteuern kann.

Möglich ist dies jedoch nur, wenn auch die erforderlichen Kommunikationskanäle existieren. Dies gilt für das Verhältnis zwischen Bürgern und Verwaltung ebenso wie für das Verhältnis zwischen Politik und Verwaltung. Besondere Bedeutung kommt in diesem Kontext der Nutzung des Potenzials zu, das der technologische Fortschritt bietet. So liegt beispielsweise im Ausbau von Formen des E-Government ein vielversprechender Ansatzpunkt, um den Bürgern den Zugang zur Verwaltung zu erleichtern (Scherf 2007).

Ein anderer Weg, für den Einzelnen die direkte Kontaktaufnahme mit den zuständigen Verwaltungsstellen möglichst einfach zu gestalten, ist die Einrichtung leicht erreichbarer Bürgerämter vor Ort als professionelle Schnittstellen zu Fachämtern. Wo solche Ämter in Deutschland bereits existieren, fällt die Erfahrungsbilanz überwiegend positiv aus (Lenk 1992: 570).

Weiter erhöht wird die Tragfähigkeit all dieser Ansätze zur Verbesserung der Kommunikationsfähigkeit zwischen Politik, Verwaltung und Bürgern, indem die Abläufe bei der Politikumsetzung den Geboten von Transparenz und Offenheit folgen. Wie verhaltensökonomische Experimente belegen, fördert eine übersichtliche und nachvollziehbare Darstellung von Reformabläufen deren Akzeptanz und stärkt die Empfindung von Bürgernähe, während die Gefahr von Reaktanzen und Widerständen dadurch abnimmt (Förg et al. 2007: 17).

Diese Erkenntnisse scheinen beim Umbau der Bundesanstalt für Arbeit im Rahmen der Agenda 2010 kaum eine Rolle gespielt zu haben. Die Umbaupläne für die Bundesanstalt für Arbeit fielen derart komplex aus, dass sie den Bürgern und der Verwaltung praktisch nicht mehr vermittelt werden konnten. Selbst innerhalb der Behörde erwies es sich als äußerst schwierig, die beschlossenen Reformen plausibel zu kommunizieren (Nullmeier 2008: 181). Als gelungenes Gegenbeispiel für erhöhte Transparenz lässt sich dagegen der regelmäßige Versand von Informationen zum Stand des individuellen Rentenkontos anführen, der im Zuge der Rentenreform der Regierung Schröder beschlossen wurde (Hegelich 2008: 239).

Das Transparenzgebot erfordert von Seiten der Politik und der Verwaltung schließlich auch den offenen Umgang mit Problemen, die während der Reformumsetzung sichtbar werden. Vertrauensstiftend wirkt diese Offenheit bei den Bürgern vor allem dann, wenn Politik und Administration die Probleme nicht nur transparent machen, sondern auch Verbesserungsvorschläge anbieten können.

Umsetzungsakteure aktivieren

Im deutschen Vollzugsföderalismus sind mit den Ländern und Kommunen verschiedene Regierungsebenen an der Reformumsetzung beteiligt. Darüber hinaus sind Politik und Verwaltung in zahlreichen Politikfeldern auf die Kooperation mit nicht-staatlichen Leistungserbringern angewiesen. Dies gilt insbesondere für Bereiche, in denen starke Elemente der Selbstverwaltung existieren – wie etwa im Gesundheitswesen (Rüb, Alnor und Spohr 2008: 38f.). Die Erfolgsaussichten einer Reformpolitik hängen deshalb nicht zuletzt davon ab, wie stark, wie umfassend und zu welchem Zeitpunkt diese Umsetzungsakteure in die Entwicklung und Implementierung von Reformpolitik einbezogen werden.

Politisches und administratives Handeln, das allein auf hierarchisches Steuern durch Zielvorgaben, Handlungsprogramme und gesetzliche Vorgaben setzt, stößt sehr schnell an seine Gestaltungsgrenzen (Jann und Wegrich 2003: 90). Um Reformwiderstände zu minimieren, eine bedarfsgerechte Reformumsetzung vor Ort sicherzustellen und funktionierende Feedback-Schleifen für die zuverlässige Bewertung des Reformfortgangs zu etablieren, müssen möglichst viele Umsetzungsakteure als Reformunterstützer aktiviert werden.

Dafür sollten vorrangig drei Aufgaben erfüllt werden: Zunächst ist für den Umgang mit umsetzungsrelevanten Stakeholdern grundsätzlich zu klären, in welchem Maße Einbindungsstrategien überhaupt möglich sind bzw. an welcher Stelle eher gezielte Ausgrenzungsstrategien Erfolg versprechen. Die politischen Reformziele müssen zweitens so übersetzt und konkretisiert werden, dass sie an das Vollzugshandeln der Verwaltung anschlussfähig sind und sich Letztere ausreichend eingebunden fühlt. Untrennbar damit hängt die dritte Aufgabe zusammen: eine klare Verteilung und Delegation der Umsetzungsverantwortung bis hinunter zur einzelnen Fachbehörde.

Reformen drohen zu scheitern, »wenn Regierungen bzw. Kernexekutiven eine konzentrierte Konfrontationsstrategie fahren, die sich gegen die wichtigsten Interessengruppen richtet und die Parteienkonkurrenz verstärkt« (Rüb, Alnor und Spohr 2008: 46). Diese Beobachtung gilt auch dann, wenn die Interessen relevanter Stakeholder weitgehend außen vor gelassen werden. Werden die Interessen dieser Stakeholder bereits während der Ausarbeitung des Reformprogramms berücksichtigt, so kann dies ein wirksamer Weg sein, um möglichen Widerständen von deren Seite in der Implementierungsphase vorzubeugen. Im Falle der Rentenreform gelang es der Regierung Schröder beispielsweise, sich die Mitarbeit der Gewerkschaften bei der Umsetzung zu sichern, indem deren tarifpolitische Kompetenzen über die betrieblichen Zusatzrenten erweitert wurden (Hegelich 2008: 238).

Allerdings besagt dies keineswegs, dass eine umfassende Stakeholder-Partizipation sich in jedem Fall zuträglich auf die Umsetzung eines Reformvorhabens auswirkt. Aus Sicht der Reformakteure ist die Ausweitung von Beteiligungsmöglichkeiten häufig mit der Gefahr eingeschränkter Reformfähigkeit verbunden – und zwar immer dann, wenn es unter den zentralen Stakeholdern starke Verfechter des Status quo gibt, die ihre Mitsprachemöglichkeiten dafür nutzen, Veränderungen zu blockieren.

Je nach Akteurskonstellation erscheint es deshalb eher ratsam, im Umgang mit umsetzungsrelevanten Stakeholdern abgestufte Formen der Partizipation zuzulassen oder bestimmte Interessen- und Einflussgruppen sogar gezielt auszugrenzen. Nach diesem Muster ging zum Beispiel die Große Koalition vor, als sie im Zuge der Gesundheitsreform die Rolle der Hausärzte deutlich aufwertete, um auf diese Weise erfolgreich die Einheitlichkeit der ärztlichen Interessenvertretung und deren internen Zusammenhalt zu schwächen (Rüb, Alnor und Spohr 2008: 39). Zugleich war Kanzleramtsminister de Maizière stark darum bemüht, auch die Interventionen anderer Verbandsfunktionäre, insbesondere der Pharmaindustrie, abzuwehren. Intensive Verbandskontakte prägten die Politik so auf der fachlichen Ebene wesentlich weniger als inhaltliche Ziele. Dies erleichterte auch die Einigung auf der Fachebene (Bandelow und Schade 2008: 105).

Es ist deshalb zweckmäßig, schon zu einem sehr frühen Zeitpunkt des Reformprozesses eine gründliche Analyse der umsetzungsrelevanten Stakeholder vorzunehmen und auf der Basis dieser Interessenlandkarte Strategien für den Umgang mit diesen Akteuren vorzubereiten. Einige Besonderheiten gelten dabei für das Verhältnis von Politik und Administration. Auch hier birgt eine frühzeitige Einbeziehung der Verwaltung zwar das Risiko von Reibungsverlusten bei der Reformumsetzung. Angelegt ist dieses Risiko bereits in der funktionalen Kompetenzverteilung im deutschen Bundesstaat, wo die Gesetzgebung im Schwerpunkt beim Bund, der Verwaltungsvollzug aber im Regelfall bei den Ländern liegt. Dennoch spricht einiges in der Abwägung dafür, dass eine frühzeitige Einbeziehung der administrativen Ebene zur Absenkung von Reformhürden bei der Politikumsetzung beiträgt.

Schon unter dem Gesichtspunkt der Praktikabilität empfiehlt es sich, die Vollzugsexpertise der Administration für die Entwicklung von Reformkonzepten möglichst umfassend zu nutzen. Hinzu kommt, dass ein enges Zusammenspiel zwischen Politik und Verwaltung auch deshalb unabdingbar ist, weil politische Akteure ihre Reformziele stets auch unter dem Vorzeichen machtpolitischer und wahltaktischer Überlegungen formulieren, während die Administration stärker sach- und umsetzungsorientiert handelt.

Diese unterschiedlichen Rationalitäten erfordern erhebliche Übersetzungsleistungen an der Schnittstelle von Politik und Verwaltung, um Reformen effektiv umzusetzen. Im Vordergrund steht dabei einerseits die Aufgabe, politische Zielsetzungen so zu operationalisieren, dass daraus führungsrelevante Vorgaben für das Verwaltungshandeln abgeleitet werden können. Andererseits müssen die Ergebnisse der administrativen Reformumsetzung ständig in engem Bezug zu ihrem politischen Kontext stehen, um die angestrebten Veränderungen durchsetzen zu können (Schedler und Proeller 2006: 65).

Dass eine direkte Einbeziehung der Verwaltung durch die Politik erforderlich ist, um die angestrebten Reformziele bei der Politikumsetzung möglichst weitgehend zu erreichen, ist daher unstrittig. Wie aber lässt sich dieses Zusammenspiel zwischen Reformpolitik und Verwaltung möglichst konstruktiv gestalten?

Schlüsselbedeutung für die Beantwortung dieser Frage hat die Mitarbeitermotivation in der Verwaltung, die nicht zuletzt durch den Zuschnitt des administrativen Aufgabenprofils und die damit verbundenen Gestaltungsmöglichkeiten beeinflusst werden kann. Erfahrungsgemäß fördern Umsetzungsstrategien, die der Verwaltung innerhalb der jeweiligen politischen Rahmenvorgaben ein gewisses Maß an eigenen Handlungsspielräumen, Entscheidungsfreiheit und Erfolgsverantwortung einräumen, die individuelle Motivation und Innovationskraft bei der Politikimplementierung (Lindenau 2007: 29).

Dies gilt vor allem dann, wenn von der Politik zusätzliche Anreize gesetzt werden, diese Freiheiten auf Ebene der Verwaltung auch tatsächlich zu nutzen. Geschehen kann dies zum einen durch den Ausbau von Mitarbeiterqualifikationen in der Administration, indem im Rahmen der Personalentwicklung beispielsweise spezielle Angebote zur Führungsfortbildung oder Nachwuchsförderung unterbreitet werden. Zum anderen ist eine Vielzahl von monetären und nichtmonetären Anreizen denkbar, um die Leistungsbereitschaft administrativer Umsetzungsakteure zu erhöhen (Schedler und Proeller 2006: 242f.) – wenngleich hierzu einschränkend anzumerken ist, dass dieser Option im Rahmen des deutschen Beamtenrechts relativ enge Grenzen gesetzt sind.

Der Übergang von diesen Stellhebeln für ein möglichst konstruktives Zusammenspiel zwischen Politik und Verwaltung hin zu der dritten strategischen Steuerungsaufgabe auf dem Gebiet der Reformumsetzung ist fließend. Diese Aufgabe besteht darin, dass die politischen Reformakteure eine robuste, reaktionsschnelle und flexible Systemarchitektur mit klaren Verantwortlichkeiten etablieren sollten. Im Kern bedeutet dies, dass die Umsetzungsaufträge an die Verwaltung durch die Vorgabe von eigenständig zu erfüllenden Leit- und Teilzielen auf die zuständigen Behörden und Einrichtungen heruntergebrochen werden.

Dies ist zum Beispiel bei der Rentenreform zumindest teilweise gelungen. Der Gesetzgeber band die Verwaltung frühzeitig ein. Der

Bundesversicherungsanstalt für Angestellte wurde die Einrichtung einer Zentralen Zulassungsstelle für Altersvermögen übertragen, der Bundesanstalt für Finanzdienstleistungsaufsicht die Einrichtung einer Zulassungsstelle für die Zertifizierung von Riester-Produkten (Hegelich 2008: 240ff.).

Trotz der im Rahmen einer derartigen Systemarchitektur angelegten Freiräume für flexibles Vollzugshandeln sollte eine solche Struktur klare Kriterien und Milestones für die Bewertung der erzielten Reformfortschritte vorsehen. Erst hierdurch wird auf der administrativen Vollzugsebene eine klare Verantwortungszuweisung für erzielte oder fehlende Umsetzungserfolge möglich.

4.5 Erfolgskontrolle: Reformanpassungen und politisches Lernen

Im fünften Handlungsfeld politischer Prozesssteuerung – der Erfolgskontrolle – werden die beabsichtigten und unbeabsichtigten Wirkungen sowie die Zielerreichung von Reformen gemessen und bewertet. Abweichend von der chronologischen Phasenabfolge im klassischen Politikzyklusmodell geht es hier bei der Anwendung des SPR jedoch nicht allein um die Bewertung der Reformergebnisse. Vielmehr ist die Erfolgskontrolle im Rahmen des Strategietools prozessbegleitend konzipiert.

Der Prozessanalyse anhand des Tools liegt somit ein erweitertes Verständnis von politischer Erfolgskontrolle zugrunde, das auch von der Politikwissenschaft gestützt wird (Jann und Wegrich 2003: 92; Wollmann 2003: 339). Das Ziel einer solchen Erfolgskontrolle besteht darin, über den gesamten Reformverlauf hinweg politische Lernprozesse anzustoßen. Sie eröffnet den politischen Akteuren der Kernexekutive somit an jedem Punkt eines Reformprozesses die Möglichkeit, Zielabweichungen zu erkennen und gegebenenfalls rasch gegenzusteuern.

Kontrollmechanismen effektivieren

In der Kompetenzdimension des Strategietools geht es bei der Erfolgskontrolle vor allem darum festzustellen, welche Mechanismen

Abbildung 7: Ziele und Aufgaben bei der Erfolgskontrolle

KONTROLLMECHANIS-MEN EFFEKTIVIEREN	RESPONSIVITÄT GEWÄHRLEISTEN	HANDLUNGSSPIEL-RÄUME BEWAHREN
• Geeignete Evaluationstechniken auswählen • Prozessbegleitend evaluieren • Gesamtkosten und -nutzen bewerten • Politisches Lernen praktizieren	• Öffentliche Resonanz analysieren • Stakeholder-Dialog pflegen • Evaluationsergebnisse zielgruppenspezifisch nutzen	• Flexibles Nachsteuern ermöglichen • Veränderte Akteurskonstellationen berücksichtigen

ERFOLGSKONTROLLE

Quelle: eigene Darstellung

der Prozesskontrolle sich bei der Durchführung politischer Reformen wie gut bewährt haben bzw. welche Kontrollmechanismen sich für die Begleitung spezifischer Reformprozesse besonders gut eignen. Dieses strategische Anliegen einer Effektivierung von Kontrollmechanismen lässt sich wiederum in drei zentrale Steuerungsaufgaben differenzieren: die Auswahl geeigneter Evaluationstechniken, die Durchführung abschließender Kosten-Nutzen-Analysen sowie die tatsächliche Nutzung der Bewertungsergebnisse für politisches Lernen und daraus resultierende Kurskorrekturen.

Für die Evaluation von Reformen existieren verschiedene Techniken und Programme, die die Ergebnisse der Bewertung mit der Budgetierung koppeln. Beispiele hierfür sind das Program Planning and Budgeting System (PPBS), das Zero-Based Budgeting (ZBB) in den USA (Howlett und Ramesh 2003: 212) oder das Performance Budgeting, das in einigen OECD-Ländern angewendet wird (OECD 2007). Allerdings stoßen all diese Methoden bald an ihre Grenzen, da die ihnen zugrunde liegenden rationalistisch-technokratischen Messkonzepte die Realitäten politischer Willensbildung und Entscheidungsfindung nur ungenügend erfassen können (Jann und Wegrich 2003: 94).

So fehlt politischen Reformakteuren meist die Möglichkeit, die Expertise oder auch die Bereitschaft, für angestrebte sozioökonomische Veränderungen vorab realistische Ziele zu definieren und diese in mess- und bewertbarer Form abzubilden. Erklären lässt sich dies zum einen dadurch, dass die nationale Politik sich angesichts des erreichten Grades an internationaler Verflechtung kaum mehr zu zuverlässigen Aussagen darüber in der Lage sieht, wie groß ihr tatsächliches Einflusspotenzial ist.

Ein weiterer Hauptgrund für die Unschärfe der Zielsetzungen demokratischen Regierens besteht darin, dass sich diese Ziele angesichts permanenter politischer Verhandlungszwänge im Prozessverlauf ständig ändern. Und drittens resultiert alleine aus den beiden erstgenannten Gründen eine geringe Bereitschaft politischer Reformakteure, präzise Messlatten für den Erfolg ihres politischen Handelns zu liefern. Zu groß ist das damit verbundene Risiko, diese Zielmarken zu verfehlen und dadurch an Macht und Wählerstimmen einzubüßen.

Folglich existiert kein einfaches Rezept für eine zuverlässige Evaluation des Erfolgs politischer Reformprogramme. Welche Bewertungsmethoden und -verfahren konkret zur Anwendung kommen sollen, müssen die Reformakteure aus der jeweiligen Situation heraus entscheiden.

Immerhin lassen sich jedoch zwei Grundelemente normativer Bewertungsansätze benennen, die Politik und Verwaltung bei der Konzeption von Evaluationskonzepten als Orientierungsmaßstab heranziehen sollten: Zum einen ist Erfolgskontrolle überhaupt nur dann möglich, wenn zumindest ein gewisses Maß an Klarheit über die Ziele besteht, ohne dass diese zwingend bis ins letzte Detail festgelegt werden müssen. Zum anderen muss eine solide und allgemein anerkannte Datengrundlage vorhanden sein, auf deren Basis sich die erzielten Ergebnisse zuverlässig überprüfen lassen. Genau eine solche intersubjektiv gültige Datengrundlage fehlte bei der Rentenreform der Regierung Schröder. So bezweifelten Akteure der Kernexekutive die Belastbarkeit des Datenmaterials aus dem Arbeitsministerium, was eine gemeinsame Lösungsfindung erschwerte (Hegelich 2008: 233).

Wichtig ist in jedem Fall, die Erfolgskontrolle nicht erst nach Abschluss des Reformprozesses zu beginnen, sondern prozessbegleitend zu evaluieren. Während des gesamten Reformverlaufs müssen Veränderungen in Akteurskonstellation und Umwelt analysiert und die daraus gewonnenen Erkenntnisse auf die Reformstrategie rückbezogen werden (Raschke und Tils 2007: 435). Im Einzelnen erfordert dies beispielsweise, dass die Reformakteure ständig im Auge behalten, ob sich die Machtverhältnisse innerhalb der Kernexekutive verschieben, wie sich die Opposition gerade positioniert oder welche personellen bzw. strukturellen Veränderungen sich auf Seiten zentraler Stakeholder des jeweiligen Reformvorhabens vollziehen.

Überdies ist der ständige Abgleich mit aktuellen Veränderungen des internationalen, wirtschaftlichen und sozialen Umfeldes gefordert, aus denen ebenfalls die Notwendigkeit reformpolitischen Umsteuerns resultieren kann. Vervollständigt werden sollten diese prozessbegleitenden Bewertungsaktivitäten schließlich durch eine kontinuierliche Wirkungskontrolle und Mechanismen zur Früherkennung möglicher Gelegenheitsfenster. Wie wenig die politische Praxis diesen hohen Anforderungen an ein funktionierendes System prozessbegleitender Erfolgskontrolle oftmals entspricht, zeigt sich daran, dass bei keiner der in diesem Band behandelten Reformen eine systematische begleitende Evaluation erfolgte.

Neben der Wahl geeigneter Evaluationstechniken und den permanenten prozessbegleitenden Aktivitäten zur Kursbestimmung liegt ein weiteres Merkmal strategischer Reformprozesssteuerung darin, dass abschließend Gesamtkosten und -nutzen der erzielten Politikergebnisse bewertet werden. Diese Erfolgskontrolle erfolgt zumeist innerhalb der Regierung, wobei mitunter auch die Dienste externer Spezialisten in Anspruch genommen werden.

Dabei gilt, dass die Ergebnis- und Wirkungsevaluation nach Abschluss eines Reformprozesses verschiedene Aspekte zum Gegenstand haben kann, nämlich die Bewertung des Aufwands, der Effektivität, der Effizienz und des Prozessablaufs. Bei der Überprüfung des Aufwands (»effort evaluation«) wird der Input gemessen, wie zum Beispiel Personal, eingesetzte Infrastruktur oder Kosten für Kommunikation und Transport. Die Messung der Effektivität (»effectiveness evaluation«) zielt darauf ab herauszufinden, inwieweit ein Programm seine Ziele tatsächlich erreicht hat. Aus den Ergebnissen dieser Messung können dann Empfehlungen für die Veränderung des Programms oder einzelner Policys abgeleitet werden.

Bei der Effizienzanalyse (»efficiency evaluation«) soll hingegen ermittelt werden, ob die Ziele nicht zu geringeren Kosten hätten erreicht werden können. Im Rahmen der Prozessevaluation (»process evaluation«) werden schließlich Organisation, Entscheidungsregeln und Arbeitsabläufe analysiert. Dabei werden beispielsweise Aspekte wie die strategische Planung, das Finanzmanagement oder die Beziehungen zum Bürger als Nutzer staatlicher Leistungsangebote in den Blick genommen (Howlett und Ramesh 2003: 211f.).

So ausgefeilt die Verfahren der Erfolgskontrolle auch sein mögen – wenn sie zu keinen politischen Lernprozessen und damit zu keinerlei Zuwachs der Strategiefähigkeit der Reformakteure führen, bleiben sie Selbstzweck. Zentrale Voraussetzung dafür, dass Mechanismen der Erfolgskontrolle auch ihren vollen politischen Mehrwert entfalten, ist ein hohes Maß an Lernfähigkeit und die Bereitschaft der Akteure, politisches Lernen zu praktizieren. Denn: »Dogmatiker sind keine Strategen« (Raschke und Tils 2007: 434).

Nur soweit diese Lernbereitschaft vorhanden ist, können die Akteure Erkenntnisse darüber gewinnen, welche Reformstrategien unter welchen Bedingungen zum Erfolg geführt haben, welche Themen besonders gute Chancen haben, auf die öffentliche Agenda zu gelangen, und inwieweit die ihrer Politik zugrunde liegenden Ziele und Problemwahrnehmungen sachgerecht und mehrheitsfähig sind (Howlett und Ramesh 2003: 220).

Das politische Lernpotenzial effektiver Erfolgskontrolle ist also keineswegs auf die Ebene der Steuerungsinstrumente beschränkt. Werden die Evaluationsergebnisse selbst von den politischen Entscheidern als strategisches Steuerungsinstrument ernst genommen, so werden sie diese gegebenenfalls auch zum Anlass nehmen, politische Positionen zu überdenken und ihre Prozessplanung anzupassen. In letzter Konsequenz kann dies sogar einen Wandel auf der fundamentalen Ebene von Werten und Anschauungen bewirken (Busenberg 2001).

Allerdings sind dieser Lernfähigkeit in der politischen Praxis offenbar enge Grenzen gesetzt. Gerade eine zu starke Betonung der Durchsetzungsfähigkeitsdimension erschwert politisches Lernen erheblich. Dies zeigt sich besonders deutlich bei der Agenda 2010: Angesichts der heftigen Kritik an ihrem Reformkurs sah sich die Regierung Schröder dazu veranlasst, eine Politik des unbeirrbaren Durchhaltens zu forcieren. Im Zuge der Reformumsetzung sah sie keine Möglichkeit mehr für größere Kursanpassungen, weil aus ihrer Sicht damit auch der Kern der angestrebten Reformen in Mitleidenschaft gezogen worden wäre (Nullmeier 2008: 179).

Responsivität gewährleisten

In einem weiteren Sinne werden politische Erfolgs- und Qualitätskontrollen nicht allein von Reformakteuren in Kernexekutive und Verwaltung vorgenommen, sondern auch von Wissenschaftlern, Oppositionspolitikern und den Bürgern. Jeder politisch Interessierte bewertet auf seine Weise die Reformpolitik der Regierung (Howlett und Ramesh 2003: 215).

Wie die politische Entscheidung ist auch diese öffentliche Bewertung nicht wertfrei und nimmt auch nicht allein die sachlich-handwerkliche Qualität von Reformen in den Blick. In die Beurteilung des Einzelnen fließen parteipolitische Präferenzen ebenso ein wie etwa seine generelle Einstellung zur Politik. Nicht zuletzt sind es diese subjektiven Bewertungen des politischen Erfolgs einer Regierung, die bei Bundestagswahlen über deren Fortbestand oder Ende entscheiden.

Auch unter machtpolitischen Gesichtspunkten muss also bei der Konzeption und Umsetzung von Reformpolitik ein hohes Maß an Responsivität gegenüber den Erwartungen der Bürger bzw. Stakeholder sowie deren Zufriedenheit mit den angestoßenen Veränderungen sichergestellt werden. Dafür ist es in erster Linie erforderlich, die öffentliche Resonanz auf die Reformpolitik fortlaufend zu analysieren, den kontinuierlichen Dialog mit zentralen Stakeholdern zu suchen und vorliegende Evaluationsergebnisse zielgruppenspezifisch für die Sicherung des notwendigen Reformrückhalts in der Öffentlichkeit zu nutzen.

Neben einer Fülle von demoskopischen Umfrageinstrumenten ist vor allem die laufende Auswertung des Medientenors ein zentraler Gradmesser für die öffentliche Resonanz auf bestimmte Reformen – und damit ein tragender Pfeiler responsiver Reformpolitik. Allerdings filtern die Medien die Interessen der Bürger nach eigenen professionellen und inhaltlichen Grundsätzen. Da auch Meinungsumfragen die Realität nur bruchstückhaft abzubilden vermögen, müssen die Informationen aus der Medienanalyse zusätzlich durch direkte Bürgerkontakte ergänzt werden.

Der direkten Kommunikation zwischen Spitzenpolitikern und Bürgern sind allerdings Grenzen gesetzt. Deshalb sollten die Schlüsselakteure der Kernexekutive auf vermittelte Formen der Kommunikation zurückgreifen, wie zum Beispiel Berichte von Abgeordneten über die Stimmung in ihren Wahlkreisen (Raschke und Tils 2007: 183). Auch Bürger- und Mitgliederforen der Parteien, öffentliche Anhörungen oder Webblogs bieten sich als Plattformen für responsive Reformpolitik an (Howlett und Ramesh 2003: 215f.).

Wenig hilfreich bleibt der Einsatz solcher Instrumente allerdings, wenn negatives Feedback mit einer Verhärtung der Position der Reformakteure beantwortet wird. So vergrößerten im Fall der Agenda 2010 die negativen Rückmeldungen von der Parteibasis und die schlechten Wahlresultate die Tendenz der Beharrung auf dem einmal gewählten Reformweg (Nullmeier 2008: 175ff.).

Besonders intensiv sollten die politischen Akteure den Dialog mit jenen gesellschaftlichen und wirtschaftlichen Stakeholdern pflegen, die spürbaren Einfluss auf das Gelingen oder Scheitern eines Reformprozesses haben. Verstetigt werden kann dieser Austausch beispielsweise durch die Einrichtung von Beratungsgremien, denen Repräsentanten dieser Stakeholder angehören (Howlett und Ramesh 2003: 215f.). Auch auf Parteitagen geht es nicht nur darum zu sondieren, ob die Basis spezifische Reformvorhaben mitträgt, sondern auch darum, den aktiven Dialog mit der Basis zu suchen.

Generell sollte die politische Kommunikation mit relevanten Reform-Stakeholdern dialogisch angelegt sein. Kritik der jeweiligen Akteure sollte offen aufgenommen werden und erkennbaren Niederschlag in den weiteren Reformüberlegungen finden. Die Bereitschaft zum ernsthaften Dialog ist essenziell für die Glaubwürdigkeit von Reformpolitik. Dies bedeutet aber auch, dass kritische Rückmeldungen von Bevölkerung und Stakeholdern nicht einfach – wie bei der Rentenreform der Regierung Schröder geschehen – als reine Kommunikationsprobleme betrachtet werden dürfen (Hegelich 2008: 207).

Schließlich lässt sich die Responsivität politischen Handelns auch dadurch erhöhen, dass vorliegende Evaluationsergebnisse nicht einfach in der Schublade verschwinden. Vielmehr sollten die Reformakteure möglichst zielgruppenspezifisch von diesen Ergebnissen der Erfolgskontrolle Gebrauch machen. Zeichnen sich also Negativentwicklungen ab, so sollten die politischen Akteure darüber möglichst bald informieren und die Hintergründe frühzeitig erklären. Ihre Glaubwürdigkeit hängt wesentlich davon ab, dass sich weder Parteibasis noch Bürger von diesen anstehenden Entwicklungen überrumpelt fühlen. Fällt die Reformbewertung hingegen positiv aus, so besteht für die Kernexekutive eine Möglichkeit zum konstruktiven Umgang mit diesen Ergebnissen darin, öffentlich darüber zu informieren und so bei den Bürgern eine breite Zustimmungsbasis aufzubauen.

Handlungsspielräume bewahren

Praktische Wirkung entfaltet die Erfolgskontrolle von Reformprozessen, wenn sie politisches Lernen anstößt und dies nötigenfalls zum Nachjustieren bei der Prozesssteuerung führt. Dies setzt allerdings nicht nur Lernbereitschaft und -fähigkeit auf Seiten der politischen Akteure voraus. Diese müssen auch über die erforderlichen Handlungsspielräume verfügen, um überhaupt noch flexibel nachsteuern zu können.

Nur wenn über den gesamten Reformprozess hinweg gewisse politische Gestaltungsfreiräume gewahrt bleiben, sind rasche Anpassungen an bisher nicht beachtete oder neu aufgetretene Probleme sowie Kurskorrekturen im Prozessablauf denkbar. Reformstrategien sollten deshalb grundsätzlich so angelegt werden, dass sie Bewegungsspielräume offenhalten.

Ein Weg dorthin führt über die Einführung routinemäßiger Überprüfungen des Reformfortgangs. Außerdem ist es hilfreich, wenn die politischen Akteure bereits zu Prozessbeginn jene Entscheidungsregeln festlegen, die im Falle einer Änderung der Reformroute greifen sollen. Und schließlich erfordert die Wahrung von flexiblen Handlungsspielräumen wiederum ein hohes Maß an Responsivität, um Kritik aus der Öffentlichkeit und von Seiten einflussreicher Stakeholder konstruktiv aufnehmen und verarbeiten zu können.

Bleibt dies aus, so drohen Reformen unter Dauerbeschuss zu geraten – bis hin zum Verlust ihrer Legitimationsbasis. Ist dieser Punkt jedoch erst einmal erreicht, so dürfte es den Reformakteuren kaum mehr gelingen, Nachbesserungen an dem starren Korsett des einmal gewählten Reformkurses vorzunehmen. Genau diese Entwicklung prägte die Agenda 2010: Der Umstand, dass die dort angestrebten Reformen bis in die Reihen der SPD hinein heftig umstritten waren, führte auf Seiten der Regierung zur Entstehung einer regelrechten »Festungsmentalität«, die wiederum jede Flexibilität im Umgang mit Kritik und Anregungen im Keim erstickte (Nullmeier 2008: 185).

Relevant für die Fähigkeit zum flexiblen Nachsteuern ist außerdem die Bereitschaft der Reformakteure, ihre Ideen und Handlungen kritisch zu hinterfragen. Überdies sollten sie in den Reihen der eigenen Partei und Fraktion ständig intensiv um Verständnis dafür werben, dass sich Abweichungen vom ursprünglich vorgesehenen Reformkurs als unvermeidlich erweisen können. In der politischen Praxis lässt sich jedoch beobachten, dass gerade diese grundsätzliche Bereitschaft zur Korrektur eines bereits eingeschlagenen Kurses oftmals schwach ausgeprägt ist. So war etwa die Rentenreform der Regierung Schröder auf eine Weise konzipiert, dass ein flexibles Nachsteuern an irgendeiner Stelle nicht nur die Riester-Reform, sondern auch die gesamte Linie der schröderschen Sozialpolitik in Frage gestellt hätte (Hegelich 2008: 243).

Der Erhalt flexibler Gestaltungsspielräume ist überdies ein zweischneidiges Schwert. Für die Steuerung politischer Reformprozesse ist zwar politische Lern- und Anpassungsfähigkeit erforderlich. Zugleich sollten die Reformakteure der Kernexekutive jedoch darauf bedacht sein, die zentralen Kernanliegen ihrer Reformpolitik nicht preiszugeben und kontinuierlich auf deren Verwirklichung hinzuwirken (Rüb, Alnor und Spohr 2008: 12).

Eine Kernexekutive, die überhaupt keine klare Reformlinie und kein programmatisches Profil mehr erkennen lässt, weil sie permanent tagespolitischen Stimmungslagen hinterherläuft, wirkt unglaubwürdig. Sie verunsichert die Wählerschaft ebenso wie die jeweilige Parteibasis. Hier gilt es demnach ständig, ein Gleichgewicht zwischen notwendiger Flexibilität des Reformhandelns und grundsätzlicher Kurstreue zu wahren.

Und schließlich markiert auch das sich im Verlauf eines Reformprozesses verändernde Akteursumfeld die Möglichkeiten und Grenzen für flexibles Nachsteuern. Anpassungen der Reformstrategie versprechen nur dann Erfolg, wenn es gelingt, auch für den neuen Kurs wieder starke Bündnispartner und ausreichende öffentliche Mehrheiten zu finden. Deshalb sollte vor jeder relevanten Kursänderung sorgfältig analysiert werden, welche Akteure dieses Umsteuern nicht mehr automatisch mittragen dürften, wie sie von der Richtigkeit der vorzunehmenden Kurskorrektur überzeugt werden können, sowie gegebenenfalls, welche anderen Unterstützer an ihrer Stelle ins Boot geholt werden sollten.

Mit den Ausführungen zur Strategieaufgabe »Handlungsspielräume bewahren« kommt die Einführung in die Konzeption des Strategietools für politische Reformprozesse zum Abschluss. Auf den vorangehenden Seiten wurde detailliert erläutert, welche Zielsetzungen aus Sicht des SPR verfolgt werden sollten, um Reformpolitik strategisch zu steuern, und welche Aufgaben sich politischen Entscheidern in diesem Kontext stellen. Zusammenfassend lässt sich das nun um die Aufgabenebene ergänzte Tool graphisch folgendermaßen darstellen:

Abbildung 8: Das Strategietool für politische Reformprozesse

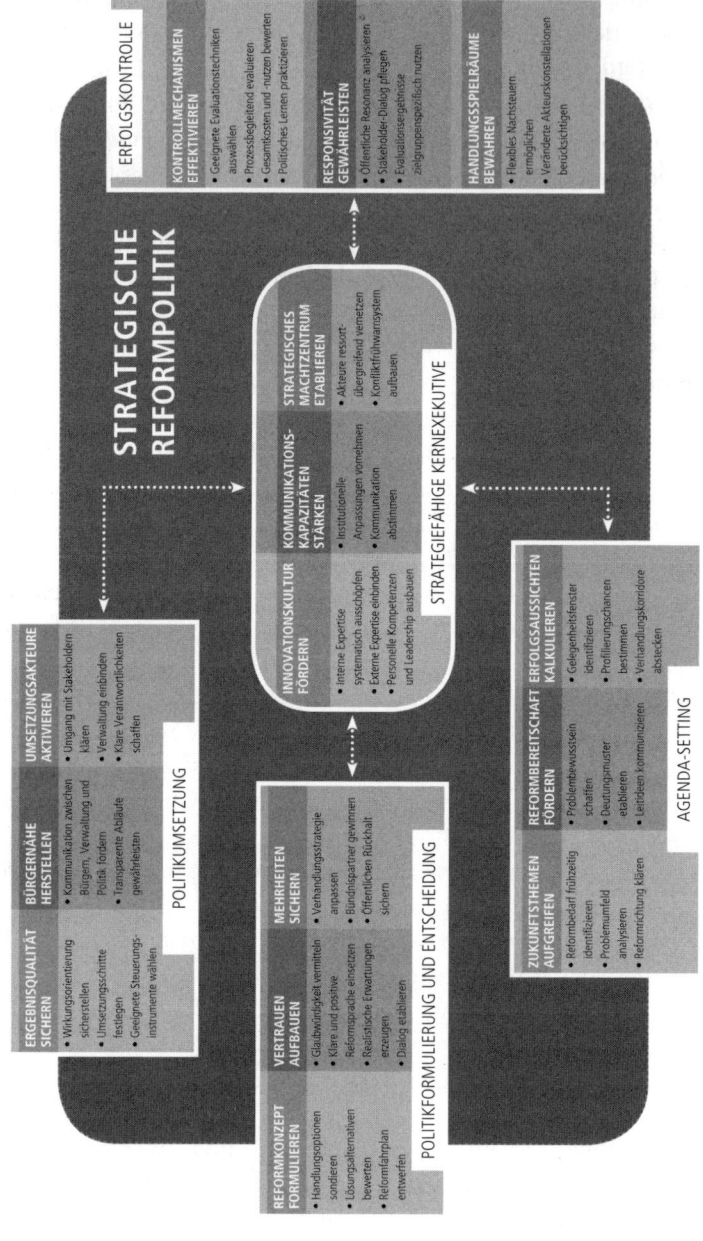

STRATEGISCHE REFORMPOLITIK

STRATEGIEFÄHIGE KERNEXEKUTIVE

ERFOLGSKONTROLLE

KONTROLLMECHANISMEN EFFEKTIVIEREN
- Geeignete Evaluationstechniken auswählen
- Prozessbegleitend evaluieren
- Gesamtkosten und -nutzen bewerten
- Politisches Lernen praktizieren

RESPONSIVITÄT GEWÄHRLEISTEN
- Öffentliche Resonanz analysieren
- Stakeholder-Dialog pflegen
- Evaluationsergebnisse zielgruppenspezifisch nutzen

HANDLUNGSSPIELRÄUME BEWAHREN
- Flexibles Nachsteuern ermöglichen
- Veränderte Akteurskonstellationen berücksichtigen

POLITIKUMSETZUNG

ERGEBNISQUALITÄT SICHERN
- Wirkungsorientierung sicherstellen
- Umsetzungsschritte festlegen
- Geeignete Steuerungsinstrumente wählen

BÜRGERNÄHE HERSTELLEN
- Kommunikation zwischen Bürgern, Verwaltung und Politik fördern
- Transparente Abläufe gewährleisten

UMSETZUNGSAKTEURE AKTIVIEREN
- Umgang mit Stakeholdern klären
- Verwaltung einbinden
- Klare Verantwortlichkeiten schaffen

Kernbereich (strategisches Zentrum)

INNOVATIONSKULTUR FÖRDERN
- Interne Expertise systematisch ausschöpfen
- Externe Expertise einbinden
- Personelle Kompetenzen und Leadership ausbauen

KOMMUNIKATIONSKAPAZITÄTEN STÄRKEN
- Institutionelle Anpassungen vornehmen
- Kommunikation abstimmen

STRATEGISCHES MACHTZENTRUM ETABLIEREN
- Akteure ressortübergreifend vernetzen
- Konfliktfrühwarnsystem aufbauen

POLITIKFORMULIERUNG UND ENTSCHEIDUNG

REFORMKONZEPT FORMULIEREN
- Handlungsoptionen sondieren
- Lösungsalternativen bewerten
- Reformfahrplan entwerfen

VERTRAUEN AUFBAUEN
- Glaubwürdigkeit vermitteln
- Klare und positive Reformsprache einsetzen
- Realistische Erwartungen erzeugen
- Dialog etablieren

MEHRHEITEN SICHERN
- Verhandlungsstrategie anpassen
- Bündnispartner gewinnen
- Öffentlichen Rückhalt sichern

AGENDA-SETTING

ZUKUNFTSTHEMEN AUFGREIFEN
- Reformbedarf frühzeitig identifizieren
- Problemumfeld analysieren
- Reformrichtung klären

REFORMBEREITSCHAFT FÖRDERN
- Problembewusstsein schaffen
- Deutungsmuster etablieren
- Leitideen kommunizieren

ERFOLGSAUSSICHTEN KALKULIEREN
- Gelegenheitsfenster identifizieren
- Profilierungschancen bestimmen
- Verhandlungskorridore abstecken

Quelle: eigene Darstellung

Die folgenden Fallstudien von Nils C. Bandelow und Mathieu Schade, Frank Nullmeier, Simon Hegelich sowie Manuel Fröhlich und Stefan Schneider illustrieren, wie das SPR für die Ex-post-Analyse konkreter Reformprozesse genutzt werden kann. Im Fokus der Beiträge stehen große Reformprojekte der zurückliegenden Jahre. All diese Reformen haben erfolgreiche Seiten. Keines der folgenden Fallbeispiele wird jedoch allgemein als großer Reformerfolg gewertet. Weshalb dies so ist, arbeiten die differenzierten Untersuchungen anhand der Kriterien des SPR systematisch heraus.

Literatur

Althoff, Jens. »Der Faktor Glaubwürdigkeit: Voraussetzung wirkungsvoller Reformkommunikation«. *Reformen kommunizieren. Herausforderungen an die Politik.* Hrsg. Werner Weidenfeld. Gütersloh 2007. 206–222.

Bandelow, Nils C. *Kollektives Lernen durch Vetospieler? Konzepte britischer und deutscher Kernexekutiven zur europäischen Verfassungs- und Währungspolitik.* Baden-Baden 2005.

Bandelow, Nils C., und Mathieu Schade. »Die Gesundheitsreform der Großen Koalition: Strategische Erfolge im Schatten des Scheiterns«. *Politische Reformprozesse in der Analyse.* Hrsg. Thomas Fischer, Andreas Kießling und Leonard Novy. Gütersloh 2008. 85–144.

Beckmann, Jens, und Gerhard Keck. *Beteiligungsverfahren in Theorie und Anwendung.* Stuttgart 1999.

Bertelsmann Stiftung (Hrsg.). *Sustainable Governance Indicators.* Gütersloh 2009 (im Erscheinen).

Brettschneider, Frank. »Agenda Building«. *Politische Kommunikation in der demokratischen Gesellschaft. Ein Handbuch mit Lexikonteil.* Hrsg. Otfried Jarren, Ulrich Sarcinelli und Ulrich Saxer. Opladen 1998. 635.

Brettschneider, Frank. »Massenmedien und Wählerverhalten«. *Handbuch Wahlforschung.* Hrsg. Jürgen W. Falter und Harald Schoen. Wiesbaden 2005. 473–500.

Bullock, Helen, Juliet Mountford und Rebecca Stanley. »Better Policy Making«. Cabinet Office: Centre for Management and Policy Stu-

dies (CMPS). London 2001. www.policyhub.gov.uk/docs/betterpolicymaking.pdf (Download 20.2.2008).
Busenberg, George. »Learning in Organizations and Public Policy«. *Journal of Public Policy* (21) 2 2001. 173–189.
Castanheira, Micael, Vincenzo Galasso, Stéphane Carcillo, Giuseppe Nicoletti, Enrico Perotti und Lidia Tsyganok. »How to Gain Political Support for Reforms«. *Structural Reforms Without Prejudices.* Hrsg. Tito Boeri, Micael Castanheira, Riccardo Faini und Vincenzo Galasso. Oxford und New York 2006. 143–262.
Cobb, Roger W., Jennie-Keith Ross und Marc Howard Ross. »Agenda Building as a Comparative Political Process«. *American Political Science Review* (70) 1 1976. 126–138.
Dettling, Daniel. »Die Zukunft des politischen Agenda-Setting oder: Warum die Tanker Parteien und Verbände schnellere und flexiblere Beiboote und Think Tanks brauchen«. *Agendasetting und Reformpolitik. Strategische Kommunikation zwischen verschiedenen politischen Welten.* Hrsg. Dominik Haubner, Erika Mezger und Hermann Schwengel. Marburg 2005. 365–374.
Förg, Michael, Dieter Frey, Friedrich Heinemann, Eva Jonas, Waldemar Rotfuß, Eva Traut-Mattausch und Peter Westerheide. »Psychologie, Wachstum und Reformfähigkeit. Zusammenfassung, Non-technical Summary und Kurzfassung«. Forschungsauftrag 15/05 des Bundesministeriums der Finanzen 2007. ftp://ftp.zew.de/pub/zew-docs/div/BMF_PWR_Kurzfassung_20070321.pdf (Download 20.2.2008).
Fröhlich, Manuel, und Stefan Schneider. »Die ›Große Steuerreform‹ der Regierung Kohl: Versuch und Scheitern«. *Politische Reformprozesse in der Analyse.* Hrsg. Thomas Fischer, Andreas Kießling und Leonard Novy. Gütersloh 2008. 253–308.
Ganghof, Steffen. »Die Sequenzierung von Reformen in westlichen Demokratien: Typen, Mechanismen und Fallbeispiele«. Gutachten im Auftrag der Bertelsmann Stiftung. Entwurf. 10.10.2007.
Ganghof, Steffen. »Politikwissenschaftliche und politökonomische Perspektiven auf Reformsequenzierung. Typen, Mechanismen und ländervergleichende Fallbeispiele«. *Schritt für Schritt – Sequenzierung als Erfolgsfaktor politischer Reformprozesse?* Hrsg. Bertelsmann Stiftung. Gütersloh 2008. 57–112.

Glaab, Manuela. »Politische Führung als strategischer Faktor«. *Zeitschrift für Politikwissenschaft* (17) 2 2007a. 303–332.
Glaab, Manuela. »Strategie und Politik: das Fallbeispiel Deutschland«. *Die Strategie der Politik – Ergebnisse einer vergleichenden Studie*. Hrsg. Thomas Fischer, Gregor Peter Schmitz und Michael Seberich. Gütersloh 2007b. 67–115.
Hegelich, Simon. »Die Riester-Reform: Systemwechsel durch strategische Politik«. *Politische Reformprozesse in der Analyse*. Hrsg. Thomas Fischer, Andreas Kießling und Leonard Novy. Gütersloh 2008. 191–251.
Helms, Ludger. *Presidents, Prime Ministers and Chancellors. Executive Leadership in Western Democracies*. Houndmills 2005.
Howlett, Michael, und M. Ramesh. *Studying Public Policy. Policy cycles and policy subsystems*. Oxford et al. 2003.
Jann, Werner, und Kai Wegrich. »Phasenmodelle und Politikprozesse: Der Policy Cycle«. *Lehrbuch der Politikfeldanalyse*. Hrsg. Klaus Schubert und Nils C. Bandelow. München 2003. 71–103.
Jun, Uwe, und Karsten Grabow. *Mehr Expertise in der deutschen Politik? Zur Übertragbarkeit des »Evidence-based policy approach«*. Gütersloh 2008.
Kaiser, André. »Ressortübergreifende Steuerung politischer Reformprogramme. Was kann die Bundesrepublik Deutschland von anderen parlamentarischen Demokratien lernen?«. *Jenseits des Ressortdenkens – Reformüberlegungen zur Institutionalisierung strategischer Regierungsführung in Deutschland*. Hrsg. Bertelsmann Stiftung. Gütersloh 2007. 5–54.
Kingdon, John W. *Agendas, Alternatives, and Public Policies*. Boston 1984.
Klein, Josef. »Hartz IV, Agenda 2010 und der ›Job-Floater‹: die Bedeutung von Sprache in Veränderungsprozessen«. *Reformen kommunizieren. Herausforderungen an die Politik*. Hrsg. Werner Weidenfeld. Gütersloh 2007. 159–205.
Knill, Christoph, Michael W. Bauer und Maria Ziegler. *Optimierungsmöglichkeiten vorausschauender Politikgestaltung. Institutionen staatlicher Planung und Koordination im europäischen Vergleich*. Gütersloh 2006.
König, Klaus, und Nicolai Dose. »Klassifikationsansätze zum staatlichen Handeln«. *Instrumente und Formen staatlichen Handelns*.

Hrsg. Klaus König und Nicolai Dose. Köln, Berlin, Bonn, München 1993. 1–150.

Korte, Karl-Rudolf. »Regieren«. *Deutschland-Trendbuch. Fakten und Orientierungen*. Hrsg. Werner Weidenfeld und Karl-Rudolf Korte. Opladen 2001. 515–546.

Korte, Karl-Rudolf, und Manuel Fröhlich. *Politik und Regieren in Deutschland*. 2., erweiterte Auflage. Paderborn 2006.

Korte, Karl-Rudolf, und Gerhard Hirscher (Hrsg.). *Darstellungspolitik oder Entscheidungspolitik. Über den Wandel von Politikstilen in westlichen Demokratien*. München 2000.

Krafft, Alexander, und Günter Ulrich. »Vom Elend des Reformierens«. *Aus Politik und Zeitgeschichte* B40 2004. 3–5.

Lenk, Klaus. »BürgerBüros«. *Wirtschaftsinformatik* (34) 6 1992. 567–576.

Lindenau, Rainer. »Gute Vorbilder: Die Erfolgsbeispiele im Überblick und die Erfolgsfaktoren«. *Staat machen! Erfolgsgeschichten öffentlicher Institutionen*. Hrsg. Wolfgang Tiefensee und Rainer Lindenau. München 2007. 9–33.

Machnig, Matthias. »Strategiefähigkeit in der beschleunigten Mediengesellschaft«. *Jenseits des Regierungsalltags. Strategiefähigkeit politischer Parteien*. Hrsg. Frank Nullmeier und Thomas Saretzki. Frankfurt am Main 2002. 167–178.

Mertes, Michael. »Regierungskommunikation in Deutschland: komplexe Schranken«. *Reformen kommunizieren. Herausforderungen an die Politik*. Hrsg. Werner Weidenfeld. Gütersloh 2007. 17–35.

Niclauß, Karlheinz. »Aufstieg und Fall von Regierungen: Parteien als Kontrollmechanismen der Macht?« *Aufstieg und Fall von Regierungen. Machterwerb und Machterosionen in westlichen Demokratien*. Hrsg. Gerhard Hirscher und Karl-Rudolf Korte. München 2001. 81–92.

Novy, Leonard, und Gregor Peter Schmitz. »Lessons learned: politische Kommunikation im Wandel«. *Reformen kommunizieren. Herausforderungen an die Politik*. Hrsg. Werner Weidenfeld. Gütersloh 2007. 234–253.

Novy, Leonard, Dominic Schwickert und Thomas Fischer. »Von der Beraterrepublik zur gut beratenen Republik? Ein Diskussionsbeitrag zur Situation und Zukunft von Politikberatung in Deutschland«. *Zeitschrift für Politikberatung* (1) 2 2008. 170–190.

Nullmeier, Frank. »Die Agenda 2010: Ein Reformpaket und sein kommunikatives Versagen«. *Politische Reformprozesse in der Analyse.* Hrsg. Thomas Fischer, Andreas Kießling und Leonard Novy. Gütersloh 2008. 145–190.

OECD. *Performance Budgeting in OECD Countries.* 2007. www.sourceoecd.org/finance/9789264034037 (Download 14.1.2008).

Plehwe, Kerstin. »Politische Kommunikation ist keine Einbahnstraße: Instrumente für einen neuen politischen Dialog«. *Reformen kommunizieren. Herausforderungen an die Politik.* Hrsg. Werner Weidenfeld. Gütersloh 2007. 223–233.

Prime Minister's Strategy Unit. »Strategy Survival Guide«. Juli 2004. http://interactive.cabinetoffice.gov.uk/strategy/survivalguide/site/download/index.htm (Download 6.3.2008).

Raschke, Joachim, und Ralf Tils. *Politische Strategie. Eine Grundlegung.* Wiesbaden 2007.

Raschke, Joachim, und Ralf Tils. »Politische Strategie«. *Forschungsjournal Neue Soziale Bewegungen* (21) 1 2008. 11–24.

Rhodes, Rod A. W. »Introducing the Core Executive«. *Prime Minister, Cabinet and Core Executive.* Hrsg. Rod A. W. Rhodes und Patrick Dunleavy. Houndmills 1995. 1–8.

Rudzio, Wolfgang. *Das politische System der Bundesrepublik Deutschland.* Opladen 2003.

Rüb, Friedbert W., Karen Alnor und Florian Spohr. »Das Konzept der Regierungsstrategie. Eine systematische Analyse von Ursachen für Reformerfolge und -defekte«. Gutachten im Auftrag der Bertelsmann Stiftung. Gütersloh 2008.

Scharpf, Fritz W. *Interaktionsformen. Akteurszentrierter Institutionalismus in der Politikforschung.* Wiesbaden 2006.

Schedler, Kuno, und Isabella Proeller. *New Public Management.* Bern u. a. 2006.

Scherf, Henning. »E-Government: Aktueller Stand und Potenziale am Beispiel Bremen«. *Staat machen! Erfolgsgeschichten öffentlicher Institutionen.* Hrsg. Wolfgang Tiefensee und Rainer Lindenau. München 2007. 219–228.

Siefken, Sven. *Expertenkommissionen im politischen Prozess.* Wiesbaden 2007.

Sturm, Roland, und Heinrich Pehle. »Das Bundeskanzleramt als strategische Machtzentrale«. *»Jenseits des Ressortdenkens« – Re-*

formüberlegungen zur Institutionalisierung strategischer Regierungsführung in Deutschland. Hrsg. Bertelsmann Stiftung. Gütersloh 2007. 56–106.

Weidenfeld, Werner. »Politische Kommunikation in strategischer Perspektive«. *Reformen kommunizieren. Herausforderungen an die Politik.* Hrsg. Werner Weidenfeld. Gütersloh 2007. 7–14.

Wollmann, Hellmut. »Kontrolle in Politik und Verwaltung: Evaluation, Controlling und Wissensnutzung«. *Lehrbuch der Politikfeldanalyse.* Hrsg. Klaus Schubert und Nils C. Bandelow. München 2003. 335–359.

Die Gesundheitsreform der Großen Koalition: Strategische Erfolge im Schatten des Scheiterns

Nils C. Bandelow, Mathieu Schade

1 Einleitung

Die Gesundheitsreform der Großen Koalition gilt in der Öffentlichkeit als Beispiel für gescheiterte Reformpolitik. Schon vor Inkrafttreten rechneten 97 Prozent der Befragten mit steigenden Kosten für jeden einzelnen Bürger (Continentale-Krankenversicherung 2006). Auch ein Jahr nach Verabschiedung des Gesetzes zur Stärkung des Wettbewerbs in der gesetzlichen Krankenversicherung (GKV-WSG) ist dessen Ablehnung in der Bevölkerung weitaus größer als die Erwartung positiver Auswirkungen (TK-Meinungspuls Gesundheit 2008; Ärzte Zeitung 27.5.2008).

Das GKV-WSG war dennoch nicht generell ein strategischer Misserfolg. Die Gesundheitsreform der Großen Koalition verfolgte parallel zwei Ziele, die in verschiedenem Ausmaß erreicht werden konnten. Die Aushandlungsprozesse verliefen teilweise in unterschiedlichen Politikarenen mit verschiedenen Akteurskonstellationen. Ebenso divergierten die Strategien für die Entwicklung, Durchsetzung und Vermittlung der beiden Reformteile. Eine Unterteilung der Analyse entlang der beiden Ziele und zwei korrespondierenden Arenen ermöglicht es, den Fall sowohl als Beispiel für eine in mehrfacher Hinsicht suboptimale Reformstrategie als auch für strategische Erfolge und Lernprozesse in der Kernexekutive zu verwenden.

Vor der Anwendung der Kriterien des Strategietools für politische Reformprozesse (SPR) erfolgt eine Darstellung der Eigenheiten des Politikfelds Gesundheit, um die Voraussetzungen für eine Übertragbarkeit von Ergebnissen auf andere Fälle zu verdeutlichen. Die anschließenden Abschnitte identifizieren auf Grundlage des SPR die strategischen Stärken und Schwächen des Reformprozesses.

Zunächst werden die wichtigsten Akteure des Entscheidungsnetzes im Hinblick auf die Voraussetzungen für eine strategiefähige Kernexekutive betrachtet. Diese Analyse schließt alle für den Reformprozess relevanten Akteure ein und berücksichtigt daher auch die Gegner einzelner Maßnahmen sowie der Gesamtreform. In den Kapiteln 4 bis 6 werden die zentralen Phasen des Agenda-Setting, der Politikformulierung und Entscheidung sowie der Politikumsetzung (soweit diese bisher – Mai 2008 – erfolgt ist) analysiert. Im Mittelpunkt steht jeweils die Frage, inwiefern sich eine durchgängige Berücksichtigung der drei strategischen Dimensionen Kompetenz, Kommunikation und Durchsetzungsfähigkeit des SPR findet. In allen drei Phasen wird zudem untersucht, ob eine effektive, bürgernahe und auf Lernbereitschaft ausgerichtete Erfolgskontrolle stattgefunden hat.

Da die Gesundheitsreform bisher noch nicht vollständig abgeschlossen ist, muss sich die Analyse der Erfolgskontrolle allerdings auf die prozessbegleitende Evaluation beschränken. Eine Betrachtung der abschließenden Erfolgskontrolle wird erst nach 2009 möglich sein, wenn alle Reforminhalte in die Praxis umgesetzt sein werden.

Die Basis der Untersuchung bilden 19 Experteninterviews mit führenden Akteuren des Reformprozesses, die im Sommer und Herbst 2007 durchgeführt wurden. Den 45- bis 90-minütigen Interviews lag jeweils ein Leitfaden zugrunde, der entlang der Kriterien des SPR entworfen wurde. Den Interviewpartnern wurde eine Anonymisierung ihrer Aussagen zugesichert. Verweise auf die Interviews enthalten daher keine Angaben zu Name und Institution des Interviewpartners, sondern jeweils nur eine neutrale Nummerierung.

Neben den teilstandardisierten Interviews wurden weitere Gespräche mit ausgewählten Akteuren auf Konferenzen und Podiumsdiskussionen geführt. Diese Ergebnisse wurden zur Validierung der gewonnenen Erkenntnisse herangezogen. Während die Interviews vor allem mit führenden Akteuren aus dem Gesundheitsministerium, dem Kanzleramt, den Regierungsfraktionen, den Regierungsparteien und ausgewählten Bundesländern geführt wurden, decken die ergänzenden Gespräche auch Akteure aus der Opposition und aus Verbänden ab. Zur Absicherung der Informationen wurden verfügbare Dokumente, Presseberichte und wissenschaftliche Analysen genutzt.

2 Grundlagen des Fallbeispiels

Gesundheitspolitik ist eine besondere Herausforderung an die Kunst des Regierens. Das Politikfeld ist selbst für Experten kaum zu überblicken. Auch die Kommunikation ist besonders schwierig: Gesundheitsminister erreichen fast schon traditionell besonders schlechte Zustimmungswerte in der Öffentlichkeit. Eine Vielzahl von Lobbygruppen und anderen Vetospielern erschwert die Durch- und Umsetzung von Reformen (Bandelow 1998). Das Politikfeld stellt somit in allen drei strategischen Dimensionen besonders hohe Anforderungen an erfolgreiche Politik. Diese besonderen Herausforderungen werden zunächst dargelegt. Im anschließenden Abschnitt 2.2 wird das GKV-WSG als zumindest partieller Erfolg strategischer Reformpolitik vorgestellt.

2.1 Gesundheitspolitik als spezifische Herausforderung für politische Strategie

Das SPR fokussiert die Analyse und Bewertung strategischer Reformpolitik auf jeweils möglichst zeitlich und inhaltlich zusammenhängende Politikprozesse. Die Gesundheitsreform der Großen Koalition kann einerseits als ein derartiger Politikprozess betrachtet werden. Andererseits ist zu beachten, dass das GKV-WSG Teil jahrzehntelanger Reformzyklen ist. Seit Mitte der 70er Jahre gibt es über 20 Gesetzespakete zur Kostendämpfung und Strukturreform der gesetzlichen Krankenversicherung (GKV) (Bandelow 1998: 187ff.).

Die vorhergehenden Reformprozesse und Politikergebnisse beeinflussen nicht nur die inhaltliche Problemlage für die nachfolgenden Reformen, sondern verändern die Akteurskonstellationen der anschließenden Politikprozesse und prägen dabei zukünftige Wahrnehmungen, Zieldefinitionen und politische Ressourcen der Akteure.

Folglich ist es zwingend erforderlich, bei der Bewertung des GKV-WSG den zeitgeschichtlichen Hintergrund der Reform zu kennen. Auch bei einer Beurteilung der Reformergebnisse ist der Hintergrund der iterativen Reformzyklen von Bedeutung. Angesichts der Historie vollständig oder teilweise gescheiterter Reformversuche verfolgen einzelne Akteure in der Gesundheitspolitik nicht nur kurzfristige inhaltliche Ziele. Die Strategien sind vielmehr auch darauf ausgerichtet, zukünftige Reformen zu erleichtern. Bei einer Beurteilung von Reformerfolgen und Misserfolgen ist dies zu beachten.

Das Krankenversicherungssystem als Teil des Sozialstaatsarrangements weist einige grundsätzliche Gemeinsamkeiten mit anderen wohlfahrtsstaatlichen Politikfeldern auf. Die gesetzliche Krankenversicherung finanziert sich über Beiträge auf den Faktor Arbeit und ist dadurch vergleichbaren Finanzrestriktionen ausgesetzt wie die Renten- und Arbeitsmarktpolitik (Bandelow 2002). Die Verbände von Kapital und Arbeit spielen eine zentrale Rolle in der Administration der politikfeldeigenen Institutionen (Bandelow 2004a).

Aus der Perspektive von Regierungsparteien bedrohen Krisen in den sozialen Sicherungssystemen den Machterhalt, da die Absicherung elementarer Lebensrisiken von den Wählern als zentrale Politikfunktion wahrgenommen wird. Dennoch unterscheidet sich das Gesundheitswesen in seinen Strukturen, Akteurskonstellationen und Problemen von den anderen wohlfahrtsstaatlichen Politikfeldern.

Im Politikfeld Gesundheit treffen multiple Interessenlagen unterschiedlicher Akteure aufeinander, woraus ein hohes Konfliktniveau bei strukturverändernden Reformvorhaben resultiert (Bandelow 1998). Die Interessenvertretungen von Ärzten, Pharmaindustrie, Krankenhäusern, Apothekern, gesetzlichen Krankenkassen, privaten Krankenversicherungen und Tarifparteien bilden ein wenig durchsichtiges, zunehmend fragmentiertes und pluralisiertes Umfeld für Reformbemühungen (Bandelow 2004a; 2007a).

Zusammenfassend lässt sich festhalten: Die Gesundheitspolitik ist durch eine Gleichzeitigkeit von hoher Komplexität, hohem Wissensbedarf, multiplen Interessenlagen, geringer Steuerungsfähigkeit der Bundesregierung und fehlender Information in der Bevölkerung gekennzeichnet (Bandelow 1998; 2003a; 2004a; 2004b). Die Existenz starker korporatistischer Strukturen und einer ausdifferenzierten Landschaft konfliktfähiger Verbände stellt die Regierung traditionell vor große Herausforderungen bei der Gestaltung des Reformprozesses. Die Regierung muss immer in mehreren Ebenen und Themenfeldern gleichzeitig agieren (Interview 9). Eine hierarchische Steuerung sieht sich hohen Hürden gegenüber (Bandelow 2004b).

2.2 Zentrale Politikergebnisse im Kontext langfristiger iterativer Reformzyklen

Obwohl die Reformziele nicht vollständig durchgesetzt wurden und sowohl die Öffentlichkeit als auch Fachexperten Teile der Reformen grundsätzlich abgelehnt haben (Sachverständigenrat 2006), gehört das GKV-WSG, verglichen mit früheren Reformversuchen im Gesundheitswesen, zu den erfolgreicheren. Ein Reformerfolg kann bereits darin gesehen werden, dass es im Gegensatz etwa zu den blankschen Reformversuchen der 60er Jahre überhaupt zu einer Verabschiedung gekommen ist. Das Gesetz ist nicht durchgängig ein kleinster gemeinsamer Nenner, sondern beinhaltet anders als fast alle Vorgängerreformen einen grundlegenden Umbau der Organisation des Gesundheitssystems.

Die enthaltenen Strukturreformen führen zu einer nachhaltigen Veränderung des traditionellen gesundheitspolitischen Mesokorporatismus (vgl. auch Gerlinger 2008). Die körperschaftlichen Organisationen der mittelbaren Selbstverwaltung haben ihre privilegierte Rolle verloren (Interview 1). Vor allem für den ambulanten Sektor sind damit wesentliche Veränderungen verbunden. An die Stelle von Verhandlungen zwischen regionalen korporatistischen Verbänden tritt schrittweise eine neue Governanceform. Diese zeichnet sich durch zentralistische Vorgaben auf Bundesebene aus, auf die das Bundesministerium für Gesundheit wesentlich direkter einwirken kann.

Gleichzeitig wurden die Voraussetzungen für fragmentierte Selektivverträge zwischen Einzelakteuren auf regionaler Ebene geschaffen. Den Kassenärztlichen Vereinigungen und den Verbänden der sieben historisch entstandenen Kassenarten (Allgemeine Ortskrankenkassen, Betriebskrankenkassen, Innungskrankenkassen, Landwirtschaftliche Krankenkassen, See-Krankenkassen, Knappschaft und Ersatzkassen) wurde durch die Reform ihre bisherige Position als faktische Vetospieler im Reformprozess genommen.

Bisher verfügten die sieben Kassenarten jeweils über eigene Verbände, die teilweise als Körperschaften öffentlichen Rechts organisiert waren. Durch die Verlagerung der wichtigsten Kompetenzen auf Bundesebene an den Spitzenverband Bund der Krankenkassen verlieren die bisherigen kassenartenspezifischen Bundesverbände ihren körperschaftlichen Status. Gemessen am Ziel der nachhaltigen

Stärkung der staatlichen Steuerungsfähigkeit ist die Strukturreform daher ein Erfolg (Interview 2; Interview 6; Interview 10; Interview 11; Interview 16).

Auf der anderen Seite war das GKV-WSG in Bezug auf die Finanzierungsreform wenig erfolgreich. Das ursprüngliche Ziel einer nachhaltigen Stabilisierung der Beitragssätze wurde durch die Reform nicht erreicht. Eine Umstellung der Finanzierungsbasis ist nicht erfolgt. Das Politikergebnis stellte letztendlich einen Formelkompromiss zwischen den Konzepten einer Bürgerversicherung und einer Gesundheitsprämie dar.

Gemessen an der Abweichung vom Status quo sowie an der Differenz von intendierter und realer Reformreichweite war beim GKV-WSG somit die Strukturreform vergleichsweise erfolgreich, die Finanzreform ist weitgehend gescheitert. Die Anwendung des SPR kann dazu beitragen, diesen Befund weiter zu differenzieren und die auf den ersten Blick widersprüchlichen Ergebnisse zu erklären.

3 Strategiefähige Kernexekutive: Arenen der Gesundheitsreform

Im Zentrum des SPR steht das Konzept der strategiefähigen Kernexekutive. Die Kernexekutive umfasst nicht nur formale Mitglieder der Regierung, sondern auch andere Akteure mit maßgeblichem Einfluss auf den Politikprozess. Mit dem Konzept wird somit der Tatsache Rechnung getragen, dass sich die faktischen Akteurskonstellationen und Machtverhältnisse in verschiedenen Politikfeldern und Reformprozessen unterscheiden.

Die Identifikation der wichtigsten beteiligten Akteure, die strategische Nutzung verfügbarer Informationen, die Kommunikationsmöglichkeiten zwischen Entscheidern und Betroffenen und die Vernetzung eines durchsetzungsfähigen Zentrums stehen daher am Anfang jeder Analyse. Bei der Gesundheitsreform der Großen Koalition wurden unterschiedliche Teilfragen in verschiedenen Entscheidungsarenen verhandelt. Im Hinblick auf die unterschiedlichen Reformerfolge erfolgt in der Anwendung des SPR eine differenzierte Beurteilung der Arena der Strukturreform einerseits und der Finanzreform andererseits.

3.1 Akteurskonstellationen in der Krankenversicherungspolitik

Angesichts der besonderen Situation der Gesundheitsreform wird zunächst die allgemeine Zusammensetzung der Kernexekutive vorgestellt. Anschließend werden die beiden wichtigsten Arenen im Hinblick auf die jeweiligen Machtverhältnisse und Interessen der zentralen Akteure analysiert.

Langfristige Grundkonstellation

Die Krankenversicherungspolitik wird in besonderer Weise von der Exekutive dominiert. Insbesondere das zuständige Fachministerium – heute das Bundesministerium für Gesundheit (BMG) – verfügt über herausragende eigene Ressourcen. Andere Fachministerien und auch das Bundeskanzleramt können dagegen in der Regel nur bei Einzelfragen ausreichende Expertise aufbringen, um Reformvorschläge zu formulieren.

Bei der Auseinandersetzung innerhalb der Kernexekutive ist daher von entscheidender Bedeutung, welche Partei(gruppierung) über die Ressourcen des BMG verfügt. Das von Ulla Schmidt geleitete Ministerium hat beim GKV-WSG wesentliche SPD-Positionen geprägt. Innerhalb der SPD gelang es allerdings der Parlamentarischen Linken, durch die Formulierung radikaler Forderungen den Verhandlungsspielraum des BMG gegenüber dem Koalitionspartner zu begrenzen. Die Parteispitze hatte zunächst nur geringen Einfluss. Erst mit dem Wechsel an der SPD-Spitze von Matthias Platzeck zu Kurt Beck im April 2006 erhöhte sich der Einfluss der SPD-Parteispitze. Verstärkt wurde der Einfluss von Beck durch die führende Rolle des Bundeslandes Rheinland-Pfalz bei der Positionierung der A-Länder (SPD-geführte Länder) seit dem Machtverlust in Nordrhein-Westfalen.

Auf Unionsseite stellten die formale Gegenposition zum BMG und zum SPD-Parteivorsitzenden das Bundeskanzleramt und die Bundeskanzlerin dar. Das Bundeskanzleramt konzentrierte sich auf ausgewählte Zielvorgaben, die in die eigentlichen Verhandlungen eingebracht wurden, und auf einige zentrale Punkte, die in den Fachverhandlungen nicht gelöst werden konnten. Bei der Gesetzesformulierung übte das Kanzleramt nur einen geringen steuernden Einfluss auf die CDU/CSU-Fraktion aus (Interview 16). Das Bundeskanzleramt verfügt auf der Fachebene nur über eingeschränkte gesundheitspolitische Expertise und kann daher die Richtlinienkompetenz gegenüber dem BMG kaum umsetzen. Die Rolle der Fachabteilungen im Bundeskanzleramt ist zudem unzureichend definiert (Sturm und Pehle 2007).

Die Führung der CDU/CSU-Fraktion war bei der Formulierung des GKV-WSG vergleichsweise stark in die Verhandlungen auf Sachebene eingebunden, da hier aufgrund von Erfahrungen mit früheren Reformen besonderer Sachverstand verfügbar war. Die Parteispitze der CSU wiederum hat bis Ende 2006 versucht, wesentlichen Einfluss auszuüben (Interview 7). Parteispitze und Exekutive lassen sich im Fall der Regierung des Bundeslandes Bayern nicht voneinander trennen.

Mit dem Eintritt in die Bundesregierung erweitern sich die Ressourcen einer Partei um ein Vielfaches. Durch die Übernahme von Ministerien respektive des Kanzleramts erlangen die Parteien Zugang zu einem administrativen Unterbau. In der Konsequenz agierte die CDU im Reformprozess vor allem über die neu gewonnene institutionelle Basis in der Bundesregierung, das Bundeskanzleramt (BK). Neben Kanzlerin Angela Merkel, die den Prozess intern immer begleitete, waren auf Seiten des BK Staatsministerin Hildegard Müller und der Chef des Planungsstabes, Matthias Graf Kielmansegg, intensiv beteiligt (Interview 10; Interview 16).

Als Müller wegen der Geburt ihres Kindes ihr Amt ruhen ließ, wirkte Thomas de Maizière ebenfalls sehr konstruktiv an der Reform mit (Interview 5; Interview 16). Vor allem zeichnete sich das Kanzleramt unter de Maizière durch eine neue Standfestigkeit gegenüber Lobbyinterventionen aus (Interview 10; Interview 11; Knieps 2007: 876).

In Person des Fraktionsvorsitzenden Volker Kauder war die CDU/CSU-Fraktion intensiv in den Reformprozess eingebunden (Interview 14; Interview 19). Mit der ihm unterstellten Planungsabteilung besaß Kauder ebenfalls Zugang zu spezifischen Ressourcen. Auf Fachebene wurde die Union vom Fraktionsvorsitzenden Wolfgang Zöller repräsentiert, dem mit dem ehemaligen Büroleiter von Horst Seehofer, Manfred Lang, ein erfahrener Fachmann zur Seite stand (Interview 10; Interview 14). Lang gilt bei Vertretern beider

Verhandlungsparteien als der qualifizierteste Experte auf der Seite der CDU/CSU (Interview 11). Zudem hatte er bereits für die Union mit der rot-grünen Regierung über das Gesundheitsmodernisierungsgesetz verhandelt (Interview 10; Interview 11).

Zöller fiel durch seine fachliche Expertise und die Unterstützung der CSU in den Eckpunkteverhandlungen die Verhandlungsführung auf Unionsseite zu (Interview 8). Die Fraktionsführung übte in den Verhandlungen einen kontinuierlichen Einfluss aus und dominierte in der Phase der Gesetzesformulierung auf Unionsseite (Interview 19). Die CSU-Landesgruppe wurde regelmäßig konsultiert, da diese in der Unionsfraktion faktisch eine Vetoposition besitzt (Interview 14). Hingegen war die Fraktionsarbeitsgruppe Gesundheit an der Ausarbeitung nur wenig beteiligt (Interview 10; Interview 14; Interview 17).

Die B-Länder (unionsgeführte Länder) spielten im Arbeitsprozess eine wichtige Rolle, da mehrere Sozialminister aktiv eingebunden waren. Vor allem der saarländische Sozialminister Josef Hecken stützte den Verhandlungsführer Zöller (Interview 10; Interview 16). Durch die Anwesenheit von Hecken, der als ehemaliger Staatssekretär mit der Denkweise eines Ministeriums vertraut war, erhöhte sich die Kompromissfähigkeit in den Verhandlungen (Interview 11). Allerdings zeigt die Akteurskonstellation, dass die Große Koalition aus drei Parteien besteht, deren Positionen für einen Kompromiss integriert werden müssen (Interview 7). Neben den Akteuren der CDU spielte vor allem die CSU als dritte Regierungspartei eine bedeutende Rolle (Interview 3; Interview 7).

Auf Seiten der SPD ergab sich ein ähnliches Bild wie bei der Union. Wiederum überwog der exekutive Arm mit dem BMG, das als federführendes Ressort die SPD-Positionen koordinierte. Trotz überschneidender Ressortzuständigkeiten hatte das BMG im interministeriellen Aushandlungsprozess die Gestaltungsmacht. Die beiden neben dem BMG für Gesundheitsreformen zentralen Ressorts – das Bundesministerium der Justiz (BMJ) und das Bundesministerium der Finanzen (BMF) – waren SPD-geführt und hielten sich aufgrund geringen Interesses (BMJ) oder fehlender fachlicher Expertise (BMF) weitgehend aus dem Prozess heraus (Interview 1; Interview 19). Lediglich bei der Steuerfinanzierung der Gesundheitskosten war das BMF involviert, wobei Finanzminister Peer Steinbrück die Position des BMG unterstützte (Interview 1). Im BMG war vor allem der zuständige Abteilungsleiter Franz Knieps der intellektuelle Kopf wesentlicher Reformteile (Interview 4; Interview 10; Interview 12; Interview 14; Interview 18).

Das BMG besitzt mit dem ausgebauten Führungsstab quasi ein »kleines Kanzleramt« (Interview 8). An der strategischen Planung waren auf Leitungsebene, neben der Ministerin und Knieps, der Leiter der Abteilung »Leitung und Kommunikation«, Ulrich Tilly, und teilweise der Leiter der Unterabteilung Presse und Öffentlichkeitsarbeit, Klaus Vater, intensiv beteiligt (Interview 12; Interview 18). Die besondere Rolle von Knieps – idealtypisch für »Kompetenz« hauptverantwortlich, Tilly – idealtypisch für »Durchsetzung« hauptverantwortlich – und Vater – idealtypisch für »Kommunikation« hauptverantwortlich – bestätigt, dass auch seitens des BMG die drei strategischen Dimensionen des SPR als kritisch für ein erfolgreiches Politikmanagement angesehen werden.

Während Ministerin Schmidt die Hauptlinie für die SPD in den Verhandlungen vorgab, waren die stellvertretende SPD-Fraktionsvorsitzende im Bundestag, Elke Ferner, und die gesundheitspolitische Sprecherin der SPD, Carola Reimann, für die Rückbindung in die Fraktion verantwortlich. Elke Ferner kam eine herausgehobene Bedeutung unter den Abgeordneten zu, da sie durch eine Entscheidung der Fraktion legitimiert war (Interview 5). Sie sollte die divergierenden Strömungen in der SPD, insbesondere die Parlamentarische Linke, integrieren (Interview 7), wenngleich Ferner damals keine Expertin für Gesundheitspolitik war (Interview 10; Interview 11).

Der Fraktionsvorsitzende Peter Struck war an den politischen Spitzenrunden immer beteiligt (Interview 10; Interview 11). Insgesamt überwog dennoch der Einfluss des Ministeriums gegenüber der Fraktionsführung (Interview 11). Die Abgeordneten der Fraktionsarbeitsgruppen besaßen keinen inhaltlichen Einfluss auf die grundsätzliche Struktur des Gesetzes (Interview 11).

Die A-Länder wirkten über die Sozialministerin des Landes Rheinland-Pfalz, Malu Dreyer, innerhalb der SPD als Vermittler. Dreyer bildete mit Ministerin Schmidt und Ferner ein Verhandlungstrio. Sie hielt den Kontakt zum rheinland-pfälzischen Ministerpräsidenten Beck, koordinierte die A-Länder und war insgesamt ein sehr starker Player (Interview 7; Interview 10). Auch nach seinem

Wechsel an die Parteispitze blieb für Beck der Regierungsapparat der rheinland-pfälzischen Landesregierung eine wichtige Ressource (Interview 7), wodurch die Bedeutung von Dreyer für die Verhandlungen weiter anstieg.

Mit dem Wechsel an der SPD-Spitze von Platzeck zu Beck trat vor allem der neue Parteivorsitzende in den Vordergrund. Platzeck hatte sich wenig interessiert an der Gesundheitspolitik gezeigt (Interview 5; Interview 7; Interview 10; Interview 13) und Ministerin Schmidt alle Freiheiten gelassen (Interview 7). Beck zog dagegen die konflikthaften Themen um die Überforderungsklausel und den Risikostrukturausgleich zwischen den Krankenkassen stark an sich (Interview 7; Interview 10; Interview 13).

Indem Beck die Kompromisse mit der Union intern vertrat und Kritik aus der Partei gegenüber dem Koalitionspartner kommunizierte, nahm er auf Seiten der SPD die entscheidende Vermittlerrolle gegenüber den Koalitionspartnern ein (Interview 7). Beim Parteivorstand der SPD existierte eine Begleitgruppe zum GKV-WSG unter starker Beteiligung der Parlamentarischen Linken. Die Parteizentrale war ähnlich wie bei der CDU nur wenig in den Prozess involviert (Interview 3; Interview 7).

Letztendlich waren die Entscheider (auf der politischen Ebene) für die Parteien auf Unionsseite Kanzleramtsminister de Maizière, Staatsministerin Müller und Kanzlerin Merkel (Interview 3; Interview 5), während auf SPD-Seite Ministerin Schmidt, Vizekanzler Franz Müntefering und später der Parteivorsitzende Beck bestimmend waren (Interview 3; Interview 12).

Konkrete Interessenkonstellation und Verhandlungsebenen

Eine erste Erklärung für die unterschiedlichen Politikergebnisse bei der Struktur- und Finanzierungsreform findet sich bei einer Analyse der jeweiligen Interessenkonstellationen. Die Strukturreform wurde im Wesentlichen auf der Arbeitsebene verhandelt, auf der die Fachministerien dominieren. Hier stehen in der Krankenversicherungspolitik üblicherweise dem BMG ein bis zwei führende Landesministerien des anderen parteipolitischen Blocks gegenüber, beim GKV-WSG vor allem der Länder Baden-Württemberg und Bayern. Ver-

Abbildung 1: Kernexekutiven bei der Gesundheitsreform

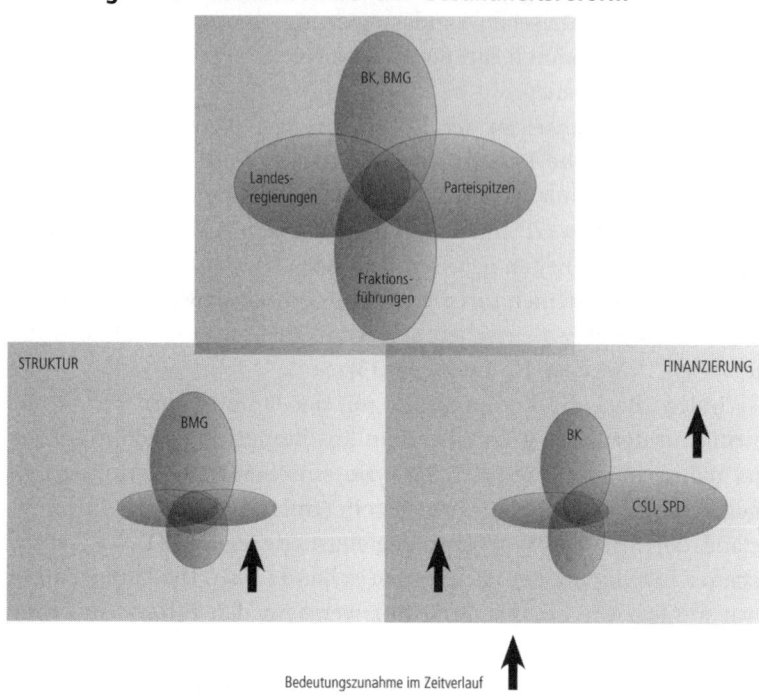

Quelle: eigene Darstellung

stärkt werden die jeweiligen Verhandlungsgremien durch einzelne Experten aus den Fraktionen oder dem Kanzleramt, seltener aus den Parteien.

Die Komplexität der Materie mindert die Bedeutung formaler, institutioneller Macht für das Politikergebnis und überlässt Akteuren mit besonderer fachlicher Kompetenz einen größeren Gestaltungsspielraum. Entsprechend dominierte hier das BMG. Lediglich in der letzten Phase der Aushandlung haben die Fraktionsführungen an Bedeutung gewonnen. Abbildung 1 verdeutlicht diese Konstellation. Die jeweilige Größe der einzelnen Ovale stellt den unterschiedlichen Einfluss der Akteure im konkreten Prozess dar.

Die Finanzierungsproblematik war dagegen eine politisch brisante Frage, die von Akteuren aus den Parteispitzen wesentlich stärker geprägt wurde (Abbildung 1 rechts). Auf der parteipolitischen Spitzenebene sind institutionelle Restriktionen des bundesrepublikanischen Regierungssystems von hoher Erklärungsrelevanz (Lehmbruch 1998). Führende Akteure werden nicht nur von ihren individuellen Interessen geleitet, sondern folgen oft übergeordneten Logiken wie ideologischen Grundsätzen oder den spezifischen Handlungsrationalitäten ihrer Organisation. Zudem bewegen sich die Akteure in einem spezifischen Institutionensetting, welches bestimmte Handlungen restringiert, aber auch Handlungsoptionen bereitstellt (Scharpf 2000).

Die Ausgangslage für beide Arenen war nahezu diametral unterschiedlich. Dies wird deutlich an den zentralen Zielen der Akteure sichtbar. Vereinfacht lassen sich die Ziele Finanzierbarkeit, Qualität, Solidarität und Wachstum unterscheiden. Einzeln und auch jeweils in Kombination mit einem anderen Ziel ist jedes dieser Ziele zu verwirklichen. Eine gleichzeitige Verwirklichung der Ziele Wachstum, Finanzierung und Solidarität ist jedoch nicht möglich. Ob es Konflikte zwischen dem Ziel der Qualitätssteigerung und den anderen Zielen gibt, ist umstritten (Bandelow 2006: 159).

Abbildung 2 verdeutlicht, dass aus diesen Zielkonflikten unterschiedliche Probleme für die Arenen entstehen. Auf der Fachebene findet sich eine weitgehende Übereinstimmung der Ziele. Sowohl Fachpolitiker aus der SPD als auch die arbeitnehmernahen Gesundheitsexperten aus der Union verfolgen primär das Ziel der Qualitätssicherung und als Nebenziel die Gewährleistung einer gleichmäßigen Gesundheitsversorgung unabhängig vom Einkommen.

Konflikte entstehen weniger durch die verschiedenen eigenen Ziele der beteiligten Akteure als durch Einflüsse der politischen Spitzenebene. Vor allem auf Unionsseite wird die Orientierung der Fachebene nicht von der Parteispitze geteilt. Dennoch ist unmittelbar erkennbar, dass ein problemlösungsorientierter Diskurs zwischen den Fachpolitikern vergleichsweise wahrscheinlich ist.

Auf der parteipolitischen Spitzenebene müssen dagegen Kompromisse zwischen den drei konkurrierenden Zielen Finanzierung, Wachstum und Solidarität gefunden werden. Obwohl die Spitzen beider Parteien dem Ziel der Finanzierbarkeit oberste Priorität einräumen, ist es schwierig, eine gemeinsame Lösung zu finden. Dies liegt unter anderem an dem politischen Druck durch die Parlamentarische Linke auf SPD-Seite und durch Unionspolitiker mit engem Kontakt zu Leistungsanbietern (vor allem Kassenärzte, Private Kran-

Abbildung 2: Policy-Ziele in der Kernexekutive

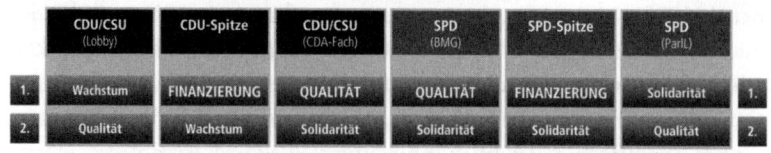

	CDU/CSU (Lobby)	CDU-Spitze	CDU/CSU (CDA-Fach)	SPD (BMG)	SPD-Spitze	SPD (ParlL)	
1.	Wachstum	FINANZIERUNG	QUALITÄT	QUALITÄT	FINANZIERUNG	Solidarität	1.
2.	Qualität	Wachstum	Solidarität	Solidarität	Solidarität	Qualität	2.

Quelle: eigene Darstellung

kenversicherung (PKV), und Pharmaindustrie) auf der anderen Seite. Hinzu kommt das Problem des überlagernden Parteienwettbewerbs: Angesichts der Konkurrenz um Wählerstimmen ist eine Problemlösungsorientierung auf der politischen Spitzenebene erschwert.

3.2 Innovationskultur fördern: asymmetrische Experteneinbindung

Auf den ersten Blick ist das Gesundheitswesen durch eine ausgeprägte Innovationskultur gekennzeichnet. Die eng verschachtelten Verhandlungsgremien bilden ein positives Umfeld für die systematische Ausschöpfung interner Expertise. Durch die Einberufung von Kommissionen unter Beteiligung von Wissenschaftlern im Vorfeld der Reformen wurden auch externe Experten eingebunden. Zusätzlich kann die Politik auf ständige wissenschaftliche Beratungsgremien zurückgreifen, zu denen unter anderem der Sachverständigenrat zur Begutachtung der Entwicklung im Gesundheitswesen und der Wissenschaftliche Beirat des Bundesversicherungsamtes gehören.

Tatsächlich war die Expertenebene im Aushandlungsprozess bei der Finanzierungsfrage jedoch weitgehend von der politischen Ebene entkoppelt. Die eigentliche Entscheidung für den Gesundheitsfonds und dessen Ausgestaltung wurde als politischer Kompromiss unabhängig von den weitgehend kritischen Einschätzungen der externen und internen Sachverständigen getroffen. Ein Problem bestand darin, dass auf der parteipolitischen Spitzenebene wenig gesundheitspolitische Fachkompetenz eingebunden wurde. Insbesondere auf Unionsseite war der zentrale Experte mit Verpflichtungsfähigkeit – Horst Seehofer – nicht an der Aushandlung der Finanzierungsreform beteiligt.

Auf der anderen Seite erfüllt die Aushandlung der Strukturreform weitgehend die Anforderungen des SPR an Innovationskultur. So wurde etwa bei der Zusammensetzung auf personelle Kompetenzen und Leadership geachtet. Führende BMG-Experten stammen aus der Selbstverwaltung und haben hier Erfahrungen sowohl fachlicher Art als auch in Bezug auf die Strategien der Interessenverbände erworben.

Bei der Information über internationale Trends findet eine systematische Einbindung externer Expertise statt. Die intensive wissenschaftliche Befassung mit gesundheitspolitischen Fragestellungen führt zur Bereitstellung eines umfangreichen Steuerungswissens (Gerlinger 2002: 137). Kenntnisse über internationale Reformvorbilder werden zudem von mehreren politikberatenden Institutionen zur Verfügung gestellt – insbesondere durch das Europäische Observatorium für Gesundheitssysteme und Gesundheitspolitik und durch den »Health Policy Monitor« der Bertelsmann Stiftung – und vom BMG auch nachgefragt (vgl. Schlette, Knieps und Amelung 2005).

Insgesamt ist der Kenntnisstand im BMG als hoch einzuschätzen. Insbesondere der Wissensbestand über Steuerungseffekte im Bereich finanzieller Steuerungsanreize ist »recht ausgeprägt« (Gerlinger 2002: 137). Durch diverse Beratungsgremien existieren stabile Kommunikationskanäle zwischen Wissenschaft und Regierung, wodurch ein kontinuierlicher Informationsfluss gesichert wird.

In der Gesundheitspolitik erweist sich vor allem interne Expertise in Form von Erfahrungswissen als zentrale Ressource. Durch den lang andauernden Wandlungsprozess sind Akteure im Vorteil, die bereits frühzeitig am Prozess beteiligt waren und die die internen Diskussionen verfolgen konnten. Zur Entwicklung des GKV-WSG wurde seitens des BMG ein Rückgriff auf externe Expertise nur selten für nötig befunden, da aus vorhergehenden Reformprozessen und durch die Vernetzung mit den politikfeldspezifischen Akteuren ein ausreichender Wissensbestand vorlag (Interview 1; Interview 11; Interview 12).

Die Überlegenheit des BMG gegenüber den anderen kollektiven Akteuren der Kernexekutive basiert vor allem auf der Existenz eines institutionellen Gedächtnisses. Durch die gesammelten Erfahrungen aus den Reformprozessen seit Ende der 80er Jahre existiert ein reichhaltiger Wissensbestand, der neben einer umfassenden Kenntnis der Policy-Instrumente insbesondere ein ausgeprägtes Politics-Wissen über Entscheidungsprozesse der Selbstverwaltung sowie die Positionen und Verhaltensweisen der politikfeldspezifischen Verbände umfasst. Im Gegensatz zum Ministerium hat die Unionsseite zur Ausarbeitung von Kompromissmodellen gezielt Wissenschaftler und Verbandsexperten eingebunden (Interview 14). Der übergreifende Konsultationsprozess mit der Wissenschaft zu Finanzierungsfragen wurde jedoch 2005 beendet (Interview 16). Im Fokus späterer Konsultationen stand allein die Bewertung einzelner Kompromissoptionen.

Die Bedeutung externer Expertise wird vom gesundheitspolitischen Entscheiderkreis ambivalent bewertet. Externe Expertise dient in dieser Perspektive hauptsächlich dazu, eine Debatte zuzuspitzen, die eigenen Vorschläge zu legitimieren und Informationen einzuholen (Interview 1; Interview 11). In der Folge wird externe Expertise als »gesteuert« wahrgenommen (Interview 1; Interview 10; Interview 11). Experten haben sich dadurch desavouiert, dass sie offensichtlich Verbandspositionen vertraten (Interview 11) und nicht von außen nach innen, sondern von innen nach außen kommunizierten (Interview 1). Ein Einfluss von Experten besteht nur, wenn die Information nicht öffentlich erfolgt und die Verschwiegenheit gewahrt wird (Interview 1).

Der Ausbau von personellen Kompetenzen und Leadership erfolgte lediglich auf Seiten der Sozialdemokraten. Ministerin Schmidt war hier die Person mit der größten fachlichen und politischen Kompetenz (Interview 12), weshalb ihre Führungsrolle allgemein akzeptiert wurde (Interview 11; Interview 12; Interview 15). Auf Seiten der Union bestand zwar fachliche Kompetenz auf Mitarbeiterebene. Die Führungsrolle wechselte jedoch in Abhängigkeit von Entscheidungsphase und Gegenstand, sodass keine fachlich und politisch unumstrittene Verhandlungsführung bestand.

3.3 Kommunikationskapazitäten stärken: historische und taktische Hindernisse

Im Gegensatz zur fachlichen Kompetenz und zur prozessualen Durchsetzung lassen sich bei der Kommunikation des GKV-WSG die beiden zentralen Ebenen nur schwer trennen. Ohne kommunikative Geschlossenheit zentraler Akteure fehlt es der Kernexekutive an ausreichenden Kommunikationskapazitäten. Voraussetzung hierfür ist eine homogene Akteurskonstellation mit gleichlautenden Interessen (Interview 13). Dem Politikfeld Gesundheit mangelt es bereits an diesen fundamentalen Voraussetzungen.

Eine zersplitterte Akteurslandschaft mit starken, mobilisierungsfähigen Verbänden trifft auf massive Verteilungskonflikte zwischen und innerhalb der Akteursgruppen. Bundesländer und die Verbände von Kapital und Arbeit sind intensiv eingebunden, jedoch durch stark divergierende Interessen getrennt. Die direkte Betroffenheit aller Wähler führt zu hoher öffentlicher Aufmerksamkeit und zu einem besonderen Skandalisierungspotenzial. Gleichzeitig fehlt es jedoch an systematischen Rückkoppelungen der Bürgerperspektive an die Entscheidungsebene. Somit sind die Bedingungen für eine zielgenaue und konsistente Reformkommunikation denkbar ungünstig.

Eine Abstimmung der Kommunikation im Sinne einer Zentralisierung und Steuerung ist schon deshalb nur sehr eingeschränkt realisierbar, weil die individuellen Akteure untereinander im Wettbewerb stehen und die Kommunikation für ihre individuelle Positionierung nutzen (Interview 12; Interview 13; Interview 16). Partei und Fraktion haben nur eingeschränkte Sanktionsmöglichkeiten (Interview 13; Interview 16; Interview 17). Generell gilt: Kommunikation findet immer unter den Wettbewerbsbedingungen des politischen Systems statt, wodurch selbst eine abgestimmte Kommunikation zwischen Fraktion, Parteizentrale und Ministerium einer Partei stark verkompliziert wird (Interview 13).

Erschwerend wirken Veränderungen im journalistischen Umfeld. In der Vergangenheit existierte im Politikfeld Gesundheit ein innerer Kreis von Journalisten mit exklusivem Informationszugang, dessen Aufbau auch Strategie des BMG war (Interview 11). Der Journalistenkreis hat sich ausdifferenziert. Unter dem Eindruck größerer Konkurrenz fokussieren die Journalisten nach Einschätzung der Entscheidungsträger nur wenige Punkte, beschäftigen sich nicht mehr intensiv mit der komplexen Thematik und lancieren falsche Informationen (Interview 10; Interview 11; Interview 12).

In der Folge werden politische Entscheidungen als handwerkliche Fehler dargestellt und auf diese Weise wird ein falsches Bild von Gesetzen in der Öffentlichkeit gezeichnet (Interview 11). Die Presse greift nur Konflikte auf, konsensuale Punkte nimmt sie dagegen kaum wahr (Interview 1; Interview 12; Interview 16). Viele Vorschläge sind zudem »politisch unsexy« und werden daher trotz ihrer Bedeutung nicht kommuniziert (Interview 12).

Für die Wahrnehmung der Gesundheitsreform in der politischen Öffentlichkeit war die verfehlte Kommunikation der Koalition von entscheidender Bedeutung. Regierung, Fraktionen und Parteien folgten unterschiedlichen Interessen, was institutionelle Anpassungen – wie etwa eine übergreifende Institutionalisierung der Reformkommunikation – erschwerte. Eine starke, verpflichtungsfähige Verhandlungsführung könnte die einzelnen individuellen Akteure mittelfristig auf eine Kommunikationsstrategie verpflichten, die öffentlichen Stellungnahmen der Akteure koordinieren und Fehlverhalten sanktionieren. Beim GKV-WSG war der Kreis der beteiligten Akteure hierfür zu groß, die Verpflichtungsfähigkeit der Führungspersonen auf Unionsseite zu gering und der politische Wettbewerb zwischen den Koalitionsparteien zu ausgeprägt.

Bei der aktuellen Gesundheitsreform war die Kommunikation für die Regierung nur zweitrangig, im Fokus stand die Kompromissfindung in der Koalition (Interview 18). Es erfolgte keine Abstimmung der Kommunikation mit den Verhandlungspartnern, eine über die Tagesaktualität hinausgehende Öffentlichkeitsarbeit der Regierung wurde erst nach dem Kabinettsbeschluss etabliert.

Die kommunikativen Probleme der fehlenden Strategie bei der Finanzreform zeigten sich bereits in der Arbeitsgruppenphase. Über die starke öffentliche Begleitung der Arbeitsgruppe wurde ein hoher Druck auf die handelnden Akteure aufgebaut, sich parteitaktisch und opportunistisch zu verhalten (Interview 3). Ab Mai 2006 waren die Verhandlungen in der Arbeitsgruppe durch einen heftigen und andauernden Streit gekennzeichnet (Interview 10). Es kam zu einer starken Polarisierung in der Arbeitsgruppe. Vermeintliche Zwischenstände wurden durch Einzelakteure nach außen getragen. Die Medien griffen angesichts fehlender tatsächlicher Verhandlungsergebnisse jede Stellungnahme auf (Knieps 2007: 876f.).

Die Verhandlungspartner drifteten in der Kommunikation auseinander, wobei insbesondere die Vertreter parteiinterner Extrempositionen die Verhandlungen gezielt zur eigenen Profilierung nutzten (Interview 5; Interview 11; Interview 12) und so einen stark negativen Einfluss auf die öffentliche Reformwahrnehmung ausübten (Interview 11). Es fügt sich ins allgemeine Bild, dass die öffentliche Lancierung des Gesundheitsfonds durch Volker Kauder im April 2006 ebenso wenig abgesprochen war (Interview 11; Interview 15).

Bei der Beurteilung der mangelhaften Kommunikationskapazitäten ist die Reformgeschichte der Vorgängerreformen zu beachten. Für die beteiligten Akteure aus der Kernexekutive war die Erfahrung prägend, dass ein kommunikativer Erfolg nicht möglich ist (Interview 1; Interview 11). So wurden bei anderen Reformen unterschiedliche Kommunikationsstrategien verfolgt, die jedoch nie zu einer positiven Resonanz geführt haben. Die Stärkung der Kommunikationskapazitäten wurde nicht angestrebt.

3.4 Strategisches Machtzentrum etablieren: bipolare Zentrenbildung

Für die Durchsetzung politischer Reformen ist ein strategisches Machtzentrum von großer Bedeutung. Auch diese Forderung ist in den beiden Arenen in unterschiedlichem Maß erfüllt. Auf der parteipolitischen Spitzenebene konnte kein stabiles Machtzentrum etabliert werden. Das Bundeskanzleramt besaß aufgrund unterschiedlicher parteipolitischer Prägungen keinen direkten Einfluss auf die Handlung des Gesundheitsministeriums (Interview 8; Interview 11).

Die Existenz zweier gleich starker Parteien bedingt eine Splittung des strategischen Machtzentrums (Interview 14). Mit den Führungsstäben von Bundeskanzleramt und BMG existierten durchweg zwei strategische Machtzentren, die aufgrund kongruenter Interessen situativ miteinander kooperierten. Wiederum wird die hohe Bedeutung der Ressource Vertrauen für politische Prozesse offensichtlich, deren Vorhandensein zwischen Kanzlerin Merkel und Ministerin Schmidt eine Kooperation zwischen den Zentren trotz unterschiedlicher parteipolitischer Färbungen ermöglichte. Ein Konfliktfrühwarnsystem konnte daher zwar in speziellen Situationen funktionieren, war jedoch nicht systematisch institutionalisiert.

Die interne Abstimmung war auf der parteipolitischen Spitzenebene vor allem in der Union schwierig, da es in verschiedenen Phasen unterschiedliche Einflüsse von Ministerpräsidenten gab (Interview 7; Interview 8; Interview 10; Interview 11; Interview 12; Interview 15). Das Fehlen eines Konfliktfrühwarnsystems wird unter anderem daran deutlich, dass der Bundesrat trotz vorheriger Einbindung der Länder in die Formulierung des Gesetzentwurfes insgesamt 104 Änderungsanträge gegenüber dem ausgehandelten Kompromiss eingebracht hat (Bundesrat 2006).

Auf der Fachebene bestand ein spezielles Problem auf der Unionsseite, da mit dem Politikfeldwechsel von Horst Seehofer kein intern dominanter Verhandlungsführer mit ausgewiesenen Fachkenntnissen beteiligt war. Wolfgang Zöller war im Vergleich zu Seehofer nicht ausreichend anerkannt und fachlich wie rhetorisch geschult, um sich in Partei und Fraktion gegen Widerstände durchsetzen zu können (Interview 5; Interview 10). Es ist ihm daher nicht immer gelungen, für Verhandlungsergebnisse mit der SPD auch interne Unterstützung zu sichern (Interview 7; Interview 10; Interview 19).

Während die Verhandlungsgruppe der Union schlecht koordiniert war, zeichnete sich die SPD-Seite durch eine gute Rollenverteilung und eine ressortübergreifende Vernetzung aus (Interview 10). Im Vorfeld der Führungsgremientreffen sicherte die Bundesgesundheitsministerin ihre Position immer in Vier-Augen-Gesprächen mit dem Parteivorsitzenden ab (Interview 7; Interview 11). Vor jeder Verhandlungsrunde wurden SPD-intern Vorgespräche mit Vertretern von Ministerium, Parteilinken und Bundesländern geführt (Interview 5). Die Fraktion spielte dabei zumindest immer eine formale Rolle. Bei jedem neuen Schritt wurden zudem Konsultationen mit der Fraktionsarbeitsgruppe durchgeführt. Schmidt besaß einen großen Verhandlungsspielraum und sah sich auf Unionsseite keiner Person gegenüber, die ein verlässliches Gegenangebot unterbreiten konnte (Interview 10; Interview 12; Interview 19).

3.5 Erfolgskontrolle in der Kernexekutive: Politics- statt Policy-Orientierung

Die Voraussetzungen für die Sicherung der Erfolgskontrolle waren in der Gesundheitspolitik weitgehend ungünstig. Die Anwendung von Evaluationstechniken steht vor dem Problem konkurrierender Ziele mit unterschiedlichen Parametern. Diese Ziele sind auch nicht immer quantifizierbar. So ist etwa die Operationalisierung der Qualität eines Gesundheitswesens umstritten. Ein weiteres Problem besteht in der Verantwortung von Gremien der Selbstverwaltung für die Umsetzung von Teilen der Reform. Eine prozessbegleitende Bewertung mit der Sicherstellung von Lernprozessen scheitert unter anderem an wechselnden Akteuren in unterschiedlichen Politikphasen.

Bisher verfügt das BMG noch nicht über eine Tradition prozessbegleitender Evaluation (Interview 1). Die speziellen Akteurskonstellationen, Umsetzungsprobleme und Politikauswirkungen werden nicht systematisch zu den Entscheidern bei der Politikformulierung rückgekoppelt.

Auch die Analyse der öffentlichen Resonanz erfolgt bisher nicht systematisch. Vor allem die Pflege des Dialogs mit den Stakeholdern, also den Leistungsanbietern und den Finanzierungsträgern, wird als schwierig angesehen. Was den Einfluss der Verbände angeht, hat das BMG eine gezielte Strategie der Abschottung etabliert. Bei früheren Reformen hatten insbesondere die Verbände der Krankenkassen noch Gesetzesteile vorformuliert (Interview 11), seit dem Gesundheitsmodernisierungsgesetz hat das BMG die Verbände aus dem Prozess herausgehalten.

Seitens der Verbände wurden daraufhin gezielt – wie auch schon unter der rot-grünen Regierung – das Kanzleramt und die Fraktionsführungen adressiert. Allerdings fehlte im BK ein Akteur mit direkten Verbandsbeziehungen. Kanzleramtsminister de Maizière hat die Interventionen der Verbandsfunktionäre gezielt abgewiesen (Interview 11). Bei beiden Koalitionsparteien hat sich über die diversen Reformen seit dem Gesundheitsstrukturgesetz der Eindruck verfestigt, dass die Verbände allein destruktiv agieren und Reformen ungeachtet der tatsächlichen Inhalte fundamental ablehnen. Verbandskontakte haben deshalb massiv an Bedeutung verloren. Die Fachpolitiker lassen sich verstärkt durch ihre ideellen Ziele und weniger durch intensive Verbandskontakte leiten.

Möglichkeiten zum flexiblen Nachsteuern, also etwa zur nachträglichen Modifikation von Beschlüssen, wurden gezielt ausgeschlossen. Sowohl bei der Einführung des Gesundheitsfonds als auch bei der Strukturreform bemühten sich die Entscheider um möglichst geringe Umsetzungsspielräume. Damit reagierte man auf die vorangegangenen Erfahrungen eines unerwünschten Einflusses von Regelungsadressaten in der Politikumsetzungsphase. Die Erfolgskontrolle konzentrierte sich aufgrund der bisherigen Erfahrungen in der Gesundheitspolitik auf Politics-Fragen, während Policy-Aspekte bewusst ausgeblendet wurden.

In Bezug auf die Durchsetzung von Reformen wurde systematisch politisches Lernen auf der Fachebene praktiziert. Dies betrifft vor allem die personelle Zusammensetzung des Entscheidungsnetzes. Die Erfahrungen der Vorgängerreformen wurden genutzt, indem ein möglichst kleiner Kreis von Fachpolitikern mit der Aushandlung der Strukturreform befasst wurde. Ziel war es unter anderem, den Einfluss von Stakeholdern über Verbindungen einzelner Politiker zu reduzieren. Außerdem hat die Erfahrung gezeigt, dass wenige Experten besser in der Lage sind, gemeinsame Sichtweisen für problemadäquate Lösungen zu erarbeiten. Selbst während der Aushandlung des GKV-WSG wurde der Kreis der Beteiligten systematisch reduziert (Interview 2).

Lernen sollte somit vor allem in Bezug auf politische Strategien gesehen werden (»einfaches Lernen«, Bandelow 2003b). Komplexe Lernprozesse sind dagegen in der Kernexekutive bisher nicht gewünscht. Insgesamt erfüllte die Kernexekutive nur in der Arena der Strukturreform einen wesentlichen Teil der Kriterien des SPR. Bei der Finanzierungsreform dominierte dagegen die politische Logik, sodass die Voraussetzungen für eine systematische Berücksichtigung von Kompetenz und Kommunikation nicht gegeben waren (Tabelle 1).

Tabelle 1: Kernexekutive, Analysedimensionen

Dimension	Strukturreform	Finanzreform
Innovationskultur fördern	– hohe interne Expertise – fehlende Leadership auf Unionsseite	– Entkoppelung zwischen Politik und Expertise – Fokus auf Bargaining
Kommunikationskapazitäten stärken	– Kommunikation missachtet	– Kommunikation missachtet
Strategisches Machtzentrum etablieren	– stabiles Machtzentrum SPD – kein Leader auf CDU-Seite	– kein stabiles Machtzentrum
Erfolgskontrolle sichern	– Kernexekutive verkleinert	– keine begleitende Evaluation

4 Agenda-Setting: verschiedene Lösungen für bereits bekannte Probleme

Die Aushandlung des GKV-WSG begann schon vor der Bundestagswahl im September 2005. Angesichts des beschriebenen iterativen Reformzyklus und der mehrdimensionalen Reformproblematik von Finanzierungs- und Strukturfragen ließe sich die eigentliche Problemdefinition sogar bis Mitte der 70er Jahre (für die Finanzierungsfrage) bzw. Ende der 80er Jahre (für die Strukturreform) zurückdatieren. Die folgende Analyse beschränkt sich auf die Vorbereitung der tatsächlichen Reforminhalte. Wie die späteren Reformphasen zeichnet sich auch das Agenda-Setting durch parallele Verhandlungen in verschiedenen Arenen aus (Abbildung 3).

Auffällig ist, dass beim Agenda-Setting die Strukturreform zunächst keine Rolle spielte. Beginn dieser Phase war Ende November 2002 mit der Einberufung der »Kommission für die Nachhaltigkeit in der Finanzierung der sozialen Sicherungssysteme« (Rürup-Kommission). In der Rürup-Kommission wurden die Modelle zur Reform der Gesundheitsfinanzierung thematisiert, die den gesamten Reformdiskurs prägen sollten.

Analog zum nachfolgenden Prozess erfolgte in der Kommission eine Lagerbildung zwischen den Vertretern des wissenschaftlichen Mainstreams und der Arbeitgeberseite (pro Prämienmodell) sowie den Vertretern der Gewerkschaften und der linken SPD-Linie (pro Bürgerversicherung). Ein Vorstoß zur Formulierung eines Kompromissmodells wurde kommissionsintern verworfen. Parallel hat die Herzog-Kommission der CDU ein eigenes Prämienmodell entwickelt, die »Kopfpauschale« (CDU 2003b).

Während die oft gleichlautenden Kommissionsberichte im Politikfeld Rente schließlich eine weitreichende Rentenreform ermöglichten, wies der Dissens in der Gesundheitspolitik bereits auf die politische Brisanz in diesem Politikfeld hin. Im Jahr 2004 reagierte die SPD auf das CDU-Modell der »Kopfpauschale« mit einer eigenen Kommission beim Parteivorstand unter Leitung von Andrea Nahles, die das SPD-Konzept der Bürgerversicherung politisch ausformulierte (SPD 2004).

Abbildung 3: Reformprozess zum GKV-WSG

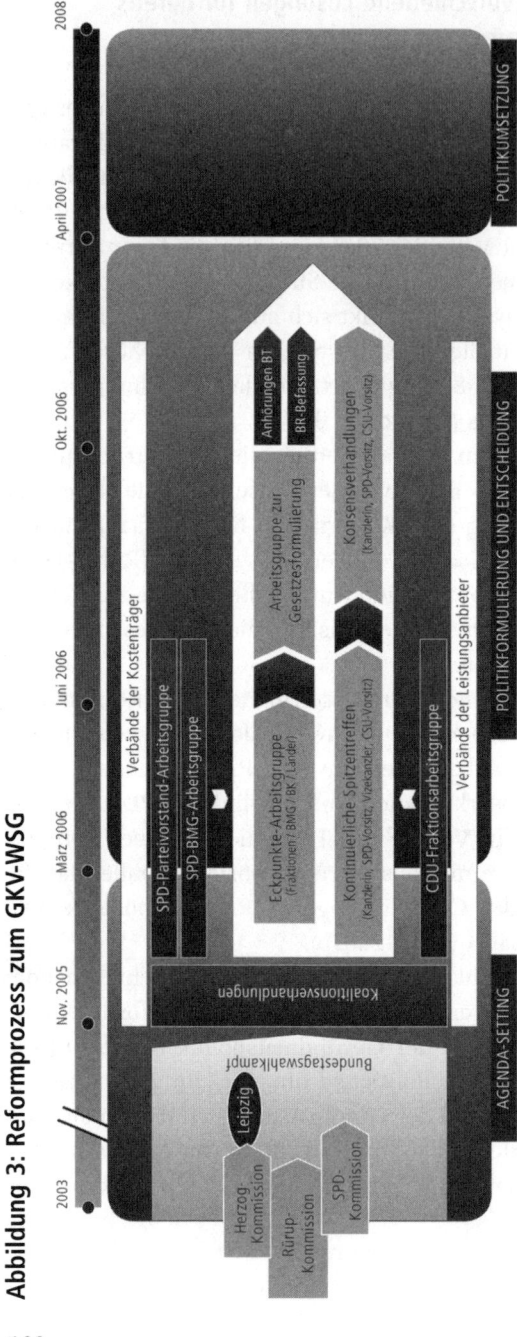

Quelle: eigene Darstellung

4.1 Zukunftsthemen aufgreifen: zwei Problemdefinitionen – zwei Reformkonzepte

Das GKV-WSG greift mit der Frage der zukünftigen Finanzierbarkeit des beitragsfinanzierten Gesundheitssystems angesichts wirtschaftlicher, gesellschaftlicher und technischer Veränderungen (Erosion des Normalarbeitsverhältnisses, demographischer Wandel, medizinisch-technischer Fortschritt) ein Thema auf, das bereits vor dem eigentlichen Agenda-Setting zu den zentralen Gegenständen der öffentlichen Debatte gehörte. Auch die Problematik der strukturellen Weiterentwicklung des gesundheitspolitischen Mesokorporatismus wurde nicht erst durch das GKV-WSG thematisiert. Der Reformbedarf kann also in beiden Bereichen als seit längerer Zeit bekannt gelten.

Obwohl die Problemlage als solche allgemein anerkannt war, unterscheiden sich die Problemumfeldanalysen und damit auch die Problemdefinitionen besonders im Hinblick auf die Ursachen der Finanzierungsprobleme der GKV. Vor allem auf der parteipolitischen Spitzenebene der Union herrscht die Problemsicht vor, dass steigende Gesundheitskosten die Folge externer Entwicklungen sind. Demographischer Wandel und medizinisch-technischer Fortschritt führen demnach zwingend zu Finanzierungsproblemen im Gesundheitswesen. Massive Interventionen wären folglich zur Kostensenkung unumgänglich.

Auf der anderen Seite werden in der SPD und beim Arbeitnehmerflügel der Union ineffiziente Strukturen in der GKV stärker für die Beitragssatzsteigerungen verantwortlich gemacht. Während also aus der ersten Perspektive ein kollektiv finanziertes gesundheitliches Versorgungsniveau auf dem bisherigen Stand in Zukunft nicht mehr möglich sein wird, können aus der zweiten Sicht Strukturreformen eine nachhaltige kollektive Finanzierung umfassender Gesundheitsleistungen gewährleisten. Die Problemdefinitionen wirkten sich also stark auf die Vorstellungen über die jeweilige Reformrichtung aus.

Gesundheitspolitischer Reformbedarf wurde von den Akteuren in Abhängigkeit von den jeweils zentralen Zielen wahrgenommen. Beim Agenda-Setting zum GKV-WSG spielte – wie bei allen Reformen seit Mitte der 70er Jahre – vor allem das Problem der Finanzierbarkeit eine zentrale Rolle. Die Reform sollte eine nachhaltige Lösung des Finanzierungsproblems bewirken, ohne dabei andere zentrale Ziele der Union (Wachstum) oder der SPD (Gerechtigkeit) zu verletzen. Vor allem Fachpolitiker gewichteten zudem das Ziel der Qualitätssicherung hoch.

Die Reformkonzepte waren trotz der anfänglichen Beteiligung externen Sachverstands keineswegs fachlich und finanziell abgesichert. So konnte das Modell der Bürgerversicherung unter anderem verfassungsrechtliche Probleme beim Umgang mit dem bestehenden PKV-System nicht klären. Das Modell der Gesundheitsprämie wiederum stand im Widerspruch zum Steuermodell der Union und war im Hinblick auf die Ergänzung durch eine steuerliche Umverteilung finanziell umstritten.

4.2 Reformbereitschaft fördern: Fokus auf Finanzierung

In der politischen Öffentlichkeit bestand in Bezug auf die Gesundheitspolitik nicht nur ein ausgeprägtes Problembewusstsein, sondern auch eine hohe Erwartungshaltung hinsichtlich der Gestaltungsfähigkeit der Großen Koalition. Diese ließ gemeinsam mit der Festlegung im Koalitionsvertrag die faktische Möglichkeit eines Themenwechsels sehr gering erscheinen (Interview 13; Interview 15). Eine sachliche Trennung der Leistungs- von der Finanzierungsseite war unmöglich (Interview 16). Die Planungsakteure haben auf Unionsseite frühzeitig vorgeschlagen, aus der Finanzierungsfrage auszusteigen, und die Fachpolitiker haben immer wieder die Gemeinsamkeiten in anderen Feldern betont, aber die politischen Spitzen hatten den Anspruch des »großen Wurfes«, der mit der Finanzierungsfrage verknüpft war (Interview 14).

Eine Kommunikation aller Leitideen war beim GKV-WSG nur schwer möglich. Denn mediale Aufmerksamkeit konnte nur für das Finanzierungsthema erreicht werden. In der Gesundheitspolitik erweist sich dieser Punkt jedoch als von nachrangiger Bedeutung. Problematisch war auch, dass die Kommunikation durch die Modelldebatte geprägt war. Die Darstellung der beiden vorgeschlagenen Finanzierungsmodelle als unvereinbare Gegensätze erschwerte eine positive Kommunikation möglicher Kompromisse zusätzlich.

Im Konflikt zwischen den Modellen der Bürgerversicherung und der Gesundheitsprämie verpasste es zudem die Union, ihr Modell an den herrschenden Diskurs anzupassen. In der Bevölkerung gibt es eine stabile Unterstützung für die Beibehaltung der Umverteilungsfunktion des Gesundheitswesens (vgl. Bertelsmann Stiftung 2004).

Es bleibt auch fraglich, warum das zentrale und weitgehend konsensuale Qualitätsziel der Reform nicht als Deutungsmuster etabliert wurde. Im Gegensatz zur Problematik der Solidarität besteht hier nicht nur Übereinstimmung zwischen den großen Parteien, sondern auch eine umfassende Mobilisierungsmöglichkeit der Bevölkerung, wie etwa das Beispiel der jüngsten britischen Gesundheitsreformen zeigt (Bandelow 2007b, 2007c). Eine positive Reformkommunikation über das Qualitätsziel wäre grundsätzlich denkbar gewesen, allerdings hätte es für ein Umschwenken in der Kommunikation einer medialen Thematisierung und Skandalisierung von Qualitätsmängeln im Gesundheitssystem bedurft (Interview 13).

4.3 Erfolgsaussichten kalkulieren: Priorität für Profilierung

Auf der parteipolitischen Spitzenebene fehlte eine gezielte Kalkulation der Erfolgsaussichten. Der Reformprozess folgte keinem systematischen Plan der Kernexekutive, sondern war weitgehend das Ergebnis paralleler, unkalkulierbarer Politikprozesse, die jeweils von Machtfragen und dem Wunsch, die eigenen politischen Profilierungschancen zu nutzen, dominiert waren. Daraus resultierten Fehleinschätzungen der tatsächlichen Chancen zur Durchsetzung des jeweils präferierten Finanzierungsmodells:

Auf Seiten der CDU nutzte Angela Merkel bereits 2003 den parteiinternen Streit um das Prämienmodell zu einem Richtungsentscheid. Auf dem Leipziger Parteitag setzte sich Merkel gegen die unionsinternen Kritiker durch und nutzte den Konflikt zur Sicherung ihrer internen Führungsposition (CDU 2003a). Merkel hat sich hierdurch ohne systematische Kalkulation der Erfolgsaussichten an das Konzept der Kopfpauschale gebunden (Interview 10, Interview 14), während die Union mit dem Prämienkritiker Seehofer ihren führenden Fachmann in der Gesundheitspolitik verlor.

Auch in der SPD dominierten Machtkonflikte die Entscheidungsfindung für ein Finanzierungsmodell. Im Wahljahr befand sich die rot-grüne Regierung unter Kanzler Schröder in einem Zustimmungstief. Eine Chance auf den Wahlsieg bestand nur, wenn es der SPD gelang, durch den Reformkurs der Agenda 2010 enttäuschte Stammwähler zurückzugewinnen (Interview 13). Hierzu bedurfte es eines Projektes, das gezielt sozialdemokratische Werte adressierte und die Kernklientel der Sozialdemokraten aktivierte (Interview 7; Interview 13).

Die Bürgerversicherung erwies sich als Projekt mit hohem Symbolwert und Anker für die Identität der SPD (Interview 7). Mit der Anknüpfung an den positiv besetzten Bürger-Begriff und der Adressierung der Solidaritätsfrage besaß das Bürgerversicherungskonzept ein hohes Mobilisierungspotenzial (Interview 7; Interview 13). Allerdings war die Durchsetzung eines SPD-Modells gegen den Widerstand der Union durch die Stimmenverteilung im Bundesrat noch weniger aussichtsreich als ein Erfolg des Prämienmodells.

Das Ergebnis der Bundestagswahl 2005 gab objektiv keinen Anlass, von einem baldigen Gelegenheitsfenster für eine Finanzreform auszugehen. Durch das unerwartet schlechte Wahlergebnis der Union wurden die parteiinternen Rivalen von Angela Merkel wieder gestärkt und die interne Durchsetzungsfähigkeit der Kanzlerin geschwächt (Interview 10). Auch der CSU-Vorsitzende Edmund Stoiber verlor an Durchsetzungsfähigkeit, da er entgegen vorhergehender Ankündigungen nicht in das Kabinett einzog. Die Ausgangskonstellation der Großen Koalition war somit durch die Schwäche führender Unionsakteure gekennzeichnet. Der Koalitionspartner SPD sah sich wiederum dem politischen Druck durch die Linkspartei ausgesetzt (Interview 5; Interview 12; Interview 13).

Beide Volksparteien waren von der Großen Koalition überrascht und in ihren Planungen von einer anderen Konstellation ausgegangen (Interview 1; Interview 5), was sich im hart geführten Wahlkampf widerspiegelte. In den Koalitionsverhandlungen wirkte der starke Parteienwettbewerb nach (Interview 1; Interview 2). Die Debatte um Bürgerversicherung und Kopfpauschale überlagerte die Koalitionsverhandlungen in der Gesundheitspolitik (Interview 2; Interview 7; Interview 15; Interview 17; Interview 19). Zusätzlich konnten inhaltliche Differenzen in der Gesundheitspolitik zwischen den Parteien zur parteipolitischen Profilierung in der Koalition genutzt werden (Interview 3; Interview 13).

Zwischen den handelnden Personen herrschte ein starkes Misstrauen vor, das sich erst mit der Zeit abbaute (Interview 10; Interview 12). CDU und CSU fürchteten von den Experten des BMG dominiert zu werden. Teilweise wurde daher versucht, Mitarbeiter des BMG von der Teilnahme an den Verhandlungen auszuschließen, da diesen ein eigenes politisches Mandat fehle (Interview 5; Interview 14).

Zunächst wurden die Themen in Arbeitsgruppen auf der Fachebene vorverhandelt und anschließend in Vier-plus-Zwei-Gesprächen fixiert (Interview 10). Im Themenfeld Gesundheit war auf der Seite der SPD Ministerin Schmidt die Verhandlungsführerin. Auf der Unionsseite hielt Seehofer nochmals das Heft fest in der Hand (Interview 10; Interview 11). Der spätere Verhandlungsführer Zöller war zwar ebenfalls anwesend, trat jedoch hinter Seehofer zurück (Interview 10; Interview 11).

Bei den Verhandlungen beschränkten die Nachwirkungen der Finanzierungsdiskussion die Verhandlungskorridore (Interview 12). Durch die starke Ideologisierung konnte der Finanzierungsstreit nicht konsensual gelöst werden (Interview 1; Interview 11; Interview 19). Das Thema erwies sich als zu komplex und der gegebene Zeitrahmen als zu begrenzt für eine Kompromissfindung in den Koalitionsverhandlungen (Interview 3; Interview 8; Interview 17).

Im Hinblick auf die Finanzierungsfrage wurde im Koalitionsvertrag nochmals die Unvereinbarkeit der Modelle hervorgehoben, jedoch eine Lösung bis Mitte 2006 angekündigt (CDU, CSU und SPD 2005: 102). Für die kommenden Verhandlungen kristallisierte sich ein Veto der Union gegen die Bürgerversicherung heraus, während für die SPD die Gesundheitsprämie nicht verhandelbar war (Interview 3; Interview 8; Interview 13; Interview 15). Essenzielle Bestandteile der Prämie widersprechen den Gerechtigkeitsvorstellungen der SPD (Interview 8; Interview 12; Interview 15; siehe auch SPD 2004; SPD 2005), zudem wurde die Bürgerversicherung symbolisch überhöht (Interview 13). Der politische Verlust, der bei einer Zustimmung zum Modell der Gegenseite drohte, war für eine Verhandlungslösung zu groß (Interview 5; Interview 15).

Die Chancen für eine Lösung in der Finanzierungsfrage wurden in den Koalitionsverhandlungen sogar noch weiter verschlechtert. Trotz der Ablehnung durch die Gesundheitsexperten wurde in den Koalitionsvertrag eine Streichung des Steuerzuschusses an die gesetzliche Krankenversicherung in Höhe von 4,2 Milliarden Euro

(2006) aufgenommen (Interview 2; Interview 10; Interview 11; Interview 12).

Erschwerend kam hinzu, dass die vereinbarte Anhebung der Mehrwertsteuer zusätzliche Kosten für die Krankenkassen in Höhe von ca. 900 Millionen Euro erwarten ließ. Hierdurch wurde die Reform jedoch frühzeitig stark belastet und der Verhandlungskorridor weiter eingeengt (Interview 14; Interview 17). In der Entscheidung manifestiert sich, dass die Finanzierungsmodelle nur nach politischen Gesichtspunkten konzipiert, jedoch nicht in ihren Konsequenzen durchdekliniert und fachlich ausformuliert waren (Interview 1; Interview 11; Interview 19; siehe auch Hartmann 2006: 70; Knieps 2007: 871–873).

Während für die Finanzreform das Gelegenheitsfenster geschlossen blieb, öffnete sich ein (von den Akteuren zuvor nicht antizipiertes) Fenster für die Strukturreform. In Anbetracht der fehlenden Kompromissoption in der Modellfrage wurde der Fokus im Koalitionsvertrag bewusst auf wettbewerbsfördernde Reformelemente gelenkt (Interview 1). Hier konnten vordergründig bestehende Gemeinsamkeiten genutzt werden, um eine grundlegende Reformlinie zu fixieren.

Zwischen Union und SPD bestanden fünf bis sechs konsensuale Punkte hinsichtlich Wettbewerb, Qualität und Effizienz (Interview 3). Eine Strukturreform konnte zeitnah formuliert werden, da diese beim GMG schon ausverhandelt, damals jedoch an der Blockade von CDU und CSU gescheitert war (Interview 11; Interview 15; siehe auch Seehofer, Storm und Widmann-Mauz 2003; Knieps 2007). Grundsätzlich gab es mit der Maxime des Wettbewerbs einen Konsens über die Eckpfeiler der Reform (Interview 2; Interview 3; Interview 8; CDU, CSU und SPD 2005: 102), obwohl die Wettbewerbskonzepte der Parteien nicht klar umrissen sind (Interview 6; Interview 10).

Die Ausweitung marktförmiger Steuerung stellt seit Längerem auch im Gesundheitswesen eine übergreifende Politiküberzeugung dar, wobei sich der Wettbewerb in einer Ausweitung selektiver Vertragsmodelle und einer Auflösung der monopolistischen Strukturen konkretisiert (Gerlinger 2002: 140ff.). Dennoch differieren die Wettbewerbskonzepte der Parteien jenseits des Konsenses auf der Metaebene in ihrer spezifischen Ausgestaltung stark (Interview 6; Interview 9; Interview 10).

4.4 Erfolgskontrolle beim Agenda-Setting: fehlende Kontrollmechanismen

Das Agenda-Setting folgte keiner politischen Strategie, sondern war das Ergebnis teilweise paralleler Politikprozesse, in deren Mittelpunkt Machtfragen standen. Daher wurden keine inhaltlichen Kontrollmechanismen angestrebt und umgesetzt. Ein Stakeholder-Dialog wurde nur gepflegt, wenn dieser als Ressource in den politischen Auseinandersetzungen dienen konnte. Die frühzeitige Festlegung und Kommunikation einer Unvereinbarkeit der Finanzierungsmodelle versperrten Möglichkeiten des flexiblen Nachsteuerns. Insgesamt verfehlt das Agenda-Setting fast alle Kriterien des SPR für erfolgreiche Reformpolitik (Tabelle 2).

5 Politikformulierung und Entscheidung: überraschende Ergebnisse

Das GKV-Wettbewerbsstärkungsgesetz wurde am 2. Februar 2007 im Bundestag und am 16. Februar 2007 durch den Bundesrat verabschiedet. Im Bundestag stimmten neben der Opposition auch 23 Abgeordnete der Union und 20 Mitglieder der SPD-Fraktion gegen das Gesetz. Im Bundesrat enthielten sich Länderregierungen mit Beteiligung von Oppositionsparteien (Nordrhein-Westfalen, Niedersachsen, Baden-Württemberg und Berlin) sowie die CDU-SPD-Regierung in

Tabelle 2: Agenda-Setting, Analysedimensionen

Dimension	Strukturreform	Finanzreform
Zukunftsthemen aufgreifen	– spielte beim Agenda-Setting keine Rolle	– Reformbedarf frühzeitig identifiziert – unterschiedliche Problemwahrnehmungen – fachlich inkonsistente Lösungen
Reformbereitschaft fördern	– spielte beim Agenda-Setting keine Rolle	– CDU: herrschende Meinung unberücksichtigt – SPD: über Solidaritätsziel Meta-Diskurs erreicht – Vernachlässigung der Qualitätsfrage
Erfolgsaussichten kalkulieren	– zufälliges Gelegenheitsfenster wurde genutzt	– Fehleinschätzung der Erfolgsaussichten
Erfolgskontrolle sichern	– spielte beim Agenda-Setting keine Rolle	– nicht erfolgt

Sachsen der Stimme. Das Gesetz ist in Teilen zum 1. April 2007 in Kraft getreten. Eine wichtige Ausnahme stellt dabei die Finanzierungsreform dar, da der Gesundheitsfonds erst zum 1. Januar 2009 umgesetzt werden soll.

Mit der Finanzierungsreform und den Maßnahmen zur Strukturreform enthält das Gesetz zwei wesentliche Blöcke. Die Finanzierungsreform sieht die Etablierung einer virtuellen Geldsammelstelle (Gesundheitsfonds) vor (Abbildung 4). Die Einnahmen der einzelnen Kassen sollen zentral verwaltet werden. Für die Ermittlung der prozentualen Beiträge der Arbeitnehmer und Arbeitgeber sind nicht mehr die einzelnen Kassen zuständig. Die Festlegung erfolgt vielmehr einheitlich durch eine nicht zustimmungspflichtige Rechtsverordnung der Bundesregierung.

Die unterschiedliche Finanzsituation der Kassen wird nicht mehr über den Beitragssatz, sondern über eine Zusatzprämie berücksichtigt. Kassen dürfen Zusatzbeiträge bis zu einem Prozent des Einkommens prozentual oder als Pauschale erheben. Zusatzbeiträge bis acht Euro sind nicht an die Einkommensgrenze gebunden. Hinzu kommt ein Steuerzuschuss, der schrittweise von drei Milliarden Euro (2009) auf 14 Milliarden Euro (2016) angehoben werden soll. Die Kassen erhalten wiederum eine Versichertenpauschale. Dabei wird ein Risikoausgleich berücksichtigt, der anders als der bisherige Risikostrukturausgleich auch besondere Ausgaben für ausgewählte Krankheiten berücksichtigen soll.

Der Gesundheitsfonds beinhaltet somit Elemente aus Forderungen beider Koalitionspartner. Wie von der SPD gefordert, wird der Risikostrukturausgleich ausgeweitet. Auch der einheitliche Kassenbeitrag entspricht sozialdemokratischen Vorstellungen. Außerdem konnte die SPD eine Pflichtversicherung für alle Bürger durchsetzen. Auch die privaten Krankenkassen müssen hierfür ein Angebot mit einem einheitlichen Grundtarif anbieten. Diese Regelung kann als Vorbereitung für eine spätere Erweiterung zu einer Bürgerversicherung gesehen werden.

Die Union wiederum konnte eine nachhaltige Stabilisierung der Arbeitgeberbeiträge sichern. Steigende Gesundheitskosten können über höhere Zusatzbeiträge oder Steuerzuschüsse finanziert werden, ohne dass der Arbeitgeberbeitrag steigen muss. Der wichtigste Erfolg der Union ist jedoch der Zusatzbeitrag, der als kleine Kopfpauschale

Abbildung 4: Politikergebnis Gesundheitsfonds

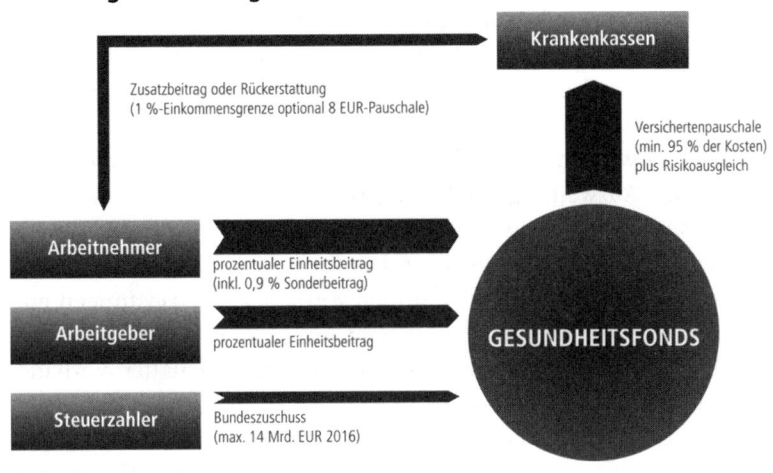

- Krankenkassen
- Zusatzbeitrag oder Rückerstattung (1 %-Einkommensgrenze optional 8 EUR-Pauschale)
- Versichertenpauschale (min. 95 % der Kosten) plus Risikoausgleich
- Arbeitnehmer → prozentualer Einheitsbeitrag (inkl. 0,9 % Sonderbeitrag)
- Arbeitgeber → prozentualer Einheitsbeitrag
- Steuerzahler → Bundeszuschuss (max. 14 Mrd. EUR 2016)
- GESUNDHEITSFONDS

Quelle: eigene Darstellung

eine mögliche Grundlage für eine Weiterentwicklung des Fonds zu einer Gesundheitsprämie sein kann.

Der Steuerzuschuss entspricht Forderungen beider Parteien. Er liegt jedoch zunächst noch unter dem früheren Steuerzuschuss von zuletzt 4,2 Milliarden Euro (2006), der durch den Koalitionsvertrag abgeschafft wurde. Seine Höhe ist ebenso wie die Begrenzung des Zusatzbeitrags und der Umfang des morbiditätsorientierten Risikostrukturausgleichs Ergebnis eines Kompromisses zwischen den Parteien.

Neben der Finanzreform verändert die Gesundheitsreform der Großen Koalition nachhaltig die Entscheidungsstrukturen des Gesundheitswesens. Das GKV-WSG ist ein großer Schritt auf dem Weg vom bisherigen regionalen Mesokorporatismus zu einem integrierten System mit kollektiven Rahmenvorgaben auf der Bundesebene und einzelvertraglicher Organisation der Leistungsmärkte.

So wurden in der ambulanten Versorgung die Grundlagen für Selektivverträge zwischen einzelnen Kassen und Verbänden bzw. Verbünden von Leistungsanbietern erweitert. Die Kassenärztlichen Vereinigungen verlieren damit das Verhandlungsmonopol. Eine Vielzahl von Regulierungen und Begrenzungen in der Vertragsgestaltung zwischen einzelnen Kassen und Leistungsanbietern wurde aufgehoben. Kassenartenübergreifende Fusionen von Krankenkassen wurden ermöglicht. Ein neuer Spitzenverband Bund übernimmt die wichtigsten Funktionen und Kompetenzen der bisherigen sieben Spitzenverbände der Kassenarten. Der Gemeinsame Bundesausschuss, das wichtigste Verhandlungsgremium des Gesundheitswesens, wird professionalisiert und stärker durch das BMG kontrolliert.

Ergänzt werden die Maßnahmen durch eine Honorarreform für Ärzte, die Ausweitung von Möglichkeiten für Rabattverträge zwischen Kassen und Arzneimittelherstellern und die Erweiterung von Kassenleistungen im Bereich von Impfungen und Kuren. Anders als bei vorherigen Gesundheitsreformen wurden weder Leistungen eingeschränkt noch Zuzahlungen erhöht.

Die Politikergebnisse sind das Resultat wechselhafter Verhandlungen auf unterschiedlichen Ebenen. Es ist angesichts der vielfachen Entscheidungswege sowie geschlossener und wieder aufgekündigter Kompromisse wechselnder Verhandlungspartner schwierig, in den Verhandlungen eine konsistente Strategie zu erkennen. Dennoch wurden die Kriterien des SPR für erfolgreiche strategische Reformpolitik auch in dieser besonders problematischen Phase nicht alle missachtet.

5.1 Reformkonzept formulieren: Machtpolitik bei der Finanzierung – Evidenzorientierung bei der Strukturreform

Die Formulierung des Reformkonzepts folgte keiner systematischen Strategie. Der Koalitionsvertrag hatte die Gesundheitsreform zwar auf die Agenda gesetzt, jedoch keine inhaltliche Linie zur Finanzierungsfrage vorgegeben (Interview 3). Nach den Koalitionsverhandlungen sondierten zunächst interne Arbeitsgruppen im BMG und auf Unionsseite Handlungsoptionen und diskutierten mögliche Kompromissmodelle (Interview 13; Interview 18). In dieser Phase wurde auch externer Sachverstand einzelner Wissenschaftler (Richter 2005) oder wissenschaftlicher Beiräte (Bundesministerium der Finanzen 2005) einbezogen (Interview 11; Interview 15; Interview 19).

Die Fachebene stand in den Verhandlungen jedoch unter der Aufsicht der politischen Spitzenebene, die sich eine Konsentierung der Beschlüsse vorbehielt (Interview 13) und von Beginn an in den Prozess eingeschaltet war (Interview 10; Interview 14; Interview 19). Auf

Spitzenebene herrschte die Sichtweise vor, die Fachpolitiker hätten bei den vergangenen Reformen keine Erfolge erzielt (Interview 10). Die Gesundheitsreform als zentrales Projekt der Legislaturperiode müsse daher von der Spitze begleitet werden (Interview 14).

Frühzeitig begannen Koordinierungstreffen auf Ebene der Fraktionsvorsitzenden, Staatssekretäre und Minister im Bundeskanzleramt. Ein Spitzengespräch zu den Zielen der Gesundheitsreform zwischen Kanzlerin Angela Merkel, Vizekanzler Franz Müntefering, den Fraktionsspitzen Peter Struck, Peter Ramsauer und Volker Kauder sowie dem bayerischen Ministerpräsidenten Edmund Stoiber folgte. Dort drehten sich die Gespräche nahezu ausschließlich um den Finanzierungsaspekt (Interview 10). Während die Fachpolitiker die Gemeinsamkeiten in Strukturfragen betonten, wollten sich die Spitzenpolitiker an der Finanzreform messen lassen (Interview 14).

In den Kanzleramtsrunden wurden alle denkbaren Modelle bis hin zur kompletten Steuerfinanzierung diskutiert (Interview 15). Parallel führten Schmidt und Merkel frühzeitig intensive Gespräche (Interview 11). Letztlich fehlte es jedoch lange an gemeinsamen Zielvorgaben der Spitzen (Interview 15). Problematisch waren unter anderem die unterschiedlichen Problemwahrnehmungen, Begriffsverständnisse und Bewertungen kausaler Zusammenhänge (Interview 6; Interview 9; Interview 10; Interview 11).

Bei der Bewertung von Lösungsalternativen spielten dann auch eher macht- als sachpolitische Erwägungen eine Rolle. Obwohl der Gesundheitsfonds begrifflich auf einen wissenschaftlichen Vorschlag zurückging, waren die Entscheidung für das Modell und dessen konkrete Ausgestaltung Ergebnisse politischer Kompromisse auf der parteipolitischen Spitzenebene (Interview 5; Interview 7; Interview 11; Interview 17; Interview 19).

Die wissenschaftliche Beurteilung der Reformvorschläge war verheerend, obwohl sich die Kritik allein auf den Finanzierungsteil bezog. Der Sachverständigenrat zur Begutachtung der gesamtwirtschaftlichen Entwicklung bezeichnete in seinem Jahresgutachten die Gesundheitsreform auf der Finanzierungsseite als misslungen (Sachverständigenrat 2006: 217). Jürgen Wasem kritisierte in der Bundestagsanhörung den Fonds, da dieser in der Kompromissvariante keine Antwort auf die Einnahmeprobleme der GKV biete und verzichtbar sei (Deutscher Bundestag 2006; Wasem 2006: 2). Der

Vorsitzende des Sachverständigenrates zur Begutachtung der Entwicklung im Gesundheitswesen, Eberhard Wille, bezeichnete an gleicher Stelle den Fonds als Schwachstelle der Reform, da dieser nichts an der Kopplung von Arbeits- und Gesundheitskosten ändere (Deutscher Bundestag 2006).

Insgesamt, so die einhellige Meinung der Experten, sei der Fonds fachlich nicht zu rechtfertigen. Eine höhere Steuerfinanzierung sei ohne den Fonds jederzeit möglich. Der Fonds sei nur eine Hülle und werde als politisches Vehikel genutzt, um den Konflikt um die Finanzierung beizulegen (Interview 2; Interview 4). Allerdings wurde aufgrund des Fonds eine Verhandlungslösung in der Koalition letztlich möglich, da beide Parteien ihr Gesicht wahren konnten (Interview 2; Interview 4).

Die konkrete Formulierung der Strukturreformen wurde nicht von parteipolitischen Spitzen, sondern von Fachpolitikern mit langjähriger Erfahrung im Politikfeld vorgenommen. So wurden zur Sondierung von Lösungsalternativen internationale Vorbilder systematisch ausgewertet (Interview 9; Interview 11; Interview 16). Im Gegensatz zur Aushandlung des Gesundheitsfonds war die Formulierung der Strukturreformen zumindest evidenzorientiert.

Es ist nicht gelungen, einen systematisch entwickelten Reformfahrplan durchzuhalten. Die einzelnen Reformschritte mussten aufgrund tagespolitisch veränderter Machtverhältnisse und anderer situativer Einflüsse wiederholt angepasst werden.

5.2 Vertrauen aufbauen: unrealistische Erwartungen und mangelnde Dialogorientierung

Die kommunikativen Anforderungen an strategische Reformpolitik wurden auch in der Phase der Politikformulierung nicht erfüllt. Hierfür sind vor allem zwei Gründe ausschlaggebend: Im Bereich der Finanzierungsreform fehlte es an den Voraussetzungen für strategische Kommunikation, da lange keine klare inhaltliche Lösung gefunden werden konnte. Auf der Ebene der Fachpolitiker wurde ein Dialog mit den Stakeholdern gezielt vermieden.

Der Großen Koalition gelang es im Rahmen der Gesundheitsreform kaum, Glaubwürdigkeit zu vermitteln. Ein besonderes Problem lag in der Glaubwürdigkeitslücke bei der Steuerfinanzierung (Interview 1). Diese entstand auch dadurch, dass keine realistischen Erwartungen erzeugt worden waren. Die Reform hat vor allem nicht hervorgebracht, was von der Politik angekündigt worden war: sinkende Beiträge (Interview 8; Interview 13).

Während des gesamten Reformprozesses war die Öffentlichkeit auf die Reform der Finanzstrukturen fixiert. Seitens der Politik wurde in den Koalitionsverhandlungen nochmals die Stabilität der Beiträge als politisches Ziel ausgegeben (CDU, CSU und SPD 2005: 28). Zudem erwartete die Basis beider Volksparteien die Realisierung der jeweils präferierten Instrumente und die Stabilisierung des Beitragssatzes (Interview 5; Interview 7; Interview 13). Allerdings löste die Regierung dieses Ziel nicht ein, sondern beschloss für das Jahr 2007 eine Beitragssatzerhöhung um 0,5 Prozentpunkte. Dies diskreditierte die Reform zusätzlich in der Öffentlichkeit.

Das Ergebnis wurde am Ende falsch kommuniziert: Es wurde als großer Erfolg dargestellt, was es aufgrund der politischen Konstellation ganz offensichtlich nicht sein konnte (Interview 3). Eine Kommunikation als Kompromiss mit Verweis auf die zukünftigen Gestaltungsoptionen des Fonds wäre richtig gewesen (Interview 3; Interview 13). Für Reformkommunikation gilt, nur das Machbare zu kommunizieren bzw. eher geringere Erwartungen zu wecken, als tatsächlich möglich wären (Interview 14).

Das zweite Problem, eine gezielte Vermeidung eines Dialogs mit den Stakeholdern, geht vor allem auf vorhergehende Erfahrungen der Fachebene zurück. Das BMG ging davon aus, dass jede positive Reformkommunikation aufgrund der überlegenen Gegenkommunikation durch Interessenverbände zum Scheitern verurteilt wäre (Interview 1; Interview 12). Reformkommunikation bedarf aus Sicht der Fachpolitiker eines aufnahmefähigen Umfelds, das nicht gegeben war (Interview 18).

Noch weniger etabliert ist ein Dialog mit den Bürgern. In der deutschen Gesundheitspolitik fehlt jede systematische Rückbindung an die Interessen der Versicherten und Patienten. Zwar beanspruchen fast alle Akteure, Vertreter eines Gemeinwohls der Bürger zu sein. Selbst auf die Politik der Selbstverwaltungsgremien in den Krankenversicherungen haben die Bürger jedoch kaum Einfluss, zumal die Bestimmung der Versichertenvertreter in fast allen Krankenkassen über Friedenswahlen ohne eigentliche Wahlhandlung stattfindet. Eine direkte Einbindung von Bürgerinteressen über Bürgerforen oder andere Elemente direkter Beteiligung steht den zahlreichen Interessen der organisierten Interessengruppen in diesem Politikfeld entgegen.

Ein übergreifendes Problem war das Framing der Reform durch den Gesetzesnamen »Wettbewerbsstärkungsgesetz«. Hier wurde zu wenig auf eine klare und positive Reformsprache geachtet. Denn Wettbewerb ist kein ausschließlich positiv besetzter Begriff. Außerdem erschweren die unterschiedlichen Wettbewerbsverständnisse der beteiligten Akteure einen offenen Reformdialog. Die Wahl des Namens wurde nicht mit den Kommunikationsexperten im BMG abgestimmt (Interview 18). Alternativen – etwa »Qualitätsstärkungsgesetz« – wurden nicht breit diskutiert.

Kontraproduktiv wirkte zudem die Darstellung des Fonds als wesentlicher Reformschritt: Statt den Gesundheitsfonds als Weiterentwicklung des Risikostrukturausgleichs und realistischen Kompromiss darzustellen, wurde so die Möglichkeit für Kritiker eröffnet, das Modell als Bürokratiemonster zu bezeichnen (exemplarisch Spitzenverbände der Krankenkassen 2006).

5.3 Mehrheiten sichern: erfolgreiche Verhandlungen zu Lasten der Qualität?

Bei der Auswahl des Reformweges ist wiederum zwischen der Finanzreform und der Strukturreform zu differenzieren. Die Finanzreform war weitgehend das Ergebnis einer konsensorientierten Verhandlungsstrategie. Im Gegensatz zur vorherigen Verhandlung zum Gesundheitsmodernisierungsgesetz waren beide Verhandlungsseiten an einem Ergebnis interessiert. Als Koalitionspartner musste auch die Unionsführung anders als 2003 einen erfolgreichen Abschluss der Verhandlungen anstreben. Angesichts der gegensätzlichen Zielorientierung spielte sachorientiertes Argumentieren dabei jedoch kaum eine Rolle. Vielmehr ging es darum, durch Tauschgeschäfte Lösungen zu finden, die von allen zentralen Akteuren getragen werden konnten.

Im Mittelpunkt dieser Tauschprozesse standen der Risikostrukturausgleich, die Ausgestaltung des Zusatzbeitrags der Versicherten und vor allem die Zukunft der PKV (Interview 11). Zudem trafen die unterschiedlichen Zielvorstellungen der Koalitionsparteien in der Frage der Beitragsparität aufeinander (Interview 10; vgl. Ferner 2007; Velter 2007). Auf beiden Seiten standen die Verhandlungspartner unter internem Druck. Die Union war zunehmend damit konfrontiert, dass sich die bayerische Landesregierung für die Interessen der PKV einsetzte. Bayern ist Standort großer Versicherungsunternehmen. Zudem war die Machtfrage um den damaligen bayerischen Ministerpräsidenten Stoiber ungeklärt.

Für die SPD-Führung war die Parlamentarische Linke die größte Herausforderung. Es musste eine Lösung gefunden werden, in der sich die Solidaritätsziele der Linken ausreichend wiederfanden. Wichtigste Elemente waren vor allem die Belastungsobergrenze beim Zusatzbeitrag (Interview 15) und der Risikostrukturausgleich (Interview 10; Interview 19). Auch in der SPD bildeten interne Machtkämpfe den Hintergrund für inhaltliche Auseinandersetzungen. Vor allem das Spannungsfeld um den bundespolitisch wenig etablierten neuen Parteivorsitzenden Kurt Beck und die wachsende Konkurrenz durch die Linkspartei engten den Verhandlungsraum ein.

Erste Details für den Fonds wurden am 5. Oktober 2006 im Koalitionsausschuss festgelegt (Interview 10; Merkel, Beck und Stoiber 2006): Zunächst wurde die soziale Flankierung des Fonds gegen die Nichteinbeziehung der PKV getauscht. Für die PKV war nun ein Basistarif vorgesehen, zu dem nur PKV-Versicherte Zugang haben sollten. Der PKV-Kompromiss geht dabei auf ein Papier der CSU zurück, das nahezu gänzlich übernommen wurde (Interview 19). In der GKV sollte zudem der morbiditätsorientierte Risikostrukturausgleich (morbiRSA) eingeführt werden. Bayerischen Bedenken bezüglich einer starken finanziellen Belastung der dort ansässigen Kassen wurde durch die Konvergenzklausel begegnet. Diese soll die Umverteilungen zu Lasten der Kassen eines Bundeslandes auf 100 Millionen Euro jährlich begrenzen.

Trotz der intensiven Beteiligung am bisherigen Gesetzgebungsprozess meldete die Union Ende 2006 wieder massive Bedenken gegenüber dem PKV-Kompromiss an. Im Januar 2007 wurde deshalb erneut zwischen Union und SPD ein Kompromiss zur PKV verhandelt. Die Änderungen fielen nun moderater aus, dafür wurde im

Austausch eine endgültige Versicherungspflicht für alle Bürger eingeführt. Im Koalitionsausschuss wurde zudem eine Erhöhung des Steuerzuschusses für 2008 und 2009 um eine weitere Milliarde Euro jährlich festgesetzt.

Nachverhandlungen machten auch die 104 Änderungsanträge erforderlich, die der Bundesrat am 15. Dezember 2006 in seiner Stellungnahme zu dem Gesetz formulierte (Bundesrat 2006). Die Änderungsanträge waren zum größten Teil durch landespolitische Interessen bedingt und betrafen Elemente der Strukturreform. Die Bundesregierung lehnte sie allerdings fast alle ab (Deutscher Bundestag 2007). Lediglich 20 Anträge führten zu Änderungen des Gesetzentwurfes. Hierbei handelte es sich vorwiegend um parteipolitisch kontroverse Aspekte ohne direkten Bezug zu Landesinteressen (Aßhauer 2008: 65–67).

Im Umgang mit den Bundesländern verfolgte die Regierung somit zu diesem Zeitpunkt eine stärker konfliktorientierte Verhandlungsstrategie als in der zwischenparteilichen Auseinandersetzung. Unter dem Gesichtspunkt des Sicherns von Mehrheiten war diese Strategie erfolgreich, da einzelne Issues nur in wenigen Fällen die Ablehnung eines gesamten Gesetzentwurfes durch ein Bundesland legitimieren können (in diesem Fall nur beim Freistaat Sachsen) und im Bundesrat letztlich die parteipolitische Disziplin ausreichend war.

Im Gegensatz zur Finanzreform wurde bei den Strukturfragen zumindest phasenweise eine problemorientierte Verhandlungsstrategie mit der Suche nach optimalen Lösungen gewählt. Bei den Verhandlungen zur Strukturreform dominierte die Arena der Fachpolitiker. Auf Basis der Eckpunkte vom Juli 2006 erarbeitete eine verkleinerte Arbeitsgruppe einen ersten Entwurf. Bis zur Fertigstellung der Eckpunkte waren auf beiden Seiten immer zehn bis elf Personen an den Arbeitsgruppensitzungen beteiligt. Danach wurde die Zahl der beteiligten Personen noch weiter reduziert. Teile vor allem der Strukturreform wurden letztlich bilateral auf der Fachebene ausgehandelt und formuliert (Interview 10; Interview 11).

Während die Verhandlungen auf der politischen Fachebene problemorientiert verliefen, wählte die Politik gegenüber den Interessenverbänden weitgehend eine konfliktorientierte Verhandlungsstrategie. Es wurde keine Möglichkeit gesehen, die Interessenverbände für die Reform als Bündnispartner zu gewinnen (Interview 3; Interview

11). Ziel war es daher, den Primat der Politik gegenüber den Verbänden wiederherzustellen (Interview 4).

Insgesamt lassen sich also alle drei idealtypischen Verhandlungsstile bei der Politikformulierung wiederfinden. Die Verhandlungen waren einerseits erfolgreich, da ausreichende Mehrheiten in Bundestag und Bundesrat zur Gesetzesformulierung gewonnen werden konnten. Andererseits ist es nicht gelungen, öffentlichen Rückhalt für die Reform zu sichern.

Inhaltlich führte das GKV-WSG zumindest nicht zu kurzfristig spürbaren negativen Effekten für die Bevölkerung. Insofern wurde der Fehler der mit dem Gesundheitsmodernisierungsgesetz eingeführten Praxisgebühr nicht wiederholt. Die Reform enthält jedoch auch keine direkt spürbaren positiven Effekte. Hier wurde insbesondere im Bereich der Qualitätssicherung die Chance vertan, kurzfristig öffentlich sichtbare Maßnahmen zu integrieren. Insofern stellt sich die Trennung der Verhandlungsarenen als zentrales Problem der Reform dar. Sie führte dazu, dass bei der Finanzreform inhaltliche Aspekte vernachlässigt wurden, während bei der Strukturreform die Machtinteressen der beteiligten Parteien unzureichend Berücksichtigung fanden.

5.4 Erfolgskontrolle bei der Politikformulierung: bekannte Defizite

Die Politikformulierung war noch stärker als das Agenda-Setting von einer Vernachlässigung des Stakeholder-Dialogs und einer Ausgrenzung der Stakeholder und externer Sachverständiger geprägt (Interview 2; Interview 4; Interview 6; Interview 7). Politisches Lernen fand sich bei der Aushandlung des Gesundheitsfonds nur in Bezug auf die Durchsetzbarkeit von Entwürfen. Lediglich die interne Kritik von Fachpolitikern am unterentwickelten Steueranteil wurde berücksichtigt. So wurde der Zuschuss um eine Milliarde Euro erhöht. Er blieb jedoch mit 2,5 Milliarden Euro noch niedriger als die insgesamt fünf Milliarden umfassenden zusätzlichen Defizite durch die Beschlüsse der Koalitionsverhandlungen.

In den verschiedenen Arenen dominierten unterschiedliche Verhandlungsstile (vgl. Tabelle 3). Eine systematische Erfolgskontrolle wurde jedoch in keinem Teilbereich angestrebt. Die Akteure waren

Tabelle 3: Politikformulierung, Analysedimensionen

Dimension	Strukturreform	Finanzreform
Reformkonzept formulieren	– nur interner Sachverstand genutzt	– politische Lösungsfindung gegen Expertenrat
Vertrauen aufbauen	– Gezielte Abschottung gegenüber Stakeholdern – negative Reformsprache (Wettbewerbsstärkung)	– falsches Erwartungsmanagement bei der Finanzierungsfrage – Glaubwürdigkeitsverlust (Beitragssteigerung) – unrealistische Erwartungen erzeugt („großer Wurf")
Mehrheiten sichern	– problemorientiert intern, konfliktorientiert extern – öffentlicher Rückhalt nicht angestrebt	– konsensuale Verhandlungsstrategie auf Spitzenebene, Konfliktorientierung bei Bundesland Bayern und der SPD-Linken
Erfolgskontrolle sichern	– kein Dialog mit Stakeholdern – keine Berücksichtigung der öffentlichen Resonanz	– kein Dialog mit Stakeholdern – Lernen nur in Bezug auf Kompromisssuche

jeweils auf eine möglichst vollständige Durchsetzung ihrer Ziele konzentriert und in dieser Phase nicht (mehr) offen für externe Informationen.

6 Politikumsetzung: anti-partizipatorischer Ansatz

Obwohl das GKV-WSG in weiten Teilen bereits im April 2007 in Kraft getreten ist, lässt sich zum Zeitpunkt der Erstellung dieses Beitrags noch nicht endgültig absehen, wie erfolgreich das Gesetz umgesetzt werden kann. Wesentliche Elemente der Reform sind aktuell noch umstritten. Dies betrifft den gesamten Bereich des Gesundheitsfonds, der erst Anfang 2009 implementiert werden soll. Insbesondere die Konfliktfelder, die schon bei der Politikformulierung umstritten waren, sind auch nach der Gesetzgebung Gegenstand der Auseinandersetzungen. Dazu gehören die Gestaltung des morbiditätsorientierten Risikostrukturausgleichs und die Umsetzung der Konvergenzklausel.

Die Strukturreform ist zwar in wesentlichen Teilen schon in Kraft getreten. Die Auswirkungen werden jedoch erst in den nächsten Jahren vollständig erkennbar sein. Daher kann die folgende Bewertung nur eine erste unvollständige Einschätzung darstellen.

Bei der Umsetzung des GKV-WSG ist zudem zu beachten, dass die Maßnahmen teilweise nur einzelne Schritte im Rahmen konsekutiver Reformprozesse darstellen. Es erfolgt also nicht in allen Teilaspekten eine separate Umsetzung eines Gesetzes. Vielmehr sind teilweise Veränderungsprozesse zu beobachten, die durch Maßnahmen des GKV-WSG beeinflusst oder beschleunigt wurden.

6.1 Ergebnisqualität sichern: unbeabsichtigte Nebenwirkungen als möglicher Störfaktor

Die Sicherung der Ergebnisqualität ist bei Gesundheitsreformen besonders problematisch. Die Erreichung der letztlich verfolgten inhaltlichen Ziele (Finanzierbarkeit, Solidarität, Wachstum und Qualität) hängt nicht allein von dieser Reform ab. Sowohl bei der Verwirklichung der Strukturreform als auch bei der Umsetzung des Gesundheitsfonds bestehen Probleme und Umsetzungshindernisse.

Die Stärkung des Wettbewerbs durch die Strukturreform wurde zwar im Hinblick auf rechtliche Vorgaben weitgehend gesichert. Eine Sicherstellung der Wirkungsorientierung scheitert jedoch an den Einflüssen der Stakeholder in der Umsetzungsphase. Zum gegenwärtigen Zeitpunkt deuten sich mögliche unbeabsichtigte Nebenwirkungen an, die späteres Nachsteuern in weiteren Reformschritten notwendig machen können.

Dabei verläuft die Umsetzung der Strukturreformen auf unterschiedlichen Ebenen. Auf Bundesebene hat das BMG die Möglichkeit zur direkten Kontrolle über die Entwicklung der neuen verbandlichen Struktur der Krankenkassen und die Weiterentwicklung des gemeinsamen Bundesausschusses. Es ist jedoch umstritten, inwiefern die Ausweitung zentraler Vorgaben bei der Fixierung der Leistungskataloge und Qualitätskriterien den gleichzeitig angestrebten Wettbewerb einschränken. Schon vor der Reform wurden nur acht Prozent der Kassenausgaben auf Grundlage individueller Verträge der einzelnen Kassen festgelegt (Sachverständigenrat 2005: 36).

Auf regionaler Ebene besteht das Risiko der Entstehung neuer Monopole. Bisher sind die durch das GKV-WSG angestoßenen Entwicklungen in den Regionen uneinheitlich. Die neuen gesetzlichen Optionen werden in Süddeutschland stärker genutzt als in Nord- und Ostdeutschland. Eine Vorreiterrolle nimmt bisher Baden-Württemberg ein. Hier hat die AOK einen Selektivvertrag mit dem Ärzteverbund MEDI und dem Hausärzteverband geschlossen (Ärzte Zeitung 9.5.2008).

Die ärztlichen Vertragsparteien standen bei der Ausschreibung in Konkurrenz unter anderem zur Kassenärztlichen Vereinigung Baden-Württemberg (Ärzte Zeitung 13.12.2007). Gleichzeitig verfügen MEDI und der Hausärzteverband jedoch über eine Mehrheit in der Vertreterversammlung der Kassenärztlichen Vereinigung. Es ist also die problematische Situation entstanden, dass ein Zusammenschluss von Ärzteverbänden starken Einfluss auf die Entscheidungen seines wichtigsten Konkurrenten nehmen kann. Bisher ist es offen, ob langfristig andere Anbieter in Baden-Württemberg zu einer ernsthaften Konkurrenz für MEDI und den Hausärzteverband werden.

Neben der Bildung neuer Monopole ist auch denkbar, dass die Kassenärztlichen Vereinigungen ihr traditionelles Monopol trotz der rechtlichen Veränderungen behaupten können. Um dieses Monopol zu brechen, müssten 70 Prozent der Ärzte einer Fachgruppe oder Region ihre Zulassung zur Beteiligung an der kassenärztlichen Versorgung freiwillig zurückgeben. Ernsthafte Bemühungen, diese Quote zu erreichen, gab es bisher durch ein Korbmodell des Hausarztverbandes in Bayern. Die Resonanz reichte jedoch bisher nicht aus, um den Sicherstellungsauftrag der Kassenärztlichen Vereinigung in Bayern zu brechen (Ärzte Zeitung 19.5.2008).

Bei der Verwirklichung des Gesundheitsfonds liegen die Probleme bisher in der unzureichenden operationalen Definition der Konvergenzklausel und der konkreten Fassung des morbiditätsorientierten Risikostrukturausgleichs. Die politisch begründete, spät durchgesetzte und unzureichend abgestimmte Konvergenzklausel hat sich bereits als Grundlage für politische Konflikte erwiesen.

Bei der Formulierung der Liste für ausgleichsfähige Krankheiten im Rahmen des neuen Kassenartenausgleichs gab es ebenso Streitpunkte. Die sechs Sachverständigen des mit der Formulierung der 80 ausgleichsfähigen Krankheiten beauftragten Beirats beim Bundesversicherungsamt traten zurück, da es Konflikte um die wissenschaftliche Unabhängigkeit bei der Listenerstellung gab.

Auch hier droht die Wirkungsorientierung an unbeabsichtigten Nebenwirkungen zu scheitern. Der morbiditätsorientierte Risikostrukturausgleich kann Anreize für einzelne Krankenkassen oder Kassengruppen setzen, sich nicht durch effizientes Wirtschaften, sondern durch politische Einflussnahme auf den Ausgleichsmechanismus Wettbewerbsvorteile zu verschaffen. Dies wurde von ehemaligen Mitgliedern des Beirats beim Bundesversicherungsamt zunächst der AOK unterstellt. Eine mögliche Spezialisierung einzelner Kassen auf spezielle Versichertengruppen würde entsprechende Anreize für die Kassen verstärken. Je stärker die Versichertenstruktur einer Kasse eine überproportionale Vertretung einer Krankheit aufweist, desto größer wird in Zukunft die Abhängigkeit des Erfolgs dieser Kasse von der Bewertung dieser Krankheit durch den neuen Risikostrukturausgleich.

Mittelfristig kann die Umsetzung noch mit Problemen der Unterfinanzierung konfrontiert werden. Neben einer Lösung für eine mögliche Unterfinanzierung in Folge der Konvergenzklausel ist auch die Kostendeckung für die fünf Prozent der Ausgaben ungeklärt, die nicht durch den Gesundheitsfonds gesichert sind. Angesichts der Deckelung des Zusatzbeitrags auf ein Prozent der Einkommen deutet sich hier für viele Kassen ein Finanzierungsproblem an. Langfristige Umsetzungsprobleme betreffen vor allem das Risiko beider Reformparteien, dass bei veränderten Mehrheitsverhältnissen eine Weiterentwicklung des Fonds in eine von ihnen jeweils nicht gewünschte Richtung erfolgen kann.

Während also die Wirkungsorientierung unklar ist, wurden die Umsetzungsschritte genau festgelegt. Wesentliche Bestandteile der Reform können ohne Mitwirkung der Interessenverbände und ohne erneute Zustimmung des Bundesrates nach festem Zeitplan umgesetzt werden.

Bei der Wahl der Steuerungsinstrumente verbindet das GKV-WSG regulative Instrumente auf zentraler Ebene mit Anreizinstrumenten für Leistungsanbieter und Versicherte (Böckmann 2007). Wie diese Instrumente im Einzelnen wirken werden, ist noch nicht absehbar. Es ist jedoch zu erwarten, dass die Umstellung der Finanzierung durch den Gesundheitsfonds stärkeren Druck auf die Kassen bewirken wird.

Für die Versicherten besteht die Veränderung vor allem darin, dass der einheitliche Beitragssatz in Zukunft die Arbeitgeber von Beitragsunterschieden zwischen den Kassen ausnimmt. Diese können für die Versicherten in Form der Zusatzprämien weiter bestehen. Sie sind dann besser sichtbar, da sie direkt in Euro-Werten und nicht in Beitragssätzen ausgewiesen sind und zusätzlich erhoben werden müssen. Es ist also zu erwarten, dass die Versicherten größere Transparenz über die Kostenunterschiede zwischen den Kassen erlangen und daher eher bereit sein werden, teurere Kassen zu verlassen.

Auch bei den Leistungsanbietern werden sich die finanziellen Anreize verstärken. Ab 2009 sollen die Punktwerte der niedergelassenen Ärzte durch eine Euro-Gebührenordnung ersetzt werden. Damit wird zumindest ein Teil des Morbiditätsrisikos von den Ärzten auf die Kassen verlagert. Gleichzeitig ist zu erwarten, dass die Kassen den steigenden Kostendruck in den Vertragsverhandlungen an die Leistungsanbieter weitergeben.

Die finanziellen Anreize für die beteiligten Akteure werden somit voraussichtlich zu wesentlichen Änderungen im System führen. Ob sich diese Änderungen jedoch tatsächlich in einem Wettbewerb um Qualität und Wirtschaftlichkeit niederschlagen werden, ist noch nicht absehbar.

6.2 Bürgernähe herstellen: Transparenzmängel

Wie in vorherigen Reformphasen ist auch bei der Politikumsetzung keine Bürgernähe gesichert. Die Vorgängerreform, das GKV-Modernisierungsgesetz (GMG) von 2003, beinhaltete Maßnahmen zur Verbesserung der Kommunikation zwischen Bürgern und Politik. So wurde eine Patientenbeauftragte des Deutschen Bundestages eingesetzt. Außerdem integrierte das GMG erstmals Patientenverbände in die zentralen Verhandlungsgremien, indem diese am Gemeinsamen Bundesausschuss beteiligt wurden. Allerdings billigt das GMG den Patientenvertretern kein Stimmrecht zu.

Das GKV-WSG führt diese Strategie nicht in gleichem Ausmaß fort. So verweigert es den Patientenverbänden weiterhin ein Stimmrecht. Grundlage ist unter anderem die Einschätzung der Ministerialbürokratie, dass die Patientenvertreter sich zum Sprachrohr für die Pharmaindustrie entwickelt hätten (Interview 1). Diese Einschätzung wird durch eine Studie gestützt, die von Beratern der Gesundheitsministerin verfasst wurde (Schubert und Glaeske 2006).

Auch die Kommunikation zwischen Bürgern und Verwaltung wurde durch die fehlende Stärkung der Patientenverbände nicht verbessert. Die Verwaltung des Gesundheitswesens ist für die Bürger undurchsichtig. Neben der Gemeinsamen Selbstverwaltung spielen hier die Selbstverwaltungsorgane der Krankenkassen eine zentrale Rolle. Die Kassen sehen sich zwar als Sprachrohr der Bürger. Tatsächlich ist die Beteiligung der Bürger in der Selbstverwaltung beschränkt (Braun et al. 2008).

Auch die unmittelbare Staatsverwaltung, repräsentiert durch Landesbehörden einerseits und die Nachfolgeorganisationen des früheren Bundesgesundheitsamtes andererseits, hat keinen direkten Kontakt zur Bevölkerung etabliert. Im GKV-WSG fehlen Ansätze, die Übersichtlichkeit für die Bevölkerung zu verbessern und klare Verantwortlichkeiten bei der Umsetzung zu benennen.

Angesichts der Unübersichtlichkeit der Verantwortung für die Politikumsetzung können transparente Abläufe kaum gewährleistet werden. In der Bevölkerung sind die Kenntnisse über die Reform gering. Selbst bei den Stakeholdern herrscht Ungewissheit über die Auswirkungen der Reformmaßnahmen (Ärzte Zeitung 2.6.2008).

6.3 Umsetzungsakteure aktivieren: gezielte Ausgrenzung statt Einbindung

Die Umsetzungsakteure stellen traditionell ein zentrales Problem für Gesundheitsreformen dar. Das Beispiel der bereits zweifach gescheiterten Einführung einer Positivliste für erstattungsfähige Arzneimittel zeigt, dass es den Stakeholdern mit entsprechender politischer Unterstützung gelingen kann, Reformelemente noch in der Umsetzungsphase zu stoppen (Bandelow 1998: 211). Andererseits bietet etwa die ebenfalls mit einer Konfrontationsstrategie 1992 durchgesetzte Organisationsreform der gesetzlichen Krankenkassen ein Fallbeispiel für die Überwindung von Widerständen der Stakeholder auch in der Umsetzungsphase (Bandelow 1998: 210).

Grundsätzlich ist der Umgang mit den Stakeholdern aus zwei Gründen für die Umsetzung relevant: Sie stellen einerseits notwendigen Sachverstand bereit und bieten andererseits politische Legitimation. Sachverstand benötigt die Politik unter anderem von Ärzten. Diese waren bis Anfang der 90er Jahre in einem Netzwerk von Verbänden mit interner Arbeitsteilung und zentralistischer Entscheidungsstruktur organisiert. Die Führung der Ärzteverbände verfügte somit über ein Monopol ärztlicher Beratungskompetenz, das bei fehlender Kooperationsbereitschaft der Politik verweigert werden konnte.

Die Gesundheitsreformen der letzten Jahre hatten eine grundlegende Veränderung der ärztlichen Interessenorganisation zur Folge. Die Verbandslandschaft hat sich ausdifferenziert und die Interessen wurden weiter fragmentiert. Die Ausdifferenzierung betrifft unter anderem Ärztegenossenschaften, die als Parallelorganisationen zu den Kassenärztlichen Vereinigungen entstanden sind, um in den Verhandlungen für Selektivverträge als Gegengewicht zu den Kassen zu wirken. Die Fragmentierung wiederum ist Folge der Kostendämpfungspolitik. Diese hatte Verteilungskonflikte und damit verstärkte innerärztliche Konflikte zur Folge. Insbesondere die Konkurrenz zwischen Hausärzten und Fachärzten wurde durch die Reformen systematisch verstärkt (Ärzte Zeitung 25.6.2007).

Durch die Pluralisierung der Ärzteverbände ist es für einzelne Verbandsvertreter schwieriger geworden, monopolisierten Sachverstand als politische Ressource zu nutzen. Ähnlich wie in Frankreich können Politik, Verwaltung und Kassen zunehmend zwischen alternativen Ansprechpartnern wählen (Bandelow und Hassenteufel 2007).

Politische Legitimation wird als zentrale Ressource der Stakeholder seit den gescheiterten blankschen Reformversuchen der 60er Jahre gesehen. Ärzte können als Multiplikatoren wirken und ihr hohes Renommee nutzen, um die öffentliche Meinung für oder gegen die Regierungsparteien zu beeinflussen. Hier hat allerdings die Erfahrung mit dem Gesundheitsstrukturgesetz 1992 gezeigt, dass formelle oder informelle Große Koalitionen den Einfluss der Stakeholder nachhaltig beschränken (Interview 10). Es fehlt die Möglichkeit, eine alternative Wahlempfehlung gegen die Regierungsparteien anzudrohen.

Vor diesem Hintergrund verfolgt das GKV-WSG gezielt einen anti-partizipatorischen Ansatz. Die Kernexekutive grenzte sowohl die Leistungsanbieter als auch die Krankenkassenverbände bzw. die dort vertretenen Tarifparteien bei allen Reformphasen so weit wie möglich aus. Das BMG ist bemüht, Informationen nicht von den traditionellen Verbänden, sondern möglichst aus anderen Quellen zu erhalten (z. B. von wissenschaftlichen Beiräten). Details der Umsetzung wurden der Verantwortung der Stakeholder entzogen.

So wurde etwa die Festsetzung des Beitragssatzes für alle Kassen bei der Einführung des Gesundheitsfonds 2009 bewusst mit einer nicht zustimmungspflichtigen Rechtsverordnung ermöglicht (Interview 1). Diese Strategie einer möglichst unveränderten Umsetzung der verabschiedeten Maßnahmen zeigte sich auch im Umgang mit der Konvergenzklausel.

Diese wurde im April 2008 zu einem erneuten Politikum, nachdem durch eine Veröffentlichung in der Tageszeitung »Die Welt« die Ergebnisse eines von der Bundesregierung in Auftrag gegebenen Gutachtens bekannt wurden (Die Welt 8.4.2008). Die Gesundheitsökonomen Jürgen Wasem, Florian Buchner und Eberhard Wille sehen demnach durch die Konvergenzklausel die Gefahr einer Unterfinanzierung. In der Folge stellten Vertreter süddeutscher Landesregierungen und Oppositionspolitiker den Gesundheitsfonds in Frage. Die Bundesregierung reagierte darauf mit wiederholten Bestätigungen der Absicht, den Fonds unverändert und pünktlich umzusetzen.

Die Einbindung der Verwaltung konzentriert sich bei der Umsetzung auf die unmittelbare Staatsverwaltung auf Bundesebene. Das BMG hat bei allen zentralen Reformteilen die Federführung. Gegenüber dem BMG ist keine politische Motivation notwendig, da die Bundesverwaltung selbst Initiator wesentlicher Reformteile war. Dagegen lässt sich keine Strategie der Stärkung einer systematischen Abstimmung mit den Landesverwaltungen und der mittelbaren Selbstverwaltung bei der Umsetzung des GKV-WSG beobachten.

Die Zentralisierung von Entscheidungskompetenzen beim BMG schafft zunächst klare Verantwortlichkeiten für die Umsetzung. Allerdings sind die Ziele der Reform unklar. Die ursprüngliche Zielsetzung der Senkung und Stabilisierung der Beitragssätze wurde bereits während der Politikformulierung aufgegeben. Für das BMG ist die Stärkung der Qualität das wichtigste Ziel. Hier nutzt das Ministerium systematischen Best-Practice-Austausch unter anderem durch die vergleichenden Daten des Gesundheitsmonitors der Bertelsmann Stiftung (Interview 1). Allerdings fehlt eine politische Kontrolle für die Erreichung quantifizierbarer Zielvorgaben zur Qualitätssicherung.

6.4 Erfolgskontrolle bei der Politikumsetzung: keine systematische Bewertung

Eine systematische Erfolgskontrolle des GKV-WSG ist nicht vorgesehen. Das BMG sieht sich zwar für die Gesetzesformulierung zuständig, überwachte bisher jedoch kaum den Implementationsprozess in der Selbstverwaltung (Interview 10; Interview 11). Es gibt keine Debatte über geeignete Evaluationstechniken bei der Umsetzung der Gesundheitsreform. Der Einfluss des strategischen Machtzentrums konzentriert sich in dieser Frage darauf, durch die Formulierung des Gesetzes eine möglichst reibungslose Politikumsetzung zu gewährleisten.

Eine systematische prozessbegleitende Evaluation findet nicht statt. Auch eine systematische Bewertung von Gesamtkosten und -nutzen ist nicht vorgesehen. Politisches Lernen wurde von den Akteuren vor allem im Hinblick auf ihre jeweiligen Durchsetzungsstrategien angestrebt. Lernprozesse im Hinblick auf die Umsetzung zukünftiger Reformen sind noch nicht absehbar.

Die öffentliche Resonanz des GKV-WSG war sehr negativ. Dies nahmen die Akteure der Kernexekutive auch wahr. Sie sahen jedoch keine Möglichkeit, dies systematisch zu ändern (Interview 1). Auch durch einen verbesserten Stakeholder-Dialog sei keine breitere Reformunterstützung zu gewinnen (Interview 10). Entsprechend liegen keine zielgruppenspezifisch nutzbaren Evaluationsergebnisse vor.

Flexibles Nachsteuern sollte gezielt vermieden werden, um Vetospielern nicht die Möglichkeit zur Verhinderung von Reformelementen zu geben (Interview 11). Veränderte Akteurskonstellationen werden dagegen systematisch berücksichtigt. Diese sind teilweise eine direkte Folge des Gesetzes, wie die Einrichtung des Spitzenverbandes Bund der Gesetzlichen Krankenkassen. Andere Veränderungen beruhen indirekt auf Maßnahmen des Gesetzes, wie etwa die Pluralisierung der Verbände von Leistungserbringern. Das BMG versucht die veränderten Konstellationen zu nutzen, um langfristig eigene Handlungsspielräume auszuweiten.

Bisher wurden die im SPR formulierten Kriterien der Erfolgskontrolle bei der Umsetzung fast alle nicht erfüllt (vgl. Tabelle 4). Inwiefern dies zu Defiziten der strategischen Reformpolitik führt, lässt sich jedoch zum gegenwärtigen Zeitpunkt noch nicht absehen.

Tabelle 4: Erfolgskontrolle, Analysedimensionen

Dimension	Strukturreform	Finanzreform
Ergebnisqualität sichern	– Spitzenverband Bund: Umsetzungsschritte gesetzlich fixiert – Nebenwirkungen möglich (regionale Monopole)	– Fonds: Umsetzungsschritte festgelegt – Zielerreichung noch nicht beurteilbar (Konvergenzklausel, morbiditätsorientierter Risikostrukturausgleich)
Bürgernähe herstellen	– Bürgerinteressen nicht wirksam vertreten	– Bürgerinteressen nicht wirksam vertreten
Umsetzungsakteure aktivieren	– explizit nicht angestrebt	– Bemühen um klare Verantwortlichkeiten erkennbar
Erfolgskontrolle sichern	– keine systematische Erhebung des Wandels der Akteurskonstellation	– fachliche Überprüfung nicht angestrebt – veränderte Akteurskonstellationen werden berücksichtigt

7 Fazit

Die Gesundheitsreform der Großen Koalition zeichnet sich durch die Gleichzeitigkeit von Scheitern und Erfolg aus. In der Finanzreform wurden weder die angekündigten Beitragssatzsenkungen noch die postulierten Modelle verwirklicht. Andererseits beinhaltet das GKV-WSG eine Strukturreform, die noch 2003 an der Union gescheitert und auf den erbitterten Widerstand der Interessenverbände gestoßen war.

In der Gesundheitspolitik stand die Kernexekutive vor einer hochkomplexen Ausgangslage. Es wurden frühzeitig strategische Fehler begangen, die den Reformprozess prägten. Vor allem in der Finanzierungsfrage hat sich der direkte Einfluss der Parteispitzen als kontraproduktiv erwiesen. Parteispitzen orientieren sich primär am Ziel der (kurzfristigen) Stimmenmaximierung. In der speziellen Situation einer Großen Koalition ist angesichts der direkten Konkurrenz zwischen den Verhandlungspartnern das Risiko besonders groß, dass Konflikte offen ausgetragen werden.

Die zentrale Rolle der Parteispitzen erschwerte problemorientierte Verhandlungen. Vor allem die strategische Dimension der Kompetenz wurde bei der Konzeption des Gesundheitsfonds vernachlässigt. Allerdings ist es der SPD im Gegensatz zur Union gelungen, mit Ministerin Schmidt eine klare Leadership-Position zu etablieren.

Kennzeichen des Reformprozesses ist vor allem ein gänzlich fehlgeschlagenes Erwartungsmanagement. Die Gesundheitsreform der Großen Koalition war durch den Bundestagswahlkampf belastet. In der Wahlauseinandersetzung antizipierten die Parteien die Problematik einer späteren Großen Koalition nicht. Die Ankündigung von Beitragssatzsenkungen und einer grundlegenden Umstrukturierung der Finanzierungsbasis war gleichermaßen unrealistisch.

Die Stilisierung einer Unvereinbarkeit der Reformmodelle unterminierte im Voraus mögliche Kompromisslinien. Ungeachtet der politischen Debatte blieben die Reformpläne beider Parteien nur Stückwerk. Nachhaltige Gesundheitspolitik sollte dagegen Reformkonzepte bereits in der Mitte von Wahlperioden auf die Agenda setzen und wesentliche Gemeinsamkeiten außerhalb von Wahlkampfzeiten ausloten. Ohnehin ist der gesamte Reformprozess durch Kommunikationsfehler gekennzeichnet, die vor allem das Framing betreffen. Es wurde versäumt, die konsensuale Botschaft einer Qualitätssteigerung ausreichend zu platzieren.

Einen weiteren grundlegenden Mangel stellt die fehlende Tradition einer systematischen begleitenden Evaluation dar. Reformakteure stehen beim Agenda-Setting und bei der Politikformulierung vor dem Problem, dass bereits verabschiedete Maßnahmen in der Umsetzungsphase mit anderen Akteuren konfrontiert werden. Hier schlägt sich vor allem die Besonderheit der Selbstverwaltung im Gesundheitswesen nieder. Das GKV-WSG beinhaltet mit seiner Strukturreform unter anderem den Versuch, diese Reformhürde durch eine Einschränkung der Spielräume der körperschaftlichen Selbstverwaltungsorgane abzusenken.

Im Gegensatz zur Finanzierungsreform weist die Strukturreform Elemente erfolgreicher Reformpolitik auf (Tabelle 5). Es wurde ein handlungsfähiges strategisches Machtzentrum etabliert, das viel Erfahrungswissen in sich vereinte. Dieses war klein genug, um handlungsfähig zu sein, und vertraut genug, um einen problemorientierten Verhandlungsstil auszubilden. Bei der Konzeption der Strukturreform wurden sowohl Erfahrungen aus früheren Reformen als auch aus internationalen Vergleichen und sogar aus dem laufenden Reformprozess integriert.

Zwischen dem Erfolg der Strukturreform und der gescheiterten Finanzreform bestehen trotz der weitgehend getrennten Verhandlungsarenen systematische Zusammenhänge. Die Finanzreform war

Tabelle 5: Stärken und Schwächen des strategischen Reformprozesses

Stärken	Defizite
Strukturreform: – kleine plurale Kernexekutive – problemorientierter Verhandlungsstil – gezielte Zuweisung klarer Verantwortlichkeiten in der Politikumsetzung	**Finanzreform:** – starke Politisierung – inkonsistente Reformkonzepte – reines Bargaining
SPD: – klare Leadership-Position (Ulla Schmidt)	**Union:** – fehlende Leadership-Position **Kommunikation:** – fehlendes Erwartungsmanagement – falsches Framing

geeignet, die öffentliche Aufmerksamkeit weitgehend zu binden. Hierdurch wurde die Entscheidungsfindung für eine Strukturreform zumindest erleichtert – und vielleicht auch erst ermöglicht. Aus dem GKV-WSG lassen sich daher keine allgemeingültigen Schlüsse für eine zusammenhängende Konzeption erfolgreicher Reformstrategien ziehen. Der Reformprozess bietet jedoch umfassendes Anschauungsmaterial für erfolgreiche und gescheiterte Strategieelemente und kann so als vielfältige Grundlage für strategische Lernprozesse dienen.

Literatur

»Abspaltung der Hausärzte von der KBV eingeläutet«. *Ärzte Zeitung* 25.6.2007.

»AOK-Hausarztvertrag verschlankt Bürokratie«. *Ärzte Zeitung* 9.5.2008.

Aßhauer, Michael. *Parteienwettbewerb in der Gesundheitspolitik – Die Gesundheitsreformen 2004 und 2007 im Vergleich.* Magisterarbeit. Braunschweig 2008.

Bandelow, Nils C. *Gesundheitspolitik. Der Staat in der Hand einzelner Interessengruppen?* Opladen 1998.

Bandelow, Nils C. »Ist das Gesundheitswesen noch bezahlbar? Problemstrukturen und Problemlösungen«. *Gesellschaft – Wirtschaft – Politik* (51) 1 2002. 109–131.

Bandelow, Nils C. »Chancen einer Gesundheitsreform in der Verhandlungsdemokratie«. *Aus Politik und Zeitgeschichte* 33/34 2003a. 14–20.

Bandelow, Nils C. »Policy Lernen und politische Veränderungen«. *Lehrbuch der Politikfeldanalyse*. Hrsg. Klaus Schubert und Nils Bandelow. München 2003b. 289–330.

Bandelow, Nils C. »Akteure und Interessen in der Gesundheitspolitik: Vom Korporatismus zum Pluralismus?« *Politische Bildung* (37) 2 2004a. 49–63.

Bandelow, Nils C. »Governance im Gesundheitswesen: Systemintegration zwischen Verhandlung und hierarchischer Steuerung«. *Governance und gesellschaftliche Integration*. Hrsg. Stefan Lange und Uwe Schimank. Wiesbaden 2004b. 89–107.

Bandelow, Nils C. *Kollektives Lernen durch Vetospieler? Konzepte britischer und deutscher Kernexekutiven zur europäischen Verfassungs- und Währungspolitik*. Modernes Regieren: Schriften zu einer neuen Regierungslehre. Band 1. Baden-Baden 2005.

Bandelow, Nils C. »Gesundheitspolitik: Zielkonflikte und Politikwechsel trotz Blockaden«. *Regieren in der Bundesrepublik Deutschland*. Hrsg. Manfred G. Schmidt und Reimut Zohlnhöfer. Wiesbaden 2006. 159–176.

Bandelow, Nils C. »Ärzteverbände: Niedergang eines Erfolgsmodells?« *Interessenverbände in Deutschland*. Hrsg. Thomas von Winter und Ulrich Willems. Wiesbaden 2007a. 271–293.

Bandelow, Nils C. »Health Policy: Obstacles to Policy Convergence in Britain and Germany«. *German Politics* (16) 1 2007b. 150–163.

Bandelow, Nils C. »Der Dritte Weg in der britischen und deutschen Gesundheitspolitik: Separate Reformpfade trotz ideologischer Nähe?« *Zeitschrift für Sozialreform* (53) 2 2007c. 127–145.

Bandelow, Nils C., und Anja Hartmann. »Weder Rot noch Grün. Machterosion und Interessenfragmentierung bei Staat und Verbänden in der Gesundheitspolitik«. *Ende des rot-grünen Projektes. Eine Bilanz der Regierung Schröder 2002 – 2005*. Hrsg. Christoph Egle und Reimut Zohlnhöfer. Wiesbaden 2007. 334–354.

Bandelow, Nils C., und Patrick Hassenteufel. »Mehrheitsdemokratische Politikblockaden und verhandlungsdemokratischer Reformeifer: Akteure und Interessen in der französischen und deutschen

Gesundheitspolitik«. *Kölner Zeitschrift für Soziologie und Sozialpsychologie* (SH 46) 2007. 320–342.
Bertelsmann Stiftung. *Gesundheitsmonitor 2004: Die ambulante Versorgung aus Sicht von Bevölkerung und Ärzteschaft*. Gütersloh 2004.
Bertelsmann Stiftung. »Politische Reformkommunikation. Veränderungsprozesse überzeugend vermitteln«. Diskussionspapier zum Expertendialog vom 16. November 2006. Gütersloh 2006.
Böckmann, Roman. »Von der Selbstverwaltung zum regulierten Gesundheitsmarkt«. PoliThesis. Diskussionspapiere des Instituts für Politikwissenschaft und der Graduate School of Politics (GraSP). Münster 2007.
Braun, Bernard, Stefan Greß, Heinz Rothgang und Jürgen Wasem. *Einfluss nehmen oder aussteigen: Theorie und Praxis von Kassenwechsel und Selbstverwaltung in der Gesetzlichen Krankenversicherung*. Berlin 2008.
Braun, Bernard, Hartmut Reiners, Melanie Rosenwirth und Sophia Schlette. *Anreize zur Verhaltenssteuerung im Gesundheitswesen. Effekte bei Versicherten und Leistungsanbietern*. Gütersloh 2006.
Bundesministerium der Finanzen. »Zur Reform der Gesetzlichen Krankenversicherung. Ein Kompromissmodell«. Stellungnahme des Wissenschaftlichen Beirats beim Bundesministerium der Finanzen. Berlin 2005.
Bundesrat. »Stellungnahme des Bundesrates zum Entwurf eines Gesetzes zur Stärkung des Wettbewerbs in der Gesetzlichen Krankenversicherung (GKV-Wettbewerbsstärkungsgesetz – GKV-WSG).« Drucksache 755/06 (Beschluss). www.bundesrat.de/cln_099/SharedDocs/Drucksachen/2006/0701–800/755–06_28B_29,templateId=raw,property=publicationFile.pdf/755–06(B).pdf vom 15.12.2006 (Download 22.6.2008).
»Bürger trauen Fonds nicht«. *Ärzte Zeitung* 27.5.2008.
Busse, Reinhard, und Annette Riesberg. *Gesundheitssysteme im Wandel: Deutschland*. Kopenhagen 2005.
CDU. »Deutschland fair ändern«. Beschluss des 17. Parteitages der CDU Deutschlands. Berlin 2003a.
CDU. »Bericht der Kommission ›Soziale Sicherheit‹«. 2003b. www.bdi-initiativ-vitalegesellschaft.de/Bericht_Herzog-Kommission.PDF (Download 20.8.2007).
CDU und CSU. »Deutschlands Chancen nutzen«. Regierungspro-

gramm 2005-2009. 2005. www.regierungsprogramm.cdu.de/ download/regierungsprogramm-05-09-cducsu.pdf (Download 20.8.2007).

CDU, CSU und SPD. »Gemeinsam für Deutschland«. Koalitionsvertrag vom 11. November 2005. http://koalitionsvertrag.spd.de/servlet/PB/show/1645854/111105_Koalitionsvertrag.pdf (Download 20.8.2007).

CDU, CSU und SPD. »Eckpunkte zu einer Gesundheitsreform 2006«. www.aok-bv.de/imperia/md/content/aokbundesverband/dokumente/pdf/politik/eckpunkte_040706.pdf (Download 20.8.2007).

Continentale-Krankenversicherung. *Gesundheitsreform – die Meinung der Bevölkerung*. Eine repräsentative Infratest-Bevölkerungsbefragung der Continentale Krankenversicherung a. G. Dortmund 2006. www.continentale.de/cipp/continentale/lib/all/lob/return_download,ticket,guest/bid,1852/no_mime_type,0/~/Continentale-Studie_2006.pdf (Download 17.5.2008).

»Der Zeitpunkt fürs Korbmodell war falsch«. *Ärzte Zeitung* 19.5.2008.

Deutscher Bundestag. »Wortprotokoll der 34. Sitzung des Ausschusses für Gesundheit.« Protokoll Nr. 16/34 2006. www.bundestag.de/ausschuesse/a14/anhoerungen/029-034/Protokolle/034.pdf (Download 20.8.2007).

Deutscher Bundestag. »Unterrichtung durch die Bundesregierung zum Entwurf eines Gesetzes zur Stärkung des Wettbewerbs in der Gesetzlichen Krankenversicherung (GKV-Wettbewerbsstärkungsgesetz – GKV-WSG)« – Drucksache 16/3950 – Gegenäußerung der Bundesregierung zu der Stellungnahme des Bundesrates. Drucksache 16/4020 vom 11.1.2007. http://dip.bundestag.de/btd/16/040/1604020.pdf (Download 22.6.2008).

Döhler, Marian, und Philip Manow. *Strukturbildung von Politikfeldern*. Opladen 1997.

Ferner, Elke. »Gesundheitsreform 2007«. Dokument 2007. www.elke-ferner.de/fileadmin/upload/Dokumente/Gesundheit/Reform_Folien-28082007.pdf (Download 20.8.2007).

Gerlinger, Thomas. »Vom korporatistischen zum wettbewerblichen Ordnungsmodell? Über Kontinuität und Wandel politischer Steuerung im Gesundheitswesen«. *Paradigmenwechsel in der Gesund-*

heitspolitik? Hrsg. Winand Gellner und Markus Schön. Baden-Baden 2002. 123–151.

Gerlinger, Thomas. »Rot-grüne Gesundheitspolitik 1998–003«. *Aus Politik und Zeitgeschichte* 33–34 2003. 6–13.

Gerlinger, Thomas. »Health Care Reform in Germany«. *German Policy Studies*. Im Erscheinen 2008.

Gerlinger, Thomas, Kai Mosebach und Rolf Schmucker. »Wettbewerbssteuerung in der Gesundheitspolitik. Die Auswirkungen des GKV-WSG auf das Akteurshandeln im Gesundheitswesen«. Diskussionspapier 2007–1 des Instituts für Medizinische Soziologie. www.klinik.uni-frankfurt.de/zgw/medsoz/Disk-Pap/Diskussionspapier2007–1-W.pdf (Download 23.5.2008).

»Gesundheitsfonds kann so nicht funktionieren«. *Die Welt* 8.4.2008 (auch online unter http://money.de.msn.com/versicherungen/versicherungen_artikel.aspx?cp-documentID=8012060, Download 25.5.2008).

Hartmann, Anja. »Gesundheitspolitik: Mehr Probleme als Lösungen?« *Wege aus der Krise? Die Agenda der zweiten Großen Koalition.* Hrsg. Roland Sturm und Heinrich Pehle. Opladen 2006. 59–75.

Herzog-Kommission. »Bericht der Kommission ›Soziale Sicherheit‹ 2003.« www.bdi-initiativ-vitalegesellschaft.de/Bericht_Herzog-Kommission.PDF (Download 20.8.2007).

Immergut, Ellen M. »Institutions, Veto Points, and Policy Results: A Comparative Analysis of Health Care«. *Journal of Public Policy* (10) 4 1990. 391–416.

»In der Koalition wächst die Furcht vor dem Fonds«. *Ärzte Zeitung* 2.6.2008.

Jann, Werner, und Kai Wegrich. »Phasenmodelle und Politikprozesse: Der Policy Cycle«. *Lehrbuch der Politikfeldanalyse.* Hrsg. Klaus Schubert und Nils C. Bandelow. München 2003. 71–104.

Jenkins-Smith, Hank C., und Paul A. Sabatier. »The Study of Public Policy Processes«. *Policy Change and Learning. An Advocacy Coalition Approach.* Boulder 2003. 1–9.

Kingdon, John W. *Agendas, Alternatives, and Public Policies.* New York 2002.

Knieps, Franz. »Hitler, Honecker und die Gesundheitsreform. Zur Entstehungsgeschichte des Wettbewerbsstärkungsgesetzes«. *Effizienz, Qualität und Nachhaltigkeit im Gesundheitswesen: Theorie und Politik öffentlichen Handelns, insbesondere der Krankenversicherung. Festschrift zum 65. Geburtstag von Eberhard Wille*. Hrsg. Ulrich Volker und Walter Ried. Baden-Baden 2007. 871–879.

»Kuriose Gesundheitswelt: Die KVen müssen sich in Baden-Württemberg per Ausschreibung um die hausärztliche Versorgung bewerben«. *Ärzte Zeitung* 13.12.2007.

Lehmbruch, Gerhard. *Parteienwettbewerb im Bundesstaat. Regelsysteme und Spannungslagen im Institutionengefüge der Bundesrepublik Deutschland*. Opladen 1998.

Merkel, Angela. »Rede bei der Haushaltsdebatte« 21. Juni 2006. www.bundeskanzlerin.de/nn_5296/Content/DE/Rede/2006/06/ 2006–06–1-rede-bundeskanzlerin-merkel-bei-der-haushaltsde batte-2006.html (Download 20.8.2007).

Merkel, Angela, Kurt Beck und Edmund Stoiber. »Gemeinsame Presseerklärung«. 5. Oktober 2006. www.dkgev.de/pdf/1453.pdf (Download 20.8.2007).

Parlamentarische Linke in der SPD. »Erste Einschätzung für die PL/ DL 21 zu zentralen Punkten der Gesundheitsreform«. 2006. www.forum-dl21.de/fileadmin/user_upload/Verschiedenes/ Gesundheitsreform/TABELLEGESUNDHEITPL-DL21.pdf (Download 20.8.2007).

Putnam, Robert D. »Diplomacy and domestic politics: The logic of two-level games«. *International Organization* (42) 3 1988. 427– 460.

Richter, Wolfram F. »Gesundheitsprämie oder Bürgerversicherung? Ein Kompromissvorschlag«. *Wirtschaftsdienst* (85) 11 2005. 693– 697.

Rosenbrock, Rolf, und Thomas Gerlinger. *Gesundheitspolitik. Eine systematische Einführung*. Bern 2006.

Rürup-Kommission. »Nachhaltigkeit in der Finanzierung der sozialen Sicherungssysteme. Bericht der Kommission«. 2003. www.gesundheitspolitik.net/01_gesundheitssystem/reformkonzepte/ uebergreifende-reformkonzepte/ruerup-kommission/ Kommissionsbericht_20030828.pdf (Download 20.8.2007).

Rürup, Bert, und Eberhard Wille. »Finanzielle Effekte des vorgesehenen Gesundheitsfonds auf die Bundesländer«. Gutachten im Auftrag des Bundesministeriums für Gesundheit 2006. www.bmg.bund.de/nn_603200/DE/Home/Neueste-Nachrichten/

gutachten-ruerup-wile,templateId=raw,property=publicationFile. pdf/gutachten-ruerup-wile.pdf (Download 20.8.2007).

Sachverständigenrat zur Begutachtung der Entwicklung im Gesundheitswesen. »Koordination und Qualität im Gesundheitswesen«. Jahresgutachten 2005. Bundestagsdrucksache 15/5670. http://dip.bundestag.de/btd/15/056/1505670.pdf (Download 5.2.2008).

Sachverständigenrat zur Begutachtung der gesamtwirtschaftlichen Entwicklung. »Widerstreitende Interessen – ungenutzte Chancen«. Jahresgutachten 2006. www.sachverstaendigenratwirtschaft.de/download/gutachten/ga06_ges.pdf (Download 20.8.2007).

Scharpf, Fritz W. *Interaktionsformen. Akteurzentrierter Institutionalismus in der Politikforschung.* Wiesbaden 2000.

Schlette, Sophia, Franz Knieps und Volker Amelung (Hrsg.). *Versorgungsmanagement für chronisch Kranke. Lösungsansätze aus den USA und aus Deutschland.* Bonn 2005.

Schubert, Kirsten, und Gerd Glaeske. *Einfluss des pharmazeutisch-industriellen Komplexes auf die Selbsthilfe.* Bremen 2006. www.kkh.de/fileserver/kkh2006/BROCHURES/Broschuere404.pdf (Download 24.5.2008).

Seehofer, Horst, Andreas Storm und Annette Widmann-Mauz. »Argumentationspapier zu den Eckpunkten der Konsensverhandlungen zur Gesundheitsreform«. 2003. http://cdu-rg.de/bund/Gesundheit_24.07.pdf (Download 20.8.2007).

SPD. »Modell einer solidarischen Bürgerversicherung«. Bericht der Projektgruppe Bürgerversicherung des SPD-Parteivorstandes. http://grafspd.de/cms/upload/ModelleinersolidarischenBurgerversicherungAugust2004.pdf (Download 18.6.2008).

SPD. »Vertrauen in Deutschland«. Wahlmanifest der SPD vom 4. Juli 2005. http://kampagne.spd.de/040705_Wahlmanifest.pdf (Download 20.8.2007).

Spitzenverbände der Krankenkassen. »Gemeinsame Stellungnahme zum Entwurf eines Gesetzes zur Stärkung des Wettbewerbs in der Gesetzlichen Krankenversicherung« 24. Oktober 2006. Bundestagsdrucksache 16/3100. http://www.g-k-v.com/gkv/filead min/user_upload/Positionen/stellungnahme_20061106.pdf (Download 23.5.2008)

Stiller, Sabina. *Innovative Agents versus Immovable Objects. The Role of*

Ideational Leadership in German Welfare State Reform. Wageningen 2007.

Sturm, Roland, und Heinrich Pehle. »Das Bundeskanzleramt als strategische Machtzentrale«. *Jenseits des Ressortdenkens – Reformüberlegungen zur Institutionalisierung strategischer Regierungsführung in Deutschland.* Hrsg. Bertelsmann Stiftung. Gütersloh 2007. 56–106.

TK-Meinungspuls Gesundheit. *Ein Jahr GKV-WSG: Eine Bilanz.* Umfrage von Forsa im Auftrag der Techniker Krankenkasse 2008. www.tk-online.de/centaurus/generator/tk-online.de/s03__presse center/08__publikationen/archiv__publikationen/publikationen __im__archiv/forsastudie2008-1-jahr-gesundheitsreform__pdf, property=Data.pdf (Download 16.5.2008).

Trampusch, Christine. »Von Verbänden zu Parteien: Elitenwechsel in der Sozialpolitik«. *Zeitschrift für Parlamentsfragen* (35) 4 2004. 646–666.

Velter, Boris M. »Das GKV-Wettbewerbsstärkungsgesetz: Alles nur Murks?« Vortrag an der TU Berlin am 6. Juni 2007. www.bks.tu-berlin.de/SS07/velter.pdf (Download 20.8.2007).

Wasem, Jürgen. »Stellungnahme zum Themenbereich ›Finanzierung‹«. Sachverständigenanhörung zum GKV-Wettbewerbsstärkungsgesetz. 2006 www.bundestag.de/ausschuesse/a14/anhoerungen/029–034/stll_eingel/Wasem1.pdf (Download 20.1.2008).

Zahariadis, Nikolaos. »The Multiple Streams Framework. Structure, Limitations, Prospects«. *Theories of the Policy Process.* Hrsg. Paul A. Sabatier. Boulder 2007. 65–92.

Die Agenda 2010: Ein Reformpaket und sein kommunikatives Versagen

Frank Nullmeier

1 »Agenda 2010« als Reformpaket

Im September 2007 forderte der Parteivorsitzende der SPD, Kurt Beck, die Bezugsdauer des Arbeitslosengeldes I für ältere Arbeitnehmer zu erhöhen. Dieser Position widersprach der damals amtierende SPD-Arbeitsminister Franz Müntefering. Die Kontroverse wurde in der SPD und in der breiteren Öffentlichkeit als Auseinandersetzung um die »Agenda 2010« gewertet, war doch unter diesem Label neben vielen anderen Maßnahmen auch die Herabsetzung der Bezugsdauer von Arbeitslosengeld auf ein Jahr eingeführt worden. Mit dem Ausdruck »Weiterentwicklung der Agenda-Politik« wurde in der Folgezeit versucht, den Disput zu entschärfen.

Neuerlich hatte sich damit ein Disput über eine seit ihrem Beginn im Jahre 2003 umstrittene Politik entzündet. Der andauernde Konflikt um die Agenda-Reformen verweist auf Defizite in der strategischen Qualität des Agenda-2010-Prozesses. Wie genau es um dessen strategische Qualität bestellt ist, kann anhand der Dimensionen Durchsetzungsfähigkeit, Kommunikation und Kompetenz des SPR genauer betrachtet und wissenschaftlich bewertet werden.

Dabei ist allerdings eine Besonderheit der Agenda-Politik zu beachten: Es herrscht noch immer Unklarheit darüber, was die »Agenda 2010« ausmacht. Das lässt sich auch am oben angeführten Beispiel verdeutlichen: Kann die Revision einer einzelnen Maßnahme bereits als Bruch mit der Agenda gewertet werden? Ist die kurze Bezugsdauer des Arbeitslosengeldes der Kern des politischen Projekts »Agenda 2010«? Noch vier Jahre nach Beginn der Agenda-Politik scheint kein grundlegend konsensuales Verständnis in der politischen Öffentlichkeit über den Kern, die Identität und die thematische Reichweite der Agenda 2010 zu bestehen.

1.1 Politisches Markenzeichen oder umfassendes Reformkonzept?

Der Begriff »Agenda 2010« wurde geprägt als Titel für ein Reformpaket, das Bundeskanzler Gerhard Schröder am 14. März 2003 dem Deutschen Bundestag in einer Art nachgeholter Regierungserklärung zur zweiten rot-grünen Koalition präsentierte. Der Terminus »Agenda 2010« taucht in dieser Rede nur an zwei Stellen auf. Nach den außen-, sicherheits- und europapolitischen Ausführungen, die unter dem Motto »Mut zum Frieden« stehen, wird auf die Notwendigkeit der grundlegenden und schnelleren Reform des Sozialstaates verwiesen.

»Mut zur Veränderung« ist die Formel, die diesen zweiten Teil der Rede pointieren soll. Im Anschluss an den Hinweis, dass zur Anpassung an veränderte Bedingungen noch schnellere Veränderungen der einzelnen Politiken erforderlich seien, wird der folgende, einleitende Satz vorgetragen: »Unsere Agenda 2010 enthält weit reichende Strukturreformen.« Die langen, in drei Abschnitte gegliederten Ausführungen zu einzelnen Reformfeldern und -maßnahmen schließen dann mit dem Satz: »Ich habe das, was ich ›Agenda 2010‹ genannt habe, vorgestellt.«

Der das gesamte Politikmarketing der Bundesregierung in den nächsten Jahren bestimmende Begriff wird mithin in seiner Einführungsrede nur in einleitenden oder reflexiv die eigene Rede resümierenden Sätzen verwendet. Es gibt keine Definition des Begriffs, sei sie abstrakt oder nur additiv, keine Umschreibung des Gesamtgehalts, keine Versuche, Wertbegriffe wie Gerechtigkeit, Solidarität oder Freiheit direkt mit dem Terminus Agenda zu verbinden, keine Begründung der Wahl dieses Begriffs und auch keine indirekte Bestimmung durch Abgrenzung von anderen Politikentwürfen. Selbst die Schreibweise (Groß- oder Kleinschreibung von »Agenda«) und Aussprache (»zwanzigzehn« oder »zweitausendzehn«) sind anfangs uneinheitlich.

1.2 Politikfelder und Reformbündelung

Welche Politikfelder und Gesetzgebungsmaterien die Agenda 2010 umfasst, wurde nie einheitlich festgelegt. Die im November 2003 vom Presse- und Informationsamt der Bundesregierung verbreitete Broschüre »Antworten zur agenda 2010« benennt acht Felder: Wirtschaft, Ausbildung, Steuern, Bildung und Forschung, Arbeitsmarkt, Gesundheit, Rente und Familienförderung (Presse- und Informationsamt 2003). Definitorisch werden sie wie folgt auf den Begriff Agenda 2010 bezogen: »Die Regierung handelt, damit Wachstum und Beschäftigung wieder steigen, die Sozialsysteme zukunftsfest umgebaut werden und der Standort Deutschland noch attraktiver wird. In der agenda 2010 sind alle Strukturreformen gebündelt, die zum Erreichen dieser Ziele notwendig sind« (Presse- und Informationsamt der Bundesregierung 2003: 8).

Gerhard Schröder (2007: 393–397) nennt rückblickend die folgenden sieben Reformfelder: Arbeitsmarktpolitik, Kündigungsschutz, Tarifrecht, Ausbildung, Modernisierung der Handwerksordnung, Gesundheitsreform, Steuer- und Investitionspolitik.

In der Regierungserklärung vom 14. März 2003 gliedert sich die Agenda-Politik in drei Bereiche: Konjunktur und Haushalt als erster Bereich umfasst Konzepte der Haushaltskonsolidierung, der steuerlichen Entlastung und der Entwicklung konjunktureller Impulse. Der zweite Bereich, Arbeit und Wirtschaft, wird als »Herzstück unserer Reformagenda« beschrieben. Arbeitsmarktflexibilisierung, Umbau der Bundesagentur für Arbeit und die weiteren bekannten Elemente der Hartz-Reformen werden hier benannt.

Darauf folgend wird die Zusammenlegung von Arbeitslosenhilfe und Sozialhilfe angesprochen, nun mit dem Hinweis, dass die neue einheitliche Leistung »in der Regel dem Niveau der Sozialhilfe entsprechen wird«. Nach dieser Klarstellung zum Niveau der später unter dem Namen Arbeitslosengeld II (ALG II) bekannt gewordenen Leistungen werden zum Bereich Arbeit und Wirtschaft auch noch Veränderungen im Arbeits- und Sozialrecht (insbesondere Kündigungsschutzrecht) gerechnet, die Beschäftigungshemmnisse verringern sollen, sowie Maßnahmen gegen die Schwarzarbeit. Förderung des Mittelstandes, Handwerksordnung, Öffnungsklauseln im Tarifrecht, betriebliche Bündnisse und berufliche Ausbildung sind die nächsten Programmpunkte.

Der dritte Bereich erhält in der Rede keinen eigenen Titel. Soziale Sicherung, Umbau des Sozialstaates, Senkung der Lohnnebenkosten, Reform der Alterssicherung und des Gesundheitswesens sind die zentralen Stichworte in diesem dritten Feld der Agenda. Erst nachdem die Schlussformel »Ich habe das, was ich ›Agenda 2010‹ genannt habe, vorgestellt« gesprochen war, folgte noch ein Abschnitt zu Bildung und Forschung. Im Unterschied zur regierungsoffiziellen Kommunikation, aber im Einklang mit dem Aufbau der Agenda-Rede zählt Gerhard Schröder auch in seinen Memoiren Bildung und Forschung nicht zur Agenda 2010.

Von den drei Bereichen, die Bundeskanzler Schröder in seiner Rede genannt hat, stand der erste, Konjunktur und Haushalt, in der öffentlichen Rezeption immer im Schatten der Arbeitsmarktreformen und der Umstrukturierung der sozialen Sicherungssysteme. Die Familienförderung in die Agenda 2010 aufzunehmen, wie es die angeführte Broschüre tat, ist eine Erweiterung des Agenda-Konzeptes der Regierungserklärung, die sich auf keine ernsteren Anhaltspunkte in dieser Rede berufen kann. Derartige Veränderungen deuten eher darauf hin, dass es in der Regierung für einzelne Ministerien und deren Öffentlichkeitsarbeit attraktiv erschien, das eigene Politikthema auf die Agenda aufzusatteln.

Damit wird das ohnehin sehr weit gespannte Konzept in Richtung Kontur- bzw. Grenzenlosigkeit weitergetrieben. Die Öffentlichkeit erhielt noch mehr Möglichkeiten, sich aus dem Gesamtrahmen einzelne Maßnahmen ›herauszupicken‹, die (für einzelne soziale Gruppen oder Interessen) als zentral für die Agenda 2010 angesehen werden konnten. Die Hoheit über die Rezeption des Begriffsumfangs der Agenda im Sinne von Issues oder Policys lag daher nicht mehr bei der Bundesregierung.

Zugleich war nicht gesichert, dass die Agenda-Politik als wirklich integriertes Gesamtkonzept zu verstehen war. Der Hervorhebung einzelner Felder entspricht die Vernachlässigung oder Ausblendung anderer. Ob die genannten Felder als politisch gleichwertig zu betrachten waren oder nicht, wird am ehesten noch durch den Begriff »Herzstück« für die Arbeitsmarktdimension in der Agenda-Rede geklärt. Weitergehende Hierarchisierungen, Zu- oder Gleichordnungen fehlen. Es existierte keine eingängige Formel, die hätte erklären können, warum die verschiedenen Reformfelder notwendigerweise zusammengehörten. Folglich konnte nur ad hoc auf den inneren Zusammenhang der Reformen verwiesen werden.

So dürfte sich in der Öffentlichkeit ein Bild der Agenda herausgebildet haben, das durch die Rede und die nachfolgende Regierungskommunikation nicht tiefgehend kognitiv vorstrukturiert war. In der Folge setzte sich das Etikett Agenda 2010 zwar sehr erfolgreich als Bezeichnung für die Regierungspolitik in der zweiten Legislaturperiode durch, jedoch weniger als Programmbegriff denn als emotional höchst polarisierendes Wort, das mit recht divergierenden Einschätzungen einzelner Teilreformen in Beziehung gesetzt werden konnte.

1.3 Historie der Agenda 2010

In seinen Memoiren stellt Ex-Bundeskanzler Gerhard Schröder die Entscheidung zugunsten der Agenda 2010 als Folge des Scheiterns des bisherigen Politikmodells der rot-grünen Koalition dar: »In der letzten Sitzung des Bündnisses für Arbeit im März 2003 kristallisierte sich endgültig heraus, dass bei den beteiligten Wirtschaftsverbänden und Gewerkschaften keinerlei Bereitschaft bestand, aufeinander zuzugehen. Die Politik, die beide Gruppen im Bündnis gemacht hatten, nämlich keine eigenen Beiträge zu liefern, sondern nur den Versuch zu unternehmen, die Regierung für die eigenen Ziele zu instrumentalisieren, wurde weitergeführt. Daraufhin habe ich das Bündnis selbst für gescheitert erklärt und den Beteiligten deutlich gesagt, die Regierung werde nun allein handeln müssen, um die notwendigen Reformen voranzubringen. Vierzehn Tage später stellte ich dann im Deutschen Bundestag mein Modernisierungsprogramm der Agenda 2010 vor« (Schröder 2007: 90f.).

Damit ist ein spezifischer Ausgangspunkt der Reformen benannt: Die Agenda-Politik wurde nach dem Scheitern des Bündnisses für Arbeit bewusst als Machtstrategie – insbesondere gegen die Gewerkschaften und Teile der eigenen Partei – konzipiert. Kriterien wie Dialogorientierung und Einbeziehung wichtiger Akteure wurden daher bewusst nicht mehr als Maßstab des Reformhandelns anerkannt. Die Agenda 2010 war eine Konfliktstrategie, die Elemente der Konsensbildung und der langsamen Generierung von Zustimmung gerade ausschloss. Sie beendete eine Phase, in der Konsensstrategien als Basis des Regierungshandelns verstanden worden waren, und steuerte um auf Durchsetzung und Machtnutzung bei gezielter Umgehung potenziell widerständiger Akteure.

Die Politikfelder, die gemäß der Rede Gerhard Schröders zur Agenda zählten, waren mehr oder minder auch die zentralen Themenfelder der Bündnis-für-Arbeit-Politik. Das Bündnis für Arbeit war bereits als Bündelung und Zusammenführung eines sehr weit gespannten Bereichs von Politikfeldern gedacht. So kann in der Rückschau die Agenda 2010 durchaus als Fortführung desselben Policy-Bündelungskonzeptes verstanden werden – nur mit anderen Mitteln: statt korporatistischer Einbindung und Konsenspolitik nunmehr politische Durchsetzung auch gegen die Verbände, dafür im Einvernehmen mit der CDU/CSU-Opposition.

Bildete von 1998 bis 2002 ein neokorporatistisches Politikmodell das Ideal, so wurde mit der Agenda-Politik eine Konfliktstrategie implementiert, die gleichwohl ein starkes Konsenselement enthielt – nun jedoch nicht mehr auf der Ebene der Einbeziehung von Interessenverbänden, sondern über eine Politik des Parteienkonsenses zwischen den beiden großen Volksparteien.

Da eine Steuerung durch die Bundesregierung allein angesichts der Mehrheit der Union im Bundesrat nicht möglich war, wurde – entgegen dem Anschein, dass nun die Regierung allein zeige, wie es weitergehen müsse – eine neue Konsenspolitik gestartet, allerdings ohne diese öffentlich zu propagieren. Die Agenda-Politik konnte nur als faktische Große Koalition unter dem formellen Titel Rot-Grün fortgeführt werden. Entsprechend konsequent dürfte die Entscheidung zugunsten von Neuwahlen 2005 gewesen sein, um nunmehr eine faktische in eine formelle Große Koalition umzuwandeln (ähnlich: Zohlnhöfer und Egle 2007: 21).

Statt aber die Große Koalition als Zielsetzung zu propagieren, wurde diese politisch-prozessual unvermeidbare Zusammenarbeit mit der CDU/CSU als neuer eigener inhaltlicher Politikansatz vertreten. Was angesichts der mangelnden Durchsetzungsfähigkeit der rot-grünen Regierung eine neue Form der Konsensstrategie darstellte, wurde zugleich als neuer inhaltlicher Politikansatz (Agenda 2010) verstanden. Die direkte Zusendung eines die Agenda vorwegnehmenden 24-seitigen Strategiepapiers an Horst Seehofer (CSU) in den Weihnachtstagen des Jahres 2002, die weiteren Abstimmungen mit ihm in der Gesundheitspolitik sowie die Steuerung der gesundheitspolitischen Überlegungen in der Rürup-Kommission durch das Ministerium in Richtung einer Vorab-Passförmigkeit zu den Forderungen der Union unterstützen diese Interpretation ebenso wie die Verabschiedung fast aller wichtiger Reformen nach Kompromissen im Vermittlungsausschuss.

Als die Agenda-Politik im März 2003 ihren Anfang nahm, war ihr »Herzstück«, die Arbeitsmarktreform als Hartz-Prozess, bereits seit über einem Jahr in Gang gesetzt. Entsprechend ging die fachliche Dimension der Entwicklung und Prüfung von Handlungsalternativen und Politikinstrumenten dem hier zu analysierenden Reformprozess voraus. Man kann die Agenda 2010 als nachträgliche Reform des Kommunikationsansatzes der Arbeitsmarktreformen begreifen, man kann sie als Implementationsphase der Hartz-Gesetzgebung interpretieren oder als Bündelung verschiedener Reformstränge mit den Arbeitsmarktreformen im Zentrum. Die Besonderheit des Agenda-2010-Ansatzes liegt auf jeden Fall in der Überschreitung eines politikfeldspezifischen Reformansatzes, auch wenn die Bindung an die Arbeitsmarktpolitik als zentrales Reformfeld nie verloren ging.

Der Agenda-Politik ging die arbeitsmarktpolitische Wende des März 2002 voraus. Am 5. Februar 2002 wurde ein Prüfbericht des Bundesrechnungshofes über die Vermittlungstätigkeit der Bundesanstalt für Arbeit veröffentlicht: Rund sieben Prozent aller als Vermittlung verbuchten Vorgänge waren Falschzuordnungen. Die realen Vermittlungszahlen erwiesen sich als weitaus geringer. Im Zuge der sofort einsetzenden medialen Skandalisierung dieser statistischen Fälschungen wurde sichtbar, dass die Hauptarbeit der Bundesanstalt für Arbeit gerade nicht in der Vermittlung, sondern in der Verwaltung der Arbeitslosen lag.

Am 20. Februar 2002 erfolgte der Rückzug des langjährigen Präsidenten der Bundesanstalt für Arbeit, Bernhard Jagoda. Er wurde durch Florian Gerster ersetzt, der 2001 bereits maßgeblich die Kombilohndebatte mitgetragen hatte (Blancke und Schmid 2003: 228). Die öffentliche Aufmerksamkeit machte zudem sofortige gesetzgeberische Veränderungen möglich: Bereits am 22. März 2002 konnte der Bundesrat die Neuorganisation der Leitungsorgane der Bundesanstalt für Arbeit (Abschaffung des Präsidentenamtes, Neustrukturierung der Selbstverwaltung) sowie erste Instrumentenänderungen (Vermittlungsgutscheine, Erleichterung der Zulassung privater Arbeitsvermittler) beschließen.

Die Einsetzung der ›Kommission für moderne Dienstleistungen am Arbeitsmarkt‹ mit dem damaligen Personalvorstand der Volkswagen AG, Peter Hartz, als Vorsitzendem erfolgte bereits am 22. Februar 2002. Die Hartz-Kommission legte nach knapp einem halben Jahr intensiver Arbeit ihre Ergebnisse am 16. August 2002 der Öffentlichkeit vor. Mitten im Bundestagswahlkampf verständigte sich die Regierung auf eine weitgehende Umsetzung der Kommissionsvorschläge (21. August 2002). Bereits am 4. September 2002 wurden erste Gesetzgebungen auf den Weg gebracht (Blancke und Schmid 2003: 220).

Die Bundestagswahl vom 22. September 2002 ermöglichte eine zweite rot-grüne Regierungsperiode. In den Koalitionsverhandlungen wurde die Eins-zu-eins-Umsetzung der Hartz-Kommissions-Ergebnisse bestätigt. Die Koalitionsverhandlungen erwiesen sich als relativ kompliziert, da sie im Wahlkampf nicht thematisierte Finanzierungsprobleme der öffentlichen Haushalte deutlich werden ließen, ohne dass eine klare Antwortstrategie gefunden werden konnte. Dennoch wurden die Hartz I und II genannten Arbeitsmarktgesetze sehr schnell in den Bundestag eingebracht. Nach einem Vermittlungsausschussverfahren konnte die Gesetzgebung kurz vor Weihnachten noch abgeschlossen werden, sodass die Gesetzespakete Hartz I und II zum 1. Januar 2003 in Kraft treten konnten.

Die Gesetze Hartz III und IV wurden im Herbst 2003 im Bundestag verabschiedet und nach Anrufung des Vermittlungsausschusses wiederum kurz vor Weihnachten endgültig beschlossen. Hartz III trat in wesentlichen Teilen am 1. Januar 2004 in Kraft, das im Vermittlungsausschuss weiter verschärfte Hartz IV zum 1. Januar bzw. 1. April 2004 und 1. Januar 2005. Die Organisation der Zusammenlegung von Arbeitslosenhilfe und Sozialhilfe war zwischen Union und Regierung jedoch weiterhin umstritten und konnte Mitte 2004 im Vermittlungsausschuss durch das Gesetz zur optionalen Trägerschaft von Kommunen nach dem Sozialgesetzbuch II (SGB II/Kommunales Optionsgesetz) zugunsten des Optionsmodells gelöst werden.

Der Agenda-Rede waren schwere Niederlagen bei den Landtagswahlen in Niedersachsen und Hessen (2. Februar 2003) vorausgegangen. Der Bundestagswahlsieg zahlte sich mithin nicht aus, sondern wurde von der schlechten Performanz der Regierungsparteien während der Koalitionsverhandlungen und der deutlich negativen ökonomischen Entwicklung überlagert. Dennoch stellte die Agenda für die Regierungsparteien eine überraschende Wende dar, die weder mit der Wahlkampfprogrammatik und -rhetorik noch mit den bisherigen Politiklinien ohne Probleme in Einklang zu bringen war.

Die Regierungsparteien stimmten der Agenda 2010 zwischen April und Juni 2003 zu. Auf einer Bundesdelegiertenkonferenz der Grünen kam es zu einer überwältigenden Mehrheit zugunsten der Agenda 2010. Der Sonderparteitag der SPD führte letztlich zu einem ähnlichen Ergebnis, stand aber unter dem Eindruck einer Rücktrittsdrohung des Bundeskanzlers. Der Versuch der Parteilinken, ein Mitgliederbegehren zu starten, war vorher bereits gescheitert.

Bei den Abstimmungen im Bundestag kam es sowohl beim Gesundheitsreformgesetz als auch bei den Hartz-Gesetzen zu Gegenstimmen aus den Regierungsfraktionen. Schließlich legte Bundeskanzler Gerhard Schröder angesichts anhaltender Widerstände aus der Partei (Bochumer Parteitag) sein Amt als SPD-Vorsitzender am 6. Februar 2004 nieder. Mit der Trennung von Parteivorsitz und Kanzlerschaft konnte eine gewisse Beruhigung in der SPD erzielt werden.

Die Gewerkschaften stellten sich überwiegend gegen die Agenda-Politik. Doch war die Beteiligung der Mitgliedschaft beim gewerkschaftlichen Aktionstag am 24. Mai 2003 so gering, dass eine Politik der Basismobilisierung nicht fortgeführt werden konnte. Erst im Sommer 2004 kam es in Ostdeutschland zu großen Demonstrationen, die unter der problematischen Übernahme des Ausdrucks »Montagsdemonstrationen« vor allem gegen die Hartz-IV-Reform gerichtet waren. Ebenfalls im Sommer 2004 schlossen sich Gewerkschafter und Sozialdemokraten zu jenen Initiativen zusammen, die schließlich den Nukleus der im Januar 2005 gegründeten Partei »Arbeit und soziale Gerechtigkeit – Die Wahlalternative (WASG)« bilden sollten (Zohlnhöfer und Egle 2007: 17).

Die Zufriedenheit mit der Regierungspolitik von Rot-Grün lag im Zeitraum von November 2002 bis September 2004 ständig zwischen −0,9 und −1,7 (Kornelius und Roth 2007: 37). Dies schlug sich auch in den gravierenden Wahlniederlagen der Regierungsparteien nieder, so in Sachsen (Stimmenanteil der SPD: 9,8 Prozent) und

Brandenburg im September 2004 sowie im Februar 2005 in Schleswig-Holstein und im Mai 2005 in Nordrhein-Westfalen.

Eine Analyse und Bewertung des Reformprozesses unter strategischen Gesichtspunkten – neben dem Strategietool für politische Reformprozesse wird im Folgenden die Literatur zur Strategiefähigkeit (Schröder 2000; Raschke 2002; Nullmeier und Saretzki 2002; Dettling 2005; Speth 2005; Tils 2005; Fischer, Schmitz und Seberich 2007; Raschke und Tils 2007) und zur strategischen Kommunikation (Althaus 2002; Machnig 2002; Kamps und Nieland 2006; Kamps 2007; Machnig 2007) verwendet – muss den komplexen Entwicklungsprozess in mehrere Phasen zerlegen. Die politikwissenschaftliche Phasenheuristik wird dabei auf die gesamte Agenda-Politik angewandt, nicht auf die einzelnen dort zusammengefassten Politiken. Damit fallen jedoch Policy-Phasen und Agenda-Phasen auseinander.

So ist die Arbeitsmarktpolitik im ganzen Beobachtungszeitraum immer schon weiter fortgeschritten als das Reformpaket. Als Phase des Agenda-Setting soll die Zeit bis kurz nach der Agenda-Rede im März 2003 bezeichnet werden. Die Phase der Politikformulierung und Entscheidung umfasst die Zeitspanne vom April 2003 bis zum Herbst desselben Jahres (bis zu den Parteitagen und den Abstimmungen im Deutschen Bundestag zu den Hartz-Gesetzen). Der Umsetzungs- oder Implementationszeitraum beginnt entsprechend im Herbst 2003.

2 Strategiefähige Kernexekutive

2.1 Die Organisation einer Strategie – zur Dimension der Durchsetzungsfähigkeit

Mit dem Umbau der Regierung und der Neubestimmung der Ministeriumszuständigkeiten in der Folge der Koalitionsverhandlungen Ende 2002 erfolgte auch die Bildung eines strategischen Machtzentrums innerhalb der Kernexekutive, das grundsätzlich in der Lage schien, Akteure ressortübergreifend zu vernetzen und den Einfluss bürokratischer Fachbrüderschaften zu schwächen.

Die Abberufung des Bundessozialministers Walter Riester, die Neubildung des Ministeriums für Wirtschaft und Arbeit unter der

Führung von Wolfgang Clement als eine Art Superministerium mit Superminister sowie die Besetzung des ebenfalls neu gebildeten Ministeriums für Gesundheit und Soziale Sicherung unter Ulla Schmidt schufen eine neue Konstellation im Bereich der Arbeitsmarkt- und Sozialpolitik. Die Kontinuität im Bundeskanzleramt sicherte Kanzleramtsminister Frank-Walter Steinmeier, der bereits die Vorarbeiten zur Agenda 2010 geleitet hatte.

Die traditionelle Sozialpolitik konnte in ihrer Bedeutung durch die Überführung wesentlicher Abteilungen in das neue Ministerium für Wirtschaft und Arbeit stärker kontrolliert und integriert werden. Die arbeitsmarktpolitischen Reformen ließen sich in Clements Ministerium nun mit wirtschaftspolitischen Konzepten in einem organisatorischen Gesamtrahmen planen und gesetzgeberisch auf den Weg bringen.

Durch die Arbeit von Karl-Rudolf Korte und Manuel Fröhlich (2004; vgl. auch Korte 2007) besitzen wir relativ genaue Kenntnisse der politischen Abläufe im Vorfeld der Agenda-Rede des Bundeskanzlers: Bereits vor den Wahlen 2002 war in einer Planungsgruppe im Bundeskanzleramt unter der Leitung von Kanzleramtsminister Steinmeier ein Plan zur Umsteuerung der Wirtschafts- und Sozialpolitik entstanden.

Nach der Erstellung eines Strategiepapiers im Kanzleramt, das jedoch für die Koalitionsverhandlungen noch nicht relevant wurde, liefen die Planungen unter dem Titel »Strategie 2010« weiter. Neben dem Kanzleramt waren in diesem Bereich weitere Personen aktiv, die als »Gruppe 2010« zu Planungstagungen zusammenkamen. Der Ausschluss des Sozialministeriums aus der Tagungsrunde im Februar 2003 zeigt zugleich, dass diese Gruppe nicht auf Integration ausgerichtet war, sondern die Profilierung eines bestimmten Politikansatzes vorantreiben sollte.

Die Kerngruppe um Steinmeier, Schröder und Clement, ergänzt um Béla Anda, Thomas Steg, Sigrid Krampitz und Reinhard Hesse sowie Bernd Pfaffenbach und Günther Horzetzky aus dem Bundeskanzleramt, besaß aufgrund dieser Exklusionspolitik nur wenige Verflechtungen und Verbindungen mit anderen zentralen Gruppen in Partei und Regierung. So waren die Grünen als Regierungspartner offensichtlich nicht in der strategischen Kernexekutive vertreten –

jedenfalls nicht über eine bei allen zentralen Prozessen anwesende Person oder Personengruppe.

Der Grünen-Beitrag dürfte sich also auf eher punktuelle und bilaterale Kontakte (Schröder – Fischer, Steinmeier – Fraktionsführung der Grünen etc.) beschränkt haben. Auch die sozialdemokratische Partei und Fraktion spielten keine tragende Rolle in der Kerngruppe der Agenda-2010-Betreiber. So ist zu fragen, ob nicht ein zu kleines strategisches Machtzentrum gebildet worden war, das zu wenig Integrationskraft für jene Akteure besaß, die für das Gelingen und die Durchsetzung der Reformen erforderlich waren.

Wenn man Strategien als Ausdruck der Handlungsfähigkeit kollektiver Akteure versteht, ist zu fragen, ob es im Zuge der Agenda 2010 überhaupt zur Ausbildung eines derartigen kollektiven Akteurs und damit eines kollektiven strategischen Machtzentrums gekommen ist. Die individuellen Handlungsschritte von Partei- oder Regierungsmitgliedern müssen so ausgerichtet sein, dass Partei oder Regierung die zentrale Bezugsgröße darstellen und sich Kalkulationen von Nutzen, Kosten, Gewinnen und Verlusten auf diese Einheit ausrichten.

Geschieht dies nicht, herrscht also keine Ausrichtung der Handlungen an einer überindividuellen Einheit, kann diese Einheit auch nicht als strategischer Akteur fungieren. Es muss Führungspersonen gelingen, ein derart hohes Maß an Ausrichtung auf eine kollektive Größe zu erreichen, dass diese als Bezugspunkt aller Strategien erscheint. Erst dann ist die Strategiefähigkeit einer Kerngruppe gegeben.

Es kann durchaus angenommen werden, dass die Konstitution einer derartigen kollektiven Größe als Bezugspunkt für Strategien im Umfeld der Agenda 2010 nicht gelungen ist. Die eigene Partei bildete nicht die Bezugseinheit des politischen Handelns der führenden Personen um Bundeskanzler Schröder. Die sozialdemokratische Partei galt im Gegenteil weithin als eine Gefahr für die Agenda 2010 und musste entsprechend ins strategische Kalkül einbezogen werden. Sie wurde bewusst nicht ›mitgenommen‹, nicht ›integriert‹ oder ›beteiligt‹. Da größere Teile der Partei als widerständig galten, war die Partei ein außerhalb der eigenen strategischen Zurechnungseinheit stehender Akteur in der Umwelt, dessen Folgebereitschaft immer höchst problematisch schien.

Wenn nicht die Partei die Bezugsgröße strategischen Handelns bildete, dann vielleicht die Regierung? Bei den Grünen, namentlich bei Außenminister Joschka Fischer, galt Regierung und Erhalt der Regierungsbeteiligung tatsächlich als höchstes Gut. In Schröders Umfeld ist die rot-grüne Regierung dagegen kein zentraler Bezugspunkt, wohl aber die Führung einer Regierung durch die SPD und einen Kanzler Schröder. Die grüne Regierungsbeteiligung musste aus dieser Sicht nicht als besonderes Gut beachtet und bewahrt werden. Auch die Grünen waren daher im Kalkül des Reformkerns als Umwelt anzusehen.

Wenn aber Partei und Regierung als Bezugspunkte ausfallen, bleiben nur wenige Möglichkeiten der Entwicklung von Strategiefähigkeit. Von einer bloß individuellen Strategie abgesehen kann noch mit einer Parteiströmung als Bezugseinheit allen strategischen Handelns gerechnet werden. Eine weitere Deutung, für die es auch Anhaltspunkte in den öffentlichen Äußerungen der Führungspersonen gibt, lautet, die Bezugseinheit sei ›Deutschland‹, ›das eigene Land‹. Damit wird Strategie jedoch allein auf den internationalen Vergleich verwiesen, während die innernationalstaatlichen Politikprozesse sozusagen strategisch neutralisiert oder ignoriert werden. Es handelt sich also eher um eine Verlagerung oder Verdrängung des Strategischen.

Wenn es nicht ohnehin nur eine Variante der Gemeinwohlrhetorik darstellen sollte, fehlt es doch völlig an einer Rechtfertigung dafür, dass sich eine kleine Akteursgruppe als legitimer Inhaber des nationalen Interesses verstehen darf. Die Memoiren von Gerhard Schröder (2007) zeigen ebenso wie die Erinnerungen von Joschka Fischer (2007) den Vorrang der innerparteilichen Auseinandersetzung als zentraler Konfliktlinie. Der Sieg gegen die innerparteilichen Kritiker war die wichtigste machtpolitische Zielsetzung. Das gilt unabhängig von der Antwort auf die Frage, ob sachpolitische Erwägungen oder persönliche Ambitionen Grundlage der eigenen Positionierung waren.

Während der Entwicklung der Agenda-Politik wie auch später bei ihrer Durchsetzung bestand das Konfliktfrühwarnsystem der strategiefähigen Kernexekutive vorrangig darin, die öffentliche Stimmungslage permanent beobachten zu lassen. Dabei griff man auf die traditionellen Instrumente der Demoskopie zurück. Entsprechende Untersuchungen wurden insbesondere vom Bundespresseamt in Auftrag gegeben.

Direkten Zugang zum strategischen Machtzentrum hatte jedoch mit Manfred Güllner (Forsa) ein einzelner Meinungsforscher, der die Datenproduktion und -präsentation mit einer höchst eigenen Interpretation dieser Daten verband (vgl. Raschke und Tils 2007: 512). Man kann hier durchaus auf den Terminus des politisch-strategisch agierenden Meinungsforschers verfallen, der selbst eine Strategie entwickelt und im Machtzentrum zu verankern sucht. Die Problematik liegt hier darin, dass im Machtzentrum keine hinreichende Pluralität der Datenpräsentation und Dateninterpretation sichergestellt wurde und zudem der Beratungs- oder politische Mitakteurscharakter der Beiträge der Meinungsforschung nicht hinreichend reflektiert wurde.

Die Entscheidung für die Agenda 2010 bedeutete auch eine Entscheidung für ein bestimmtes Kräfteverhältnis innerhalb der Kernexekutive. Im Bereich der Regierungsorganisation sollte die Agenda das Element der Kanzlerdemokratie gegenüber der Ressortverantwortung stärken. Noch mehr gilt die Agenda jedoch als Versuch, den Vorrang der Kanzlerschaft gegenüber der Parteien- und Koalitionsdemokratie zu sichern.

Weder die eigene Partei noch der Koalitionspartner bildeten die zentralen Bezugspunkte des politischen Prozesses ab März 2003. Die Chance, die Politik im Rahmen der Koalitionsdemokratie zu prägen, wurde bereits im Oktober 2002 mit weithin als missglückt bewerteten Koalitionsverhandlungen verspielt. Wie bereits 1998 versuchte Gerhard Schröder auch 2002 nicht, auf die Koalitionsgespräche Einfluss zu nehmen. Er ließ diese vielmehr weitgehend ›laufen‹, mit dem Effekt einer von den Beteiligten im Nachhinein als katastrophal bezeichneten Wirkung: Es kam zu einer weitgehend kopflosen und medial kolportierten Debatte über Kürzungs- und Sparprogramme angesichts einer ›plötzlich‹ sichtbar gewordenen Finanz- und Haushaltslage, die im Wahlkampf weitgehend ausgeklammert worden war, den handelnden Akteuren jedoch durchaus bewusst gewesen sein musste.

Die Möglichkeit von Einschnitten in das soziale Sicherungssystem sowie die Möglichkeit zu einer Rhetorik der harten Maßnahmen bestand damit durchaus schon im Herbst 2002. Die Koalitionspolitik wurde jedoch nicht genutzt, um konzeptionell oder auch nur politisch-rhetorisch zu Fortschritten zu kommen. So gilt die Agenda-2010-Rede als zweite, nachgeholte Regierungserklärung nach der verspielten Chance des Regierungsstarts im Oktober 2002.

Zwar ist es richtig, dass sich die ökonomische Lage in den Monaten Oktober 2002 bis März 2003 weiter verschlechterte, doch die Basisdaten waren Ende 2002 schon bekannt bzw. ersichtlich. So ist nicht wirklich verständlich, warum die Möglichkeiten der Koalitionsdemokratie derart ungenutzt blieben. Umso größer musste Anfang 2003 die Anstrengung ausfallen, den Kanzler zum zentralen Anker des gesamten politischen Entscheidungsprozesses zu machen und nachzuholen, was in den Koalitionsgesprächen verpasst worden war.

Jedoch kann ein solch projektierter Vorrang der Kanzler- vor der Parteien- und Koalitionsdemokratie nur gelingen, wenn sich Verbündete für diese Vorherrschaft finden lassen. Dabei ist in erster Linie an die Erfordernisse des Föderalismus zu denken. Aufgrund der Mehrheitsverhältnisse im Bundesrat konnten die zentralen Reformvorhaben faktisch nur mit Zustimmung der Union durchgesetzt werden. Die rot-grüne Koalition betrieb entsprechend oft eine perspektivisch auf einen großkoalitionären Konsens ausgerichtete Politik.

Jedoch besaß die Union immer die »Lafontaine-Option« der Nicht-Kooperation und Blockadepolitik im Bundesrat. Verhandeln hieß mithin, einerseits Druck aufzubauen und andererseits der Union so weit entgegenzukommen, dass diese sich den Verhandlungen nicht mehr durch eine konsequente parteipolitische Strategie der Blockade entziehen konnte. Damit überhaupt Aussicht auf politische Erfolge bestand, musste die parteipolitische Arena nicht nur in der eigenen Koalition geschwächt werden, sondern auch in der Union. Konsequente Ausschaltung des Parteipolitischen zum Zwecke des Parteienkonsenses schien mithin die implizite Maxime des strategischen Handelns zu sein.

Dagegen wurden die Interessenverbände als gegnerisches Feld betrachtet und absichtlich nicht berücksichtigt. Entsprechende negative Reaktionen der Verbände sind gut dokumentiert (Weßels 2007).

2.2 Strategiefähigkeit und Mediendemokratie – zur Dimension der Kommunikation

Die Strategie der Dominanz des Kanzlers innerhalb der Kernexekutive erhöhte die Bedeutung der Medien. Erst durch die Absicherung der Kanzlermacht in einer quasi-direktdemokratischen Legitimation durch die Öffentlichkeit schien die Machtbeschränkung von Parteien, Fraktionen und Fachbürokratien im erforderlichen Maße erreichbar (vgl. Grasselt und Korte 2007: 161). Damit spielte die Kommunikationsdimension für die strategischen Möglichkeiten der Kernexekutive im Rahmen der Agenda 2010 eine besondere Rolle.

Ganz zentral wäre in dieser Hinsicht die Stärkung der Kommunikationskapazitäten gewesen. Die institutionellen Voraussetzungen für kohärente politische Kommunikation hatten sich mit dem Leitungswechsel im Bundespresseamt 2002 allerdings eher verschlechtert, wurde doch nun mehr auf kostenträchtige externe Partner gesetzt als auf eine intern gesteuerte Kommunikation aus einem Guss. Mit dem Einsatz großer Medienkampagnen traditioneller Art ging auch der Verzicht auf dialogorientierte Kommunikationsmethoden und Beteiligungsformate einher.

Die bemerkenswerteste Entwicklung des gesamten Agenda-2010-Prozesses spielte sich jedoch im Bereich der Abstimmung der Kommunikation ab. Denn der Diskurs wurde allein auf die Massenmedien abgestimmt, nicht aber auf die Alltagskommunikation der Bürger. Gerade bei den Themen der Agenda 2010 war jedoch eine enorme Auseinanderentwicklung zwischen veröffentlichter medialer Meinung und öffentlicher Meinung, wie sie sich in Umfragen und Wahlergebnissen niederschlägt, zu beobachten.

Die Agenda 2010 als Ansatz, die Reformblockade zu durchbrechen und die wirtschaftliche und politische Wettbewerbsfähigkeit der Bundesrepublik Deutschland wiederherzustellen, fand durchaus große politische Zustimmung in den Leitmedien. Die veröffentlichte Meinung 2003 kann als neoliberal und reformfreundlich bezeichnet werden. Und doch begleitete diese mediale Unterstützung der Reformen ein gewisses Erschrecken über deren Folgen – zum Teil auch in den Medien, weit stärker jedoch in der Alltagskommunikation der Bürger.

Die Annahme, man könne sich auf eine Abstimmung mit den Medien stützen und im Einklang eines strategischen Machtzentrums mit der medialen Öffentlichkeit intermediäre Instanzen umgehen, erwies sich letztlich als verfehlt. Neben den Massenmedien wirkte die Alltagskommunikation – die Ebene der Face-to-Face-Kommunikation der Bürger – als politisch mächtige Instanz: Es waren ihre fest ausgeprägten Überzeugungen und Einstellungen, die selbst durch hegemoniale Mediendiskurse und Willensbekundungen der politischen Eliten nicht in eine bestimmte Richtung gesteuert werden konnten.

Die Alltagskommunikation verfügt über eine gewisse Eigendynamik und versteht es, sich in bestimmten Fällen gegen alle Einflüsse abzuschotten. So abrupt, wie sich die Alltagskommunikation manchmal medialen Meinungsprägungen anschließt, so fest verschlossen mag sie in anderen Fällen der medialen Formung entgegenzustehen. Ohne diese Ebene der artikulierten Bürgermeinungen jenseits der Massenmedien wäre nicht zu erklären, wie es zu dem permanenten Vertrauensverlust der SPD, ihren Wahlniederlagen, den Demonstrationen gegen die Hartz-IV-Politik und zum Akzeptanzmangel der Agenda-2010-Politik gekommen ist. Gerade auf der Ebene der politischen Kommunikation, jener Arena, in der sich Bundeskanzler Gerhard Schröder besonders wohl zu fühlen glaubte, versagte die Agenda-Politik – manche Beobachter sprechen sogar von einer Katastrophe (Raschke und Tils 2007: 522).

2.3 Strategieentwicklung und Expertise – zur Dimension der Kompetenz

Mit der Proklamation der Agenda 2010 wurde auch der Prozess der Kommissionsbildung und der verstärkten Einbeziehung der Wissenschaft in die Politikformulierung gestoppt. Zwar wirkten hier die bereits einbezogenen Akteure weiter mit und das Jahr 2003 kann durchaus als Jahr der Experten(kämpfe) angesehen werden, doch lag die Einsetzung insbesondere der Hartz- und auch der Rürup-Kommission vor der Entwicklung der Agenda-Politik. Diese war weniger als ihre Vorgängerpolitiken auf Einbindung, Beteiligung und Konsensbildung ausgerichtet und verzichtete daher auch darauf, das strategische Know-how der Reformakteure durch Einbindung externer wissenschaftlicher Expertise in Planungs- und Foresight-Einheiten zu stärken.

Auch die Schaffung neuer institutioneller Voraussetzungen für effektives Ausschöpfen interner Expertise gehörte nicht mehr zum Programm der Regierungspolitik. Denn die Zusammenarbeit mit den jeweiligen Abteilungen der Ministerien gestaltete sich 2003 durchaus nicht konfliktfrei. Während das Kanzleramt die Hartz-

Kommission weitgehend in Eigenregie betreiben konnte, blieb die Rürup-Kommission in der Obhut des Bundesministeriums für Gesundheit und Soziale Sicherung mit entsprechenden Friktionen zwischen Kanzleramt und Ministeriumsspitze.

Das strategische Machtzentrum war nicht so zusammengesetzt, dass eine Zusammenarbeit mit der Verwaltung oder eine Steuerung derselben leicht zu organisieren war. Es fehlte ein Ausbau der personellen Kapazitäten und Kompetenzen direkt bei der Kerngruppe. Angesichts der hohen Zahl von Agenda-Gesetzen war eine enge Vernetzung der Planungs- und Grundsatzstäbe in den beteiligten Ressorts gar nicht oder nur begrenzt zu bewerkstelligen. Zudem spricht die Tatsache, dass die plötzlich in der Agenda zusammengefassten Gesetzgebungen sich in jeweils höchst unterschiedlichen Stadien der Vorbereitung bzw. Entscheidung befanden, für die Unmöglichkeit einer Vorabstimmung über die Stabsabteilungen der Ministerien.

Die hohe Streubreite der Agenda-Materien lässt es auch nicht zu, speziell für die Agenda eine Ausbildung und Rekrutierung qualifizierten Führungspersonals mit hoher interdisziplinärer Offenheit vorzunehmen. Ein spezifischer Agenda-Führungsstab, der langfristig aufgebaut und zu diesem Zweck rekrutiert worden wäre und der personelle Kompetenzen und Leadership-Fähigkeiten im strategischen Machtzentrum gebündelt hätte, existierte nicht.

3 Agenda-Setting

3.1 Die Agenda 2010 als Konfliktstrategie – zur Dimension der Durchsetzungsfähigkeit

In der Vorbereitung der Agenda 2010 wurde ohne Zweifel ein Prozess in Gang gesetzt, der auf die Bestimmung von politischen Profilierungschancen ausgerichtet war. Bereits während der ersten Regierungsperiode von 1998 bis 2002 war die veröffentlichte Meinung von der Forderung nach weiteren Reformen, nach Überwindung der Reformblockaden und nach einem Umbau des Sozialstaates geprägt. Die politischen Profilierungschancen bestanden immer weniger darin, sich für die tradierten programmatischen Überlegungen der eigenen Parteien einzusetzen, sondern darin, wider deren Aussagen eine Wende in Richtung veröffentlichter Meinung vorzunehmen.

Jedoch bleibt fraglich, ob das Gelegenheitsfenster richtig identifiziert und die Durchsetzungschancen umfassend bewertet wurden. Sicherlich resultierte der Strategiewechsel 2002/03 aus der Erkenntnis, dass sich die wirtschaftliche Lage entgegen den Anfang 2002 noch gehegten und bis in den Wahlkampf weiter verbreiteten Erwartungen verschlechtern statt verbessern würde. Damit war eine Politik ohne Mitwirkung der Union nicht mehr möglich. Auch das schlechte Funktionieren des Bündnisses für Arbeit dürfte den Beteiligten klar gewesen sein.

Die interessante Frage ist jedoch, wie sie die Durchsetzungschancen innerhalb der SPD und die Bedeutung eines Kurswechsels in Richtung einer Konfrontation mit den Gewerkschaften einschätzten. Es kann hier nur vermutet werden, dass innerparteiliche Konfliktkonstellationen nicht nur beobachtend und abwägend, sondern durchaus in teilnehmender, mithin positionierter Perspektive wahrgenommen und beurteilt wurden. Daraus mag folgen, dass man die Konsequenzen insbesondere der Arbeitsmarktreformen für die Mitgliedschaft der Partei (und nicht nur für die linken Parteieliten) unterschätzte. Die Möglichkeit der Bildung einer auch in Westdeutschland starken Partei links von der SPD war anscheinend nicht antizipiert worden, während Austritte einzelner Personen und Gruppen vielleicht durchaus in Kauf genommen wurden.

Jedoch ist die dauerhafte Absenkung des Niveaus der Wählerzustimmung zur eigenen Partei ein Ergebnis der Agenda-Politik, das bei der Abwägung aller Vor- und Nachteile hätte antizipiert und auf jeden Fall vermieden werden müssen. Zwar wurde in der Regierungserklärung bereits darauf hingewiesen, dass die Maßnahmen der Agenda 2010 nicht sofort wirken würden, doch die politisch-strategischen Folgen wurden offenbar nicht hinreichend bedacht.

Wie sollte man diese Durststrecke überstehen, wie der potenziell schwindenden Zustimmung zur Regierungspolitik und den Regierungsparteien während dieser Phase entgegenwirken? Eine nüchterne Betrachtung hätte hier postulieren können, dass es kompensatorischer Politiken bedurft hätte, um die eher negativen Auswirkungen der Agenda 2010 auf die politische Zustimmung in einer Übergangszeit auszugleichen. Für Überlegungen zu derartigen Ausgleichspolitiken in anderen thematischen Feldern finden sich in der Agenda-Rede ebenso wenig Anhaltspunkte wie in der nachfolgenden Regierungspolitik des Jahres 2003, die in der Durchsetzung der Agenda weitgehend aufgeht.

Erst Anfang 2004 wurde die Reformpolitik einerseits verlangsamt (Verschiebung einer großen Pflegeversicherungsreform) und andererseits kombiniert mit Innovationsthemen (Eliteuniversitäten). Der Versuch, durch eine Ausbildungsabgabe ein eher kompensierendes Element in die Reformpolitik einzubauen, kam nicht aus der Regierung, sondern aus der Partei und scheiterte im Bundesrat bzw. wurde durch die Selbstverpflichtung der Wirtschaft im Nationalen Pakt für Ausbildung und Fachkräftenachwuchs als hinfällig angesehen (Schmid 2007: 283; Zohlnhöfer und Egle 2007: 17). Eine Unterschätzung dieser Zustimmungsproblematik mag dadurch bedingt gewesen sein, dass man die Länge der Durststrecke zu optimistisch einschätzte oder darauf vertraute, dass die Agenda-Politik populär werden könnte – auch wenn die Interessenvertreter und die eigene Partei sich eher skeptisch bis ablehnend verhalten würden.

Zum Agenda-Setting ist auch die Aufgabe zu zählen, Verhandlungskorridore für die Reformpolitik abzustecken. Die dazu erforderliche Sondierung der Interessen und Positionen von Schlüsselentscheidern inner- und außerhalb des eigenen politischen Lagers gehört zur täglichen Arbeit der politischen Eliten. Bei der Vorbereitung der Agenda-Rede kam es sicherlich zu einer solchen Interessensondierung. Sie bestand jedoch ausschließlich in einer Beobachtung der anderen Akteure und nicht in einer Einbeziehung aller relevanten Personen in den Prozess.

Da Gegnerschaften bereits bekannt waren, hieß Sondierung zunächst nur, eine Differenzierung nach Unterstützern und Gegnern des möglichen Vorhabens vorzunehmen, nicht aber unbedingt, auch eine Reformperspektive vorzulegen, die die Anzahl der Gegner minimiert und die der Unterstützer möglichst erweitert. Die sorgfältige Analyse der Machtkonstellation mit Identifizierung der Reformbefürworter und Antizipation von Widerständen führte in der Agenda-Politik zur Anlage der Reformprozesse als Konfliktstrategie. Da Widerstände in der SPD-Fraktion, in der Partei und in den Gewerkschaften sicher unterstellt werden konnten, prägte diese erwartete

Konfliktkonstellation das prozessuale, kommunikative und inhaltliche Profil der Reformen.

3.2 Ohne Leitidee – zur Dimension der Kommunikation

Analysiert man die »Agenda 2010« als politische Marke, als politisches Werbeinstrument, fällt zunächst die Nutzung des wenig aussagehaltigen Wortes Agenda auf. Selbst ein Begriff der Politik- und Kommunikationswissenschaft, enthält Agenda keine Aussage zur Richtung, zum Inhalt oder zum normativen Gehalt der angestrebten Politik. Die Technizität der Reformvokabeln wurde bereits vielfach bemerkt und gescholten: Weder »Hartz I bis IV« noch »SLG II« oder »ALG I und II« noch »Agenda 2010« besitzen als Begriffe eine innere Werthaltigkeit. Der Terminus Agenda kommuniziert gerade keine Leitidee und ist deshalb auch nicht darauf gerichtet, die Reformbereitschaft zu fördern.

In den Erinnerungen Schröders findet sich eine Formulierung, die das kommunikative Dilemma unfreiwillig zu erkennen gibt. Dort wird von der Suche nach einer »Begründung für die Reformnotwendigkeiten« gesprochen (Schröder 2007: 392). Die Notwendigkeit stand ganz im Zentrum der Argumentationsstrategie der Bundesregierung. Nur fehlte es offensichtlich an jedem Verständnis dafür, dass es neben der Einsicht in die Notwendigkeit von Veränderungen und Anpassungen auch immer noch der Notwendigkeit – und das heißt vollkommene Alternativlosigkeit – genau dieser und keiner anderen Reformmaßnahmen bedurft hätte.

So erzeugte die Agenda mit ihrem Verweis auf das zwingend Erforderliche immer eine Argumentationslücke. Reformspielräume wurden als nicht existent definiert, obwohl die konkreten Reformen in komplizierten, konfliktreichen und schließlich von Kompromissen getragenen Verfahren – und damit durchaus mit einem hohen Grad an Kontingenz versehen – entschieden wurden. So erschien es oft, als herrsche in der Regierungsspitze völliges Unverständnis dafür, dass eine Politik, die sich als Anpassung an veränderte Realitäten versteht, einer Wertbasis bedarf und sich als notwendig, richtig und wertvoll ausweisen muss. Das Notwendige schien speziell bei Gerhard Schröder immer auch das Wertvolle zu sein.

Dieser Verzicht auf eine explizite Wertbindung ging einher mit zwei anderen Verzichtsleistungen: zum einen mit dem Ausschluss einer ideologischen Rahmung der Agenda-Politik mit zumindest vagen Ausblicken auf ideale Konzepte oder idealisierte Zukunftsbilder. Die Überlegungen, die Leitideen »Gemeinsinn« und »Zivilgesellschaft« zu nutzen (Korte und Fröhlich 2004: 298), wurden von Bundeskanzler Schröder abgelehnt – als ihm nicht gemäß. Ob gerade diese Begriffe tragfähig gewesen wären, eine neue Arbeitsmarktpolitik und einen Sozialstaatsumbau zu rechtfertigen, kann durchaus bezweifelt werden.

Zum anderen fehlte es auch an einer kognitiv-explanatorischen Rahmung, einer geduldigen Erklärung der Mechanismen der Weltwirtschaft, die Deutschland in die gegenwärtige Situation gebracht haben. Obwohl die Agenda-Politik in der Kontinuität zum Blair-Schröder-Papier steht (Schröder 2007: 276), sind doch der überhöhende Charakter der Programmatik sowie die Rechtfertigung des Vorgeschlagenen im Blair-Schröder-Papier (Schröder und Blair 1999) weit ausgefeilter.

Die Agenda-Politik wurde schließlich auch nicht mit neuen Deutungsmustern, Metaphern oder Denkfiguren verbunden. So konnte sie als »nahezu begründungslos« erscheinen (Meyer 2007: 88), auch wenn es Begründungssätze aus dem bekannten Wortfeld wirtschaftspolitischen Denkens gab, die in der März-Rede die Maßnahmenkataloge zu den einzelnen Politikbereichen miteinander verbanden.

Der Ausdruck Agenda steht also ohne weitere Kontextualisierung und Absicherung durch andere Begrifflichkeiten im Raum. Zwischen ihm und den einzelnen Politiken gibt es keine extra etablierten Bindebegrifflichkeiten. Ebenso – und das ist für Politikkommunikation auf diesem Niveau bemerkenswert – fehlt es an Metaphoriken, die später für die Visualisierung des Gesagten genutzt werden könnten. Selbst das Wort »Dach«, das sich bei der Zusammenführung derart vieler Politiken geradezu aufdrängt und zudem Erweiterungen z. B. in Richtung »Säulen« nahelegt, wurde nicht genutzt.

Die Agenda-Strategie betonte die Notwendigkeit der Reformen. Sie konnte dabei auch auf eine durchaus hegemoniale Befürwortung weiterer Reformen in der medialen Öffentlichkeit vertrauen. Aber auch wenn so Problembewusstsein in der Öffentlichkeit geschaffen und ein mediales Grundrauschen bereits erzeugt war, gelang es doch nicht, die Reformnotwendigkeit zu erklären. Eine Erklärung hätte zum Beispiel eine Politik des geduldigen Überzeugens durch permanente Darstellung der ökonomischen Zusammenhänge und damit eine Aufklärungsstrategie erfordert. Ein derartiger Gestus passte jedoch sicherlich nicht besonders gut zu den Hauptakteuren.

Alternativ wäre die Konzentration auf eine zentrale Erzähllinie möglich gewesen. Das entsprechende Narrativ war jedoch nicht hinreichend expliziert und pointiert, zudem immer nur als Negativstory des wirtschaftlichen Abstiegs der Bundesrepublik gerahmt. Es konnte nicht als gute Geschichte erzählt werden, wie etwa das Narrativ des Wirtschaftswunders. Auch enthielt es implizit Schuldzuweisungen, was die Neutralität dieser Erzählung in Frage stellte.

Während die ökonomischen Kausalzusammenhänge nicht erfolgreich zu einem politischen Narrativ verdichtet werden konnten, lässt sich für die demographische Thematik das Gegenteil behaupten. Hier setzte sich sehr erfolgreich die Story der Alterung der Gesellschaft als Folge niedriger Geburtenraten durch. Auch in dieser Geschichte gibt es implizite Schuldzuweisungen, auch sie ist eher Konflikt erzeugend (jung gegen alt) als vermeidend. Und doch erhält sie durch Mathematisierungen wie den Altenquotienten und die Entwicklung des Beitragszahler/Rentner-Verhältnisses etwas von einer Zwangsläufigkeit, die den ökonomischen Erzählungen so nicht entsprach. Letztlich spielte die demographische Thematik in der Agenda-Politik nicht die zentrale Rolle, da sie zwar mit Renten- und Gesundheitspolitik gut zu verknüpfen war, weniger jedoch mit der Arbeitsmarktpolitik.

3.3 Defizite in der Situationseinschätzung – zur Dimension der Kompetenz

Die Identifikation des Reformbedarfs, die Analyse des Problemumfeldes und die Klärung der generellen Reformrichtung als zentrale Aufgaben in der Phase des Agenda-Setting waren auf der Ebene der Einzelpolitiken bereits weit vor der Agenda-2010-Rede erfolgt. Die Zukunftsthemen waren schon seit langem identifiziert und die Probleme erkannt. Die Inflexibilität des deutschen Arbeitsmarktes, das hohe Lohnniveau sowie die zu hohe Belastung mit Lohnnebenkosten galten als zentrale Problemverursacher der hohen und dauerhaften Arbeitslosigkeit.

Die Arbeitsmarktpolitik war eines jener Politikfelder, in dem die rot-grüne Koalition gezielt nach internationalen Best Practices gesucht hatte. So sind insbesondere die Arbeiten der Benchmarking-Gruppe des Bündnisses für Arbeit zu nennen, die unter Beteiligung von Wolfgang Streeck, Rolf Heinze, Günther Schmid, Gerhard Fels und Heide Pfarr in Zusammenarbeit mit der Bertelsmann Stiftung systematische Auswertungen der Politikentwicklungen in den OECD-Ländern enthalten.

In der Hartz-Kommission erfolgte insbesondere auf der Basis der Arbeiten von Günther Schmid und Werner Jann ein ähnlicher Abgleich der arbeitsmarktpolitischen Reformen in den Bereichen Vermittlung und Aktivierung sowie der generellen Entwicklung der Verwaltungsmodernisierung mit wichtigen europäischen Reformländern. Eine analoge Sondierung der Reformen in anderen Ländern gab es allerdings (vom Fall der Schweiz als Vergleichsland in der Beurteilung von Kopfpauschalen) in der Rürup-Kommission für die Sozialversicherungen nicht.

Ein Vergleich der Gesamtanlage einer reformorientierten Regierungspolitik und der Möglichkeiten, Reformen in einem Programm zu bündeln, scheint eher nachträglich erfolgt zu sein (Merkel et al. 2006), sieht man von der generellen Orientierung der Regierungspolitik am englischen Beispiel und von Tony Blairs Führungsstil ab.

Auch die Problemumfeldanalyse mit ihren Elementen der Beschreibung und Prognose kann nicht als vernachlässigt gelten. So waren zur Arbeitsmarktentwicklung bereits eine Fülle von wissenschaftlichen Ursache-Wirkungs-Analysen vorgelegt worden, die auch den politischen Entscheidungsprozess erreichten. Doch dominierte in den Vor-Agenda-2010-Prozessen eine der in der Wissenschaft vertretenen Sichten: die Interpretation der Arbeitsmarktprobleme als Kombination aus einem Niveau- und einem Flexibilitätsproblem.

Alternative Deutungen der wirtschaftlichen Probleme wurden als gegnerische und nicht zutreffende Aussagen wahrgenommen, nicht als einzubeziehende Ansichten. Da sich die Ursache-Wirkungs-Analysen in der Wissenschaft direkt widersprachen, ist dieser selektive Zugriff auf eine wissenschaftliche Interpretation fast zwingend, bestenfalls wäre eine verstärkte Suche nach Kombinationen zwischen den von den verschiedenen Theorien angebotenen Reformrezepten anzumahnen.

Eine sorgfältige Stakeholder-Analyse als Teil der Problemanalyse durchzuführen, hätte Anfang 2003 beinhaltet, die Gründe für das Scheitern des Bündnisses für Arbeit durch die Nicht-Einigungsfähigkeit von Arbeitgeberverbänden und Gewerkschaften als Ausdruck von Interessenlagen und situativen Bedingungen auf Seiten der verschiedenen Stakeholder zu ermitteln. In die damalige Situationseinschätzung mischte sich jedoch, so darf man den öffentlichen Äußerungen der Reformakteure wohl entnehmen, eine Schuldzuweisung an reformunwillige, intransigente Gewerkschaften, uneinsichtige, Illusionen nachhängende Genossen in der eigenen Partei und die Pflege alter Gegnerschaften. Die Stakeholder-Analyse schlug daher von einer Situationsanalyse in eine durchaus emotional geprägte Gegneridentifikation um.

Man kann davon ausgehen, dass der Entwicklung der Agenda-Politik insgesamt keine politisch-strategischen Prognosen in systematisierter Form zugrunde lagen. Wohl war die Agenda 2010 als Befreiungsschlag geplant, doch wurden keine Szenario-Techniken zur Nachhaltigkeit der Wirkungen einer derartigen Politik angewandt. Auch eine systematische Risikoabschätzung, sei es in politischer, finanzieller oder arbeitsmarktpolitischer Richtung, ist nicht erfolgt.

Die politische Entscheidungsfindung wurde daher von eher intuitiven Einschätzungen der Kräfteverhältnisse, der möglichen nichtintendierten Folgen und der Erfolgschancen bestimmt. Die Dominanz des Durchsetzungsansatzes und die Einteilung in Gegner oder Befürworter, die sich zur Freund-Feind-Konstellation zuspitzte, ließ Folgenabschätzung in einem beschreibend-prognostischen Sinne auch gar nicht mehr zu. Zu den eher intuitiven Erwartungen mag auch gehört haben, dass eine wirtschaftsfreundliche Politik von den Interessenvertretern der Wirtschaft honoriert werden würde. Diese Spekulation auf Reziprozität seitens der Wirtschaft könnte für die richtungspolitische Anlage der Reformen von Bedeutung gewesen sein, dürfte sich in der erhofften Weise jedoch nicht realisiert haben.

Eines der in der Öffentlichkeit sehr häufig diskutierten Kriterien zur Agenda-Politik ist die Klärung der Reformrichtung. Was ist das Ziel dieser Politik? Lässt sich wirklich alles auf eine Zielsetzung zurückführen? Stehen alle Maßnahmen im Einklang mit dieser Grundkonzeption? Die additive Anlage der März-Rede lässt gerade an der Fokussierung zunächst zweifeln. Immer wieder konnte der Eindruck eines Sammelsuriums entstehen. Doch diese eher formale Kritik einer fehlenden Bündelung aller Teilpolitiken dürfte im Schatten des Zweifels an der Wertfokussierung der Agenda-Politik stehen.

Die Frage, ob die Agenda-Politik eine Fokussierung in Richtung einer Problem- und Leitzieldefinition besaß, kann freilich sehr unterschiedlich beantwortet werden. Erscheint einigen Beobachtern der Verzicht auf Wertvokabeln als der Verlust von Leitzielorientierung, so finden andere in der Sicherung der Wettbewerbsfähigkeit der deutschen Wirtschaft ein überaus klar herausgestelltes Ziel.

Die Orientierung an Notwendigkeiten erscheint den einen als Höchstmaß inhaltlicher Fokussierung (»nur diese Maßnahmen versprechen Erfolg«), anderen fehlt eine nicht-ökonomistische Wertfokussierung als – in dieser Sicht – unhintergehbares Element jedes Reformleitbildes. Die Tatsache, dass bis heute der Ausdruck Agenda 2010 für ein weiterhin umstrittenes Programm verwendet wird, vermittelt zumindest nachträglich den Eindruck, dass es sich um eine klare, bewusst gewählte Ausrichtung handelt.

4 Politikformulierung und Entscheidung

4.1 Strategien einer Kürzungspolitik – zur Dimension der Durchsetzungsfähigkeit

Um sich öffentlichen Rückhalt zu sichern und Bündnispartner zu gewinnen, bedarf es vielfältiger Kanäle und Verfahren. Gegenüber wichtigen Fachöffentlichkeiten empfehlen sich andere Vorgehensweisen als gegenüber der massenmedialen Öffentlichkeit. Die parallel zur Formulierung und Umsetzung der Agenda 2010 arbeitende Rürup-Kommission dürfte sicherlich die Funktion gehabt haben, die wirtschaftswissenschaftliche Fachöffentlichkeit weiter zu mobilisieren.

Auch stand der Inhalt der Agenda 2010 durchaus der herrschenden Meinung insbesondere in der Ökonomie näher als die Regierungspolitik in der ersten rot-grünen Legislaturperiode. Andere wissenschaftliche Disziplinen und Fachöffentlichkeiten wurden jedoch nicht durch gesonderte Kommunikationsverfahren einbezogen, sieht man von den Arbeitsmarktexperten ab, die an der unmittelbaren Umsetzung der Hartz-Gesetze und ihrer Evaluierung beteiligt waren.

Bündnispartner auf der Ebene der Verbände und Interessengruppen konnten durchaus gewonnen werden, jedoch nur dort, wo ohnehin eine Bereitschaft für wirtschaftsliberale Politiken gegeben war. Die schwierige Aufgabe der Gewinnung von Unterstützung bei den Organisationen, die bisher eine traditionell sozialdemokratische Sozial- und Wirtschaftspolitik befürwortet hatten, gelang entweder nicht oder nur unter Inkaufnahme innerverbandlicher Konflikte. Bündnispartner wurden daher auf der anderen Seite des politischen Spektrums gewonnen und gegen die bisherigen Unterstützergruppen in Stellung gebracht. Diese Cross-over-Bündnisse verstärkten auf Seiten der Parteimitglieder und vieler ehemaliger Bündnispartner die Irritation über die Regierungspolitik.

Gegenüber der massenmedialen Öffentlichkeit wäre es vor allem darauf angekommen, die Reformen als Win-win-Situation darzustellen. Dies konnte und sollte auch nicht erfüllt werden, weil sich die Agenda als Ablösung einer solchen Win-win-Politik verstand. Sie war gerade als Antipode einer Konsenspolitik, wie sie im Bündnis für Arbeit gescheitert war, angelegt.

Auf längere Sicht schien eine Win-win-Konstellation allerdings möglich: Im Falle eines Konjunkturaufschwungs durch die Einschnitte der Agenda 2010, so die Annahme, würde sich auch die Beschäftigungs- und Einkommenssituation der anfangs negativ Betroffenen verbessern. Dies kann allerdings nicht als Win-win-Konstellation, sondern bestenfalls als Win-win-Horizont gedeutet werden. Eine in unmittelbarer oder naher Zukunft angesiedelte Win-win-Situation wurde dagegen nicht angestrebt und auch nicht versprochen. Allein die Dauer, die zwischen den Einschnitten heute und einem erhöhten Wachstum morgen verstreichen würde, war auslegungsfähig und entsprechend strittig.

Die Alternative zu einer Win-win-Konstellation hätte jedoch auch in einer allseitigen Loss-loss-Politik bestehen können, oft in Anlehnung an Churchills berühmte Rede als Blut-, Schweiß- und Tränen-Politik bezeichnet. In einem derartigen Rahmen wären aktuelle Einschränkungen für alle mit einem Win-win-Horizont für alle zu verbinden gewesen. Es gibt durchaus Hinweise, dass eine derartige Strategie aussichtsreich gewesen wäre: Sie hätte die egalitären Impulse der Sozialdemokratie weit besser bedienen können als die Konzeption der Agenda 2010. Diese Strategie wurde jedoch nicht gewählt und wohl auch nicht ernsthaft erwogen.

Die Agenda 2010 verdankt sich nicht zuletzt der deutlichen Dominanz wirtschaftsliberalen Denkens in der veröffentlichten Meinung. Fast permanent wurde die fehlende Reformfähigkeit der Bundesrepublik (oder der rot-grünen Regierung) beklagt, fortwährend wurden politische Instrumente als vorbildlich erörtert, die später in der Agenda auch zur Anwendung kamen. Die Agenda 2010 schien daher in den Diskursrahmen gut eingepasst, sie stellte ein Eingehen auf die medialen Stimmungs- und Argumentationslagen dar und hätte sich so gar nicht mehr um den Aufbau der Diskurshoheit kümmern müssen.

Jedoch waren nach dem Start des Agenda-Reformprozesses zwei Entwicklungen zu beobachten, die einem bloßen Surfen auf der Welle des öffentlichen Diskurses entgegenwirkten. Zum einen wurde die Diskursdominanz durch die Skandalisierung einzelner Elemente der Agenda-Reformen gebrochen, zum anderen stellte sich heraus, dass diese mediale Stimmung keineswegs in der Lage war, die Meinungen in der Bevölkerung und in den Gewerkschaften zu beeinflussen.

Entgegen der Meinungslage in den führenden Medien konnte die Opposition auf Seiten der Gewerkschaften und größerer Teile der SPD durchgehalten werden, getragen von durchaus festen Überzeugungen in der Wählerschaft. Weder Politik noch Medien konnten die existente Diskurshoheit auf die Ebene der individuellen politischen Meinungen und Überzeugungen in der Wählerschaft übertragen. Die Diskurshoheit erwies sich als Eliten- oder Teilgruppenphänomen, nicht als Widerspiegelung einer Mehrheitsmeinung.

Offensichtlich haben sich, das legen zudem die Ergebnisse der Bundestagswahlen 2005 ebenso wie die der vorhergehenden Landtagswahlen nahe, Überzeugungen in der Bevölkerung erhalten, dass zumindest bestimmte Teile der Agenda 2010 nicht akzeptabel seien – sei es aus Betroffenheit und Eigeninteresse oder aus Vorstellungen von Gerechtigkeit und Zumutbarkeit. Der Regierung ist es daher nicht gelungen, in allen Teilen der Öffentlichkeit den erforderlichen Rückhalt zu gewinnen. Der Unterstützung durch Fachöffentlichkeiten und die veröffentlichte Meinung in wichtigen Formaten und Organen der Massenmedien stand sinkendes Vertrauen in der Bevölkerung gegenüber.

4.2 Glaubwürdigkeit und Akzeptanzverlust – zur Dimension der Kommunikation

Politikformulierung und -entscheidung sind in der Kommunikationsdimension daran zu messen, ob und in welchem Maße es gelingt, Vertrauen aufzubauen – in der Bevölkerung und auch bei den Gruppen, die für den Implementationsprozess von Bedeutung sind. Die zentrale Kritik an der Agenda 2010 bezieht sich darauf, dass kein adäquates Framing im Sinne der Rückbindung an eine Botschaft (Grand Message) einschließlich Visualisierung und Emotionalisierung entwickelt wurde.

Die Verantwortlichen fanden keine klare und positive Reformsprache. Es wurde bereits darauf hingewiesen, dass die Termini »Agenda« und »2010« in sich keine metaphorische Kraft, emotionale Ausstrahlung oder inhärente Werthaltigkeit besitzen. Einen nicht oder sehr schwach metaphorischen Begriff jedoch zu visualisieren, ist nur bei Hinzuziehung eines weiteren Begriffs möglich. Die Neutralität des Begriffs Agenda erlaubt zudem die Verbindung mit positiven wie negativen Konnotationen, während ein Begriff wie »Bündnis« per se eine positive Ausstrahlung besitzt, die erst mühsam umgedeutet werden muss, um als etwas Negatives zu erscheinen.

Am ehesten lässt sich mit »2010« noch eine Grand Message verbinden, die als Erzählung von Abstieg und Wiederaufstieg funktioniert, terminiert mit dem Jahr 2010 als Zeit der wiedergefundenen Stärke. Dieses immer mitgeführte Narrativ der Bundesregierung konnte jedoch durch den recht langen Zeitraum bis 2010 als Vertröstung erscheinen (oder umgedeutet werden) und kontrastierte auch merkwürdig zu der Emphase, mit der die aktuell schlechte Situation als Basis einer Reformnotwendigkeit beschworen wurde. Der erste Teil der Story (Abstieg) erschien daher wesentlich plausibler als die zweite, nicht weiter strukturierte Phase des Wiederaufstiegs.

Zudem gelang es nicht, eine Geschichte zu erzählen, die die notwendige Politik zugleich als sozialdemokratisch ausweisen konnte und die eine parteipolitische Profilierung oder auch nur Identitätsbewahrung hätte bedienen können. »Aber selbst wenn es der SPD gelungen wäre, die von ihr angestoßenen Reformen als notwendig und alternativlos zur Lösung der wirtschaftlichen Probleme Deutschlands zu begründen, hätte sie gleichzeitig deutlich machen müssen, warum ihre Politik spezifisch sozialdemokratisch ist. Das ist ihr kaum gelungen« (Egle 2006: 196).

Die Notwendigkeitsrhetorik vermittelt eher einen negativen Eindruck des Ausgeliefertseins, eines Bedrängtwerdens und einer gewissen Verzweiflung an den eigenen Möglichkeiten. Da die Maßnahmen auch weithin eher belastenden Charakter hatten, gerieten Notwendigkeit/Zwang und Verlust/Opfer zu den zentralen Interpretationsmustern. Sozialabbau erschien als zentrale Botschaft, da es die Bundesregierung nicht vermochte, die Agenda-Politik selbst auf wenige zu kommunizierende Ziele zuzuspitzen (Haubner 2005: 317; Raschke und Tils 2007: 519). Diese hätten nur durch heroische Überhöhung ins Positive gewendet werden können – ein Versuch dazu fand jedoch nicht statt.

Eine ausgewogene Darstellung mit den Elementen Sicherheit (Was bleibt?) und Wandel (Was verändert sich positiv?) wurde verfehlt oder besser: bewusst nicht angestrebt. Zwar fand sich die Formel der Substanzwahrung des Sozialstaates in der Agenda-Terminologie, doch dominierte in der Rechtfertigung dieses Politikansatzes die Wandeldimension, da es zunächst um den Willen zur Anpassung, zur grundlegenden Reform ging. So wurde die Veränderung des Bestehenden in den Vordergrund geschoben, die Sicherheitsdimension eher vernachlässigt. Als Kampf- statt Integrationskonzept setzte die Agenda 2010 nicht auf Balance und Gleichgewicht als Politikmetaphern, sondern auf die Veränderung in eine Richtung, die mit Verlusten an Sicherheit im Sinne des Gewohnten auf jeden Fall einhergehen musste.

Dagegen wurden Gestaltungswillen und Durchhaltevermögen unter Abkehr von einem Dialogangebot öffentlich wie intern in höchstem Maße demonstriert. In diesem Punkt lag die zentrale Stärke der Agenda-Politik und insbesondere von Bundeskanzler Schröder. Die Agenda 2010 war geradezu die Formel für Durchsetzungsbereitschaft gegen relevante Teile der eigenen Partei, gegen große Teile der Gewerkschaften, gegen den alten und gescheiterten korporatistischen Politikansatz, gegen altlinke sozialpolitische Traditionen. Agenda 2010 war ein Kampfbegriff, niemals eine Integrationsformel.

In dieser Hinsicht verkörperte die Agenda 2010 durchaus glaubwürdige Kommunikation und erzeugte realistische Erwartungen. Anti-Illusionismus, Realismus oder Pragmatismus kennzeichneten die gesamte Agenda-Politik. Und doch wurde trotz aller realistischer Schilderung der akuten Problemlagen der Bundesrepublik in der Darstellung der möglichen Reformwirkungen ein eher hoher Ton angeschlagen, der sich im Widerspruch befand zu den vielfältigen, kleinteiligen Wirkungen, die man den vielen kleinen und größeren Maßnahmen der Agenda zuschreiben muss. Dass sich ein derart viele Maßnahmen umfassendes Programm durch aufeinander abgestimmte Wirkungsketten in positive Effekte umsetzt, ist zumindest nicht unmittelbar plausibel.

Neben diese sachliche Dimension des Erwartungsmanagements tritt eine zeitliche: Wann ist mit den erhofften Wirkungen zu rechnen? Der Titel Agenda 2010 impliziert zunächst einen längeren Zeitraum, ganz im Unterschied zu früheren Ankündigungen zum Abbau der Arbeitslosigkeit. Entsprechend hieß es auch in der März-Rede: Die Strukturreformen der Agenda 2010 »werden Deutschland bis zum Ende des Jahrzehnts bei Wohlstand und Arbeit wieder an die Spitze bringen.« Damit war ein Erwartungshorizont von sieben Jahren aufgespannt, der sich nicht mit dem Bundestagswahlrhythmus deckte. Folglich hätte das Thema Lang- bzw. Mittelfristigkeit des Politikansatzes mit einer Phasenfolge von Reformmaßnahmen verbunden werden können, was jedoch nicht geschehen ist.

4.3 Der Faktor Zeit – zur Dimension der Kompetenz

Während eine kommunikative Taktung des Reformweges nicht erfolgte, bestand durchaus eine klare Vorstellung eines Reformfahrplans, der sich aus der Nutzung strategischer Zeitfenster ergab. Insbesondere wurde die Abfolge von Landtagswahlen beachtet. Während das Jahr 2006 als neues Bundestagswahljahr ohnehin im Zeichen des Wahlkampfes stehen würde, bildete der Mai 2005 mit der Landtagswahl in Nordrhein-Westfalen einen zentralen Termin und einen Orientierungspunkt der Reformpolitik. Bis zu diesem Zeitpunkt mussten die Reformmaßnahmen umgesetzt sein, damit eine Wiederwahl der rot-grünen Landesregierung gelingen konnte.

2004 standen zudem Landtagswahlen in Hamburg (Februar), Thüringen (Juni), im Saarland, in Sachsen und in Brandenburg (September) an. Vor der Wahl in Nordrhein-Westfalen am 22. Mai 2005 galt es, auch noch in Schleswig-Holstein einen Landtagswahlkampf zu führen. Folglich blieb nur das Jahr 2003 nach den Landtagswahlen in Niedersachsen und Hessen (Februar) für eine einigermaßen konzentrierte Gesetzgebungspolitik, denn die Wahlen in Bayern (September 2003) waren für die Regierungsparteien ohnehin eher aussichtslos.

Also sollte keine Zeit verloren werden: Was nicht in diesem Jahr geschehen konnte, schien verloren. Entsprechend wurde auf Mehrphasenkonzepte verzichtet. Eine effektive Verschaltung von Einzelschritten im Sinne einer Sequenzierung war entweder schon projektiert (so in der Arbeitsmarktpolitik mit Hartz I bis IV) oder stand angesichts der inhaltlichen Verschaltung über Grenzen von Policys hinweg eher im Hintergrund der Überlegungen.

Eine andere Form der Sequenzierung durch Vorschaltung von Pilotvorhaben ist zwar für die Regierungsperiode von 1998 bis 2005 zu beobachten. Sie ist jedoch nicht prägend für die Agenda-Politik. Sicherlich kann man arbeitsmarktpolitische Reformansätze aus der ersten Legislaturperiode von Rot-Grün als Pilotprojekte zu den Hartz-Reformen begreifen, so insbesondere das Job-AQTIV-Gesetz, das am 1. Januar 2002 in Kraft trat, und das ebenfalls 2002 flächendeckend eingeführte Mainzer-Kombilohn-Modell (Blancke und Schmid 2003: 218). Die aus der Verbindung von Organisations-, Instrumenten- und Strukturreform des Leistungsgeschehens resultierende Komplexität der Hartz-Reformen konnte jedoch nicht annähernd erprobt werden – auch nicht durch eine größere Zahl von Pilotstudien zu einzelnen Modulen des Reformprozesses. So ist in irgendeinem umfassenderen Sinne nicht von Wirksamkeitstests durch Pilotprojekte zu reden.

Die Agenda 2010 wurde zu einem Zeitpunkt entwickelt und präsentiert, da sich die strategischen Handlungsräume für die Bundesregierung entscheidend verengt hatten. Bestimmte strategische Möglichkeiten waren versperrt, einzelne Optionen bereits ohne Erfolg genutzt. Die Sondierung der Handlungsoptionen gehört sicherlich zum Alltagsgeschäft der Regierungs- und Reformpolitik. Jedoch geht sie angesichts erschöpfter oder versperrter Möglichkeiten in den Zugriff auf verbliebene Chancen über. Von Sondierung kann dann immer weniger die Rede sein. Verbliebene Optionen werden zu einer Restkategorie gegenüber dem bereits Erprobten.

Andererseits zählte es zu den in der Öffentlichkeit immer wieder behaupteten Stärken des Bundeskanzlers, in scheinbar ausweglos krisenhaften Momenten neue Chancen zu entdecken. Die Negativinterpretation dieser Verhaltensweise lautet, dass der Regierungschef Prozesse längere Zeit ungesteuert habe laufen gelassen und erst intervenierte, wenn sich die Vorgänge zuspitzten, dann aber gleich mit einem überraschenden Befreiungsschlag.

Dies kann auch als Schwäche gedeutet werden, da keine ständige Sondierung der Handlungsräume erfolgte, sondern lediglich eine situative (Raschke und Tils 2007: 507), punktuelle Reaktion. Daraus resultierten wechselvolle Auf-und-ab-Politiken statt einer klaren, mittelfristig durchzuhaltenden Strategie. Die gesamte Agenda-Politik wird daher oft als »Ausfall aus der Festung«, als »Flucht nach vorn« interpretiert (Baring und Schöllgen 2006: 310), nicht jedoch als Ausdruck eines kontinuierlich betriebenen Politikwechsels.

Diese punktuellen Strategiewahlen bedingten auch, dass es zu keiner kontinuierlichen Bewertung von Lösungsalternativen kam, sei es im Sinne entscheidungsanalytischer Verfahren oder der Untersuchung der Wirksamkeit einer Politik (»Impact Assessments«, Nachhaltigkeitsprüfung bzw. entscheidungsanalytische Stakeholder-Verfahren). Der hohe Grad intuitiven Handelns, des Entscheidens allein aufgrund eigener Anschauungen und in kleiner Runde, der Wille zum überraschenden Coup und zum Machtwort entwerten die Verfahren der kontrollierten Vorprüfung politischer Entscheidungen.

5 Politikumsetzung

5.1 Inklusions- und Exklusionsstrategien – zur Dimension der Durchsetzungsfähigkeit

Durch die Vielzahl der Gesetzgebungsgegenstände, die unter dem Dach Agenda 2010 versammelt wurden, war es schwierig, zu einer zentralisierten Zuständigkeit für die Umsetzung der Agenda zu kommen. Daher hing die Umsetzung der Einzelreformen von den spezifischen Bedingungen im jeweiligen Politikfeld ab. An der Umsetzung der Arbeitsmarktreformen war die Bundesanstalt bzw. später die Bundesagentur für Arbeit führend beteiligt. Insofern ist es von Beginn an gelungen, die entscheidende Einheit der Verwaltung einzubinden.

Das Zeitmanagement der Reform musste sich ganz zentral auf die Fähigkeiten dieses Implementationsakteurs stützen. Die Entscheidung, die Sozial- und Arbeitslosenhilfe kurz vor die politisch als entscheidend angesehenen Wahlen in Nordrhein-Westfalen zu legen, war nur möglich, weil die beteiligten Politiker davon ausgehen konnten, dass die Implementation in der Bundesanstalt für Arbeit technisch und organisatorisch gelingen würde. Diese Annahme beruhte auf Aussagen der Verantwortlichen der Bundesanstalt, die sich später als zu optimistisch erwiesen. Zudem trug der Streit mit der Union über die Optionskommunen zu Verzögerungen gegenüber allerersten Zeitplänen bei.

Bei der Schaffung klarer Verantwortlichkeiten muss zwischen der Ebene der einzelnen Gesetze und dem Gesamtbereich der Agenda 2010 differenziert werden. Die Umsetzung der einzelnen Gesetze erfolgte im Rahmen des Ressortprinzips: Ein Gesetz wird unter der Federführung eines Bundesministeriums erarbeitet, koordiniert und auf den üblichen Wegen der ministeriell-bürokratischen Verantwortlichkeiten implementiert. Damit war sicherlich eine transparente Verteilung von Verantwortlichkeiten gegeben, wenn auch bisher schon die Implementation in dem betreffenden Politikfeld durchschaubar strukturiert war. War dies jedoch nicht der Fall, konnte im Rahmen des Agenda-Prozesses keine höhere Transparenz erreicht werden, da es nicht zur Zentralisierung von Implementationskompetenzen kam.

Eine klare Benennung von Verantwortlichen für den Gesamtbereich der Agenda 2010 war dagegen nicht gegeben. Sieht man die Agenda als Marketingkonzept, ist die Zuständigkeit beim Presse- und Informationsamt der Bundesregierung gebündelt, rückgekoppelt über die Zugehörigkeit des Regierungssprechers und Chefs des Bundespresseamts Béla Anda zum informellen Kreis um Schröder. Betrachtet man dagegen die Agenda als inhaltliches Konzept der Abstimmung von Politiken verschiedener Felder aufeinander, sind etliche Ressorts und Spiegelreferate im Bundeskanzleramt gleichermaßen beteiligt. Alle hätten über das übliche Maß hinaus koordiniert oder einer zentralen Steuerungseinheit unterstellt werden müssen. Eine derartige Gesamtkoordinierung dürfte jedoch, selbst wenn sie gewollt worden wäre, bei der Vielzahl der Gesetzesmaterien kaum durch eine zentrale Stelle gelingen.

Die vielen Policy-Felder machten auch den Umgang mit Stakeholdern zu einem Problem. Neben dem puren Mengenaspekt ist bei der näheren Klärung, ob und wie bestimmte Stakeholder einzubeziehen sind, auch wieder zu unterscheiden zwischen dem Marketing- und dem Policy-Aspekt der Agenda-Politik.

In der Marketingperspektive wird durch die Bündelung verschiedener Gesetze unter dem Label Agenda 2010 angekündigt, dass die Regierung hier einen Schwerpunkt setzt, diese Reformen für unverzichtbar hält und sich von ihnen einen besonderen Beitrag zur Verbesserung der Wachstumsbedingungen erhofft. Die Betonung der Notwendigkeit dieser Reformen signalisiert zudem, dass die Regierung keine großen Verhandlungsspielräume im Implementationsgeschehen mehr zulassen will: Sie ist gewillt, Durchsetzungsfähigkeit zu demonstrieren. Somit sind alle im jeweiligen Politikfeld Betroffenen rechtzeitig vorgewarnt, dass es die Regierung besonders ernst meint. In der Marketingperspektive ist das Kriterium einer klaren Ansprache der Stakeholder mithin erfüllt.

Das gilt jedoch nur bedingt in der Policy-Perspektive. Die wechselseitige Wirksamkeit und Verbundenheit aller Reformen ist angesichts der hohen Zahl eingebundener Gesetzesmaterien für die Implementationsakteure nicht absehbar. Somit bleiben die politikfeldspezifischen Bedingungen prägend – und diese mögen von Feld zu Feld differieren.

Für die Arbeitsmarktpolitik kann davon ausgegangen werden, dass die Implikationen der Hartz-Gesetze auch den Beteiligten in der Bundesagentur für Arbeit erst im Zuge der Umsetzung selbst in Gänze deutlich geworden sein dürften. Dies mag auch daran liegen, dass die Auswirkungen der Hartz-Gesetze von neuen IT-Programmen bis zu grundlegenden Organisationsreformen und einer Veränderung der Leistungsinstrumente reichten. In der Arbeitsmarktpolitik war andererseits durch die Ankündigung einer Eins-zu-eins-Umsetzung des Hartz-Kommissionskonzeptes in der Regierungserklärung vom Oktober 2002 der Beteiligungsspielraum für alle Stakeholder zunächst stark eingeengt worden.

Dass selbst bei einer Eins-zu-eins-Umsetzung (zu der es nicht gekommen ist, vgl. Jann und Schmid 2004) noch genügend Implementationsspielraum für relevante Modifikationen oder Ausprägungen auf der Ebene der Details vorhanden gewesen wäre, ist sicherlich richtig. Nur bedeutete die Ankündigung der Eins-zu-eins-Umsetzung eben gerade keine Einladung an die Stakeholder, sich als Beteiligte und Mitwirkende zu verstehen. Die Spielräume im Prozess wurden vielmehr als stark eingeschränkt dargestellt. So waren Verantwortlichkeiten geklärt und Beteiligungsgrade vorab festgelegt, aber in einer nur teils partizipatorischen, überwiegend eher exkludierenden Form.

5.2 Top-down-Implementation – zur Dimension der Kommunikation

Erfolgreiche kommunikative Politikumsetzung ist erreicht, wenn transparente Abläufe gewährleistet sind und durch entsprechende Kommunikationsformen zwischen Politik, Verwaltung und Bürgern Bürgernähe entsteht. Die Herstellung von Transparenz über Implementationsprobleme ist dabei kaum zu trennen vom Umgang mit der Reformkritik, die sich sowohl an den intendierten als auch den nichtintendierten Folgen eines Reformprogramms festmacht. Insbesondere der Umbau der Bundesanstalt zur Bundesagentur für Arbeit und die Einführung des ALG II haben eine Fülle von Umsetzungsschwierigkeiten mit sich gebracht, man denke nur an die organisatorischen Restrukturierungen und die Umstellung der Computerprogramme.

Fragen der verwaltungstechnischen Umsetzung der Hartz-Reformen verknüpften sich in der Kritik jedoch mit Vorbehalten gegenüber deren Zielsetzung. So ist kaum zu entscheiden, ob die Kritik einer Regelung, z. B. jener, Lebensversicherungen in die Bedarfsberechnung von SGB-II-Leistungen einzubeziehen, als Implementations- oder als Programmproblem zu betrachten ist. Durch diese enge Verknüpfung von Entscheidung und Umsetzung in der öffentlichen Kritik war auch die Bereitschaft, Probleme in der Reformumsetzung transparent zu machen, nicht ohne Vorbehalt vorhanden, musste doch immer zugleich das gesamte Vorhaben gerechtfertigt und verteidigt werden (vgl. Schabedoth 2005: 97).

Bei einzelnen Fragen der Arbeitsmarktreformen konnte durch gesetzgeberische Korrekturen (Hartz-IV-Änderungsgesetz vom 19. November 2004) jedoch Lösungsbereitschaft bekundet werden. Allerdings dominierte die kommunikative Absicherung des Gesetzgebungsvorhabens, was ein verringertes Interesse an der Transparenz im Bereich der Implementationsprozesse nach sich zog.

Zudem hatten die Umbaupläne in der Bundesanstalt für Arbeit einen so hohen Komplexitätsgrad, dass eine breite Kommunikation mit den Bürgern nicht mehr herstellbar war. Bereits die Schaffung innerbehördlicher Transparenz und Informiertheit war eine hoch anspruchsvolle Aufgabe.

Außerdem wurde durch die Debatte um die Fragebögen für potenzielle ALG-II-Empfänger jegliche Möglichkeit verspielt, die neue Arbeitsverwaltung als bürgernahe Verwaltung darzustellen. Stattdessen wurde das alte Bild der Auslieferung der ganzen Person an eine übermächtige Bürokratie weiter befördert. Reformen in der Bundesagentur für Arbeit wurden zudem nicht im Zusammenspiel mit den Klienten erprobt und unter ihrer Einbeziehung umgesetzt. Die Topdown-Perspektive dominierte allein schon deshalb, weil die Sicherung des Zusammenspiels zwischen Kommunen, Bundesagentur für Arbeit, Bund und Ländern ein derart aufwändiges Unterfangen war, dass eine bürgernahe Implementationspolitik nur als weiterer Stör- und Konfliktfaktor erscheinen konnte.

5.3 Policy-Wirkungen und politischer Erfolg – zur Dimension der Kompetenz

Im Rahmen der Agenda-Politik gab es kaum Leitlinien, die die Wirkungsorientierung in der Umsetzungsphase hätten sicherstellen können. Dies liegt auch daran, dass die Wirkungsorientierung zwar im Policy-Kontext ein unverzichtbares Rationalitätskriterium darstellt – die jüngere Literatur zum Verwaltungshandeln im Rahmen des New Public Management verlangt genau diese Festlegung auf messbare Leistungsziele (Output und vor allem Outcome) –, aus Politics-Gründen jedoch als problematisch angesehen werden kann.

So gab Peter Hartz als Zielsetzung eine bestimmte Höhe der Arbeitslosigkeit an – ganz in der Tradition der Arbeitslosenzieldefinition von Kanzler Gerhard Schröder nach seinem Wahlsieg 1998. Anfang 2005 stieg die Zahl der Arbeitslosen dann auf über fünf Millionen. Grund dafür waren auch statistische Effekte, denn durch die Zusammenlegung von Arbeitslosenhilfe und Sozialhilfe wurden erwerbsfähige bisherige Sozialhilfeempfänger in der Arbeitslosenstatistik aufgeführt. In Anbetracht dessen kann man eine Nennung von quantifizierten Wirkungszielen geradezu als strategischen Fehler ansehen.

In der Programmatik der Agenda 2010 wurde infolgedessen auf eine nochmalige Nennung von konkreten Niveaus der Arbeitslosigkeit bewusst verzichtet. Es finden sich kaum mehr klar definierte Wirkungen, deren Erreichen als Anzeichen des Erfolgs der Regierungspolitik gelten könnte. Zwar lagen für die einzelnen Policys durchaus Ziele, auch quantitativer Art, vor – z. B. wurden Beitragssatzzielsetzungen genannt –, doch ein Pendant auf der Ebene des Gesamtreformpakets fehlte.

Die ältere Forderung nach einer Begrenzung der Sozialversicherungsbeiträge auf insgesamt nicht mehr als 40 Prozent kann vielleicht als ein solches übergreifendes Ziel gewertet werden, ebenso wirtschaftliche Wachstumsraten. Damit würden jedoch die Wirkungsziele eines Reformpaketes mit den Zielsetzungen der Bundesregierung gemäß Jahreswirtschaftsbericht weitgehend zusammenfallen. Für breit angelegte Reformpakete muss man jedoch zusätzliche Wirkungsziele auch auf der Ebene der im weiteren Sinne politischen Auswirkungen erwarten. Eine derartige Vorgabe von politischen Zielen für die Umsetzungsphase fehlte.

Die Maßnahmenplanung und Festlegung der Umsetzungsschritte erfolgte entsprechend weitgehend entpolitisiert. Sie folgte verwaltungsorganisatorischen Überlegungen. Auf der Ebene der Arbeitsmarktpolitik erforderte die Umsetzung dabei in hohem Ausmaß die Einschaltung von Unternehmensberatungen.

Auch die genaue Ausrichtung und das Einsetzen geeigneter Steuerungsinstrumente verlangte vor allem konkretisierende Arbeiten auf der Ebene der Bundesagentur für Arbeit. Zum Zeitpunkt der Regierungserklärung waren jedoch etliche Maßnahmenplanungen und die Auswahl geeigneter Steuerungsinstrumente bereits erfolgt. Die Rede selbst ist ein Maßnahmenkatalog mit zum Teil recht konkreten Ausführungen zu einzelnen Elementen.

Die Implementation der Agenda 2010 als Reformpaket bezieht sich daher eher auf die Absicherung der politischen Durchsetzung aller Reformmaßnahmen. Hier ist es 2004 vor allem durch die Forderung der Union nach einer führenden organisatorischen Rolle der

Kommunen beim neuen ALG II und durch den Druck in Richtung einer Ausbildungsabgabe zu Schwierigkeiten gekommen, die erneute Überlegungen auf der Ebene der Instrumente erforderten.

Nachträglich kann die Einbringung eines Gesetzentwurfes zur Einführung einer Ausbildungsabgabe als Versuch der Druckerhöhung auf die Arbeitgeber gewertet werden, damit diese das eigentlich (und von Schröder immer explizit) gewünschte Instrument der freiwilligen Selbstverpflichtung akzeptierten. Diese Rückkehr auf die Ebene der Instrumentenwahl in der Umsetzungsphase war unbeabsichtigt, folgte den in diesem Maße wohl nicht erwarteten Konflikten um die Agenda 2010 und blieb damit wesentlich reaktiv.

6 Erfolgskontrolle

6.1 Umschalten und Umsteuern – zur Dimension der Durchsetzungsfähigkeit

Kernelement einer begleitenden Erfolgskontrolle muss die Ermöglichung eines flexiblen Nachsteuerns bei Beachtung veränderter Akteurskonstellationen sein. Reformanpassungen waren im Agenda-Prozess aufgrund der Zustimmungspflichtigkeit der meisten Agenda-Gesetze und der Stärke der CDU/CSU im Bundesrat erforderlich.

Die dramatischen Einigungsprozesse im Vermittlungsausschuss im Dezember 2002 und 2003, aber auch im Juli 2004, führten zu einer Reformgestaltung, in die Ansätze von Regierung und Opposition eingingen. Die öffentliche Verantwortlichkeit für die jeweils endgültige Reform lag jedoch praktisch allein bei der Regierung. Die Opposition ließ sich nicht in die Mitverantwortung einbinden. Im weiteren Verlauf stand aufgrund der erheblichen Widerstände seitens der Gewerkschaften und der geringen Akzeptanz in Teilen der Bevölkerung die machtgestützte Durchsetzung der Reformen im Vordergrund. Öffentliche Skandalisierungen wie die bereits erwähnte Einbeziehung von Lebensversicherungen und anderen Formen der Altersvorsorge in die Bedürftigkeitsprüfungen zum Bezug von ALG II bildeten durchaus eine Gefahr für die gesamte Reform.

Das Umschalten auf eine durchsetzungsorientierte Politik beinhaltete auch den Verzicht darauf, sich die Möglichkeit zu frühzeitigem Gegensteuern offenzuhalten. Durch den öffentlich bekundeten Verzicht auf ein abermaliges Umsteuern auch und gerade angesichts der eklatanten Widerstände in Partei, Fraktion und in der nicht-medialen Öffentlichkeit und auch angesichts der Schwierigkeiten einer Erfolg versprechenden Umsetzung innerhalb der politisch relevanten Zeiträume sollte die Durchsetzung dauerhaft gesichert, die Gruppe der (potenziellen) Reformgegner entmutigt und geschwächt werden.

Eine Haltung der Offenheit für Umsteuerungen war mit dieser machtzentrierten Durchsetzungspolitik nicht zu vereinbaren. So war die Mischung von Kritikabwehr bzw. Verteidigung des Reformansatzes (trotz der offenbar inkonsistenten Beziehung zwischen der ALG-II-Einführung und den Überlegungen der Altersvorsorgereform von 2001) und inkrementeller Reformanpassung bestimmend.

Jedoch muss unterstellt werden, dass aus dem Akzeptanzmangel der Agenda-2010-Politik auch eine Reduktion der Handlungsspielräume für Reformanpassungen folgte, wodurch Politiklernen in einem offenen, Argumenten zugänglichen Sinne überlagert wurde durch die permanenten Anstrengungen, das Reformkonzept überhaupt durchzuhalten. Lernfähigkeit verlangt Reflexionsfähigkeit. Reflexion meint jedoch die Möglichkeit der hypothetischen Infragestellung, um Folgen unterschiedlicher Maßnahmen, Reformen überhaupt erörtern zu können. Wenn eine – sei es auch nur denkexperimentelle – Infragestellung sogleich als politische Positionierung, als Stellungnahme gedeutet wird, kann es freies Nachdenken nicht mehr geben. Es war ein hoher Machteinsatz erforderlich, um die eigenen Leute auf Kurs zu halten und die Reform zu bewahren.

Dabei hätte es aufgrund der technischen und inhaltlichen Komplexität des Reformwerks enorm viele Anlässe für Lernschritte gegeben. In kleinerem Umfang und auf der mehr technischen Ebene wurden diese auch genutzt. Jedoch mündete die Gefahr der öffentlichen Thematisierung und damit Politisierung in eine stark begrenzte Bereitschaft, zu lernen und Instrumente anzupassen, und erhöhte wiederum nicht die Möglichkeit, zusätzliche Legitimation durch politische Lernbereitschaft zu schaffen.

Der ursprüngliche Mangel an Akzeptanz führte auf der Ebene der Erfolgskontrolle und Nachsteuerung nur zu einer weiteren Steigerung des Legitimationsdefizits. So kam eine Art von Teufelskreis in Gang, der darauf beruhte, dass die stark angegriffene Reform ihre

Durchsetzung bei möglichst wenigen Änderungen beweisen musste, mithin jede Anregung zum Lernen und Anpassen als potenzielle Bedrohung des Reformkerns erschien.

Ein entspanntes Umgehen mit Kritik und Änderungsideen wird unter diesen Bedingungen nicht zugelassen. Es bildet sich eher eine Festungsmentalität der Reformbetreiber heraus, die in der medialen Öffentlichkeit wiederum abschreckend wirken kann. Politische Lernbereitschaft weicht der permanenten Abwehrbereitschaft, der durchaus aggressiv vorgetragenen Verteidigung der Reform, mithin einer Defensivhaltung, die eher dem »Mauern« verbunden ist als einer flexiblen Reaktion auf gegnerische Angriffe.

6.2 Reformkontrolle – zu den Dimensionen Kommunikation und Kompetenz

Die öffentliche Resonanz zu den Reformvorhaben und den Reformergebnissen wurde fortwährend erhoben. Die Regierung verfolgte das Vorhaben der Agenda 2010 jedoch unabhängig von der demoskopischen Lage und der öffentlichen Meinung der Bürger. Eher ungünstige Umfrageergebnisse führten lediglich zur Entwicklung einer Werbekampagne zugunsten der Agenda 2010, die in den Printmedien mit hohem Finanzeinsatz unter Einschaltung externer Agenturen betrieben wurde.

Ein Dialog mit zentralen Reformbetroffenen war angesichts der Ausgangslage und der Konzeption der Agenda 2010 als Konfliktformel nicht beabsichtigt. Der Dialog – im Rahmen des Bündnisses für Arbeit – galt als gescheitert. Da die Gewerkschaften im Frühsommer 2003 zudem mit großem Aufwand, jedoch mit wenig Resonanz, gegen die Agenda mobilisierten, war auch seitens dieses Stakeholders keine Dialogbereitschaft vorhanden.

Gegenüber den breiter aufgestellten (da nicht nur vom DGB getragenen) Protesten im Sommer 2004 zeigte die Bundesregierung wenig Bereitschaft, den Dialog mit den Protestierenden zu suchen. Das Reformprogramm befand sich zu diesem Zeitpunkt in einer Phase, die auf Durch- und Umsetzung ausgerichtet war. Ein Dialog hätte wie ein Eingeständnis der Unsicherheit über die Qualität des eigenen Reformansatzes gewirkt. Das Auftreten der NPD und andererseits die starke Rolle der PDS bei den Montagsdemonstrationen konnte genutzt werden, um den Protest nicht ernst zu nehmen bzw. sich von ihm deutlich zu distanzieren.

Begleitende Evaluationen gab es für einzelne der Reformvorhaben, so insbesondere bei den Hartz-Reformen, die einem besonders hohen Grad wissenschaftlicher Evaluation (vgl. BMAS 2006; zusammenfassend auch Oschmiansky, Mauer und Schulze Buschoff 2007) und begleitender Beobachtung (Hartz-Ombudsrat) unterzogen wurden. Eine Evaluation des Gesamtprozesses der Agenda 2010 fehlte dagegen, sodass deren Wirkungsqualität insgesamt sowie die Gesamtkosten des Reformpakets nicht kontrolliert und transparent gemacht wurden (die Kostenbilanz von Hartz IV ist zudem auffallend ungünstig, vgl. Egle und Zohlnhöfer 2007: 515), während die Zeitplanung durchaus laufender Kontrolle und Nachsteuerung unterlag.

Bis heute ist eine retrospektive Bewertung der Erreichung des Leitziels und der Nebenwirkungen innerhalb der SPD nicht möglich (Beschädigung des Ex-Kanzlers, Unterminierung der derzeitigen Regierungspolitik, Aufbrechen alter und neuer Wunden) und von der aktuellen Regierung nicht auf den Weg gebracht.

7 Schluss

Will man die vorliegende Bewertung der strategischen Qualität des Agenda-2010-Prozesses in den Dimensionen der Durchsetzungsfähigkeit, Kommunikation und Kompetenz zusammenfassen, lassen sich drei Ergebnisse herausheben:

1. Der Reformprozess besitzt, gemessen an den verwendeten Kriterien, keinen besonders hohen Grad an strategischer Durchformung. Weder wurden die institutionellen Voraussetzungen durch die Ausbildung eines strategiefähigen Machtzentrums mit entsprechendem Unterbau geschaffen noch die Instrumente eingesetzt, die einen strategisch kontrollierten Prozess der Regierungspolitik ermöglicht hätten.

2. Das wesentliche Reformversagen erfolgte in der kommunikativen Dimension. Gerade dort, wo die Stärken des Bundeskanzlers und seiner Politik zu liegen schienen, in der kommunikativen Ansprache der Bürger und Bürgerinnen, kam es zum größten Ein-

bruch: Weder gelang der Aufbau von Vertrauen noch die Herstellung von Bürgernähe, schließlich wurde die Reformbereitschaft nicht gefördert, sondern verringert.

3. Das vorhandene strategische Handeln war nicht auf die eigene Partei, die Regierung als Koalitionsregierung oder eine soziale Gruppe ausgerichtet. Als Bezugspunkt strategischen Denkens und Handelns im Machtzentrum lassen sich plausibel nur eine innerparteiliche Strömung in der SPD oder die Person des Bundeskanzlers selbst unterstellen. Die Entwicklung der Agenda 2010 verweist vielleicht darauf, dass dies ein zu enger Bezugshorizont strategiegeleiteter Politik ist.

Literatur

Althaus, Marcus. »Strategien für Kampagnen. Klassische Lektionen und modernes Targeting«. *Kampagne! Neue Strategien für Wahlkampf, PR und Lobbying.* Hrsg. Marcus Althaus. Münster, Hamburg und London 2002. 11–44.

Baring, Arnulf, und Gregor Schöllgen. *Kanzler, Krisen, Koalitionen. Von Konrad Adenauer bis Angela Merkel.* Aktualisierte und erweiterte Ausgabe. München 2006.

Blancke, Susanne, und Josef Schmid. »Bilanz der Bundesregierung Schröder in der Arbeitsmarktpolitik 1998–2002: Ansätze zu einer doppelten Wende«. *Das rot-grüne Projekt. Eine Bilanz der Regierung Schröder 1998–2002.* Hrsg. Christoph Egle, Tobias Ostheim und Reimut Zohlnhöfer. Wiesbaden 2003. 213–238.

Bönker, Frank. »Interdependenzen zwischen Politikfeldern – die vernachlässigte sektorale Dimension der Politikverflechtung«. *Die Zukunft der Policy-Forschung. Theorien, Methoden, Anwendungen.* Hrsg. Frank Janning und Katrin Toens. Wiesbaden 2008. 315–330.

Bundesministerium für Arbeit und Sozialordnung (BMAS). *Die Wirksamkeit moderner Dienstleistungen am Arbeitsmarkt – Bericht 2006 des BMAS zur Wirkung der Umsetzung der Vorschläge der Kommission Moderne Dienstleistungen am Arbeitsmarkt.* Berlin 2006.

Dettling, Warnfried. »Strategiebildung und Strategieblockaden: Ein

Resümee«. *Forschungsjournal Neue Soziale Bewegungen* (18) 2 2005. 90–97.

Egle, Christoph. »Deutschland«. *Die Reformfähigkeit der Sozialdemokratie. Herausforderungen und Bilanz der Regierungspolitik in Westeuropa.* Hrsg. Wolfgang Merkel et al. Wiesbaden 2006. 154–196.

Egle, Christoph, und Reimut Zohlnhöfer. »Projekt oder Episode – was bleibt von Rot-Grün?« *Das rot-grüne Projekt. Eine Bilanz der Regierung Schröder 1998–2002.* Hrsg. Christoph Egle, Tobias Ostheim und Reimut Zohlnhöfer. Wiesbaden 2003. 511–535.

Egle, Christoph, und Reimut Zohlnhöfer (Hrsg.). *Ende des rot-grünen Projektes. Eine Bilanz der Regierung Schröder 2002–2005.* Wiesbaden 2007.

Egle, Christoph, Tobias Ostheim und Reimut Zohlnhöfer (Hrsg.). *Das rot-grüne Projekt. Eine Bilanz der Regierung Schröder 1998–2002.* Wiesbaden 2003.

Fischer, Joschka. *Die rot-grünen Jahre. Deutsche Außenpolitik – vom Kosovo bis zum 11. September.* Köln 2007.

Fischer, Thomas, Gregor Peter Schmitz und Michael Seberich (Hrsg.). *Die Strategie der Politik. Ergebnisse einer vergleichenden Studie.* Gütersloh 2007.

Geyer, Matthias, Dirk Kurbjuweit und Cordt Schnibben. *Operation Rot-Grün. Geschichte eines politischen Abenteuers.* München 2005.

Grasselt, Nico, und Karl-Rudolf Korte. *Führung in Politik und Wirtschaft. Instrumente, Stile und Techniken.* Wiesbaden 2007.

Haubner, Dominik. »Einige Überlegungen zum Zusammenspiel zwischen Umsetzung und Kommunikation arbeitsmarktpolitischer Reformen«. *Agendasetting und Reformpolitik. Strategische Kommunikation zwischen verschiedenen politischen Welten.* Hrsg. Dominik Haubner, Erika Mezger und Hermann Schwengel. Marburg 2005. 311–341.

Haubner, Dominik, Erika Mezger und Hermann Schwengel (Hrsg.). *Agendasetting und Reformpolitik. Strategische Kommunikation zwischen verschiedenen politischen Welten.* Marburg 2005.

Jann, Werner, und Günther Schmid (Hrsg.) *Eins zu Eins? Eine Zwischenbilanz der Hartz-Reformen am Arbeitsmarkt.* Berlin 2004.

Kamps, Klaus. *Politisches Kommunikationsmanagement. Grundlagen und Professionalisierung moderner Politikvermittlung.* Wiesbaden 2007.

Kamps, Klaus, und Jörg-Uwe Nieland (Hrsg.). *Regieren und Kommunikation. Meinungsbildung, Entscheidungsfindung und gouvernementales Kommunikationsmanagement – Trends, Vergleiche, Perspektiven.* Köln 2006.

Kornelius, Bernhard, und Dieter Roth. »Bundestagswahl 2005: Rot-Grün abgewählt. Verlierer bilden die Regierung«. *Ende des rot-grünen Projektes. Eine Bilanz der Regierung Schröder 2002–2005.* Hrsg. Christoph Egle und Reimut Zohlnhöfer. Wiesbaden 2007. 29–59.

Korte, Karl-Rudolf. »Der Pragmatiker des Augenblicks: Das Politikmanagement von Bundeskanzler Gerhard Schröder 2002–2005«. *Ende des rot-grünen Projektes. Eine Bilanz der Regierung Schröder 2002–2005.* Hrsg. Christoph Egle und Reimut Zohlnhöfer. Wiesbaden 2007. 168–196.

Korte, Karl-Rudolf, und Manuel Fröhlich. *Politik und Regieren in Deutschland. Strukturen, Prozesse, Entscheidungen.* Paderborn u.a. 2004.

Machnig, Matthias. »Politische Kommunikation in der Mediengesellschaft«. *Politik – Medien – Wähler. Wahlkampf im Medienzeitalter.* Hrsg. Matthias Machnig. Opladen 2002. 145–152.

Machnig, Matthias. »Wege und Strategien erfolgreicher Reformkommunikation in der modernen Demokratie«. Manuskript 2007.

Merkel, Wolfgang, et al. *Die Reformfähigkeit der Sozialdemokratie. Herausforderungen und Bilanz der Regierungspolitik in Westeuropa.* Wiesbaden 2006.

Meyer, Thomas. »Die blockierte Partei – Regierungspraxis und Programmdiskussion der SPD 2002–2005«. *Ende des rot-grünen Projektes. Eine Bilanz der Regierung Schröder 2002–2005.* Hrsg. Christoph Egle und Reimut Zohlnhöfer. Wiesbaden 2007. 83–97.

Nullmeier, Frank, und Thomas Saretzki (Hrsg.). *Jenseits des Regierungsalltags. Strategiefähigkeit politischer Parteien.* Frankfurt am Main und New York 2002.

Oschmiansky, Frank, Andreas Mauer und Karin Schulze Buschoff. »Arbeitsmarktreformen in Deutschland – Zwischen Pfadabhängigkeit und Paradigmenwechsel«. *WSI-Mitteilungen* (60) 6 2007. 291–297.

Presse- und Informationsamt der Bundesregierung (Hrsg.). »Antworten zur agenda 2010«. Berlin 2003.

Raschke, Joachim. »Politische Strategie. Überlegungen zu einem politischen und politologischen Konzept«. *Jenseits des Regierungsalltags. Strategiefähigkeit politischer Parteien.* Hrsg. Frank Nullmeier und Thomas Saretzki. Frankfurt am Main und New York 2002. 207–241.

Raschke, Joachim, und Ralf Tils. *Politische Strategie. Eine Grundlegung.* Wiesbaden 2007.

Schabedoth, Hans-Joachim. »Zwei vor, drei zurück. Über die Sprunghaftigkeit politischer Zielplanungen im Geflecht von Regierungs- und Gewerkschaftspolitik«. *Agendasetting und Reformpolitik. Strategische Kommunikation zwischen verschiedenen politischen Welten.* Hrsg. Dominik Haubner, Erika Mezger und Hermann Schwengel. Marburg 2005. 87–106.

Schmid, Josef. »Arbeitsmarkt- und Beschäftigungspolitik – große Reform mit kleiner Wirkung?«. *Ende des rot-grünen Projektes. Eine Bilanz der Regierung Schröder 2002–2005.* Hrsg. Christoph Egle und Reimut Zohlnhöfer. Wiesbaden 2007. 295–312.

Schröder, Gerhard. *Entscheidungen. Mein Leben in der Politik.* Aktualisierte und erweiterte Ausgabe. Berlin 2007.

Schröder, Gerhard, und Tony Blair. »Der Weg nach vorne für Europas Sozialdemokraten«. *Blätter für deutsche und internationale Politik* (44) 7 1999. 887–896.

Schröder, Peter. *Politische Strategien.* Baden-Baden 2000.

Speth, Rudolf. »Strategiebildung in der Politik«. *Forschungsjournal Neue Soziale Bewegungen* (18) 2 2005. 20–37.

Tils, Ralf. *Politische Strategieanalyse. Konzeptionelle Grundlagen und Anwendung in der Umwelt- und Nachhaltigkeitspolitik.* Wiesbaden 2005.

Weßels, Bernhard. »Organisierte Interessen und Rot-Grün: Temporäre Beziehungsschwäche oder zunehmende Entkoppelung zwischen Verbänden und Parteien«. *Ende des rot-grünen Projektes. Eine Bilanz der Regierung Schröder 2002–2005.* Hrsg. Christoph Egle und Reimut Zohlnhöfer. Wiesbaden 2007. 151–167.

Zohlnhöfer, Reimut, und Christoph Egle. »Der Episode zweiter Teil – ein Überblick über die 15. Legislaturperiode«. *Ende des rot-grünen Projektes. Eine Bilanz der Regierung Schröder 2002–2005.* Hrsg. Christoph Egle und Reimut Zohlnhöfer. Wiesbaden 2007. 11–25.

Die Riester-Reform: Systemwechsel durch strategische Politik

Simon Hegelich

1 Die Riester-Reform: Bedeutung und Überblick

Die Rentenreform von 2001 gilt aus politikwissenschaftlicher Sicht als eine der wichtigsten Reformen des deutschen Rentensystems, da sie zu einem fundamentalen Wandel in der Rentenpolitik führte (Lamping und Rüb 2006; Berner 2006; Hinrichs und Kangas 2003; Hegelich 2006a; Nullmeier 2006). Im Folgenden wird diese Rentenreform 2001 mithilfe des Strategietools für politische Reformprozesse (SPR) genauer betrachtet. Dafür wird der Frage nachgegangen, wie die strategiefähige Kernexekutive bezüglich des Agenda-Setting, der Politikformulierung und Entscheidung, der Politikumsetzung sowie der Erfolgskontrolle in den Dimensionen Kompetenz, Kommunikation und Durchsetzungsfähigkeit agierte.

Dieses Vorgehen ist sichtlich am Policy-Cycle orientiert (vgl. Sabatier 2007a; Schubert und Bandelow 2003; Weimer und Vining 2005). Logisch gesehen folgt jede Reform dem Ablauf von Programmanspruch, Programmumsetzung und Programmrealisierung, wobei je nach Autor unterschiedliche konkrete Teilschritte differenziert werden (vgl. Abbildung 1).

In realen Politikabläufen sind Überschneidungen der einzelnen Abschnitte unvermeidlich (Sabatier 2007b; Rihoux 2006; Ostrom 2007). Gerade in der Rentenpolitik, die mit langfristigen Problemen umgehen muss und eine sehr hohe Reformfrequenz hat, gehen z. B. die Umsetzung der vorangegangenen Reformen und das Agenda-Setting ineinander über.

Die häufig als Riester-Reform titulierte Rentenreform 2001 bestand im Kern aus dem Altersvermögensgesetz (AVmG) und dem Altersvermögensergänzungsgesetz (AVmEG). Erklärtes Ziel der Re-

Abbildung 1: Der Policy-Cycle

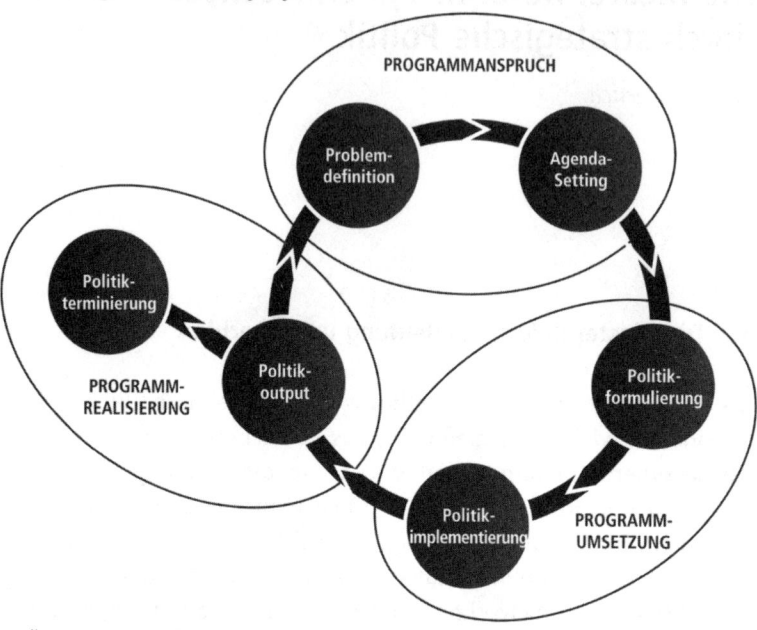

Diagramm mit den Elementen: Problemdefinition, Agenda-Setting, Politikformulierung, Politikimplementierung, Politikoutput, Politikterminierung; umfasst von den Bereichen PROGRAMMANSPRUCH, PROGRAMM-UMSETZUNG und PROGRAMM-REALISIERUNG.

Quelle: Bazant, Hegelich und Kerkmann 2006: 250

form war es, »den Beitragssatz bis 2020 unter 20 Prozent und bis 2030 unter 22 Prozent zu halten« (BT-Drucksache 14/9503: 16). Dementsprechend war die Veränderung der Rentenformel hinsichtlich des Bezugs auf die Nettolohnentwicklung hier der Hauptaspekt. Eigentliches Kernstück der Reform 2001 ist der Ausbau der privaten und betrieblichen Altersvorsorge. Erstere wird durch die so genannte »Riester-Rente« gefördert.

Die damalige Bundesregierung bezeichnete die Rentenreform 2001 als die »bedeutendste, umfassendste und innovativste Reform seit 1957 [...]. Die wohl wichtigste Neuerung besteht im substanziellen Ausbau der zusätzlichen kapitalgedeckten Altersvorsorge, flankiert durch eine umfangreiche staatliche Förderung« (BT-Drucksache 14/9503: 8). Durch das allmähliche Absenken des Rentenniveaus werden die zukünftigen Rentner veranlasst, sich frühzeitig um einen privaten Ausgleich in Form einer kapitalgedeckten Altersvorsorge zu kümmern. Diese Bemühungen werden durch staatliche Förderungen – entweder als Zuschuss oder als Steuerfreibetrag – unterstützt.

Die Rentenreform 2001 war von Beginn an massiver Kritik aus den unterschiedlichsten Richtungen ausgesetzt. Erst durch die Entwicklungen der letzten zwei Jahre, die zum Teil durch die Rentenreform 2004 bestimmt sind, stieg die Akzeptanz dieser Reform bei den politischen Akteuren.

Die folgende Tabelle zeigt den Verlauf der wichtigsten Ereignisse des Reformprozesses. Dabei wurde versucht, die einzelnen Ereignisse den Abschnitten des Policy-Cycle Agenda-Setting, Politikformulierung und Politikumsetzung zuzuordnen. Es wird deutlich, dass es sich hierbei nicht um voneinander zu trennende Phasen handelt. Die Kategorien gehen vielmehr fließend ineinander über. Quer zu den Abschnitten des Politikprozesses lassen sich zudem Ereignisse hervorheben, die für die Erfolgskontrolle des Reformprozesses maßgeblich sind.

Die im Folgenden herangezogenen Aussagen und Einschätzungen basieren auf relevanten politikwissenschaftlichen Publikationen sowie auf 15 Interviews, die im Zeitraum von August bis Oktober 2007 mit Experten und Beteiligten des Reformprozesses geführt wurden.

2 Strategiefähige Kernexekutive: Wer macht die Rentenreform?

Strategische Politik setzt die Identifizierung konkreter politischer Akteure mit unterscheidbaren Zielrichtungen voraus. Im Mittelpunkt der Untersuchung steht daher die Frage nach der strategiefähigen Kernexekutive. »Das Konzept der Kernexekutive ist ebenso wie die Ansätze organisationalen Lernens nur schwer empirisch umzusetzen. Seine Stärke liegt weniger in der klaren logischen Stringenz als vielmehr in der weiten empirischen Erklärungskraft« (Bandelow 2005: 242). Um diese Erklärungskraft zur Geltung zu bringen, wird der Begriff der Kernexekutive im Folgenden sowohl inkludierend als auch exkludierend verstanden.

Mit diesem Begriff soll erstens der Tatsache Rechnung getragen werden, dass innerhalb des politisch-administrativen Systems keine einheitliche Position der unterschiedlichen Akteure zu erwarten ist. Zweitens öffnet der Begriff das Akteursset, indem der Fokus auf

Tabelle 1: Die Riester-Reform im Verlauf

Datum	Ereignis	Agenda-Setting	Formulierung	Umsetzung	
Ende 1997	Flügelkampf in der SPD (Lafontaine vs. Schröder).	■			
Ende 1997	„Dresdner Thesen" des „Dialogs Wirtschaft" enthalten Förderung der Betriebsrente und Rentenfonds.				Erfolgs-kontrolle
Ende 1997	Idee staatlich regulierter Rentenfonds kursiert in SPD-Kreisen.				
Herbst 1998	Schröder benennt Rentenreform als wichtiges Ziel der neuen Regierung. Fokus liegt auf dem Ausbau der Aktienbeteiligung der Arbeitnehmer.	■			
Herbst 1998	Verhandlungen über den Koalitionsvertrag und die Aufhebung des Demografischen Faktors. Nicht Riester, sondern Dreßler ist entscheidend.	■			
Dezember 1998	Die Reform wird in der 2. Hälfte der Legislaturperiode vertagt. Die Regierung setzt das Rentenreformgesetz 1999 zunächst bis zum 31.12.2000 aus.	■			
Frühjahr 1999	Riester verfolgt die Idee der Tariffonds. Schwenkt dann aber um auf die private Förderung.		■		
Juni 1999	In „kleiner Runde" werden die Eckpfeiler der Rentenreform beschlossen.				Erfolgs-kontrolle
Juni 1999	Laut BMA soll die private Zusatzrente obligatorisch werden. Medien werden inoffiziell informiert.		■	■	
Juni 1999	Eckpunkte werden veröffentlicht.				
Juni 1999	Das Kabinett diskutiert über die Eckpunkte der Reform, wobei die Verpflichtung bereits aufgegeben ist. Sozialpolitiker (u.a. Ulla Schmidt) sind gegen die Pläne. Reinhard Klimmt (Ministerpräsident Saarland) kündigt an, im Bundesrat gegen die Reform zu stimmen.		■		Erfolgs-kontrolle

194

Tabelle 1: Fortsetzung

Datum	Ereignis	Agenda-Setting	Formulierung	Umsetzung
Dezember 1999	Schröder erklärt Rente zur "Chefsache" und veranstaltet "Rentengipfel" im Kanzleramt.			
Januar 2000	Die Arbeitsgruppe Renten publiziert ihr Eckpunktepapier.			
Mai 2000	Konzeptpapier der Koalitionsrentenexperten wird veröffentlicht. "Ausgleichsfaktor" taucht erstmals auf. Protest von Gewerkschaften, Opposition, VDR, VdK.			
Juni 2000	VDR arbeitet an Gegenkonzept ohne Ausgleichsfaktor. Die SPD-Fraktion schließt sich an (Peter Struck) und verhandelt mit den Gewerkschaften.			
Juni 2000	Bundestag beschließt Steuersenkungsgesetz. Die Steuerreform macht private Renten attraktiver.			
November 2000	Die Grünen setzen durch, dass die staatliche Förderung für die Riester-Rente erst 2002 beginnt.			
November 2000	Vorlage der zwei Gesetzentwürfe AVmEG und AVmG.			
Dezember 2000	Expertenanhörung im Ausschuss für Arbeit und Sozialordnung. Ausgleichsfaktor wird vehement kritisiert.			
Dezember 2000	Riester bricht Australienreise ab.			Erfolgs-kontrolle
Januar 2001	Bundestag beschließt AVmEG.			
Januar 2001	Angestrebtes Rentenniveau der GRV wird von 64 % auf 67 % angehoben aufgrund von Widerstand in der SPD und bei den Gewerkschaften.			
Mai 2001	Bundesrat beschließt AVmG.			Erfolgs-kontrolle
November 2001	Senkung der Schwankungsreserve auf 80 % zur Stabilisierung des Beitragssatzes.			

Quelle: eigene Darstellung

konkrete Personen gelegt wird, die in unterschiedlichen institutionellen Rahmenbedingungen reell an der Gestaltung des Politikprozesses beteiligt sind. In dieser Konnotation ist das Konzept der Kernexekutive mit dem im Angelsächsischen verwendeten Begriff der »core executive« nahezu deckungsgleich. Allerdings muss der Kreis der konkret involvierten Personen nicht auf die ausführenden Staatsdiener beschränkt werden, sondern kann auch involvierte Experten und politische Entscheider umfassen.

Drittens wird davon ausgegangen, dass – im Gegensatz zum teilweise sehr weitgefassten Governance-Begriff (z. B. bei Janning und Toens 2008; Rosenau 1995; Trubek und Mosher 2003) – die Exekutive durch die Möglichkeit, kollektive Verbindlichkeit letzten Endes kraft ihrer Amtsautorität zu schaffen, einen besonderen Stellenwert in allen Reformprozessen innehat. Gerade im Hinblick auf die strategische Dimension politischer Entscheidungsprozesse ist dieses Element der Machtpolitik nicht zu vernachlässigen. Damit ist jedoch nicht einem Machiavellismus das Wort geredet (Radin 2000). Vielmehr ist die gewählte Exekutive die einzige Instanz, die durch den Wähler zur Ausübung dieser Funktion legitimiert ist (Böckenförde 1991; siehe auch Crouch 2004).

In Bezug auf die Riester-Reform ist festzuhalten, dass die Akteure in der Kernexekutive im Verlauf des Politikprozesses wechselten. Es gab zwar eine durchgängige Zentralisierung der Entscheidungen beim Ministerium für Arbeit und Soziales und beim Kanzleramt. Andere Akteure der Kernexekutive, wie die Fraktionsspitzen, die Oppositionsführer oder die Ministerpräsidenten, verhielten sich jedoch teilweise als Reformgegner. Das Finanzministerium unterstützte wiederum den Reformkurs – insbesondere im Hinblick auf die Politikformulierung.

Das SPR betrachtet die Parteiendemokratie, die Koalitionsdemokratie und den Föderalismus als mögliche Komponenten der Kernexekutive. Welches Gewicht diese Elemente im Fall der Rentenreform haben und welche konkreten Akteure auftreten, verdeutlicht Abbildung 2.

Die wichtigsten Entscheidungen im Zuge der Rentenreform wurden ohne Frage innerhalb der Regierungsorganisation getroffen. Die zentralen Akteure waren hier das Kanzleramt und das Arbeits- und Sozialministerium, die über den gesamten Politikprozess hinweg die strategischen Entscheidungen dominierten. Schon bei der Politikformulierung – noch stärker dann bei der Umsetzung – trat das Finanzministerium als entscheidender Akteur hinzu, allerdings erst nachdem Hans Eichel Finanzminister geworden war.

Die Parteiendemokratie war ebenfalls von großer Bedeutung für den Reformprozess. Hier konnte Bundeskanzler Gerhard Schröder jedoch weniger seine Partei als Machtressource einsetzen. Vielmehr gab es durch den linken Flügel in der SPD und in Gestalt der Fraktionsspitzen Ulla Schmidt und Peter Struck sehr bedeutende Reformgegner, deren Handeln in die strategischen Überlegungen miteinbezogen werden musste.

Für die Politikumsetzung war der seit dem 7. April 1999 von der Union dominierte Bundesrat sehr wichtig. Die Vetomöglichkeit hinsichtlich zustimmungspflichtiger Gesetze führte dazu, dass auch die Unionsspitze (insbesondere Horst Seehofer) in den Reformprozess eingebunden werden musste.

Erstaunlicherweise kam der Koalitionsdemokratie keine wesentliche Rolle zu. Die Grünen waren zwar an der Aushandlung des Koalitionsvertrags beteiligt, dieser war für die Rentenreform jedoch kaum von Bedeutung, da die sozialpolitischen Themen auf SPD-Seite von Rudolf Dreßler und nicht von Walter Riester ausgehandelt wurden. Darüber hinaus waren die Grünen als Koalitionspartner in der Rentenpolitik kaum wahrnehmbar.

Dies ist eventuell als relevantes Nicht-Ereignis zu werten. Immerhin lässt sich auch nach dem Ende der rot-grünen Regierung feststellen, dass die Grünen weniger für die Sozialpolitik der Regierungszeit von den Wählern verantwortlich gemacht werden als die SPD. Daher ist die Zurückhaltung der Grünen in Rentenfragen möglicherweise selbst als (durchaus erfolgreiche) Strategie zu werten. Ob dies zutrifft, lässt sich allerdings nur schwer feststellen, da keiner der aktiven Akteure das Engagement der Grünen vermisst hat.

Es stellt sich die Frage, inwieweit es gelungen ist, die Dimensionen Kompetenz, Kommunikation und Durchsetzungsfähigkeit als Erfolgsfaktoren für eine Balance von Macht- und Gestaltungszielen in der Kernexekutive zu institutionalisieren oder zumindest bei Bedarf abzurufen.

Abbildung 2: Kernexekutive bei der Rentenreform 2001

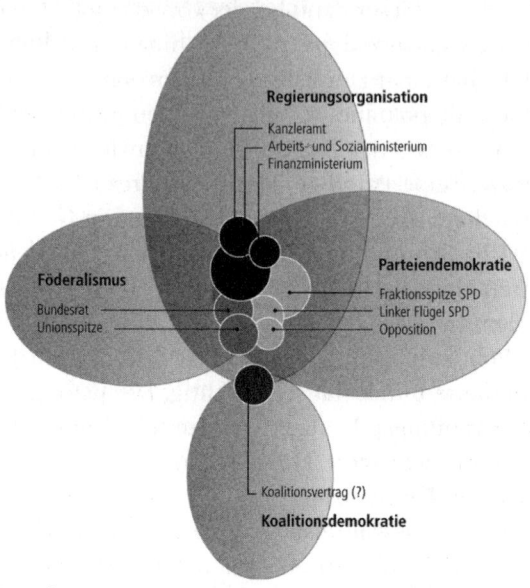

Regierungsorganisation
- Kanzleramt
- Arbeits- und Sozialministerium
- Finanzministerium

Föderalismus
- Bundesrat
- Unionsspitze

Parteiendemokratie
- Fraktionsspitze SPD
- Linker Flügel SPD
- Opposition

Koalitionsdemokratie
- Koalitionsvertrag (?)

Quelle: eigene Darstellung

2.1 Innovationskultur in der Rentenpolitik?

In der Kompetenzdimension ist besonders auf die Personalentscheidung »Walter Riester« einzugehen. Zwar ist nicht zu übersehen, dass die Berufung Riesters auch in der Dimension Durchsetzungsfähigkeit (nämlich des Kanzlers) ihre Bedeutung hat. Dennoch ist im Hinblick auf Kompetenz festzuhalten, dass durch die Berufung Riesters zum ersten Mal eine deutliche Verschiebung der Säulen des Rentensystems weg von der gesetzlichen Rentenversicherung (GRV) denkbar wurde. Bereits in seiner Funktion als stellvertretender IG-Metall-Vorsitzender hatte Riester sich für eine Umstrukturierung des Rentensystems in Form der Tariffonds eingesetzt – ein Vorhaben, das er nun als Bundesminister anders entfalten konnte (Trampusch 2004a: 244).

Gleichzeitig ist jedoch festzuhalten, dass im gesamten Reformprozess sehr wenig für den Ausbau von Kompetenzen oder die Einbeziehung externer Expertise getan wurde. Auch die interne Expertise im Sozialministerium auf der Ebene der Ministerialbeamten scheint für den Reformprozess nur zum Teil ausgeschöpft worden zu sein. So wird von einigen Interviewpartnern berichtet, die Ministerialbürokratie sei teilweise nicht über die Reformpläne unterrichtet gewesen und habe sich an Personen außerhalb des Ministeriums gewandt, um an Informationen über das Vorhaben des Ministers zu gelangen.

Der Grund für diese Situation ist vermutlich in der Dimension der Durchsetzungsfähigkeit zu sehen. Personalwechsel im Ministerium noch während der Legislaturperiode legen den Schluss nahe, dass nur bedingt ein Vertrauensverhältnis zwischen Minister und Bürokratie bestand. Dies würde auch durch die These eines Elitenwechsels in der Sozialpolitik gestützt (Trampusch 2004b), da ein solcher Wechsel auf der Ebene der Ministerialbürokratie nicht ohne Friktionen verläuft.

Insgesamt wurden dem Arbeitsminister relativ geringe Leadership-Kapazitäten attestiert. Riester galt als sehr verschlossen, geradezu eigenbrötlerisch. Er verstand es zwar, Informationen und Ideen aus seinem Umfeld in seine eigenen Pläne einzubeziehen und so seine Kompetenz zu erweitern, legte jedoch wenig Wert darauf, mit anderen in einen wirklichen Dialog zu treten.

Innerhalb des Kanzleramts funktionierte die Etablierung von Innovationskultur wesentlich besser. Die personellen Kompetenzen wurden durch Frank-Walter Steinmeier und Heinrich Tiemann erheblich gestärkt. Beide akzeptierten außerdem Schröders Führungsposition vollständig. Auch im Bereich der externen Expertise konnte Schröder, im Gegensatz zum Sozialministerium, durch die Einbindung von Bert Rürup und Roland Berger auf Sachverständige bauen, die wussten, dass ihre Ideen gehört wurden, und die sich daher kreativ in die Reformprozesse einbringen konnten.

Zusammenfassend kann festgehalten werden, dass für die Thematik der Rentenpolitik innerhalb der Kernexekutive durchaus eine Innovationskultur etabliert werden konnte. Dies geschah allerdings unter der Bedingung höchster Selektivität. Die alten Sozialpolitiker wurden systematisch aus dem Politikprozess herausgedrängt, wodurch auch ihre Expertise nicht einfließen konnte. Diejenigen, die das Vertrauen des Kanzlers genossen, konnten über die neu geschaffenen Strukturen ihre Kompetenzen in die Reformpolitik einbringen.

2.2 Kommunikationskapazitäten der Kernexekutive

Es ist nicht erkennbar, dass innerhalb der Kernexekutive bewusst versucht wurde, Kommunikationskapazitäten zu stärken. Auch institutionelle Anpassungen wurden bei der Kommunikation der Kernexekutive nicht vorgenommen. Allerdings muss zwischen interner und externer Kommunikation unterschieden werden. Die interne Kommunikation wurde deutlich informalisiert. An verschiedensten Stellen spielten vertrauliche Telefonate und mehr oder minder konspirative Treffen eine entscheidende Rolle. Es liegt jedoch in der Natur der Sache, dass sich diese Kommunikation eigentlich nicht rekonstruieren lässt. Die Interviews legen allerdings den Schluss nahe, dass es verschiedene Kommunikationsachsen innerhalb der Kernexekutive gab, die sehr gut funktionierten.

Dazu zählt zunächst die Kommunikation zwischen Riester und dem Kanzleramt (sowohl Schröder direkt als auch Steinmeier bzw. Tiemann). Riester macht auch in seiner Autobiografie deutlich, dass er vom Zeitpunkt seiner Berufung an in engem Kontakt mit Schröder stand und an verschiedenen kritischen Punkten des Reformprozesses das persönliche Gespräch suchte (Riester und Carstensen 2004). Eine weitere Achse, die sehr gut funktionierte, zeigt sich zwischen Arbeits- und Finanzministerium, allerdings erst nach der Ernennung von Eichel zum Finanzminister. Es ist auffallend, wie häufig sich der Finanzminister im Vorfeld der Reform zu Fragen der Rentenversicherung äußerte (Hegelich 2006a: 245–247).

Der Fraktionsspitze der SPD als wichtigem Reformgegner innerhalb der Kernexekutive gelang es sehr effizient, andere Reformgegner wie die Opposition, den Verband Deutscher Rentenversicherungsträger (VDR) und die Gewerkschaften ad hoc einzubeziehen, was ebenfalls für eine Informalisierung der Kommunikation spricht. Explizit ausgeschlossen aus der Kommunikation wurden der linke Flügel der SPD und die traditionellen Sozialpolitiker wie Dreßler.

Diese Annahme passt zu den Erkenntnissen von Trampusch (Trampusch 2004b) und Hering. Letzterer schreibt: »Der Verlierer dieser politischen Auseinandersetzung war der linke SPD-Flügel, der am bestehenden Rentensystem festhalten wollte: Weder konnten die traditionellen Sozialpolitiker das institutionelle Ziel der Lebensstandardsicherung verteidigen, noch waren sie in der Lage, die Einführung der privaten Altersvorsorge zu verhindern, welche die gesetzliche Rente in Zukunft teilweise ersetzen wird« (Hering 2004: 369).

Bei der externen Kommunikation der Kernexekutive ist zunächst festzuhalten, dass die Reformgegner es besser als das Arbeitsministerium verstanden, ihre Anliegen über die Massenmedien zu kommunizieren. Dies liegt an der inhaltlichen Schwierigkeit, das angestrebte Reformziel mit einer positiven Nachricht zu verbinden. Hier zeigte sich jedoch zum Teil auch die fehlende Routine Riesters im Umgang mit der Öffentlichkeit.

Selten war ein Reformprojekt von so schlechter Presse begleitet wie die Rentenreform 2001. Riester selbst sagte in der taz: »Das mit den Medien-Coups ging am Beispiel der Pflicht-Riester-Rente so: Ein Bild-Redakteur rief an, dass morgen die Bild mit der Schlagzeile ›Zwangsrente Riester‹ aufmacht. Nur wenn ich ihm ein Exklusivinterview gäbe, würde er die für den Folgetag geplante Schlagzeile ›Wann fliegt Riester?‹ verhindern können. Und ich blöder Hund bin auch noch darauf eingegangen! Die Schlagzeile am Tag drauf lautete: ›Wutwelle rollt auf Bonn‹. Das war kaum besser« (Riester 2005).

Was die Kommunikation mit Experten und Stakeholdern anbelangt, so ist hier ebenfalls eine Informalisierung festzustellen. Gerade von Seiten des Kanzleramts wurde nur ein sehr enger Kreis an vertrauten Experten, zu denen Rürup und Berger gehörten, einbezogen. Rudolf Czada verweist auf einen Wechsel in der Kommunikation Schröders nach dem Bündnis für Arbeit: »Die rot-grüne Regierung war nach dem Scheitern des umfassenden Bündnisprojektes offenkundig um einen auf spezielle Probleme konzentrierten und offenen Stil der Konsensmobilisierung bemüht. Im Gegensatz dazu hatte Helmut Kohl sein persönliches Netzwerk, die sogenannte ›Kohl-Maschine‹ genutzt und ›Kamingespräche‹ mit Spitzenvertretern von Industrie und Arbeit geführt. Schröder schien nach seinem Wahlsieg 1998 zunächst einen ähnlichen Stil vorzuziehen, was ihm in den Medien die Bezeichnung ›Genosse der Bosse‹ einbrachte. Die schlechten Erfahrungen mit dem Bündnis für Arbeit und der abrupte Wechsel der Spitzenunternehmer in das Lager seines Herausforderers Stoiber (CSU) im Vorfeld der Wahlkampagne 2002 verletzten Schröder nach Aussagen aus seinem persönlichen Umfeld so stark, dass er seine Aufmerksamkeit wieder verstärkt auf ausgewiesene Experten aus Partei und Wissenschaft lenkte« (Czada 2004: 140). Für die Rentenpolitik ist jedoch festzuhalten, dass es hier von Regierungsbeginn an eine deutliche Abkehr von den korporatistischen Strukturen gab.

Die Informalisierung der Kommunikation führte auch dazu, dass es sehr schwierig war, die Kommunikation innerhalb der Kernexekutive abzustimmen, weil nicht alle Akteure an diesem informellen Kommunikationsaustausch teilnahmen. Auch zwischen den Akteuren, die gemeinsam an der Reform arbeiteten, kam es daher zum Teil zu sehr widersprüchlichen Aussagen. So forderte Finanzminister Eichel beispielsweise, das Rentenalter müsse deutlich erhöht werden, ohne dass diese Forderung im Reformpaket des Arbeitsministers auch nur erwähnt worden wäre.

Die Informalisierung macht es jedoch auch sehr schwer nachzuvollziehen, an welcher Stelle die Abstimmung zwischen den Akteuren angestrebt wurde. Die Kommunikation nach außen blieb mehr oder minder dem Arbeitsministerium überlassen, was jedoch nicht heißen muss, dass diese Kommunikation nicht auch mit dem Kanzleramt abgestimmt wurde. Ging es um die Kommunikation innerhalb der Kernexekutive, dann schaltete sich das Kanzleramt in kritischen Fragen immer ein. Diese Arbeitsteilung legt die Vermutung nahe, dass die Abstimmung der Kommunikation besser funktionierte, als auf den ersten Blick deutlich wird.

2.3 Kanzleramt, Arbeits- und Finanzministerium als strategisches Machtzentrum

Die vorherigen Dimensionen verweisen bereits darauf, dass es bei der Riester-Reform so etwas wie ein Primat der Durchsetzungsfähigkeit gab. Entscheidend für den Reformprozess war die Etablierung eines strategischen Machtzentrums innerhalb der Kernexekutive aus Kanzleramt, Sozialministerium und später dem Finanzministerium. Nachdem Oskar Lafontaine am 11. März 1999 als Finanzminister zurückgetreten war, funktionierte die ressortübergreifende Vernetzung zwischen Sozial- und Finanzministerium.

Das Verhältnis der Minister Riester und Eichel ist in der politikwissenschaftlichen Literatur (z. B. bei Hegelich 2006a; Hering 2004; Schmitthenner 1999) bislang zu einseitig betrachtet worden, weil die

Aktivitäten von Eichel in Sachen Rentenreform als Stärke des Finanzministers und damit als Schwäche des Sozialministers ausgelegt wurden. »Im Kabinett hatte Eichel ein leichtes Spiel. Im Gegensatz zu Norbert Blüm stand ihm mit Walter Riester kein starker Arbeitsminister gegenüber. Seine Ministerkarriere hatte Riester voll und ganz Schröder zu verdanken, und sein politisches Überleben hing ebenfalls vom Wohlwollen des Kanzlers ab. Dagegen hatte Blüm als herausragender Repräsentant des Arbeitnehmerflügels sowie als Vorsitzender des größten CDU-Landesverbands eine außerordentlich wichtige Stellung im Kabinett« (Hering 2004: 368).

Dieser Hinweis passt zwar gut ins Bild, wenn man (wie Hering 2005) auf den Einfluss der Europäischen Union hinauswill. Mindestens drei Argumente sprechen aber dafür, dass beide Minister zum strategischen Machtzentrum gehörten (siehe Abbildung 2): Erstens funktionierte die Kommunikation zwischen Riester und Eichel gut. Zweitens gab es nur aus dem Arbeitsministerium keine Kritik an den Einsparplänen Eichels (vgl. Hering 2004: 368). Drittens passte das Sparszenario sehr gut zu den Vorstellungen, die Gesetzliche Rentenversicherung (GRV) in ihrem Umfang zu reduzieren und stattdessen die zweite oder dritte Säule auszubauen.

Alle Fäden der Rentenreform liefen im Kanzleramt zusammen, zumindest in Bezug auf die Durchsetzungsfähigkeitsdimension (die Kompetenzdimension ist hiervon also zu unterscheiden). Betrachtet man Riesters Verhältnis zum Kanzler, so wirkt die Stellung des Arbeitsministers eher schwach (Hering 2004; Hegelich 2006a). Anders als bisherige Arbeits- und Sozialminister war Riester in seiner Partei kaum vernetzt und hatte keine eigene Machtbasis, auf die er hätte aufbauen können. Seine Durchsetzungsfähigkeit war damit direkt vom Kanzleramt abgeleitet. Das strategische Machtzentrum innerhalb der Kernexekutive war daher sehr stark zentriert und konzentrierte sich auf wenige Akteure. Darunter litt allerdings die Verflochtenheit des Machtzentrums mit der übrigen Kernexekutive. Gerade die Fraktionsspitze konnte nicht integriert werden und agierte, wie auch der linke Flügel der SPD, weiter als potenzieller Reformgegner.

Der Verlauf der Reform zeigt, dass es nicht ausreichend gelang, Frühwarnsysteme innerhalb der Kernexekutive zu etablieren, die das strategische Machtzentrum rechtzeitig auf mögliche Gegenaktionen – wie den koordinierten Angriff auf den Ausgleichsfaktor – aufmerksam gemacht hätten.

2.4 Erfolgskontrolle: Ist die Kernexekutive lernfähig?

Nachdem nun die Stärken und Schwächen der Kernexekutive hinsichtlich ihrer Strategiefähigkeit erörtert wurden, stellt sich die Frage, welche Aspekte der Erfolgskontrolle in der Kernexekutive institutionalisiert werden konnten. Denn versteht man Evaluation als Analyse, »die darauf gerichtet [ist], die Wirkungen politischen und administrativen Handelns, insbesondere von politischen Interventionen, Programmen, Projekten oder Maßnahmen zu erfassen und zu ermitteln, ob die beobachtbaren Veränderungen – intendierte wie nicht-intendierte Wirkungen – auf die politischen Programme, Projekte usw. (oder aber auf andere Faktoren) kausal zurückzuführen seien« (Wollmann 2000: 197), so wird klar, dass die Voraussetzungen hierfür schon innerhalb der Kernexekutive angelegt sein müssen.

Dabei können zwei Aspekte als notwendige Bedingung jeder Erfolgskontrolle gelten: Klarheit über die Ziele und Exaktheit der Wirklichkeitserfassung. An dieser Stelle sind zwar nur die strategischen Ziele relevant, doch diese sind vielschichtig. In den drei analysierten Dimensionen Kompetenz, Kommunikation und Durchsetzungsfähigkeit müssen jeweils eigene strategische Ziele innerhalb der Kernexekutive verfolgt werden. Es lässt sich also fragen, inwieweit die Bedingungen Klarheit der Ziele und Exaktheit der Wirklichkeitserfassung in den drei Dimensionen institutionalisiert wurden.

Wie lässt sich rentenpolitische Kompetenz kontrollieren?

Geht man der Frage nach, was innerhalb der Kernexekutive unternommen wurde, um zu kontrollieren, inwiefern die Rentenreform den strategischen Zielen in der Kompetenzdimension (»Innovationskultur fördern«) entsprach, so muss zunächst untersucht werden, ob der Kurs der Reform eindeutig war.

Schröder hatte hier mit der Regierungserklärung vom 10. November 1998 einen Vorstoß gewagt, an dem sich die Reform messen lassen musste, indem er eine dreifache Garantie abgab: »Wir werden den heute in Rente lebenden Menschen ihre Rente sichern und ihnen jedenfalls ihre ohnehin oft geringen Einkünfte nicht kürzen. Denjenigen, die heute in die gesetzliche Rentenversicherung einzahlen, sagen wir zu, daß sie damit einen wirksamen und leistungsgerechten Rentenanspruch erwerben. Denjenigen, die jetzt ins Berufsleben eintreten, sichern wir den Umbau der Alterssicherung zu einem transparenten, zukunftsfähigen Versicherungspakt zu« (Schröder 1998). Gleichzeitig stellte Schröder aber auch klar, welchem Ziel die Rentenreform dienen sollte: »Wir wollen einen mit Leben erfüllten Generationenvertrag, keinen Vertrag zu Lasten der Arbeit« (Schröder 1998).

Die eindeutige Zielrichtung bestand darin, den Anstieg des Rentenbeitragssatzes zu verhindern. Damit war ein eindeutiger Maßstab definiert, der sowohl die prozessbegleitende Evaluation als auch die Gesamtkosten- und -nutzenrechnung bestimmte. Jeder Reformvorschlag musste sich an der Wirkung auf den Beitragssatz messen lassen.

In einem umlagefinanzierten System ist der Beitragssatz jedoch keine beliebige Größe, sondern muss das Finanzvolumen der Einnahmen der Rentenversicherung auf das gleiche Niveau heben wie die Ausgaben. Johan De Deken hat drei Dimensionen aufgezeigt, die eine umlagefinanzierte Rentenversicherung im Gleichgewicht halten muss: »In order to be sustainable, pay-as-you-go pension schemes need to maintain a balance between revenues and expenditures, these primarily being determined by three dimensions: a material, a social and a time dimension« (De Deken 2002: 278).

Diese Dimensionen, an denen sich Veränderungen bezüglich der Rentenversicherung zeigen, müssen hinsichtlich der Einnahmen und der Ausgaben in ein Gleichgewicht gebracht werden. Abbildung 3 zeigt, wie sich dieser Sachverhalt darstellen lässt.

Die Abbildung macht deutlich, dass eine Veränderung der Ausgaben der Rentenversicherung (dargestellt als Quader a', b', c') notwendigerweise einhergehen muss mit einer gleichwertigen Veränderung der Einnahmen (Quader a, b, c), sofern sich die Versicherung im Gleichgewicht befindet. Der Plan, den Beitragssatz (a) trotz einer Verringerung der Beitragszahler (b) und einer Zunahme der Beitragsempfänger (b') konstant zu halten oder sogar zu senken, lässt sich systemimmanent nur durch eine Verringerung der Renten (a') erreichen. Denkbar ist natürlich auch die Verschiebung des Renten-

Abbildung 3: Dimensionen umlagefinanzierter Rentenversicherungen

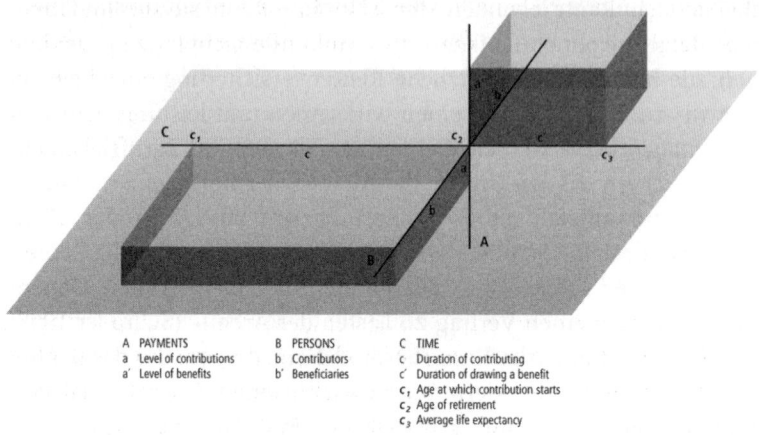

A PAYMENTS	B PERSONS	C TIME
a Level of contributions	b Contributors	c Duration of contributing
a' Level of benefits	b' Beneficiaries	c' Duration of drawing a benefit
		c_1 Age at which contribution starts
		c_2 Age of retirement
		c_3 Average life expectancy

Quelle: eigene Darstellung in Anlehnung an De Deken 2002: 278

alters zugunsten von c gegen c'. Daran war jedoch zunächst nicht gedacht. Die Zielvorgabe steht daher im Widerspruch zur dreifachen Garantie.

Der Ausgangspunkt der Rentenreform 2001 lässt sich daher als ›Riesterparadox‹ bezeichnen: Der Beitragssatz sollte stabilisiert werden. Sofern sich die gesamtwirtschaftlichen Rahmenbedingungen nicht änderten, war dies nur durch ein Absenken des Rentenniveaus zu erreichen. Anders als bei der Einführung des demographischen Faktors sollten entsprechende Maßnahmen jedoch nicht als Sozialstaatskürzung gelten.

Die Lösung dieses Widerspruchs bestand in der Kompensation der Rentenkürzung durch den Aufbau kapitalgedeckter Elemente. Für diese Logik war es gleichgültig, auf welche Weise das Rentenniveau gesenkt oder die kapitalgedeckte Rente ausgebaut wurde. Gleichzeitig war jedoch auch klar, dass die Rentenreform 2001 aus sich heraus die aktuellen Finanzierungsprobleme der Rentenversicherung nicht lösen würde. Erst durch eine Zunahme der versicherungspflichtigen Beschäftigung war mit einer umfassenden Entlastung der GRV zu rechnen.

Im Prinzip ging es darum, eine Rentenkürzung durchzusetzen, die nicht als Kürzung wahrgenommen wurde. Während also hinsichtlich des Nutzens der Reform (Beitragssatzstabilität) eine exakte

Erfassung der Wirklichkeit möglich war und damit auch ein geeigneter Kontrollmechanismus für die Reform zur Verfügung stand, wurden die Kosten eher in der Dimension Kommunikation gesehen. Schröder wollte als Sozialstaatserneuerer und nicht als neoliberaler Sozialstaatskürzer gelten.

Wurde eine responsive Kommunikation in der Rentenpolitik durch die Kernexekutive gewährleistet?

Es ist erstaunlich, wie wenig innerhalb der Kernexekutive offensichtlich darüber nachgedacht wurde, wie der Erfolg der externen Kommunikation überprüft werden könnte. Es lässt sich zwar nicht leugnen, dass auf die öffentliche Resonanz geschaut wurde und die Reformer im laufenden Dialog mit zentralen Stakeholdern standen, diese Kommunikation lief jedoch kaum auf eine Erfolgskontrolle hinaus. Die negativen Rückmeldungen wurden vielmehr auf die Ebene eines Kommunikationsproblems gehoben. Gerade im engsten Kreis um Walter Riester herrschte offenbar die Meinung vor, Kritikern mangele es am Verständnis des größeren Zusammenhangs. Diese Haltung drückt sich auch im Titel der Biografie von Walter Riester »Mut zur Wirklichkeit« (Riester und Carstensen 2004) aus.

Das fehlende Verständnis für Responsivität ist jedoch nur teilweise auf die mangelnde Kommunikationsbereitschaft des Arbeitsministers zurückzuführen. Folgt man Elmar Schattschneider, so besteht eine generelle Aufgabe demokratischer Führung darin, der Öffentlichkeit Alternativen des Regierens zu präsentieren. »Democracy is a competitive political system in which competing leaders and organizations define the alternatives of public policy in such a way that the public can participate in the decision-making process« (Schattschneider 1960: 138). Die Reformrhetorik der rot-grünen Regierung war hingegen – besonders in der Rentenpolitik – vom Verweis auf die Alternativlosigkeit des Reformprojektes geprägt.

Aber auch andere Akteure innerhalb der Kernexekutive, die nicht zum strategischen Machtzentrum gehörten, hätten eine Evaluation der öffentlichen Meinung zielgruppenspezifisch nutzen können. Gerade die SPD-Fraktion hat im Nachhinein sicherlich nicht davon profitiert, dass die Rentenpolitik unterm Strich zu einer wachsenden Verunsicherung der Bürger führte.

Zu Recht wird in der Politikwissenschaft immer wieder darauf verwiesen, dass gerade das Echo, das die Kommunikation der Kernexekutive in den Medien findet, die öffentliche Meinung maßgeblich beeinflusst: »The past quarter century of scholarship on public opinion has shown that citizens' attitudes can be influenced significantly by how elites frame their communications in the mass media« (Chong und Druckman 2007: 637). Insofern hätten sich die Akteure der Kernexekutive um Mechanismen bemühen müssen, die auch positive Meldungen in Bezug auf die Rente öffentlich gemacht hätten.

Wie kann die Kernexekutive rentenpolitische Handlungsspielräume wahren?

Geht man davon aus, dass Reformen dann besonders erfolgreich durchgesetzt werden, wenn die Reformer sich flexibel auf neue Situationen einstellen können, so ist zu fragen, ob innerhalb der Kernexekutive Mechanismen für ein solches flexibles Nachsteuern installiert wurden. Der Verlauf des Reformprozesses zeigt zwar, dass die Akteure in der Lage waren, die konkreten Reformvorschläge neuen strategischen Gegebenheiten anzupassen, ohne dabei den harten Kern – das Riesterparadox – aus den Augen zu verlieren. Es lässt sich jedoch nicht zeigen, dass bewusst institutionelle Vorkehrungen – wie zum Beispiel Routinen der Reformüberprüfung oder Entscheidungsregeln für den Fall einer Änderung der Reformroute – getroffen wurden.

Die beschriebene Informalisierung und Hierarchisierung der Entscheidungsstrukturen machte das strategische Machtzentrum relativ unabhängig gegenüber veränderten Akteurskonstellationen. Im Zweifelsfall vertraute man auf die Richtlinienkompetenz des Kanzleramts. Dadurch wurden allerdings wichtige Reformgegner (Gewerkschaften, VDR, SPD-Fraktion, Versicherungswirtschaft) zu wenig beachtet, was sich in der Politikformulierung und Politikumsetzung negativ bemerkbar machte.

Insgesamt erscheint die Kernexekutive in Bezug auf die Rentenreform nur bedingt lernfähig. Zumindest lassen sich wenige Hinweise darauf finden, dass dieser Aspekt bewusst gestärkt wurde. Allerdings widerspricht die politische Rhetorik der Sachzwänge, der sich sowohl Riester als auch Schröder ausgiebig bedienten, dem Verlauf des rentenpolitischen Reformprozesses, der sich durchaus flexibel an die Möglichkeiten und Anforderungen eines Reformkorridors anpasste (Hegelich 2006a). Auf die entsprechenden Anpassungen wird daher im Folgenden eingegangen.

3 Agenda-Setting: Worin besteht das Rentenproblem?

Rentenpolitik in Deutschland stellt sich als permanentes Reformkontinuum dar. Seit der Einführung der jetzigen Rentenversicherung 1957 hat sich jede Regierung mit dem deutschen Rentensystem auseinandergesetzt und Veränderungen vorgenommen. Allein im Zeitraum von 1991 bis 1996 gab es elf Gesetzesänderungen in Bezug auf das deutsche Rentensystem.

Die Rentenreform 2001 sollte zwar weitere Reformen über das Jahr 2030 hinaus unnötig werden lassen – so verkündete die Regierung in ihrem Nationalen Strategiebericht Alterssicherung 2002, dass »die jüngste Rentenreform 2001 [...] am Ende eines gesellschaftlichen Diskussionsprozesses über die demografische Entwicklung« stehe (BT-Drucksache 14/9503: 5). 2003 wurde diese Reform jedoch erneut reformiert.

Über zwei Drittel der Bundesbürger sind der Meinung, dass die Rentenreform 2003 das Rentensystem nicht wirklich stabilisiert hat und eine ernsthafte Reform notwendig ist (Börsch-Supan, Heiss und Winter 2004: 36). Dabei sollte bereits die »1989 verabschiedete Rentenreform 1992 nach Auffassung aller beteiligten Akteure für etwa zwanzig Jahre weitere Interventionen überflüssig machen« (Hinrichs 2000: 297).

Beim Agenda-Setting gibt es daher keine Stunde null. Für die Rentenreform 2001 heißt das, dass der Reformprozess in seiner Gänze über die Amtszeit der rot-grünen Regierung hinausreicht. Schon vor der Regierungsübernahme stand das Problem einer Rentenreform auf der politischen Agenda. Die SPD und die Grünen hatten die Rentenreform 1997, mit der die Kohl-Regierung den demographischen Faktor eingeführt hatte, heftig kritisiert. Der linke Flügel der SPD um Oskar Lafontaine hatte durchgesetzt, dass die Rücknahme dieser Reform zu einem Wahlkampfversprechen wurde.

Auch in der Öffentlichkeit wurde das Thema Rente breit diskutiert. Die Regierung stand also unter erheblichem Druck, in diesem Politikfeld möglichst schnell Ergebnisse zu erzielen. »Schröder [hatte] im Gegensatz zu Kohl nie die Absicht, an dem bestehenden Rentensystem festzuhalten. Im Gegenteil forderte er bereits vor seinem Amtsantritt, dass die Weichen in der Alterssicherung in Richtung Privatvorsorge gestellt werden müssen« (Hering 2004: 369).

Zwar bestand eine der ersten Handlungen der Regierung in der Rücknahme der Rentenreform von 1999, diese war jedoch mit der Kopplung der Rentenanpassung in den Jahren 2000 und 2001 an die Inflationsrate (Ruland 2001) sowie der Aufhebung der automatischen Anpassung des allgemeinen Bundeszuschusses verbunden (Hering 2004: 363). Dadurch wurden die Rentner in noch stärkerem Maße belastet als durch die Einführung des demographischen Faktors unter Kohl (Engelen-Kefer 2000a: 549).

Betrachtet man den Reformprozess chronologisch, so ist zudem festzuhalten, dass zumindest die Ende 2001 vorgenommenen Anpassungen selbst wieder in den Bereich des Agenda-Setting fallen (vgl. Tabelle 1) – allerdings hinsichtlich der Rürup-Reform.

3.1 Zukunftsthemen: demographischer Wandel und Lohnnebenkosten

Dass nach dem Regierungswechsel eine Rentenreform auf der politischen Agenda stand, war weniger die Folge einer frühzeitigen Identifizierung des Reformbedarfs als einer Kombination von Außen- und Inneninitiierung: Im Prinzip blieb der rot-grünen Regierung gar keine Wahl, sie musste das Thema Rentenreform auf die Tagesordnung setzen.

Zunächst ist festzuhalten, dass die GRV ein akutes – und angesichts der prognostizierten demographischen Entwicklung auch ein langfristiges – Finanzierungsproblem hatte. Diese Probleme der gesetzlichen Rentenversicherung, die sich vor allem aus dem Rückgang der Beitragszahlungen aufgrund der steigenden Arbeitslosigkeit und der geringeren Lohnabschlüsse ergaben, waren 1998 allgemein bekannt (Hegelich 2006a).

Die Problematik der demographischen Entwicklung, auf die Experten bereits Mitte der 70er Jahre verwiesen hatten, erachteten inzwischen auch politische Entscheidungsträger als relevant, wie sich nicht zuletzt am demographischen Faktor der Kohl-Regierung zeigt. Und auch die politische Deutung, der zufolge die Lohnnebenkosten ein kritischer Faktor in der Standortkonkurrenz sind, kann für das Rentensystem bereits seit der Reform von 1992 als vorherrschend betrachtet werden (Nullmeier und Rüb 1993). In allen drei Bereichen – akute Finanzlage der GRV, demographische Entwicklung und Lohnnebenkosten – herrschte also bereits die Meinung vor, dass Handlungsbedarf bestehe.

Neben dieser Außeninitiierung ist zu beachten, dass der linke Flügel der SPD um Lafontaine und Dreßler dafür gesorgt hatte, dass die Rücknahme der Rentenreform 1999 (demographischer Faktor der Regierung Kohl) ein Wahlkampfversprechen war. Insofern waren innerhalb der Kernexekutive bereits entscheidende Vorgaben gesetzt, an denen die neue Regierung nicht ohne Weiteres vorbeigehen konnte.

Das heißt jedoch nicht, dass damit auch bereits die Reformrichtung vorgegeben war. Im Gegenteil zeigte sich gerade hier der Gestaltungsspielraum des strategischen Machtzentrums innerhalb der Kernexekutive. Schon in der ersten Regierungserklärung von Schröder fanden sich sehr konkrete Vorgaben, in welche Richtung die Reform des Rentensystems gehen sollte.

In Bezug auf die drei Säulen des Rentensystems bemerkte er: »Das sind die gesetzliche Rentenversicherung, die betriebliche Altersvorsorge, die private Vorsorge, deren Organisation vom Staat, etwa in steuerlicher Hinsicht, ermutigt wird, und die Beteiligung der Arbeitnehmerinnen und Arbeitnehmer am Produktivkapital und an der Wertschöpfung in den Unternehmen. [...] Bei der gesetzlichen Rentenversicherung müssen wir die finanzielle Grundlage verbreitern und versicherungsfremde Leistungen staatlich finanzieren. Bei den Lebensversicherungen werden wir für mehr Wettbewerb und mehr Transparenz sorgen. Die zukunftsfähige Erneuerung der betrieblichen Altersvorsorge muß im Bündnis für Arbeit und Ausbildung fest vereinbart werden. Die Beteiligung der Arbeitnehmerinnen und Arbeitnehmer am Produktivvermögen werden wir unterstützen« (Schröder 1998).

Nicht zufällig berief Gerhard Schröder mit Walter Riester einen Minister, der sich bereits in seiner Funktion als stellvertretender Vorsitzender der IG Metall damit beschäftigt hatte, wie die gesetzliche Rentenversicherung durch einen Ausbau der betrieblichen Renten entlastet werden könnte. Damit kam die Vorstellung einer (teilweisen) Kapitaldeckung zum ersten Mal ernsthaft in den Bereich des Denkbaren im deutschen Rentensystem – und das gerade nicht durch die als neoliberal geltenden Weltbankberater, sondern durch einen Gewerkschafter.

Die Auswahl der Person Walter Riester als Arbeits- und Sozialminister ist in der Dimension Kompetenz der entscheidende Punkt, mit dem Schröder eine bestimmte Reformrichtung vordefinierte. Denn diese personelle Entscheidung wurde bewusst gegen die Fraktion, den linken SPD-Flügel und auch gegen die SPD-nahen Gewerkschafter durchgesetzt, die laut Bekunden eines Beteiligten »lieber keinen von uns als den Riester« gehabt hätten. Die ablehnende Haltung der Gewerkschafter wird allerdings in der Darstellung eines Experten relativiert, der darauf verweist, dass die Gewerkschaftsführung erst zu einem späteren Zeitpunkt irritiert über die Linie Walter Riesters war. Offensichtlich gab es keine einheitliche gewerkschaftliche Einschätzung in Bezug auf die Person Riesters.

Diese unterschiedlichen Einschätzungen lassen sich durch die Arbeitsweise Riesters erklären. Verschiedene Interviewpartner berichteten, dass Riester externe Personen nur äußerst selektiv in seine Reformpläne einbezog. Beim Agenda-Setting drang offensichtlich sehr wenig von dem, woran im Ministerium gearbeitet wurde, nach außen. So konnte es passieren, dass selbst Gewerkschafter, die im regelmäßigen Kontakt zu Riester standen, nichts über die Rentenpläne wussten.

Typisch für das Vorgehen der Schröder-Regierung in der Rentenpolitik ist, dass die Reformrichtung – Senkung der Lohnnebenkosten durch eine (teilweise) Umschichtung von der ersten Säule zur zweiten und dritten – festgelegt wurde, ohne das Problemumfeld genauer zu analysieren. Denn für die Schröder-Regierung stand zwar fest, dass der demographische Faktor nicht bestehen bleiben konnte, es fehlte jedoch an konkreten Alternativen.

Es ist bemerkenswert, dass hinsichtlich des Agenda-Setting jedoch kaum auf zusätzliche externe sozialpolitische Kompetenz zurückgegriffen wurde – zumindest nicht in Bezug auf die späteren Reforminhalte. Es gab zwar eine Reihe von externen Rentenexperten, die das Arbeits- und Sozialministerium einbezog, das Hauptthema bei diesen Gesprächen war jedoch die Reform der Hinterbliebenenversorgung.

Hinzu kam, dass in die erste Gremienarbeit zunächst nicht einmal die Vertreter des VDR einbezogen wurden. Erst später – vermutlich durch eine Intervention des Kanzleramts – wurden die Sachverständigen der Rentenversicherung integriert. Ein Grund hierfür bestand darin, dass der neue Arbeits- und Sozialminister Walter Riester insbesondere den mittelfristigen Prognosen des VDR im Vorfeld sehr skeptisch gegenüberstand. Auch wenn im Arbeits- und Sozialministerium die ersten Monate im Nachhinein als Phase des Kassensturzes bei der GRV charakterisiert wurden, ist nicht ersichtlich, dass zu dieser Zeit eine wirklich neue empirische Basis entwickelt wurde.

In der Regierungserklärung hatte Schröder angekündigt, man wolle sich am Beispiel anderer Länder orientieren. »Für den Nutzen der Reform, die wir im Grundsatz vereinbart haben, gibt es auf der ganzen Welt gute Beispiele; von denen können, von denen werden wir lernen« (Schröder 1998). Dennoch wurden externe Wissensressourcen – im Hinblick auf die wirklichen Reformvorhaben – nahezu ignoriert. Die umfangreichen Analysen über Reformprozesse in anderen Ländern wurden – wenn überhaupt – nur insofern einbezogen, als die unmittelbaren politischen Akteure der Meinung waren, bereits über genügend Wissen zu verfügen, um die Irrelevanz anderer Modelle beurteilen zu können.

Dieser Punkt, der sich unter anderem in der Ausklammerung des Weltbankmodells niederschlug, wurde in der politikwissenschaftlichen Literatur verschiedentlich hervorgehoben (Lamping und Rüb 2006). Allerdings ist dieser Aspekt dahingehend zu relativieren, dass es Gespräche zwischen dem Arbeits- und Sozialminister und Vertretern der Weltbank gab. Diese Gespräche machen zwar deutlich, dass die Vorstellungen des Sozialministers unabhängig vom Weltbankmodell entwickelt wurden, das Ministerium ließ sich jedoch anschließend von den Experten der Weltbank informieren. Deren Konzept wurde allerdings dann als ideologisch vorbelastet abgelehnt.

Zudem ist zu bedenken, dass innerhalb der SPD schon im Zuge der Mexikokrise eine Diskussion über die lateinamerikanischen Rentensysteme – insbesondere über die Rentenkrise in Chile – eingesetzt hatte. Das Argument muss daher so verstanden werden, dass externe Wissensressourcen keine Rolle spielten, obwohl sie zur Verfügung standen und auch ein Wissen über deren Existenz unterstellt werden kann. Bemerkenswerterweise scheint sich diese negative Haltung zu externen Wissensressourcen jedoch im Reformprozess nicht negativ bemerkbar zu machen.

3.2 Organisation von Reformbereitschaft für eine umfassende Reform des Rentensystems

Ein öffentliches Problembewusstsein für die Rentenreform zu schaffen, fiel der rot-grünen Regierung extrem leicht, da der Zustand des Rentensystems und die Rentenreform unter Kohl von SPD und Grünen bereits erfolgreich zum Wahlkampfthema gemacht wurden. Angesichts der Tatsache, dass die Regierung zunächst nicht mit eigenen Perspektiven aufwarten konnte und Riester die Rentenreform in das zweite Jahr der Regierungszeit verschob, bestand die strategische Schwierigkeit eher darin, das Thema Rente der öffentlichen Aufmerksamkeit wieder zu entziehen. Problematisch war außerdem der Verweis von Rentenexperten auf die Tatsache, dass die Renten durch die Sofortmaßnahmen der Regierung stärker sanken als durch Blüms demographischen Faktor.

Umso wichtiger war es, ein Deutungsmuster der Probleme zu etablieren, das zu der geplanten Reform passte. Die negative Ausgangslage, die die Unabdingbarkeit der Rentenreform begründen sollte, wurde fast ausschließlich an der demographischen Entwicklung festgemacht und von der Arbeitslosigkeit thematisch abgekoppelt. Auf dieser Ebene erschien es wie ein natürliches Sachgesetz, dass die Rente »so« auf Dauer nicht mehr finanzierbar sei.

Diese Darstellung wurde äußerst erfolgreich in den Medien visualisiert und emotionalisiert. Insbesondere das Bild des Beitragszahlers, der 2030 die Last von zwei Rentnern zu tragen habe, wurde benutzt, um Stimmung für die Reform zu machen. Diese Darstellung ist extrem widersprüchlich, denn erstens ändert die Absenkung des Rentenniveaus gar nichts an der demographischen Entwicklung, zweitens wird damit das Bild eines Konflikts zwischen den Generationen aufgebaut, das so nicht der Realität entspricht.

Gerade im Familienzusammenhang herrscht in der Regel Solidarität, sodass die Jüngeren eine Kürzung der Renten ihrer Eltern meist nicht befürworten. Darüber hinaus zeigt gerade die Berechnung bis 2030, dass in dem Bild dieselben Personen in unterschiedlichen Rollen angesprochen werden. Es sind ja gerade die Jüngeren, die in 30 Jahren dann auf den »Beitragsschultern« der nächsten Generation sitzen.

Trotz dieser Ungereimtheiten trug das Bild von der Belastung des Beitragszahlers zur Ausbildung eines reformorientierten Deutungsmusters bei. Dies unterstützten auch die Versicherungsunternehmen, die die Lesart, das Rentensystem sei in seiner bisherigen Form nicht mehr geeignet, eine soziale Sicherung im Alter zu garantieren, sehr medienwirksam in Werbekampagnen unterstrichen.

Die Leitidee wurde der Standortdebatte entlehnt. Die öffentlich kommunizierten positiven Folgen der geplanten Rentenreform sollten in erster Linie in einer steigenden Wettbewerbsfähigkeit des deutschen Standorts in der globalisierten Konkurrenz bestehen, wodurch mehr Arbeitsplätze geschaffen werden sollten. »Die langfristige Stabilisierung des Beitragssatzes in der gesetzlichen Rentenversicherung ist eine wesentliche Voraussetzung dafür, das Vertrauen in die Zukunftsfestigkeit der Rentenversicherung wiederherzustellen. Zudem leistet ein stabiler Beitragssatz einen wesentlichen Beitrag zur Begrenzung der Lohnnebenkosten und damit zur Stärkung und Sicherung der wirtschaftlichen Rahmenbedingungen und dabei vor allem der internationalen Konkurrenzfähigkeit. Hierdurch wird eine wichtige Voraussetzung für mehr Wachstum und Beschäftigung und zur Sicherung des Wirtschaftsstandortes Deutschland geschaffen« (BT-Drucksache 14/9503: 27). Für die Verankerung dieser Leitidee war auch entscheidend, dass die Arbeitgeber die Betonung der Standortdebatte und die Verknüpfung mit der Rentenreform mittrugen.

Abbildung 4: Ausgaben und Beitragssätze der GRV

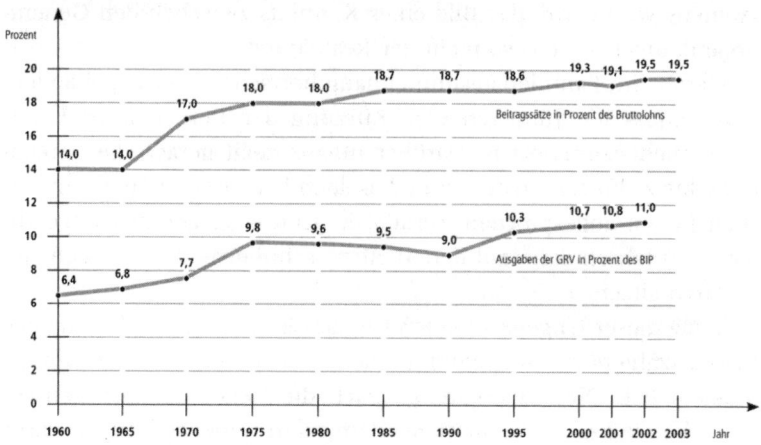

[Diagramm: Beitragssätze in Prozent des Bruttolohns: 1960: 14,0; 1965: 14,0; 1970: 17,0; 1975: 18,0; 1980: 18,0; 1985: 18,7; 1990: 18,7; 1995: 18,6; 2000: 19,3; 2001: 19,1; 2002: 19,5; 2003: 19,5. Ausgaben der GRV in Prozent des BIP: 1960: 6,4; 1965: 6,8; 1970: 7,7; 1975: 9,8; 1980: 9,6; 1985: 9,5; 1990: 9,0; 1995: 10,3; 2000: 10,7; 2001: 10,8; 2002: 11,0]

Quelle: eigene Darstellung in Anlehnung an Bundeszentrale für politische Bildung, www.bpb.de/files/5GU9H7.pdf

3.3 Erfolgsaussichten des Reformprojekts

Die Dimension der Durchsetzungsfähigkeit war beim Agenda-Setting für die Riester-Reform entscheidend, da die Erfolgsaussichten des Reformprojekts nicht nur kalkuliert, sondern geradezu organisiert wurden. Lamping und Rüb tendieren in ihrer Einschätzung des Reformprozesses sogar dazu, von einem Primat dieser Durchsetzungsfähigkeitsdimension über den gesamten Politikzyklus hinweg auszugehen, wodurch sich die Charakterisierung des »experimental law-making« ergibt (Lamping und Rüb 2006).

Zunächst ist auffällig, dass die Rentenreform – auch durch die frühe Ankündigung in der Regierungserklärung – mit großen Profilierungschancen innerhalb der SPD verbunden war. Für Schröder war die Rentenreform ein zentraler Bestandteil seiner neuen Sozialdemokratie, die den Beweis erbringen sollte, dass eine SPD-geführte Regierung in der Lage ist, den Standort Deutschland wettbewerbsfähiger zu machen. Betrachtet man die Entwicklung des Beitragssatzes der Rentenversicherung und das Verhältnis der Ausgaben zum BIP (Abbildung 4), so wird deutlich, wie sehr der Erfolg des sozialdemokratischen Standortprogramms an die Entwicklung der Rentenversicherung gekoppelt ist.

Ein Erfolg im Politikfeld Rente wäre somit nicht nur eine Bedingung für den Erfolg der ganzen sozialpolitischen Reformlinie, sondern zugleich auch eine eindeutige Bestätigung der Schröder-Linie. Demzufolge bestanden für die Organisatoren einer entsprechenden Rentenreform große politische Profilierungschancen.

Weil jedoch der Kurs Schröders gerade in der Sozialpolitik intern sehr umstritten war, wurde die Rentenreform auch von den Gegnern der Schröder-Linie als politische Profilierungschance gesehen. Da für die große Linie der neuen Sozialdemokratie der Beweis angetreten werden musste, dass die SPD zu einer Senkung der Lohnnebenkosten in der Lage ist, war offensichtlich, dass sich an dieser Frage eine Hauptkonfliktlinie bilden würde.

Die Durchsetzungschancen für eine solche Senkung der Lohnnebenkosten stiegen durch die Idee Riesters, die Absenkung des Rentenniveaus durch den Ausbau der anderen Säulen des Rentensystems auszugleichen. Ein solcher Ausgleich durfte jedoch nicht die Entlastung der Arbeitskosten tangieren. Dieser Spagat, Einsparungen durchzusetzen und gleichzeitig nicht als Partei dazustehen, die den Sozialstaat zusammenkürzt, sollte durch die Kapitaldeckung ermöglicht werden.

Die Fokussierung auf die Kapitaldeckung eröffnete unmittelbar die Frage nach der Position der Gewerkschaften, die diesem Thema bislang wenig aufgeschlossen gegenübergestanden hatten und diesbezüglich als Vetospieler gelten mussten. Insofern war die Absteckung der Verhandlungskorridore entscheidend. Riesters ursprüngliche Idee der Tariffonds nahm auf die gewerkschaftlichen Positionen besondere Rücksicht. Die Tariffonds wären das Resultat von Tarifverhandlungen gewesen, in denen die Gewerkschaften auf die Auszahlung eines Teils der erzielten Lohnerhöhungen zugunsten des Aufbaus betrieblicher Altersvorsorgesysteme verzichtet hätten (Bäcker 2004; Engelen-Kefer 2000b). Das Arbeits- und Sozialministerium hätte dann für die Allgemeinverbindlichkeit dieser Abschlüsse gesorgt.

Die Aufwertung der gewerkschaftlichen Stellung sollte ein Entgegenkommen sein, um die Gewerkschaften in den Verhandlungen zur Zustimmung zum Reformprogramm insgesamt zu bewegen. Diese Idee scheiterte jedoch, da die Verhandlungspositionen der Gewerkschaften nicht richtig eingeschätzt wurden. Denn zum einen wurden die internen Differenzen des Deutschen Gewerkschaftsbundes (DGB) zu wenig berücksichtigt. Zum anderen betrachteten Teile der Kernexekutive die Aufwertung der Tarifverhandlungen, die mit einer Verbindlichkeitserklärung des Arbeitsministeriums einhergegangen wäre, kritisch. Die Absprachen des Ministeriums mit IG-Metall-Chef Klaus Zwickel erwiesen sich als nicht strapazierfähig, da die Vorschläge von einzelnen DGB-Gewerkschaften torpediert wurden.

Überhaupt lässt sich feststellen, dass die Positionen der einzelnen Gewerkschaften zu Rentenfragen sehr deutliche Differenzen aufweisen. Idealtypisch kann man sagen, dass die Industriegewerkschaft Bergbau, Chemie, Energie, deren Mitglieder häufig überdurchschnittlich hohe Löhne und Gehälter beziehen, sich sehr für die Aufrechterhaltung des Äquivalenzprinzips einsetzte. Die IG Metall (häufig unterstützt von ver.di) als große Industriegewerkschaft mit vielen Mitgliedern, die in der Regel eine durchgängige Erwerbsbiografie aufweisen, steht am ehesten für den Erhalt der GRV ein. Die IG BAU hingegen bemüht sich seit Jahren um Ergänzungen des Rentensystems, da ihre Mitglieder nur selten eine Erwerbsbiografie erreichen, die dem Ideal eines »Eckrentners« entspricht (vgl. Trampusch 2004a; Hegelich 2006a).

In dieser Situation war es besonders wichtig, ein geeignetes Gelegenheitsfenster zu nutzen. Dass sich Riester mit dem abgewandelten Reformkonzept schlussendlich durchsetzen konnte, lag nicht zuletzt an der geschickten zeitlichen Planung des Reformprozesses. Durch die Rückendeckung des Kanzleramts war es Riester gelungen, den Zeitpunkt für die Reform in das zweite Jahr der Regierung zu verlegen. Damit war erstens Zeit zur Entwicklung eines eigenständigen Konzepts gewonnen. Zweitens wurde der Versuch Dreßlers abgeblockt, die Reform in das dritte oder vierte Jahr der Regierungszeit zu verschieben. Eine solche Verschiebung galt im Ministerium als höchst problematisch, ging man doch davon aus, dass ein Jahr vor den Bundestagswahlen eine Rentenreform, die Kürzungen enthalten musste, nicht mehr durchzusetzen sei.

Dieser Zeitplan wurde sogar gesetzlich fixiert, sodass zumindest in dieser Hinsicht Planungssicherheit bestand. Vernachlässigt man die strategische Bedeutung dieser Entscheidung, so entsteht der Eindruck, die Regierung hätte »wertvolle Zeit [verschenkt und sich] um die Sanierung der Altersvorsorge herum[gedrückt], zumal sie sich wie in der Finanzpolitik in optimistische Prognosen von geringer Halbwertzeit flüchtete« (Hennecke 2004). Eine solche Darstellung lässt jedoch völlig unberücksichtigt, dass die Riester-Reform mit dem Ziel der Senkung der Lohnnebenkosten und dem Ausbau der kapitalgedeckten Säulen des Rentensystems zu einem früheren Zeitpunkt weder inhaltlich noch personell durchsetzbar gewesen wäre.

Das Gelegenheitsfenster ergab sich jedoch nicht nur durch die zeitliche Planung der Reform. Verschiedene Akteure waren der Auffassung, dass die Argumentation einer Kapitaldeckung vor allem deshalb als durchsetzbar galt, weil auf die positive Entwicklung an der Börse verwiesen werden konnte. Wäre der Crash der New Economy bereits absehbar gewesen, hätten sich die Sozialdemokraten wahrscheinlich gehütet, Kapitaldeckung als den goldenen Weg zu präsentieren, durch den sich die Beiträge ohne eine Kürzung der Renten senken ließen. So stand jedoch die Entwicklung der Renten der überaus positiven Entwicklung an den Aktienmärkten gegenüber, sodass eine Kapitaldeckung auch den Sozialpolitikern einleuchtete, die sich an den Arbeitnehmerpositionen orientierten.

3.4 Erfolgskontrolle und Agenda-Setting

Betrachtet man die Erfolgskontrolle als Aktivität, die den gesamten Reformprozess begleitet, so ist es auch an dieser Stelle sinnvoll, der Frage nachzugehen, welche Mechanismen im Zuge des Agenda-Setting verankert wurden, um eine Evaluation des Reformprozesses zu gewährleisten. Da die Erfolgskriterien in den Dimensionen Kompetenz, Kommunikation und Durchsetzungsfähigkeit unterschiedlich sind, wird im Folgenden die analytische Perspektive der Reformakteure aufgezeigt, die sich im Zuge des Agenda-Setting entwickelte.

Kontrollmechanismen hinsichtlich der Zielrichtung

Bereits bei der Untersuchung der Kernexekutive musste auf die inhaltliche Ausrichtung der Akteure eingegangen werden. Unter dem Stichwort Agenda-Setting tritt nun zum generellen Ziel Schröders, durch eine Rentenreform den Standort Deutschland wettbewerbsfähiger zu machen, die Festlegung auf den Ausbau der Kapitaldeckung und die direkte Verknüpfung der Lohnnebenkosten mit der Arbeitslosigkeit.

Es stellt sich demnach die Frage, ob im Zuge des Agenda-Setting auch geeignete Evaluationstechniken ausgewählt wurden, um Erfolg und Misserfolg in diesen Bereichen zu kontrollieren. Gerade in Bezug auf die Kapitaldeckung fällt die Antwort allerdings sehr negativ aus. Es gab kein Konzept, das in irgendeiner Weise ein Verhältnis zwischen der umlagefinanzierten GRV und den kapitalgedeckten privaten und betrieblichen Rentenversicherungen definiert hätte. Diese Unbestimmtheit passte durchaus zur Ausgangslage des »Riesterparadoxes«. Wenn die Einschnitte bei der GRV nicht als Kürzungen wahrgenommen werden sollten, dann war es vorteilhaft, sich nicht auf ein genaues Verhältnis festzulegen. Eine prozessbegleitende Evaluation war damit allerdings nahezu unmöglich.

Die Verknüpfung von Lohnnebenkosten als Beschäftigungshindernis und den Rentenbeiträgen entzieht sich ebenfalls einer systematischen Evaluation. Eine Verringerung der Beiträge zur GRV verschärft die Finanzierungsschwierigkeiten, wodurch starker Druck entsteht, die Renten zu kürzen. Außerdem bedeutet eine Senkung der Beiträge, dass jedes bestehende Beschäftigungsverhältnis zu geringeren Einnahmen in der GRV führt. Selbst wenn also über eine Senkung der Beiträge Beschäftigung entsteht – und hier gibt es keinen notwendig kausalen Zusammenhang, da die Lohnnebenkosten eben nur eine Bedingung für die Kalkulation der Unternehmen sind –, müsste dieser Beschäftigungseffekt die verminderten Einnahmen überkompensieren.

In der Rentenversicherung kommt hinzu, dass eine Zunahme der Beschäftigung – wenn sie denn erreicht würde – auch zu einer Zunahme der Rentenansprüche führen würde, sodass die kurzfristige Stabilisierung des Rentensystems zu einer Verschärfung der demographisch bedingten Problemlage führen könnte. Diese komplizierten Wechselwirkungen wurden anscheinend von den politischen Akteuren ignoriert, wodurch auch eine Bewertung von Gesamtkosten und -nutzen erheblich erschwert wurde.

Erfolgskontrolle der Kommunikation des Agenda-Setting

Die Analyse der öffentlichen Resonanz gestaltete sich im Hinblick auf das Agenda-Setting extrem schwierig. Hauptgrund hierfür war, dass kaum konkrete Reformmodelle entwickelt wurden. Insofern ließ sich die Öffentlichkeit nur schwer einbeziehen. Obwohl gerade die Medien an Meldungen zur Rentenpolitik sehr interessiert waren – die Frage der Aufhebung des demographischen Faktors wurde als erster Test für die Glaubwürdigkeit der Schröder-Regierung begriffen –, ließ sich dieses Interesse kaum ausnutzen, da von Regierungsseite keine konkreten Aussagen getroffen werden konnten.

Etwas besser funktionierte die Einbeziehung von Stakeholdern. Zumindest die Arbeitgeber- und Arbeitnehmerverbände fühlten sich durch die bestehenden Kontakte des Sozialministers zu den Verbandsspitzen durchaus ausreichend informiert. Dieses positive Kommunikationsklima trifft jedoch nicht auf den VDR zu. Hier wurden keine Versuche unternommen, den Verband frühzeitig einzubeziehen. Ein Grund hierfür kann eventuell darin gesehen werden, dass Riester die gesamte Arbeitsebene, von der Ministerialbürokratie bis hin zu den Sozialverbänden, aus der Entwicklung von neuen Ideen ausschloss, was bei den entsprechenden Akteuren den Eindruck einer chaotischen Arbeitsweise des Ministeriums erweckte.

Responsivität in Bezug auf die Parteibasis wurde vom Kanzleramt beim Agenda-Setting bewusst vermieden. Hier waren die innerparteilichen Konflikte offenbar zu groß und damit die Reaktion der Basis zu riskant. Der Hauptgrund hierfür war die Dreiteilung der relevanten Akteure, die kaum kommunikativ überbrückt werden konnte. Maßgeblich war, dass Walter Riester nicht zum Kreis der Leute gehörte, die in der SPD bisher für die Sozialpolitik zuständig waren. Diese alteingesessenen Sozialpolitiker um Dreßler gehörten allerdings in erster Linie dem linken Flügel um Lafontaine an, der einen mehr oder minder offenen Machtkampf mit Schröder führte. Insofern war das Arbeitsministerium zunächst von seinem eigenen Unterbau isoliert.

Hinzu kam, dass die Fraktionsspitze um Ulla Schmidt und Peter Struck ebenfalls Einfluss auf die Ausrichtung der Sozialpolitik beanspruchte und sich in die Verhandlungen um den Koalitionsvertrag einbrachte. Wesentliche Teile der internen Kommunikation konnten daher nur über das Kanzleramt oder zumindest auf der Basis der Rückendeckung durch den Kanzler abgewickelt werden. Vor diesem Hintergrund wurde die Parteibasis möglichst umgangen. Dadurch hatte man sich allerdings auch die Möglichkeit genommen, die Wirkung der Rentenpolitik auf die Basis zu überprüfen und gegebenenfalls den Kurs zu korrigieren.

Handlungsspielräume der Rentenreform beim Agenda-Setting

Das strategische Machtzentrum achtete im Zuge des Agenda-Setting sehr darauf, Handlungsspielräume zu erhalten, um ein flexibles Nachsteuern zu ermöglichen. So war die Rücknahme des demographischen Faktors mit Einschnitten in das Rentensystem verbunden, die nur vorläufigen Charakter haben sollten. Gleichzeitig stand die Regierung aber auch nicht unter Druck, diese Veränderungen tatsächlich wieder zurückzunehmen. Hier konnte auf die anstehende Rentenreform verwiesen werden, durch die das Rentensystem langfristig stabilisiert werden sollte.

Die Kombination, einerseits eine Rentenreform als großes politisches Ziel der Legislaturperiode auszugeben, jedoch andererseits die Umsetzung dieses Plans in die zweite Hälfte der Regierungszeit zu verlagern, führte zu einer Situation, in der ohne großen politischen Druck an Reformkonzepten gearbeitet werden konnte. Gleichzeitig hatte das strategische Machtzentrum die Möglichkeit, auf eine Veränderung der Akteurskonstellation zu warten.

Es ist durchaus denkbar, dass die Rentenreform nicht unter Rot-Grün stattgefunden hätte, wenn nicht der Machtkampf innerhalb der SPD zuvor entschieden gewesen wäre. Da die Handlungsspielräume jedoch durch eine abwartende Haltung entstanden und nicht gezielt strategisch geplant waren, gelang es dem Machtzentrum kaum, diese Spielräume für sich zu nutzen. Dies machte sich besonders bei der Politikformulierung bemerkbar.

4 Riester-Rente statt Tariffonds: Politikformulierung in der Rentenpolitik

Im Frühjahr 1999 war klar, dass die bislang vom Arbeitsminister favorisierte Idee der Tariffonds definitiv nicht in der geplanten Form durchsetzbar sein würde (vgl. Tabelle 1). Zunächst hatte Riester noch im Bündnis für Arbeit für die Fondsidee geworben, unter anderem mit dem Argument, dass dadurch Investivkapital bereitgestellt würde. Handwerkspräsident Dieter Philipp begrüßte diese Argumentation ausdrücklich und lobte den Minister für die Idee, »das Geld der Werktätigen dem Kapitalmarkt zur Verfügung zu stellen« (Philipp, zitiert nach Daniels 1998). Das Hauptproblem lag bei den Gewerkschaften, die ihre Zustimmung zur Tariffondsidee an die »Rente mit 60« koppelten, die wiederum von Schröder als nicht finanzierbar abgetan worden war (»Rente mit 60« 1999).

Das Scheitern der Tariffondsidee musste durch ein neues Konzept aufgefangen werden. So entstand die Idee der staatlichen Förderung einer privaten Altersvorsorge – die eigentliche Riester-Rente. Dabei wurde jedoch an den strategischen Reformzielen festgehalten. Der Beitragssatz sollte auf Kosten des Rentenniveaus langfristig stabilisiert und die so entstehende Lücke durch kapitalgedeckte Systeme aufgefangen werden. Dafür kam sowohl die private als auch die betriebliche Altersvorsorge in Betracht.

4.1 Von den Eckpunkten der Rentenreform unvermittelt zum Gesetzentwurf

Auch bei der Politikformulierung scheint die Kompetenzdimension wenig ausgeprägt zu sein. In Hinblick auf die Handlungsoptionen ist auffällig, dass sich das Ministerium – nachdem die Tariffonds nicht weiterverfolgt wurden – relativ schnell auf den Ausbau der dritten (und nur sekundär der zweiten) Säule fokussierte. Anscheinend wurden auch keine anderen Modelle entwickelt.

Durch diesen Schwenk näherte sich der Arbeitsminister der ursprünglichen Position des Kanzlers an. Die Reform der betrieblichen Altersvorsorge wurde zwar auch weiterverfolgt, jedoch nicht mehr mit der Zielrichtung, hier den Ausgleich für die Absenkung des Rentenniveaus zu organisieren. Stattdessen sah man in der zweiten Säule nun eine mögliche zusätzliche Aufstockung privater Renten. Durch die Festlegung auf die Entgeltumwandlung hoffte man zudem, die Lohnkosten zu verringern.

Obwohl der Blick in andere Länder, den Schröder in seiner Regierungserklärung angekündigt hatte (Schröder 1998), eine Vielzahl an Modellen gezeigt hätte, in denen die betriebliche Altersvorsorge tatsächlich eine tragende Rolle im Rentensystem spielt (vgl. Schubert, Hegelich und Bazant 2008), wurde entsprechendes Expertenwissen nicht in die Sondierung der Handlungsoptionen einbezogen. In diesem Zusammenhang ist auch die These von Martin Hering zu relativieren, der Ausbau der zweiten und dritten Säule sei darauf berechnet gewesen, Sozialleistungen aus dem Stabilitäts- und Wachstumspakt herauszurechnen (Hering 2005). Ein solcher Effekt war den beteiligten Akteuren anscheinend nicht bewusst (vgl. auch Lamping und Rüb 2006).

Das Ministerium verließ sich bei der Politikformulierung beinahe ausschließlich auf die eigenen Kompetenzen. Die Zusammenarbeit mit dem VDR wurde zwar im Vergleich zum Agenda-Setting intensiviert. So wurden für die Bewertung von Lösungsalternativen selbstverständlich die einzelnen Reformaspekte auch in Bezug auf ihre mittel- und langfristigen Effekte überprüft. Dabei ging es jedoch eher darum, den vom Ministerium eingeschlagenen Weg empirisch zu untermauern. Neue Ansätze wurden nicht verfolgt.

Dieser Eindruck wird auch dadurch bestätigt, dass das Thema Nachhaltigkeit erst mit der Rürup-Kommission in der Ministerialbürokratie auf Gehör stieß. Während der Politikformulierung der Riester-Reform stand hingegen ein möglicher Ausgleich über die Schwankungsreserve im Mittelpunkt der Expertise der Ministerialbürokratie. Damit wurden die Handlungsoptionen auf rein kurzfristige Maßnahmen beschränkt. Abbildung 5 zeigt, dass im Jahr 1999 der Spielraum, über die Rücklagen der GRV Einfluss auf die Entwicklung des Rentensystems zu nehmen, durch die frühere Rentenpolitik bereits nahezu ausgeschöpft war.

Die Fokussierung auf kurzfristige Effekte zeigt sich auch am Fehlen eines Reformfahrplans. Mit der Rentenreform 2001 sollten weitere Reformen bis 2030 überflüssig werden (BT-Drucksache 14/9503). Anders als beim Agenda-Setting wirkte sich die geringe Gewichtung

Abbildung 5: Rücklagen der GRV

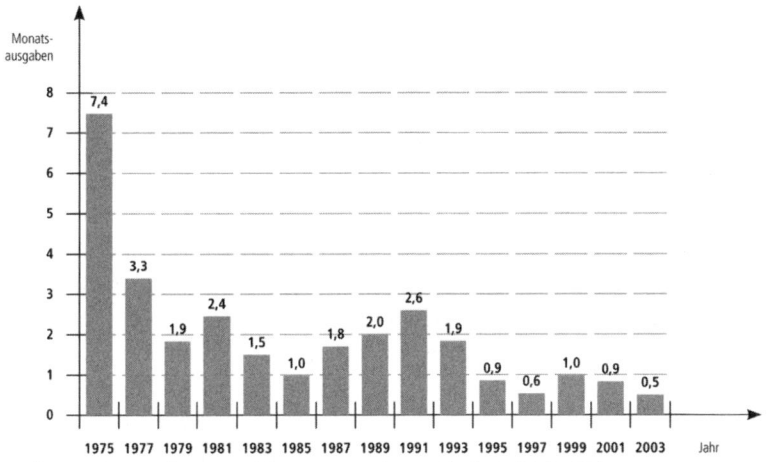

Monatsausgaben

Jahr	Wert
1975	7,4
1977	3,3
1979	1,9
1981	2,4
1983	1,5
1985	1,0
1987	1,8
1989	2,0
1991	2,6
1993	1,9
1995	0,9
1997	0,6
1999	1,0
2001	0,9
2003	0,5

Quelle: eigene Darstellung in Anlehnung an Bundeszentrale für Politische Bildung, www.bpb.de/files/BTT3DZ.pdf

der externen Kompetenz bei der Politikformulierung negativ aus. Denn die Alternative, die der VDR zum Ausgleichsfaktor von Riester präsentieren konnte, überzeugte nicht zuletzt durch Kompetenz. Sogar das Arbeits- und Sozialministerium musste nach einer Prüfung des VDR-Modells, die auf Drängen der SPD-Fraktion eingeleitet wurde, eingestehen, dass dieser Vorschlag mindestens genauso gut finanzierbar war und zudem die entstehenden Lasten besser auf die Generationen verteilte. Dabei ist jedoch nicht außer Acht zu lassen, dass das Kippen des Ausgleichsfaktors erst durch einen internen Machtkampf ermöglicht wurde, auf den in der Dimension Durchsetzungsfähigkeit eingegangen wird.

4.2 Rentenpolitisches Kommunikationsdilemma: zwischen Rentenlücke und Rentenlüge

SPD und Grüne hatten sich im Wahlkampf aktiv daran beteiligt, das Misstrauen in das Rentensystem zu stärken, indem sie den ehemaligen Arbeitsminister Norbert Blüm mit seiner Aussage »Die Renten sind sicher!« vorgeführt hatten. In der Dimension Kommunikation war es deshalb sehr schwierig für die beteiligten Akteure, Vertrauen aufzubauen.

Mithilfe des Bildes der Versorgungslücke versuchte das Arbeitsministerium, den Bürgern die Notwendigkeit einer Zusatzversorgung für das Alter klarzumachen und für die staatliche Förderung der privaten Renten zu werben. Diese negative Reformsprache, die realistische Erwartungen bei den Bürgern erzeugen sollte, wirkte nicht sehr vertrauensstiftend. Zudem wurde dieses Bild von den Versicherungsunternehmen in einer Art aufgegriffen, die sich negativ gegen die Riester-Reform wandte. In Werbungen und Pressekampagnen verbreiteten die Versicherer den Eindruck, dass die aufgetretene Lücke durch die Riester-Rente allein nicht zu schließen sei, weswegen sie ihren Kunden zu zusätzlichen Finanzprodukten rieten.

Die Versicherungsunternehmen schafften es außerdem, den Eindruck medial zu verankern, die Riester-Rente sei allgemein zu bürokratisch. Obwohl damit – wenn überhaupt – nur die Versicherungsunternehmen bei der Zertifizierung von Riester-Produkten behindert wurden, teilte die Öffentlichkeit diese Meinung in weiten Teilen.

Zudem gelang es dem Arbeitsminister nicht durchgängig, Glaubwürdigkeit zu vermitteln. So ließ Riester in Regierungskreisen verlauten, er würde den Etat seines Ressorts drastisch kürzen, um die Einsparungen zu erreichen, die der Finanzminister zur Stabilisierung des Bundeshaushalts benötigte.»Der Spiegel« machte daraus die Meldung, Riester wolle das Wahlversprechen brechen und die Renten noch stärker als die Unionsregierung kürzen, wobei der Aspekt der staatlichen Förderung der privaten oder betrieblichen Rente unter den Tisch fiel.

Das größte Problem bestand allerdings darin, dass völlig versäumt wurde, einen Dialog mit den Beteiligten – sowohl auf politischer Ebene als auch mit der Öffentlichkeit – zu entwickeln. Riester verzichtete völlig darauf, den Gesetzentwurf, an dem sein Ministerium arbeitete, mit anderen Akteuren zu diskutieren.»Der Spiegel« malte daraus genüsslich ein Gemälde einer völlig dilettantischen Regierungsarbeit: »Daß gleichwohl die Abstimmung einer Strategie für die öffentliche Präsentation fehlschlug, lag nicht zuletzt an Riester selbst. Der hielt alles geheim. Ein Kabinettskollege, der als einer der ersten die vollständigen Rentenpläne eingesehen hatte, war entsetzt über das Konzept: ›Mensch Walter, das kannst du doch nicht so machen.‹ [...] Die meisten Parlamentarier erfuhren die Details erst aus den Medien. Riester hatte am Dienstag Nachmittag eine kleine Journalistenrunde ins Ministerium geladen, um seine Pläne zu erläutern – in der Hoffnung auf eine verständnisvolle Presse« (Knaup et al. 1999: 23). Diese Darstellung der Regierungstätigkeit als »stümperhaft« übersieht allerdings, dass es gute Gründe in der Dimension der Durchsetzungsfähigkeit gab, warum das strategische Machtzentrum weitgehend darauf verzichtete, einen Dialog mit anderen Akteuren der Kernexekutive zu suchen.

Als einzig positiver Faktor in der Dimension Kommunikation ist für die Politikformulierung höchstens hervorzuheben, dass sich durch einen Personalwechsel im Ministerium das Klima zum VDR wieder verbesserte. Riester beurlaubte den Unterabteilungsleiter Thomas Ebert und setzte stattdessen Georg Recht ein (»Riester schasst wichtigen Rentenexperten« 2000). Recht galt – anders als Ebert – im VDR als zuverlässiger und solider Gesprächspartner. Die Beurlaubung mit sofortiger Wirkung legt nahe, dass es sich bei der Auseinandersetzung zwischen Ebert und Riester nicht um ein allein sachlich begründetes Zerwürfnis handelte. Zudem versuchte Riester durch einen Beitrag im »Vorwärts«, die SPD auf seine Linie zu bringen.

4.3 Die Rentenreform wird »durchgedrückt«

Das strategische Machtzentrum der Kernexekutive hatte sich bei der Formulierung und Durchsetzung der Rentenreform für eine Verhandlungsstrategie entschieden, die hauptsächlich auf Konflikt beruhte. Dieses Vorgehen war insofern erfolgreich, als die Rentenreform durchgedrückt werden konnte. Es verursachte allerdings hohe Kosten in Bezug auf die politischen Mehrheiten für weitere Reformprojekte und schwächte den öffentlichen Rückhalt.

Um die Wahl der Verhandlungsstrategie zu verstehen, muss bedacht werden, dass sich der Arbeitsminister in keiner Weise des Rückhalts der Kernexekutive sicher sein konnte. Schon die Präsentation des von ihm erarbeiteten Reformkonzepts war von offen ausgetragenen Konflikten begleitet. »Der Spiegel« berichtete über die Vorstellung der Rentenpläne im Kabinett süffisant: »Riester hatte den Job satt und war den Tränen nahe. Während er noch über sein Rentenkonzept referierte, wurde eine Agenturmeldung hereingereicht: Die Zwangsabgabe für die private Vorsorge solle doch nicht kommen. Darauf hätten sich die Fraktionschefs Peter Struck (SPD) und Rezzo Schlauch (Grüne) und Schröder angeblich geeinigt. Tatsächlich war das in der Dreierrunde von Fraktionschefs und Kanzler morgens gar nicht beschlossen worden. ›Aber alle drei waren sich einig, daß es so nicht geht‹, sagt einer der Beteiligten. Nun vermuten viele eine Intrige aus dem Kanzleramt« (Knaup et al. 1999: 23).

Dass das Kanzleramt Riesters Pläne bewusst sabotierte, ist allerdings eher unwahrscheinlich. Immerhin berichtete »Der Spiegel« selbst, dass Joschka Fischer von Schröder beauftragt wurde, das Querschießen seiner Partei zu verhindern. »Außenminister Joschka Fischer war inzwischen wieder als Pendeldiplomat unterwegs. Diesmal allerdings zwischen Kanzleramt und eigener Fraktion. Ein wütender Schröder hatte den Ober-Grünen Mittwoch abend einbestellt, weil Mit-Fraktionschefin Kerstin Müller einmal mehr ihren Oppositionsreflexen nachgegeben und die Riester-Reform als ›reine Sparorgie‹ gegeißelt hatte, obgleich der Schwenk zur kapitalgedeckten Altersvorsorge ganz im Sinne des Grünen-Programms ist« (Knaup et al. 1999: 23).

Der Fall ist daher so zu deuten, dass Arbeitsminister und Kanzleramt zunächst auf unterschiedliche Verhandlungsstrategien setzten: Während Riester Teile der Kernexekutive umging, weil er Beschädigungen seines Konzepts fürchtete, versuchte Schröder zu dieser Zeit noch, Bündnispartner zu sammeln, um die offen zutage tretenden Konflikte kontrollieren zu können.

Die nächsten Etappen im Prozess der Politikformulierung waren die (vorläufige) Einigung mit der Union, das Kippen des Ausgleichsfaktors und die Durchsetzung der Entgeltumwandlung, die mit der Abkehr vom Prinzip der paritätischen Finanzierung einherging. Damit die Reform durch den Bundesrat gehen konnte, brauchte Riester die Zustimmung der Union. Dazu führte er Verhandlungen mit dem stellvertretenden Vorsitzenden der CDU/CSU-Bundestagsfraktion Seehofer. Im Kern war diese Auseinandersetzung konfliktorientiert, da es in der Parteienkonkurrenz darum ging, als kompetenter Reformer des Rentensystems wahrgenommen zu werden. Formell setzten jedoch sowohl Riester als auch Seehofer auf konsensorientierte Strategien.

Generell konnte die CDU/CSU der Reform durchaus einiges abgewinnen. Nachdem man den Wahlerfolg von Rot-Grün zum Teil auch auf die Kampagne gegen die Rentenkürzungen zurückgeführt hatte, ging es der Union in den Verhandlungen mit dem Arbeits- und Sozialministerium darum, ihr soziales Gewissen hervorzuheben. Gleichzeitig sollte die Reform mit ihren Einschnitten jedoch nicht an der Union scheitern. Der Ausweg aus diesem Dilemma bestand für Seehofer darin, eine stärkere staatliche Förderung der privaten Rente zu fordern.

Er ließ verlauten, bei der Rentenreform solle man »finanziell klotzen und nicht kleckern« (»Annäherung zwischen Regierung und Opposition« 2000). Auf diese Weise wurde insbesondere den jüngeren Wählern suggeriert, die Union setze sich dafür ein, dass sie von der Reform profitieren würden. Die SPD wurde durch diese Strategie erheblich unter Druck gesetzt. Egal wie weit man sich in der Frage der staatlichen Förderung auf die Union zubewegte, Seehofer konnte immer für seine Fraktion beanspruchen, dass man gerne noch mehr Förderung erreicht hätte, sodass die SPD den »Schwarzen Peter« behielt.

Um auf dem Rentengipfel am 13. Juni 2000 eine Einigung zu erzielen und gleichzeitig der Taktik der Union etwas entgegenzusetzen, konterte Riester in Absprache mit Finanzminister Eichel und Bundeskanzler Schröder und bot der Union eine wesentlich höhere Förderung der privaten Vorsorge an, als diese gefordert hatte. So kam es in der Parteienkonkurrenz zu so etwas wie einer Kompensation. Union und SPD konnten sich als politische Kräfte präsentieren, die sich beide für die sozialen Belange der Bürger einsetzten.

Damit diese Sichtweise funktionierte, mussten jedoch auch alle Parteien die Einschnitte bei der GRV als unabdingbar darstellen. Somit konnte die Schröder-Regierung ihre Diskurshoheit ausbauen, die auf der Darstellung basierte, dass Kürzungen im Sozialstaat, die von einer SPD-Regierung durchgesetzt werden, unvermeidlich sein müssen (Hegelich und Meyer 2008). Die Auseinandersetzung zwischen Seehofer und Riester ist wohl auch einer der wichtigsten Gründe dafür, dass sich der Hauptfokus der Reform von der zweiten zur dritten Säule verschoben hat.

Wichtig für diesen Schritt war die Unterstützung durch das Kanzleramt und das Finanzministerium. Zwar gab es das erklärte Ziel des neuen Finanzministers Eichel, den Haushalt zu sanieren. Anders als zum Teil dargestellt (z. B. in Hegelich 2006a) ist dies jedoch nicht als Druck des Finanzministeriums auf das Arbeits- und Sozialministerium zu deuten. Umgekehrt scheint es, dass Riester die Einsparungen in seinem Ressort selbst vorgeschlagen hat, um seine Position durch die Rückendeckung des Finanzministeriums zu stärken. Auf dieser Basis sah der Finanzminister auch den nötigen Spielraum, um die staatliche Förderung auszubauen. Zu dieser Politik passt auch, dass das Finanzministerium unter Eichel die Rentenpläne durch Steuerreformen (bzw. die Ankündigung entsprechender Maßnahmen) unterstützte.

Weniger erfolgreich für Riester verlief der Reformprozess in Bezug auf den Ausgleichsfaktor. Hier setzte Riester ganz auf Konflikt, aber es gelang ihm nicht, die nötigen Bündnispartner zu gewinnen. Im Gegenteil, durch seinen Vorstoß brachte er wichtige Akteure der Kernexekutive gegen sich auf. Der Ausgleichsfaktor sollte das Rentenniveau sukzessive senken und damit den Anteil der zweiten und dritten Säule stärken. Hier war es hauptsächlich die eigene Partei, die Riester ein Bein stellte.

Die Fraktionsspitze der SPD nahm unter der Regie von Ulla Schmidt eigenständig Verhandlungen mit den Gewerkschaften auf. Die Gewerkschaften waren gegen die geplante Absenkung des Rentenniveaus auf 64 Prozent und machten diese Kritik vor allem am Ausgleichsfaktor fest. Zudem konnte die Fraktionsführung auch den VDR auf ihre Seite ziehen, der im Ausgleichsfaktor eine ungerechte Belastung der zukünftigen Rentner sah. Auch die Union – insbesondere Seehofer – sah im Ausgleichsfaktor eine Gelegenheit, gegen die Riester-Reform zu punkten.

Offensichtlich hatte Schmidt die Aufnahme von Verhandlungen mit den Gewerkschaften gründlich geplant. Denn die Initiative begann zu einem Zeitpunkt, da Riester sich gerade auf einer Reise nach Australien befand, um dort ein Sozialabkommen zu unterzeichnen. Insider sprechen deswegen auch vom »Down-under-Effekt« – eine Wortschöpfung, die deutlich macht, welche Wellen die Aktion schlug. Zudem hatte das Arbeits- und Sozialministerium bereits Pläne entwickelt, mit deren Hilfe die Gewerkschaften für den Ausgleichsfaktor gewonnen werden sollten.

Die Einwände gegen den Ausgleichsfaktor mögen auf die unterschiedlichsten politischen Kalkulationen zurückzuführen sein. Alle

Akteure jedoch – die SPD-Fraktion, die Union und die Gewerkschaften – konnten sich hinter der Position des VDR vereinigen, der mit seinem Gegenentwurf auf die überlegene Kompetenz hinsichtlich der mittelfristigen Berechnungen verweisen konnte. Die Reformgegner – und nicht die Regierung – konnten sich also öffentlichen Rückhalt für ihre Positionen sichern.

Das Kippen des Ausgleichsfaktors kann nicht anders als eine schwerwiegende Beschädigung Riesters gewertet werden. Der einzige Ausweg, um eine völlige Demontage zu verhindern, bestand darin, dass auch das Kanzleramt verstärkt auf Konflikt als Verhandlungsstrategie setzte. Bundeskanzler Schröder und Kanzleramtsminister Steinmeier waren über das Vorgehen der Fraktion wenig erfreut und sicherten Riester Unterstützung zu. Der Ausgleichsfaktor war dadurch zwar nicht zu retten, das Kanzleramt sorgte jedoch dafür, dass Riester trotz dieser Niederlage im Amt blieb. Nicht unerheblich für die Unterstützung dürfte auch gewesen sein, dass die Regierung durch die Rücktritte der Minister Oskar Lafontaine, Reinhard Klimmt und Michael Naumann bereits stark belastet war.

Da der Kanzler sich persönlich in die Rentenfrage einschaltete, kam es auch zu einer (vorläufigen) Einigung mit den Gewerkschaften, die bei einem Adventsessen mit Schröder und Riester ihre generelle Zustimmung zur Reform signalisierten. Der Kompromiss bestand darin, dass offiziell am Rentenniveau von 67 Prozent festgehalten wurde, die Gewerkschaften jedoch gleichzeitig der Festschreibung des Beitragssatzes auf höchstens 22 Prozent zustimmten. Damit wurde der grundsätzliche Wechsel von der Lebensstandardsicherung zur Beitragssatzsicherung mitgetragen.

Die konfliktgeprägte Verhandlungsstrategie setzte sich auch bei der Frage der Entgeltumwandlung bei der betrieblichen Altersvorsorge fort. Hier unterstützte das Arbeits- und Sozialministerium die Vorstellungen der Arbeitgeber (Hegelich 2006b). Insbesondere die Abkehr vom Prinzip der paritätischen Finanzierung war mit den Leitgedanken der Riester-Reform sehr gut vereinbar, da es um die Senkung der Lohnnebenkosten ging. Dass sich das Ministerium so deutlich auf die Seite der Arbeitgeber schlug, muss aus strategischer Sicht auch als Versuch gewertet werden, die kritische Position der Gewerkschaften zu schwächen. Offensichtlich ging es weniger darum, einen Konsens herzustellen, als vielmehr durch Konflikte die Gegenpositionen zu desavouieren.

Um die Rentenreform 2001 umsetzen zu können, musste das Reformpaket noch von Bundestag und Bundesrat verabschiedet werden. Dieser Prozess gestaltete sich sehr schwierig, da die Reform nach wie vor sehr umstritten war. Insbesondere die Union war nicht bereit, die Rentenreform mitzutragen, sie wollte die Rente vielmehr als Wahlkampfthema nutzen. In diesem Punkt hatte sich Edmund Stoiber gegen CDU-Chefin Angela Merkel durchgesetzt (»SPD-Fraktion will Riesters Konzept ändern« 2000: 6).

Um für die Reform eine Mehrheit zu bekommen, spaltete die Regierung das Reformpaket in zwei Gesetze auf, das zustimmungspflichtige Altersvermögensgesetz (AVmG) und das zustimmungsfreie Altersvermögensergänzungsgesetz (AVmEG), das bereits am 26. Januar 2001 gegen die Stimmen der Oppositionsparteien im Bundestag verabschiedet wurde. Das AVmG wurde zwar am 16. Februar 2001 zunächst im Bundesrat an den Vermittlungsausschuss zurückverwiesen, nach Verhandlungen und gezielten Zugeständnissen an einige Länder konnte die Reform dann jedoch gegen die Stimmen der unionsgeführten Länder verabschiedet werden. »Durch die im Vermittlungsausschuss erzielte Einigung der Förderung von Wohneigentum war auch Rheinland-Pfalz (rot-gelb) für eine Zustimmung gewonnen worden. Die Mehrheit im Bundesrat kam schließlich durch die Zusage des Kanzlers an Berlin zustande, die zur Durchführung der Förderung zu schaffende ›Zentrale Stelle‹ in Berlin anzusiedeln« (Heimpel 2003: 72).

Allen Beteiligten war klar, dass eine Blockade des AVmG zu einer völlig inkonsistenten institutionellen Situation in der Rentenpolitik geführt hätte, da das AVmEG ja bereits in Kraft getreten war. Auch wenn durch diese auf Konflikt ausgerichtete Verhandlungsstrategie der Rückhalt in der Öffentlichkeit für die Reform deutlich abnahm, gelang es auf diese Weise, die Riester-Rente durchzusetzen.

4.4 Erfolgskontrolle: das Rentenreformpaket auf dem Prüfstand

Auch in Hinblick auf die Politikformulierung und Entscheidung stellt sich die Frage, welche Maßnahmen ergriffen wurden, um eine

Erfolgskontrolle des Reformprozesses zu ermöglichen. Hier wird besonders deutlich, dass die Evaluation des Reformprozesses über die Phasen des Policy-Cycle (vgl. Abbildung 1) hinausgeht. Gerade die Festlegung des Reforminhalts muss erstens die Zielvorgaben berücksichtigen, die im Zuge des Agenda-Setting entscheidend waren, und dabei zweitens möglichst konkrete Kriterien finden und im Reformwerk formulieren, an denen der Erfolg der Umsetzung evaluiert werden kann. Dabei sind aus strategischer Sicht erneut die drei Dimensionen Kompetenz, Kommunikation und Durchsetzungsfähigkeit zu berücksichtigen.

Reformformulierung wider besseres Wissen?

Die Formulierung der Rentenreform 2001 verlief mehr oder minder hinter den verschlossenen Türen des Arbeitsministeriums. Mit Ausnahme der Einbeziehung des Rentenexperten Rürup – die in erster Linie auf der Ebene des Kanzleramts stattfand – blieb daher auch die systematische Konsultation externer Expertise auf ein Maß beschränkt, das für Rentenreformen sehr ungewöhnlich ist.

Zwar wurde auch bei der Rentenreform 2001 nicht auf die Anhörung der Rentenexperten der Sozialpartner und der Selbstverwaltung verzichtet. Deren Stellungnahmen hatten jedoch wenig Einfluss auf die Gestaltung der Reform. Selbst der Sozialbeirat war nicht in den eigentlichen Reformprozess integriert, was das Sondergutachten (BT-Drucksache 14/5394) auch in den gewählten Formulierungen deutlich macht. Dieser Umstand legt die Vermutung nahe, dass auf eine prozessbegleitende Evaluation weitgehend verzichtet wurde. Auch die Berechnungen des Arbeitsministeriums wurden von den meisten Rentenexperten stark angezweifelt. Vor diesem Hintergrund beantragte die Opposition später sogar die Einrichtung eines Untersuchungsausschusses.

Besonders deutlich wird die Vernachlässigung der Kompetenzdimension hinsichtlich des Obligatoriums. Das strategische Machtzentrum ging davon aus, dass die private Rente nur dann in genügendem Umfang wahrgenommen werden würde, wenn man sie verpflichtend gestaltete. Dieser Vorschlag wurde dann jedoch angesichts des Widerstands in der Öffentlichkeit und in der Kernexekutive aufgegeben.

Hier hat jedoch kein politisches Lernen stattgefunden. Riester und Schröder gingen davon aus, dass nicht genügend »Riester-Verträge« abgeschlossen würden, um die private Rente zu einem Ausgleich für die Rentenkürzungen in der GRV zu machen. Anstatt ein anderes Modell zu entwickeln, das ohne Verpflichtung dasselbe Ziel erreichte, setzte man im Arbeitsministerium darauf, dass das Obligatorium zu einem späteren Zeitpunkt durchsetzbar werden würde, wenn die Abschlussrate bei den Riesterverträgen dramatisch unter den Erwartungen bliebe. Man kalkulierte also das Scheitern eines Teils der formulierten Reform mit ein. Insofern war auch klar, dass keine geeigneten Evaluationsmechanismen gefunden wurden, die den Erfolg der Reform hätten deutlich machen können.

Responsivität im Entscheidungsprozess der Riester-Reform

Eine Grundvoraussetzung für Responsivität besteht darin, dass die zugrundeliegenden Sachverhältnisse transparent gemacht werden. Insofern ist die Kommunikation hinsichtlich der Politikformulierung eng mit der Kompetenzdimension verbunden. Im Laufe des Reformprozesses gab es eine permanente Unzufriedenheit der Reformgegner mit den Daten, die das Arbeits- und Sozialministerium vorlegte.

Hier wurde jedoch auf einen Dialog mit den Stakeholdern verzichtet. Dies zeigt sich nicht nur im Affront, das Ministerium darauf zu verpflichten, den VDR-Gegenentwurf zum Ausgleichsfaktor durchrechnen zu lassen, sondern auch daran, dass ein Untersuchungsausschuss eingesetzt wurde, der die Frage klären sollte, ob das Arbeits- und Sozialministerium vor der Wahl 2002 bewusst die Rentenberechnung manipuliert hatte. Der Untersuchungsausschuss kommt in seinem Abschlussbericht zwar zu dem Mehrheitsergebnis (getragen von SPD und Grünen), dass der Vorwurf des Wahlbetrugs nicht haltbar sei. Die Arbeit des Untersuchungsausschusses zeigt dennoch, dass zum Teil mit sehr optimistischen Daten gearbeitet wurde.

Die Liste der im Untersuchungsausschuss vernommenen Zeugen legt nahe, dass die Kommunikation zwischen Arbeits- und Sozialministerium, Kanzleramt und Finanzministerium in dieser Frage sehr gut funktionierte, während sich bei den anderen Akteuren der Kernexekutive mehr und mehr Misstrauen hinsichtlich der Belastbarkeit der Daten des Riester-Ministeriums einstellte.

Wie wenig die öffentliche Resonanz analysiert wurde, zeigt sich maßgeblich am Scheitern der obligatorischen Zusatzrente. Obwohl Riester (und auch Schröder) von dem Konzept überzeugt waren, ließ es sich nicht gegen den öffentlichen Druck, den maßgeblich die Bild-Zeitung erzeugte, durchsetzen. Hier hatte man völlig versäumt, positiv für das Konzept zu werben. Dabei wäre es recht einfach gewesen, die Vorteile einer obligatorischen privaten Rente darzustellen, wenn bewusst die Probleme der Zielgruppen angesprochen worden wären, die eine Unterversorgung im Alter fürchten müssen (u. a. Geringverdiener, Alleinerziehende, Teilzeitbeschäftigte).

Nachjustierung an den rentenpolitischen Stellschrauben

Hinsichtlich der Erfolgskontrolle in der Durchsetzungsfähigkeitsdimension ist besonders auf das flexible Nachsteuern des Arbeitsministeriums zu verweisen. Um aktuelle Finanzierungsprobleme zu bewältigen, ließen sich eine Reihe von Stellschrauben justieren, von der Erhöhung des Bundeszuschusses im Rahmen der Ökosteuerreform über die Aussetzung der Rentenanpassungen bis hin zur Abschmelzung der Schwankungsreserve (vgl. Abbildung 5). Durch diese Maßnahmen wurde der politische Gestaltungsspielraum in der aktuellen Situation erheblich erweitert, da die Finanzierungsprobleme abnahmen und so Zeit für die eigentliche Reform blieb.

Gleichzeitig lässt sich der Umgang mit diesen rentenpolitischen Stellschrauben jedoch auch als verschwenderisch charakterisieren, da hier nahezu alle legalen Mittel ausgenutzt wurden. Der Handlungsspielraum für spätere Anpassungen nahm damit erheblich ab, schließlich führt gerade eine Verringerung der Schwankungsreserve dazu, dass die Finanzmittel, über die die GRV getrennt von den laufenden Beiträgen verfügt, immer weniger in einem realen Verhältnis zu den laufenden Kosten und ihren periodischen Schwankungen stehen.

Durch die Intervention der CSU hatte sich die Akteurskonstellation innerhalb der Kernexekutive verändert. Trotz der zunächst erfolgreichen Vorgespräche mit der Union drohte diese nun mit einer Blockade der Reform im Bundesrat. Hier fand das strategische Machtzentrum in der Aufspaltung des Gesetzes in einen zustimmungspflichtigen und einen nicht zustimmungspflichtigen Teil ein sehr probates strategisches Werkzeug, um die Reform durchzusetzen.

5 Politikumsetzung: die Riester-Reform im Praxistest

Die Politikumsetzung der Riester-Reform macht deutlich, dass ein politischer Prozess nicht dann endet, wenn das entsprechende Gesetz verabschiedet ist. In den ersten drei Jahren nach der Reform wurden immer wieder Stimmen laut, die die Riester-Reform als missglückt bezeichneten, da die private Altersvorsorge nur unzureichend wahrgenommen würde (vgl. Abbildung 6). So meldete beispielsweise das Deutsche Institut für Altersvorsorge sowohl 2002 als auch 2003, die Riester-Reform sei gescheitert, da nur ein geringer Teil der Betroffenen eine Riesterförderung beantragt habe (»DIA: Riester-Reform ist gescheitert« 2003).

Diese Situation änderte sich erst, als im Zuge der Rürup-Reform die Riesterverträge für die privaten Versicherungsanbieter attraktiver wurden. Der umfassenden Veränderung des deutschen Rentensystems, die mit der Riester-Reform einsetzte (vgl. Hinrichs und Kangas 2003), wird man jedoch nicht gerecht, wenn die Umsetzung des Reformprogramms einzig auf die Zahl der Abschlüsse der privaten Riester-Verträge beschränkt wird. Anhand der Dimensionen Kompetenz, Kommunikation und Durchsetzungsfähigkeit soll im Folgenden ein elaborierteres Verständnis der strategischen Bedeutung des Umsetzungsprozesses entwickelt werden.

5.1 Ergebnisqualität der Riester-Reform

Es wurde häufig betont, die Riester-Reform habe hinsichtlich der Wirkungsorientierung versagt. In Bezug auf die private Vorsorge blieb lange Zeit die Meinung vorherrschend, die Riester-Rente sei zu bürokratisch. Frank Neuroth (u. a. Vorstandsmitglied Victoria Lebensversicherung AG) sagte beispielsweise in einem Interview: »Nicht einmal die Hälfte unserer Riester-Versicherten haben ihren Förderantrag eingereicht, weil sie sich von dem mehrseitigen Antragsformular einfach überfordert fühlen. Oder die jährliche Mitteilung der aktuellen Einkünfte. Das ist überflüssiger bürokratischer Aufwand« (»Riester-Rente vor der Renaissance?« 2003).

Obwohl diese Kritik häufig an den elf Zulassungskriterien für Riester-Produkte festgemacht wurde, ist diese Begründung wenig plausibel. Denn die geringe Zahl der Riesterverträge war nicht darin begründet, dass die Versicherungsunternehmen den Aufwand der Zulassung scheuten, sondern darin, dass den Kunden eher andere Verträge (z. B. private Lebensversicherungen) empfohlen wurden. Diesen Sachverhalt gesteht auch Neuroth ein, wenn er sagt: »Für die Versicherungswirtschaft liegt das entscheidende Problem beim Vertrieb. In der Altersvorsorge ist es so: Die Produkte werden nicht gekauft, sie werden intensiv beraten und verkauft. Das macht der Vertrieb. Dafür bekommt er Provisionen. Die werden aber bei der Riester-Rente auf zehn Jahre verteilt, im Gegensatz zu allen anderen Produkten der Altersvorsorge« (»Riester-Rente vor der Renaissance?« 2003).

Da seit der Änderung der Provisionsregelung die Zahl der Riester-Abschlüsse deutlich gestiegen ist, kann davon ausgegangen werden, dass das Problem weniger in einer fehlenden Wirkungsorientierung bestand als vielmehr in einer unzulänglichen Nutzung der Steuerungsinstrumente (vgl. Abbildung 6). Die vielgescholtenen Kriterien sind auch verändert worden. Allerdings wurden die ursprünglich elf Kriterien einfach formell in fünf zusammengefasst, ohne dass es zu substanziellen Änderungen kam. Aus dem Sozialministerium wird die Haltung der Versicherungswirtschaft daher noch heute als unehrlich kritisiert.

Hätte man die Rahmenbedingungen von Anfang an so gestaltet, dass die Versicherungsunternehmen noch stärker vom Vertrieb der Riester-Produkte profitiert hätten, wären vermutlich auch in den Jahren 2001 bis 2004 mehr Verträge abgeschlossen worden. Bessere Geschäftsbedingungen für die Vertreiber von Riester-Produkten bedeuten in diesem Fall jedoch eine Schlechterstellung der Versicherten, da die Zehnjahresregelung gewährleisten sollte, dass die Verträge nicht unmittelbar mit den Provisionsgebühren belastet werden, sondern von Anfang an ein Kapitalaufbau stattfindet.

Auffallend ist auch, dass in Bezug auf die private Altersvorsorge keine Umsetzungsschritte definiert wurden. Zwar ging man davon aus, dass die Abschlussrate bei den Riester-Verträgen nur langsam

Abbildung 6: Zahl der Riester-Verträge

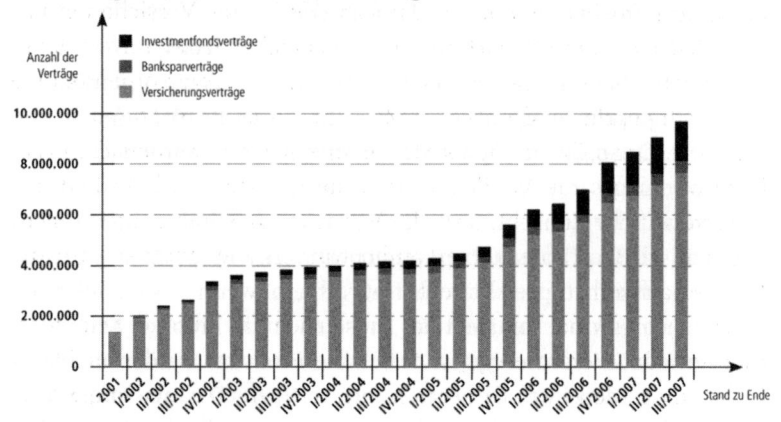

Quelle: eigene Darstellung in Anlehnung an Bundesministerium für Arbeit und Soziales, www.bmas.de/coremedia/generator/24340/property=pdf/riester__rente__entwicklung__diagramm__stand__IV__2007.pdf

steigen würde, es waren jedoch keine konkreten Maßnahmen geplant, die diesen Prozess begünstigt hätten. Diese Schritte wurden erst im Zuge der Rürup-Reform umgesetzt.

Im Bereich der betrieblichen Altersvorsorge griffen die Steuerungsinstrumente wesentlich besser. Die Gewerkschaften – insbesondere die IG Bau und die IG Metall – sahen in der neuen betrieblichen Zusatzrente eine Erweiterung ihrer tarifpolitischen Kompetenzen und versuchten, durch die aktive Gestaltung solcher Rentenprogramme die Rentenkürzungen für ihre Mitglieder zu relativieren. Die Bereitschaft der Gewerkschaften, (weitere) Organisationsaufgaben im Bereich der betrieblichen Altersvorsorge zu übernehmen, muss auch im Kontext der Krise der Gewerkschaften gesehen werden, da die Gewerkschaften nach neuen Feldern suchten, auf denen sie ihren Einflussverlust relativieren konnten.

5.2 Wie bürgernah ist die Riester-Rente?

Die Probleme bei der Umsetzung der Riester-Reform sind zum Teil auch in der Dimension Kommunikation zu verorten. Insbesondere die Kommunikation zwischen Politik und Bürgern gestaltete sich schwierig. Einerseits war in der Begründung der Rentenreform 2001 der Eindruck erweckt worden, es bestünde für die Versicherten unmittelbar Handlungsbedarf, um ihr persönliches Rentenniveau langfristig zu sichern. Andererseits sollten Altersvorsorgeprodukte gründlich geprüft und mit einem Zertifikat ausgestattet werden. Die Zertifizierung selbst muss als Maßnahme gewertet werden, die Probleme offenlegt und die Transparenz der Abläufe fördert, denn sie basierte auf der Einsicht, dass die Versicherungsunternehmen nicht automatisch die Produkte verkaufen würden, die langfristig für die Kunden am günstigsten wären.

Da jeder Kunde nur einen Riester-Vertrag abschließen wird, musste jedes Versicherungsunternehmen versuchen, diesen Markt frühzeitig zu besetzen. Die Zertifizierung erschien daher vom Standpunkt der Versicherer als wettbewerbsschädliche Verzögerung. Dadurch entstand die paradoxe Situation, dass die Regierung – über die Verbraucherschutzzentralen – die Bürger davor warnte, bereits 2001 Riester-Verträge abzuschließen, da sie befürchtete, die Bürger würden sich auf Produkte festlegen, die sich später als nicht förderungswürdig erweisen würden.

Die dadurch eingetretene Verunsicherung verstärkte zum Teil noch die Opposition, indem sie die Wähler davor warnte, in die Riester-Förderung einzusteigen, da diese Regelungen einen Regierungswechsel nicht überdauern würden (»Riester-Rente vor der Renaissance?« 2003). Diese mangelnde Verbindlichkeit erschwerte die Kommunikation mit den Bürgern zusätzlich, sodass im Endeffekt zwar die Probleme transparent gemacht wurden, nicht jedoch der eigentliche Ablauf der Reform.

Positiv dagegen ist hervorzuheben, dass die Rentenversicherungsträger im AVmG verpflichtet wurden, die individuellen Renteninformationen ab 2004 regelmäßig zu versenden. Damit wurde die Kommunikation zwischen Verwaltung und Bürger wesentlich verbessert. Auf der Mikroebene steigert diese Maßnahme daher mittel- und langfristig auch die Transparenz des Reformfahrplans.

5.3 Geringe Reibungsverluste bei der Umsetzung der Riester-Reform

Die Durchsetzungsfähigkeit des strategischen Machtzentrums in der Kernexekutive war in Bezug auf die Politikumsetzung der Rentenreform 2001 weitgehend gewährleistet. Der Gesetzgeber hatte die Verwaltung frühzeitig eingebunden und klare Verantwortlichkeiten geschaffen. Die Einrichtung einer »Zentralen Zulassungsstelle für Altersvermögen« (ZfA) wurde der Bundesversicherungsanstalt für Angestellte (BfA) übertragen, die Einrichtung einer Zulassungsstelle für die Zertifizierung von Riester-Produkten der Bundesanstalt für Finanzdienstleistungsaufsicht (BaFin) in Bonn.

Nur im Bereich der betrieblichen Altersvorsorge ist die Benennung von Verantwortlichen weniger eindeutig, da der Aufbau betrieblicher Altersvorsorgesysteme zwar durch einen Rechtsanspruch gesichert ist, die Organisation jedoch bei den Tarifparteien angesiedelt bleibt (bzw. bei den privaten Versicherungsunternehmen, sofern der Arbeitgeber dem Arbeitnehmer die Wahl des Versicherungswegs freistellt). Zudem besteht keine Aufklärungspflicht des Arbeitgebers über Möglichkeiten der Entgeltumwandlung.

Im Bereich der betrieblichen Altersvorsorge war dafür die Einbindung der Stakeholder gewährleistet. Die Arbeitgeber hatten die von ihnen geforderte Entgeltumwandlung bekommen und standen den Regelungen insgesamt positiv gegenüber. Die Gewerkschaften sahen trotz aller Kritik an der Riester-Reform im Bereich der zweiten Säule ein neues Betätigungsfeld, das sie konstruktiv gestalten wollten (Hegelich 2006b).

Obwohl die Versicherungswirtschaft sich kaum in den Reformprozess eingebracht hatte, reagierte sie, ebenso wie die Gewerkschaften im Kontext der betrieblichen Altersvorsorge, sehr schnell auf die Reformen. Dies spricht dafür, dass der Umgang mit den Stakeholdern an sich ausreichend geklärt war und auch die entsprechenden Informationen zur Verfügung gestellt wurden. Zwar haben sich einige Details der Reform erst im Prozess der Umsetzung – zum Teil durch die entsprechende Rechtsprechung – geklärt. Angesichts des höchst komplexen Themas, das weitreichende sozial-, steuer-, wettbewerbs- und arbeitsrechtliche Implikationen aufwies, sind solche Prozesse wohl als unvermeidliche Friktionen zu werten.

5.4 Erfolgskontrolle der Umsetzung: nach der Reform ist vor der Reform

Mit der Umsetzung der Riester-Reform ist der eigentliche Reformprozess nicht abgeschlossen. Vielmehr schließt sich mit der Rürup-Reform unmittelbar ein neues Projekt an, das zum Teil auf neuen Zielsetzungen basiert, teilweise jedoch auch direkt den alten Reformprozess fortsetzt und korrigiert. Dieses Kontinuum von Reformen ist in der deutschen Rentenpolitik typisch (vgl. Hegelich 2006a) und auch wegen der zu beachtenden Zeiträume – die magische Schranke für die Riester-Reform war das Jahr 2040 – unvermeidlich. Für die Erfolgskontrolle bedeutet dies, dass nicht abschließend Bilanz gezogen werden kann, sondern dass stattdessen auch im Anschluss an die Umsetzung Mechanismen zu etablieren sind, die eine zukünftige Evaluation ermöglichen.

Greifen die Kontrollmechanismen der Evaluation?

Die Riester-Reform hat die fiskalischen Probleme der GRV nicht gelöst. Die finanzielle Entwicklung der GRV wurde mit Sorge beobachtet und die Regierung musste registrieren, dass weder Zeitplan noch Kosten der Reform im Hinblick auf das Leitziel der Stabilisierung des Beitragssatzes richtig kalkuliert waren (Schnabel 2003).

Wie beschrieben, wurden bei der Riester-Reform zwei Ziele festgeschrieben, die auf Basis der gängigen Modellrechnungen nicht zu verbinden waren: der Beitragssatz von höchstens 22 Prozent und das Rentenniveau der GRV von 67 Prozent. Insofern war in die Rentenreform 2001 ein Mechanismus implementiert, der weitere Reformen notwendig machen würde. Ähnlich verhielt es sich mit der Zielvorgabe, 50 Prozent der Förderungsberechtigten sollten eine Riester-Rente abschließen. Auch hier war den Verantwortlichen klar, dass diese Zahl nicht erreicht werden würde. Nicht umsonst hatte man bei der Politikformulierung ja noch auf eine obligatorische Lösung gesetzt.

Solche Mechanismen sollten offensichtlich dafür sorgen, dass das Thema Rente zu einem späteren Zeitpunkt wieder aufgegriffen werden konnte. Dann, so hoffte man in der Regierung, wäre es möglich, die vielen Punkte erneut anzusprechen, die sich in der Rentenreform

2001 aufgrund der Widerstände im politisch-administrativen System nicht durchsetzen ließen. Die Tonart des Nationalen Strategieberichts 2001, weitere Reformen seien bis 2030 nicht nötig, war somit Makulatur (vgl. Hegelich 2006a: 13; BT-Drucksache 14/9503). Es lässt sich also bezweifeln, dass tatsächlich geeignete Evaluationstechniken ausgewählt wurden.

Gleichzeitig ist jedoch festzuhalten, dass selbst die vom Ministerium ausgegebenen Evaluationskriterien Beitragssatz, Rentenniveau und vor allem die Abschlussrate eine negative Bewertung der Reform nötig gemacht hätten. Ein politischer Lernprozess ist jedoch nicht zu erkennen. Statt den Reformkurs zu modifizieren, mobilisierten die Rentenpolitiker unter Schröder alle kurzfristigen Reserven der GRV, um die Finanzierungsprobleme notdürftig zu überbrücken, in der Hoffnung, die Sozial- und Arbeitsmarktreformen der Schröder-Regierung würden insgesamt zu einem Anspringen der Konjunktur führen, wodurch sich dann auch die (kurzfristigen) Probleme bei der Rentenversicherung lösen würden. Mehrere beteiligte Akteure haben dieses Vorgehen als eine Politik des Ausblutens der GRV bezeichnet.

In Einklang mit der abstrakten Logik der Sozialreformen unter Schröder wurde auch im Bereich Rente an der Devise festgehalten, dass das Ausbleiben eines Beschäftigungszuwachses keinen Zweifel an der Richtung der Reformen begründet, sondern nur zeigt, dass die Einschnitte noch nicht weit genug gehen (Hegelich und Meyer 2008). Es ist sehr zu bezweifeln, dass Gesamtkosten und -nutzen in dieser Hinsicht richtig kalkuliert wurden. Rentenexperten (insbesondere Döring 2002) haben frühzeitig darauf hingewiesen, dass auf Basis der heutigen Weichenstellung im Rentensystem die GRV zukünftig wohl nur noch eine Basissicherung wird leisten können. Die Warnungen vor solchen langfristigen Nebenwirkungen stießen jedoch auf wenig Beachtung.

Responsivität wird vertagt

Die öffentliche Resonanz auf die Riester-Reform verbesserte sich im Zuge der Umsetzung des Projekts nicht. Das Kanzleramt reagierte unter anderem mit der Umstrukturierung der Regierung nach der Wahl 2002. Das Arbeits- und das Wirtschaftsministerium wurden zusammengelegt. Damit schied Riester aus der Regierung aus. Ob damit jedoch die Responsivität gestärkt wurde, ist sehr fraglich. Denn Clement stand als neuer Minister noch stärker als Riester für den Reformkurs der Regierung Schröder in der Sozialpolitik.

Interessanterweise wurde jedoch gerade in der 2. Legislaturperiode der rot-grünen Regierung der Dialog mit den Stakeholdern in der Rentenpolitik eher intensiviert. Zwar sahen die Gewerkschaften in der Zusammenlegung der Ressorts eine Provokation. Gleichzeitig wurde jedoch über die Rürup-Kommission für eine Einbindung der Sozialpartner in die Rentenpolitik gesorgt, die zwar nicht den alten korporatistischen Strukturen entsprach – das Bündnis für Arbeit war gescheitert –, die dafür aber konstruktiv funktionierte und somit auch den Gewerkschaften wieder eine Stimme in der Rentenpolitik gab.

Die Riester-Reform sollte von ihrem Anspruch her eine Weichenstellung für das Rentensystem insgesamt sein (BT-Drucksache 14/9503). Da die Akteure – insbesondere das Kanzleramt – an dieser Vorstellung festhielten, blieb eine zielgruppenspezifische Nutzung von Evaluationsergebnissen weitgehend aus. Erst in jüngster Zeit ist festzustellen, dass es innerhalb der Kernexekutive ein Bewusstsein dafür gibt, dass das deutsche Rentensystem als Folge der Reformen deutlich an Universalität eingebüßt hat und dass künftig auf die speziellen Bedürfnisse unterschiedlicher Gruppen – wie zum Beispiel der neuen Selbstständigen – einzugehen sein wird.

Handlungsspielräume werden aufgebraucht

Die Umsetzung der Riester-Reform entzog sich hinsichtlich der Durchsetzungsfähigkeitsdimension völlig einer Erfolgskontrolle. Durch die Reform hatten sich die Fronten in der Rentenpolitik extrem verhärtet. Gerade die Erfolge in der Dimension der Durchsetzung, die das strategische Machtzentrum errungen hatte, führten nun dazu, dass nahezu alle strategischen Handlungsspielräume bereits ausgeschöpft waren. Ein flexibles Nachsteuern an irgendeiner Stelle hätte jedoch nicht nur die Riester-Reform, sondern auch die gesamte Linie der schröderschen Sozialpolitik in Frage gestellt.

Die einzige praktische Möglichkeit bestand darin, selbst für eine Veränderung der Akteurskonstellation zu sorgen. Einen wichtigen

Versuch in diese Richtung stellte die Rürup-Kommission dar. Dieser Schritt wäre jedoch eigentlich als Bestandteil der Politikformulierung und -entscheidung im Zuge der Rürup-Reform zu analysieren. Ein Mechanismus zur Erfolgskontrolle lässt sich daher nur ex post vermuten und zwar in der Hinsicht, dass die Regierung sich bemühte, das Thema Rente nicht wieder zu einer großen Debatte werden zu lassen.

6 Fazit

Die Rentenreform 2001 kann als Beispiel für strategische Reformpolitik gelten, die konsequent auf Durchsetzungsfähigkeit setzt und dabei zum Teil die Kompetenz- und Kommunikationsdimension auffallend vernachlässigt. Teilt man die Einschätzung, dass es sich bei der Rentenreform 2001 um den Einstieg in einen generellen Systemwechsel gehandelt hat, so lässt sich folgende Vermutung anstellen: Sowohl die Polarisierungen, die im Zuge des Reformprozesses vorgenommen wurden, als auch die starken Widerstände der Reformgegner waren nicht nur auf die Reforminhalte selbst gerichtet, sondern verdeutlichen darüber hinaus eine Abkehr von den eingerichteten Verhandlungsinstitutionen. Der eingeleitete Systemwechsel ging einher mit dem Aufbrechen der korporatistischen Struktur des deutschen Rentensystems (Schubert 2004; Hegelich 2007).

Gerade im Politikfeld Rente sind die Dimensionen Kompetenz und Kommunikation traditionell besonders wichtig. Die Komplexität des Themas ist enorm, weil finanzpolitische, versicherungsmathematische, demographische und juristische Fragen kombiniert werden müssen und die Auswirkungen auf die nächsten Generationen zu berücksichtigen sind. Kommunikation mit den Stakeholdern gilt als absolut entscheidend, da Rentenreformen beim Median-Wähler als unpopulär gelten und die Sozialpartner fest in das deutsche Rentensystem integriert sind.

Die Betonung der Dimension der Durchsetzungsfähigkeit in der strategischen Rentenpolitik ist daher ein Novum in der Entwicklung des deutschen Rentensystems – und gleichzeitig herrscht inzwischen Einigkeit darüber, dass gerade die Riester-Reform den Systemwechsel in Rentenfragen einleitete. Es lässt sich demnach folgende These formulieren: Ein Systemwechsel in der Sozialpolitik geht einher mit einer deutlichen Umgewichtung der strategischen Dimensionen.

Interessanterweise wurde die Rentenreform 2001 durch die Rürup-Reform ergänzt. Dieser Reformprozess betont viel stärker als die Riester-Reform die Dimensionen Kompetenz und Kommunikation. Es lässt sich daher – mit aller Vorsicht – argumentieren, dass der wirkliche Erfolg der strategischen Rentenpolitik der rot-grünen Regierung erst durch nachträgliche Umsteuerung insbesondere hinsichtlich des Reformstils erreicht werden konnte. Die Rürup-Kommission war zwar deutlicher Kritik ausgesetzt, diese bezog sich jedoch in erster Linie auf die Arbeitsgruppe Gesundheit, die nur mit großer Anstrengung überhaupt einen gemeinsamen Vorschlag hervorbrachte. In der Arbeitsgruppe Rente hingegen verliefen die Diskussionen wesentlich konstruktiver.

Die strategische Reformpolitik im Politikfeld Rente weist somit eine eigentümliche Dualität von Konflikt- und Verhandlungsstrategien auf. Die Analyse der Rentenreform 2001 macht eindrucksvoll deutlich, dass Entscheidungen nicht prinzipiell auf Einigungen basieren. Gleichzeitig scheint es aber auch nicht möglich zu sein, involvierte Interessen dauerhaft im Sinne von »pressure politics« zu übergehen.

Eine genauere Untersuchung der strategischen Dimension in der Rentenpolitik, die verschiedene Reformen bündelt, könnte daher an das Konzept des politisch limitierten Pluralismus anknüpfen. Die Idee des politisch limitierten Pluralismus ergab sich aus dem Vergleich von 25 Länderstudien zu den nationalen Wohlfahrtssystemen (Schubert, Hegelich und Bazant 2008). Zusammengefasst sind darin folgende Behauptungen enthalten:
- erstens, dass die Frage der Wohlfahrt in erster Linie ein Feld der nationalen Politik und politischen Auseinandersetzung ist;
- zweitens, dass die Nationalstaaten mit ihren Wohlfahrtssystemen auf Konflikte reagieren, die gesellschaftlichen Unterschieden entspringen – wie Zugang zu Ressourcen, Klassenlage, Geschlecht bzw. Geschlechterrolle, Alter, zum Teil auch ethnische und/oder regionale Unterteilungen, ohne jedoch diese problematische Pluralität aufzuheben; und
- drittens, dass ein immenser gesamtgesellschaftlicher Aufwand betrieben wird, um die Auswirkungen dieser Unterschiede soweit

abzumildern, dass Kompromisse, Kooperation und Koordination möglich werden (Hegelich und Schubert 2008: 650).

Grundlegend ist dabei die Idee, dass die Eigenheiten europäischer Wohlfahrtspolitik weder auf der Ebene fester Strukturen und Institutionen noch anhand der Ergebnisse (outcomes) analysiert werden können, sondern sich stattdessen im Reformprozess selbst ergeben. Die Analyse der Riester-Reform mithilfe des SPR liefert dazu einen wichtigen Beitrag. Denn sie zeigt nicht nur die strategischen Stärken und Schwächen des Reformprozesses selbst auf, sondern kann damit auch ein Fallbeispiel für eine Reform liefern, in der ein fundamentaler Wechsel auf der Policy-Ebene einhergeht mit einer Neuausrichtung der Politics-Ebene.

Selbstverständlich können aus Einzelfallstudien nur sehr begrenzt Verallgemeinerungen abgeleitet werden. Die Analyse der strategischen Politik in den Rentenreformen unter Gerhard Schröder erlaubt jedoch die Formulierung von Fragen, die sowohl für die praktische Gestaltung von strategischer Politik als auch für die wissenschaftliche Analyse von großer Bedeutung sind.
- Unter welchen strategischen Bedingungen kann ein Systemwechsel in der Sozialpolitik durchgesetzt werden?
- Was sind die Kosten eines Strategiewechsels?
- Welchen Einfluss hat die strategische Ausrichtung eines Reformprozesses auf nachfolgende Reformen?

Die weitere Nutzung des Strategietools für politische Reformprozesse in Wissenschaft und Politik könnte zur Beantwortung dieser Fragen einen großen Beitrag leisten.

Literatur

»Annäherung zwischen Regierung und Opposition«. *Pressemitteilung dpa* 25.5.2000. (Auch online unter www.rp-online.de/public/article/politik/248745/Riester-sieht-in-Rentenkonzept-der-Union-Konsensmoeglichkeit.html, Download 2.7.2008.)

Bäcker, Gerhard. »Der Ausstieg aus der Sozialversicherung: das Beispiel Rentenversicherung«. *WSI-Mitteilungen* (57) 9 2004. 483–487.

Bandelow, Nils C. *Kollektives Lernen durch Vetospieler? Konzepte britischer und deutscher Kernexekutiven zur europäischen Verfassungs- und Währungspolitik*. Baden-Baden 2005.

Bazant, Ursula, Simon Hegelich und Markus Kerkmann. »Evaluation als Methode der Politikwissenschaft«. *Einführung in die Politische Theorie und Methodenlehre*. Hrsg. Sven-Uwe Schmitz und Klaus Schubert. Opladen 2006. 243–254.

Berner, Frank. »Riester Pensions in Germany: Do they substitute or supplement public pensions?« *Politics of Pension Policies, Special Issue of German Policy Studies*. Hrsg. Simon Hegelich und Klaus Schubert. Harrisburg, Pa., 2006. 492–534.

Böckenförde, Ernst-Wolfgang. *Staat, Verfassung, Demokratie. Studien zur Verfassungstheorie und zum Verfassungsrecht*. Frankfurt am Main 1991.

Börsch-Supan, Axel, Florian Heiss und Joachim Winter. *Akzeptanzprobleme bei Rentenreformen. Wie die Bevölkerung überzeugt werden kann*. Köln 2004.

BT-Drucksache, 14/5164: »Entschließungsantrag der Fraktionen SPD und BÜNDNIS 90/DIE GRÜNEN zu der dritten Beratung des AVmG«. Berlin.

BT-Drucksache, 14/5394: »Sondergutachten des Sozialbeirats zur Rentenreform«. Berlin.

BT-Drucksache, 14/7640: »Alterssicherungsbericht 2001«. Berlin.

BT-Drucksache, 14/9503: »Nationaler Strategiebericht Alterssicherung«. Berlin.

Chong, Dennis, und James N. Druckman. »Framing Public Opinion in Competitive Democracies«. *American Political Science Review* (101) 4 2007. 637–655.

Crouch, Colin. *Post-democracy*. Cambridge u. a. 2004.

Czada, Roland. »Die neue deutsche Wohlfahrtswelt – Sozialpolitik und Arbeitsmarkt im Wandel«. *Wohlfahrtsstaat – Transformation und Perspektiven*. Hrsg. Susanne Lütz und Roland Czada. Wiesbaden 2004. 127–154.

Daniels, Arne. »Gemischtes Doppel. Der Tariffonds könnte ein erster Schritt zur grundlegenden Reform der Alterssicherung sein«. *Zeit online* 51/1998. (www.zeit.de/1998/51/199851.riester_.xml, Download 2.7.2008.)

De Deken, Johan J. »Pensions and the reduction of non-wage labour costs – Modelling a decade of reforms in Germany«. *Journal of European Social Policy* (12) 4 2002. 277–291.

»DIA: Riester-Reform ist gescheitert«. *Pressemitteilung vwd* 30.7.2003.

Döring, Diether. *Die Zukunft der Alterssicherung: europäische Strategien und der deutsche Weg.* Frankfurt am Main 2002.

Ebbinghaus, Bernhardt. *Can Path Dependence Explain Institutional Change? Two Approaches Applied to Welfare State Reform.* Köln 2005.

Engelen-Kefer, Ursula. »Betriebsverfassung – Rentenreform – Gesundheitspolitik. Vorschläge des DGB«. *Gewerkschaftliche Monatshefte* (51) 10 2000a. 545–555.

Engelen-Kefer, Ursula. »Rentenstrukturreform. DGB-Vorschläge für eine zusätzliche Altersvorsorge«. *Soziale Sicherheit* (46) 6 2000b. 185–187.

Hegelich, Simon. *Reformkorridore des deutschen Rentensystems.* Wiesbaden 2006a.

Hegelich, Simon. »Moving from ›Defined Benefit‹ to ›Undefined‹: The interests in the enhancement of supplementary provision for old age in Germany«. *Politics of Pension Policies. Special Issue of German Policy Studies.* Hrsg. Simon Hegelich und Klaus Schubert. Harrisburg, Pa., 2006b. 535–585.

Hegelich, Simon. »Der deutsche Sozialstaat und Globalisierung«. *Bundesrepublik Deutschland – Globalisierung und Gerechtigkeit.* Hrsg. Rüdiger Robert. Münster 2007. 107–130.

Hegelich, Simon, und Hendrik Meyer. »Konflikt, Verhandlung, Sozialer Friede: Das Deutsche Wohlfahrtssystem«. *Europäische Wohlfahrtssysteme.* Hrsg. Klaus Schubert, Simon Hegelich und Ursula Bazant. Wiesbaden 2008. 127–148.

Hegelich, Simon, und Klaus Schubert. »Europäische Wohlfahrtssysteme: Politisch limitierter Pluralismus als europäisches Spezifikum«. *Europäische Wohlfahrtssysteme.* Hrsg. Klaus Schubert, Simon Hegelich und Ursula Bazant. Wiesbaden 2008. 647–660.

Heimpel, Thomas. »Die Riesterrente – Eine Analyse der Programmentwicklung und Implementation des Altersvermögensgesetzes«. Magisterarbeit Universität Konstanz 2003.

Hennecke, Hans Jörg. »Regieren ohne inneren Kompass. Eine Zwischenbilanz der zweiten Regierung Schröder«. *Aus Politik und Zeitgeschichte* B40 2004. 6–11.

Hering, Martin. »Institutionelle Konflikte zwischen Währungsunion und staatlicher Alterssicherung in Deutschland und Europa«. *Wohlfahrtsstaat – Transformation und Perspektiven*. Hrsg. Susanne Lütz und Roland Czada. Wiesbaden 2004. 349–372.

Hering, Martin. »Welfare Restructuring without Partisan Cooperation: The Role of Party Collusion in Blame Avoidance«. SEDAP Research Paper Nr. 142 2005.

Hinrichs, Karl. »Auf dem Weg zur Alterssicherungspolitik – Reformperspektiven in der gesetzlichen Rentenversicherung«. *Der deutsche Sozialstaat. Bilanzen – Reformen – Perspektiven*. Hrsg. Stephan Leibfried und Uwe Wagschal. Frankfurt am Main 2000. 291–317.

Hinrichs, Karl, und Olli Kangas. »When Is a Change Big Enough to Be a System Shift? Small System-shifting Changes in German and Finnish Pension Policies«. *Social policy & administration* (37) 6 2003. 573–591.

Janning, Frank, und Katrin Toens. »Einleitung«. *Die Zukunft der Policy-Forschung. Theorien, Methoden, Anwendungen*. Hrsg. Frank Janning und Katrin Toens. Wiesbaden 2008. 7–20.

Kaufmann, Franz-Xaver. *Varianten des Wohlfahrtsstaates. Der deutsche Sozialstaat im internationalen Vergleich*. Frankfurt am Main 2003.

Kay, Adrian. »A Critique of the use of Path Dependency in Policy Studies«. *Public Administration* (83) 3 2005. 553–571.

Knaup, Horand, Jürgen Leinemann, Elisabeth Niejahr, Christian Reiermann, Ulrich Schäfer und Hajo Schumacher. »Die Chance als Krise«. *Der Spiegel* 25/1999. 22–26.

Lamping, Wolfram, und Friedbert Rüb. »›Experimental Law-Making‹ and the Politics of German Pension Reforms«. *Politics of Pension Policies. Special Issue of German Policy Studies*. Hrsg. Simon Hegelich und Klaus Schubert. Harrisburg, Pa., 2006. 446–491.

Nullmeier, Frank. »Personal Responsibility and its Contradiction in Terms«. *Politics of Pension Policies. Special Issue of German Policy Studies*. Hrsg. Simon Hegelich und Klaus Schubert. Harrisburg, Pa., 2006. 386–399.

Nullmeier, Frank, und Friedbert W. Rüb. *Die Transformation der Sozi-*

alpolitik: vom Sozialstaat zum Sicherungsstaat. Frankfurt am Main 1993.

Ostrom, Elinor. »Institutional Rational Choice«. *Theories of the policy process.* Hrsg. Paul A. Sabatier. Boulder 2007. 21–64.

Page, Scott E. »Path dependence«. *Quarterly Journal of Political Science* (1) 1 2006. 87–115.

Radin, Beryl. *Beyond Machiavelli. Policy analysis comes of age.* Washington, DC, 2000.

»Rente mit 60 – Riester knickt ein«. *Spiegel online* 1999. www.spiegel.de/politik/deutschland/0,1518,46770,00.html (Download 2.7.2008).

Riester, Walter, und Regina Carstensen [Bearb.]. *Mut zur Wirklichkeit.* Düsseldorf 2004.

Riester, Walter. »Ich will nie mehr Minister werden.« *taz* 31.8.2005. 8 (auch online unter www.taz.de/index.php?id=archivseite&dig=2005/08/31/a0159&type=98, Download 2.7.2008).

»Riester schasst wichtigen Rentenexperten«. *Pressemitteilung dpa* 3.5.2000.

»Riester-Rente vor der Renaissance?«. *Vorwärts* 28.10.2003. 12.

Rihoux, Benoît. *Innovative comparative methods for policy analysis. Beyond the quantitative-qualitative divide.* New York 2006.

Rosenau, James N. *Governance without government, order and change in world politics.* Cambridge u.a. 1995.

Ruland, Franz. »Schwerpunkte der Rentenreformen in Deutschland«. *NJW – Neue juristische Wochenschrift* (48) 11 2001. 3505–3511.

Sabatier, Paul A. *Theories of the policy process.* Boulder, Colo., 2007a.

Sabatier, Paul A. »The Need for Better Theories«. *Theories of the policy process.* Hrsg. Paul A. Sabatier. Boulder, Colo., 2007b. 3–17.

Schattschneider, Elmar E. *The Semisovereign people.* Hinsdale 1960.

Schmitthenner, Horst. »Riesters umstrittene Rentenreform«. *Soziale Sicherheit* (48) 6 1999. 205–207.

Schnabel, Reinhold. *Die Rentenlücke: Das Problem wächst.* Deutsches Institut für Altersvorsorge 2003.

Schröder, Gerhard. »Regierungserklärung von Bundeskanzler Gerhard Schröder vom 10. November 1998 vor dem Deutschen Bundestag«. 1998. http://archiv.bundesregierung.de/bpaexport/regierungserklaerung/16/69116/multi.htm.

Schubert, Klaus. »Neo-Korporatismus – und was dann?« *Politische Bildung* (37) 2 2004. 7–22.

Schubert, Klaus, und Nils C. Bandelow. »Politikdimensionen und Fragestellungen der Politikfeldanalyse«. *Lehrbuch der Politikfeldanalyse*. Hrsg. Klaus Schubert und Nils C. Bandelow. München und Wien 2003. 1–22.

Schubert, Klaus, Simon Hegelich und Ursula Bazant. *Europäische Wohlfahrtssysteme. Ein Handbuch*. Wiesbaden 2008.

»SPD-Fraktion will Riesters Konzept ändern«. *Berliner Zeitung* 15.6.2000. 6.

Trampusch, Christine. »Vom Klassenkampf zur Riesterrente. Die Mitbestimmung und der Wandel der Interessen von Gewerkschaften und Arbeitgeberverbänden an der betrieblichen und tariflichen Sozialpolitik«. *Zeitschrift für Sozialreform* (50) 3 2004a. 223–254.

Trampusch, Christine. »Von Verbänden zu Parteien. Elitenwechsel in der Sozialpolitik«. *Zeitschrift für Parlamentsfragen* (35) 4 2004b. 646–666.

Trubek, David M., und Joshua S. Mosher. »New Governance, Employment Policy, and the European Social Model«. *Governing Work and Welfare in a New Economy. European and American Experiments*. Hrsg. Jonathan Zeitlin und David M. Trubek. Oxford und New York 2003. 33–58.

Weimer, David Leo, und Aidan R. Vining. *Policy analysis: concepts and practice*. Upper Saddle River 2005.

Wollmann, Helmut. »Evaluierung und Evaluierungsforschung von Verwaltungspolitik und -modernisierung – zwischen Analysepotential und -defizit«. *Evaluationsforschung. Grundlagen und ausgewählte Forschungsfelder*. Hrsg. Rainhard Stockmann. Opladen 2000. 195–232.

Die »Große Steuerreform« der Regierung Kohl: Versuch und Scheitern

Manuel Fröhlich, Stefan Schneider[2]

1 Einleitung

Die Reform des Steuersystems gehört zu den politischen Themen, die für die Regierung Kohl vor und während der 13. Wahlperiode fast immer aktuell waren. Über die Grundlinien der Steuerpolitik bestand innerhalb von Union und Koalition Einigkeit (dies war ja u. a. Gegenstand des als »Scheidungspapier« der sozial-liberalen Koalition apostrophierten Textes von Graf Lambsdorff; Lambsdorff 1982).

Dennoch erwiesen sich die Widerstände in der eigenen Partei sowie innerhalb der Koalition und nicht zuletzt die von der Opposition und einzelnen Landesregierungen im Bundesrat errichteten Hürden als zu hoch, als dass es der Bundesregierung gelingen konnte, eine grundlegende Reform des Fiskalsystems umzusetzen. Insofern eignet sich die Analyse des Versuchs zur Steuerreform 1998 als Beispiel für die Komplexität und die Schwierigkeiten, mit denen Reformpolitik in Deutschland behaftet ist.

Tatsächlich wurden die offenkundigen Probleme beim Versuch der Steuerreform sowohl in der praktischen Politik (etwa in der Ruck-Rede Roman Herzogs) als auch in der Politikwissenschaft (etwa in Gerhard Lehmbruchs Studie zum Parteienwettbewerb im Bundesstaat) zum Anlass für eine grundsätzliche Debatte über die politische Handlungsfähigkeit in der Bundesrepublik genommen

---

2 Die Autoren danken Wolfgang Koßmann vom Presse- und Informationsamt der Bundesregierung für die freundliche Unterstützung bei der Erschließung des Medienarchivs sowie Michael Mertes für eine Reihe von hilfreichen Hinweisen. Die Schlussfolgerungen des Textes geben selbstverständlich allein das Urteil der Verfasser wieder.

(Herzog 1997; Lehmbruch 2002). Diese symptomatische Verdichtung macht das Beispiel der Steuerreform zugleich zu einem aussagefähigen Anwendungsfall für das Strategietool für politische Reformprozesse (SPR) der Bertelsmann Stiftung, obwohl es gerade nicht zu einer Umsetzung der Reform kam. Die hier verfolgte Anwendung des SPR auf ein historisch abgeschlossenes Beispiel wird vor diesem Hintergrund die Relevanz der Kriterien und Kategorien des SPR oftmals im Sinne einer Defizitanalyse sozusagen »ex negativo« herausarbeiten.

Dabei fällt es schwer, den Reformzyklus »Große Steuerreform« ab Mitte der 90er Jahre von vorangegangenen Bemühungen in diesem Politikfeld abzugrenzen. Der Beginn des Untersuchungszeitraumes im weiteren Sinn muss infolgedessen auf den Beginn der 13. Wahlperiode gelegt werden. Im engeren Sinn beginnt er mit der Debatte um das Jahressteuergesetz 1996 im Herbst 1995, als erste offizielle Delegationsgespräche zwischen Koalition und SPD über eine gemeinsame Steuerpolitik stattfanden.

Obwohl das Misslingen der »Großen Steuerreform« Helmut Kohls unzählige Male ausgerufen wurde (vgl. etwa Die Welt 27.3.1997, WAZ 10.7.1997, FAZ 30.7.1997, Waigel im DLF 30.7.1997 sowie Schäuble in Bild 1.8.1997 und Berliner Zeitung 11.9.1997), ist das endgültige Scheitern dieses Reformanlaufs auf den 10. Dezember 1997 zu datieren. Trotz der teilweisen Annäherung, die Union und SPD in dieser letzten Verhandlungsrunde bei den beiden kritischen Fragen Spitzen- und Eingangssteuersatz mittels leichter Anhebung von Mehrwert- und Mineralölsteuer erzielen konnten, war die FDP nicht dazu bereit, Steuererhöhungen mitzutragen (SZ 12.12.97; Schäuble 1998: 7).

Der Weg hin zu diesem Ende des Versuchs war durch eine Reihe von Initiativen und Ereignissen geprägt: von den beiden Reformkommissionen unter der Leitung von Wolfgang Schäuble und Theo Waigel, den Petersberger Steuervorschlägen der Kommission Waigels, den Spitzengesprächen zwischen Helmut Kohl und Oskar Lafontaine, der Senkung der Kohlesubvention mit den daraus resultierenden Protesten der Bergleute in Bonn sowie nicht zuletzt durch das Scheitern zweier Vermittlungsverfahren.

Die nachfolgende Analyse baut auf einer detaillierten Rekonstruktion der Ereignisse bzw. der Geschichte der Steuerreform auf. Der dabei gewählte Weg schließt methodisch an das Verfahren des Process-Tracing an (vgl. George und Bennett 2005) und setzt zunächst ein »detailed narrative« (George und Bennett 2005: 210) voraus, das möglichst genau Verlauf und Ereignisse der Politikentwicklung darstellt. Ausgehend vom »detailed narrative«, das an dieser Stelle nicht umfassend wiedergegeben werden kann, dient die Bezugnahme auf das SPR zur Schilderung einer »analytic explanation« (George und Bennett 2005: 211), also dem Versuch, die chronologische Darstellung durch strukturierte und gewichtete Fokussierung in einen Erklärungszusammenhang für die Politikentwicklung zu übersetzen.

Wichtig für die Analyse wird dabei auch sein, dass das Process-Tracing gerade nicht von monokausalen Erklärungen für politische Prozesse ausgeht, sondern das Zusammenwirken, die Interaktion und Transformation unterschiedlicher Bestimmungsfaktoren im Laufe der Zeit in den Blick bekommen will (vgl. George und Bennett 2005: 212).

Die Rekonstruktion des Versuchs zur Steuerreform stützt sich wesentlich auf die Medienberichterstattung. Deren intensive Auswertung erfolgte dabei nicht als Ermittlung eines Medien-Tenors, sondern vielmehr zur möglichst genauen Nachverfolgung der Positionen, Ereignisse und Entscheidungsabläufe. Eine Auswertung von etwa nur drei oder vier großen Tageszeitungen würde für diese Zwecke zu kurz greifen. Deshalb wurde die Anzahl und Breite der Quellen unter Nutzung der Bestände des Presse- und Informationsamtes der Bundesregierung erhöht bzw. erweitert und schließt insbesondere auch die Verschriftlichung von Beiträgen aus Rundfunk und Fernsehen ein, die gerade für den vom SPR als konstitutiv angesehenen Bereich der Kommunikation von Bedeutung sind (dabei konnte auf die umfangreichen Ressourcen des »Referats 206 Zentrales Dokumentationssystem« des Presse- und Informationsamtes der Bundesregierung zurückgegriffen werden).

Die solchermaßen angelegte Rekonstruktion des Zeitraums September 1995 bis Dezember 1997 liefert das Gerüst der Untersuchung. Zusätzlich wurden Protokolle von Parlamentsdebatten und Parteitagen, öffentliche Reden und Erklärungen des Bundeskanzlers und seiner Minister sowie die Berichte der Expertenkommissionen als Quellen herangezogen. In diesem Kontext ist auch auf eine Reihe von Aussagen aus Schilderungen von Beteiligten zu verweisen, wie sie sich etwa in Helmut Kohls Tagebuch (Kohl 2000), Wolfgang Schäubles Schilderung (Schäuble 2000) oder Theodor Waigels Darstellung zum Werdegang der Petersberger Steuervorschläge (Waigel 1999) finden lassen.

Die wissenschaftliche Literatur zum Thema besteht hauptsächlich aus Aufsätzen und weniger aus Monographien. Einen grundlegenden Beitrag zum Thema hat Steffen Ganghof mit seinem Buch »Wer regiert in der Steuerpolitik?« geliefert (Ganghof 2004). Ganghof setzt sich detailliert mit den Steuerreform(versuch)en in der Bundesrepublik Deutschland seit 1977 auseinander und ordnet sie in den internationalen Kontext ein.

Timo Grunden befasst sich in seiner Untersuchung zur Frage der sozialen Gleichheit in der Steuer- und Haushaltspolitik mit dem Thema der Steuerreform der Regierung Kohl Ende der 90er Jahre (Grunden 2004). Für den vorliegenden Text ist dabei insbesondere die Einordnung des Reformversuchs in die längerfristige Steuer- und Haushaltspolitik Kohls von Interesse.

Die Studie von Hendrik Träger (2008) liefert dagegen eine detailreiche Schilderung der Rolle und Position der SPD beim Versuch zur Steuerreform – eine Perspektive, die aufgrund der oftmals zitierten Blockadepolitik der Opposition durchaus als wesentlich für die Politikentwicklung gelten kann. Mit Blick auf die Ursachen des Scheiterns findet sich eine aufschlussreiche und analytisch reflektierte Kontroverse in der Debatte zwischen Reimut Zohlnhöfer (Zohlnhöfer 1999) und Wolfgang Renzsch (Renzsch 2000), die in der Zeitschrift für Parlamentsfragen dokumentiert ist.

2 Strategiefähige Kernexekutive: Akteure der Steuerreformpolitik

Steuerreformen gehören zu den wenigen dem Staat verbliebenen Instrumenten, die es ihm erlauben, sich im Wettbewerb mit seinen Konkurrenten Standortvorteile zu verschaffen (vgl. Sturm 1998; Zohlnhöfer 2006; zur Finanzpolitik Kohls auch: Gros 1998). Während die Auf- oder Abwertung der eigenen oder fremder Währungen zu den kurz- beziehungsweise mittelfristigen Instrumenten der Finanz- und Wirtschaftspolitik zählen, gelten Reformen des Fiskalsystems als längerfristig funktionierende Werkzeuge.

Mit jeder Stufe der Europäischen Wirtschafts- und Währungsunion ist dieses Werkzeug für den Nationalstaat Deutschland jedoch stumpfer geworden. Durch die Verpflichtungen im Europäischen Währungssystem ging seit Anfang der 70er Jahre – neben den zahlreichen Vorteilen einer im Werden begriffenen stabilen europäischen Währung – ein Verlust an Steuerungsmöglichkeiten unter anderem des eigenen Außenhandels mittels der Bewertung der Deutschen Mark einher.

Umgekehrt gewann das System der Erhebung von Steuern für die Lenkungskraft des Staates damit an Bedeutung, da dieses weiterhin im Kompetenzbereich des Nationalstaates verblieb (Wagschal 1998: 5). Insofern ist die Steuerpolitik im Wortsinne auch eine herausgehobene Möglichkeit der Regierung, zu »steuern«.

Aufgrund ihrer für die betroffenen Bürger unmittelbar erkennbaren Konsequenzen sowie ihrer Interdependenz zur allgemeinen Wirtschaftslage einerseits und der Haushaltssituation andererseits handelt es sich um einen wichtigen Bereich der Regierungspolitik, der in der Regel in enger Abstimmung zwischen dem Kanzleramt und dem Bundesministerium der Finanzen (BMF) gestaltet wird. Wegen der grundsätzlichen Steuerungswirkung und der symbolischen Relevanz für die Wirtschaftspolitik sind jedoch auch die Akteure aus Partei und Fraktion regelmäßig involviert.

Eine Schlüsselstellung für die Steuerreform 1998 hatte zweifellos Finanzminister Theo Waigel inne. Als Chef des BMF verfügte er nicht nur über wichtige fachliche Ressourcen, sondern auch über das entsprechende Zahlenmaterial, das für die Schätzung von zu erwartenden Einnahmen und Verlusten notwendig ist. Neben seiner Funktion als Finanzminister war Waigel zudem seit 1988 Parteivorsitzender der CSU. Aufgrund dieser Konstellation ist der Einfluss Waigels im Kabinett Kohl kaum zu überschätzen.

Die Doppelfunktion als Repräsentant der kleineren Unionsschwester und Bundesminister hatte für die Reformpolitik sowohl positive als auch negative Auswirkungen, da etwa die Konkurrenz Waigels mit dem bayerischen Ministerpräsidenten Edmund Stoiber durchaus in konkreten Fragen der Politikgestaltung zum Problem wurde. So mahnte Stoiber beispielsweise den ohnehin bei der Steuerpolitik in Bedrängnis geratenen Finanzminister zur strikten Einhaltung der Maastricht-Kriterien.

Zu den relevanten Entscheidern im engeren Kreis ist zudem Wolfgang Schäuble zu zählen. Als Vorsitzender der CDU/CSU-Fraktion im Bundestag und intellektueller Kopf hinter der Steuerreform begleitete er das Vorhaben von Anfang bis Ende. So war er nicht nur in der Reformkommission Waigels vertreten, sondern setzte sich im Juni 1996 zudem als Chef der 24-köpfigen CDU-Steuerkommission »Zukunft des Steuersystems« gegen den ausgewiesenen Steuerfachmann Friedrich Merz durch. Bei den Steuergipfeln mit der SPD war Schäuble Mitglied der Verhandlungsdelegation und nahm auch in der Kommunikation, in der Öffentlichkeit sowie in der parteipolitischen Arena eine bedeutende Position ein.

Eine wichtige Rolle spielte in diesem Sinn auch der FDP-Fraktionsvorsitzende Hermann Otto Solms. Solms war zugleich Schatzmeister seiner Partei und nahm ebenfalls regelmäßig an den Steuerverhandlungen zwischen Koalition und SPD teil. Der Einfluss des kleinen Koalitionspartners FDP darf nicht unterschätzt werden, da es nicht zuletzt Solms war, der in den letzten Verhandlungen der Koalition mit der SPD im Dezember 1997 eine mögliche Einigung zwischen Sozial- und Christdemokraten bei der Ausgestaltung von Spitzen- und Eingangssteuersatz sowie der Mehrwert- und Mineralölsteuer blockierte und ostentativ am Image der FDP als Steuersenkungspartei festhielt.

Dem Bundeskanzler und dem Kanzleramt kommt in der Kernexekutive naturgemäß eine zentrale Rolle zu (vgl. Korte und Fröhlich 2006: 81–91; Knoll 2004; Mertes 2003; zu Kohl speziell Korte 1998). Vor dem Hintergrund der teils divergierenden Interessen in Parlament, Ministerialbürokratie und Partei lässt sich die Rolle des Kanzleramtes annäherungsweise durch Worte wie »führen, koordinieren, Strippen ziehen« (Mertes 2000) beschreiben.

Bundeskanzler Helmut Kohl zeigte phasenweise auffällig wenig Präsenz in der Reformdiskussion – unter anderem, um eine vorschnelle Festlegung oder Exponierung zu vermeiden. Tatsächlich hat er nicht zuletzt aufgrund des guten Verhältnisses zu Waigel die Steuerreform weitgehend in den Händen des zuständigen Ministeriums belassen.

Dies heißt natürlich nicht, dass die entsprechenden Einheiten des Kanzleramtes nicht auch die Steuerreform begleitet hätten: Der Arbeitsstab »Öffentlichkeitsarbeit und Medienpolitik« unter Andreas Fritzenkötter, die Abteilung 4 »Wirtschafts- und Finanzpolitik; Koordinierung neue Länder« unter Sieghart Nehring sowie nicht zuletzt die Abteilung 5 »Gesellschaftliche und politische Analysen; kulturelle Angelegenheiten« unter Michael Mertes haben jeweils die Reformdebatte verfolgt – allerdings in der vorliegenden Konstellation nicht in Konkurrenz zum Finanzministerium und auch nicht fokussiert auf sachpolitische Details der Reform, sondern mit Blick auf die machtpolitischen Implikationen des Projekts, die im Abschnitt »Erfolgskontrolle« näher betrachtet werden. Anstelle von Kohl hat sich häufiger auch Friedrich Bohl als Chef des Bundeskanzleramtes in die öffentliche Diskussion eingeschaltet.

Kohl hatte die Steuerpolitik weder im Regierungsprogramm noch in der ersten Hälfte der Legislaturperiode zur Chefsache erklärt. Die Phase der Zurückhaltung endete erst im Frühjahr 1996, als die FDP einen »Tempokonflikt mit einem Beruhigungskanzler« (Focus 25.3.1996) prognostiziert hatte und Kohl bemerkte, wie schnell sich die Anhänger eines neuen Steuerrechts auch in der eigenen Fraktion gemehrt hatten (Der Spiegel 22.4.1996). Dazu kam eine erkennbare Neuorientierung der Regierungspolitik nach dem Scheitern des Bündnisses für Arbeit. Später zwang die SPD Kohl dazu, eine sichtbare Rolle zu übernehmen und direkt mit Oskar Lafontaine zu verhandeln.

Gegenspieler auf allen Ebenen war die SPD. Ihre Vetoposition, über die sie mittels ihrer Mehrheit im Bundesrat verfügte, reizte sie maximal aus (Träger 2008). Allen voran gelang es dem SPD-Bundesvorsitzenden Oskar Lafontaine, die Koalitionsparteien aufgrund ihrer teilweise unterschiedlichen Lösungsansätze geschickt gegeneinander auszuspielen. Gemeinsam mit dem Finanzminister des SPD-geführten Landes Nordrhein-Westfalen, Heinz Schleußer, und dem Finanzexperten der SPD-Bundestagsfraktion, Joachim Poß, stellte er die Zahlengrundlage des Bundesfinanzministeriums wiederholt in Frage, indem er einen Abgleich der Beträge diverser Reformvorschläge der Koalition mit dem Finanzministerium in Düsseldorf forderte.

Überhaupt war das nordrhein-westfälische Finanzministerium Dreh- und Angelpunkt der sozialdemokratischen Expertise in Sachen Steuerreform. Entwürfe des politischen Konkurrenten und eigene Konzepte wurden hier geprüft und durchgerechnet.

Der SPD-dominierte Bundesrat spielte eine ebenso entscheidende wie ambivalente Rolle: Der Erfolg von Zustimmungsgesetzen hing vom Einverständnis der Sozialdemokraten ab. Die Taktik von Seiten der Koalition, einzelne reformwillige SPD-Ministerpräsidenten aus der Front im Bundesrat herauszulösen, war dabei nicht von Erfolg gekrönt. Die Kluft verlief jedoch nicht nur zwischen Regierung und Opposition im Bund, sondern auch zwischen Ost- und Westländern.

Der Grund dafür war der Solidarzuschlag, dessen Abschaffung mehrfach im Gespräch war. Hier war es Thüringens christdemokratischer Ministerpräsident Bernhard Vogel, dem bescheinigt wurde, eine Front gegen die Abschaffung des Soli organisiert (Die Welt 29.5.1997) zu haben. Obwohl einzelne Finanzminister aus den Ländern in den Reformprozess einbezogen wurden, etwa Georg Milbradt aus Sachsen oder der Bayer Erwin Huber, kann von einer intensiven Zusammenarbeit mit den B-Ländern nicht gesprochen werden.

Zwei weiteren Akteuren kam zu Beginn der Reform eine wichtige Rolle zu, ohne dass sie diese im Verlauf des Vorhabens hätten fortsetzen können: Gunnar Uldall und Peter Bareis. Während Bareis mit den Vorschlägen der nach ihm benannten Kommission bereits zu einem sehr frühen Zeitpunkt ein balanciertes Konzept vorlegt hatte, das von Waigel aus unterschiedlichen Gründen abgelehnt und vertagt wurde, ist Uldall als eine der Triebfedern der Reform anzusehen. Unbeirrt hat er gegen allen Widerstand von Kohl und Waigel für sein Konzept eines dreistufigen Steuersatzes geworben und damit dafür gesorgt, dass die Reform überhaupt in Angriff genommen wurde. Dies führt zur Frage, wie neue Ideen in die Regierungspolitik Eingang fanden.

2.1 Kompetenz: Expertenkommissionen als Ideenentwickler

Mit der allgemeinen Vorgabe aus der Regierungserklärung vom November 1994 zur Vereinfachung des Steuerrechts war die Notwendigkeit bestärkt worden, nach neuen Möglichkeiten und Ideen im Bereich des Fiskalsystems zu suchen. Das Thema wurde jedoch nicht prioritär verfolgt und es dauerte über ein Jahr, bis der Diskurs greifbare Ergebnisse zeitigte.

Bereits 1993 hatte das Bundesministerium der Finanzen eine Kommission unter Bareis mit der Erarbeitung von Vorschlägen für eine Reform der Einkommensteuer beauftragt und auf diese Weise externe Expertise eingebunden. Um der Forderung des Bundesverfassungsgerichts nach der Freistellung eines Existenzminimums zu entsprechen, schlug die Kommission die Erhöhung des Grundfreibetrags vor. Durch die Anhebung des Eingangssteuersatzes von 19 auf 22 Prozent sollte ein Teil der Einnahmeausfälle refinanziert werden, ein etwas größerer Teil sollte als Nettoentlastung verbleiben. Für die Refinanzierung der restlichen Ausfälle regte die Expertengruppe die Verbreiterung und Systematisierung der Einkommensbesteuerung an (Einkommensteuerkommission 1995).

In der Summe ergab sich folglich eine durchaus problematische Kombination von steigenden Steuersätzen und unpopulären Einschnitten bei den Steuervergünstigungen: »Aufgrund der relativ geringen Nettoentlastung hätte es gut abgegrenzte Gruppen von Reformverlierern gegeben, und die dadurch vorhersehbaren Aufschreie der Betroffenen hätten nicht durch Verweise auf niedrige Steuersätze für alle gekontert werden können« (Ganghof 2004: 87). Es verwundert also nicht, dass Bundesfinanzminister Theo Waigel die Empfehlungen der Bareis-Kommission ablehnte und ihnen keine weitere Beachtung schenkte, weil er sie für politisch nicht durchsetzbar hielt (Homeyer 1996: 519).

Die Kommission wurde noch nicht einmal im Finanzausschuss des Bundestages angehört. Wirkungslos waren die Vorschläge der Bareis-Kommission dennoch nicht, denn sie stießen eine grundsätzliche Diskussion um die Reform der Einkommensteuer an.

Bis Ende des Jahres 1995 waren weder die Parteien noch die Bundesregierung mit konkreten Plänen zur Reform des Steuersystems an die Öffentlichkeit getreten. Eine erkennbare Ausnahme stellt Gunnar Uldall dar, Mitglied von CDU und Bundestag, der bereits seit Mitte 1994 für ein Reformkonzept einer Einkommensteuerreform mit Stufensätzen von 8, 18 und 28 Prozent bei gleichzeitiger Streichung fast aller Steuerprivilegien und -ausnahmetatbestände geworben hatte, ohne dabei die Unterstützung seiner Partei zu gewinnen (Uldall 1996).

Waigel erteilte auch diesen Plänen eine Absage und hielt sie allenfalls als langfristiges Ziel für denkbar, für das gewaltig viel Überzeugungsarbeit geleistet werden müsse (FAS 4.2.1996). Zwar beschäftige sich das Bundesministerium der Finanzen – mittels der Nutzung interner Expertise – mit der Planung einer umfassenden Reform des Steuersystems, diese sei jedoch für den Zeitraum 1998 bis 2000, also nach der Bundestagswahl, geplant (FAS 4.2.1996).

Im Frühjahr 1996 mehrte sich die Schar derer in den Reihen der Union, die sich für Uldalls Steuerkonzept erwärmen konnten. Das Steuerthema wurde in einer Debatte des Bundestages aufgegriffen und lebhaft diskutiert (BT Sten. Ber. 13/89). Kohl, der bemerkt hatte, wie viele Anhänger Uldall um sich sammeln konnte, schwenkte nach Beratungen der Koalition im Bundeskanzleramt Mitte April um: Die Reform der Einkommensteuer solle nun doch auf die aktuelle Legislaturperiode vorgezogen werden (Handelsblatt 15.4.1996).

Gegen dieses beschleunigte Verfahren machte Finanzminister Waigel allerdings Bedenken geltend: Zuvor müssten Vermögens-, Erbschafts-, Kfz- und Unternehmenssteuer reformiert werden (Die Welt 17.4.1996). Ungeachtet dieser Meinungsverschiedenheiten innerhalb der Bundesregierung im Hinblick auf das weitere Vorgehen blieb Helmut Kohl jedoch bei dem von ihm eingeschlagenen Weg und erklärte, der Gesetzgebungsprozess solle Ende 1997 abgeschlossen werden und der neue Steuertarif dann zum 1. Januar 1999 in Kraft treten (BT Sten. Ber. 13/102 26.4.1996). Dazu werde die Bundesregierung in Kürze eine Kommission unter dem Vorsitz des Bundesfinanzministers einsetzen, die ihre Vorschläge bis Ende 1996 vorlegen solle (BT Sten. Ber. 13/102: 8982).

Diese Initiative Kohls kann durchaus der SPR-Anforderung »personelle Kompetenzen und Leadership ausbauen« zugeordnet werden, da Kohl sich einerseits direkt in den Entscheidungsablauf einschaltete und andererseits über die Einsetzung der Kommission eine inhaltliche und personelle Fokussierung der Debatte anvisierte. Mittlerweile hatte sich allerdings auch die SPD in ihrem Programm »Zukunft sichern – Zusammenhalt stärken« (SPD 1996) positioniert; Übereinstimmungen waren kaum erkennbar.

Um dem ehrgeizigen Ziel, Ende 1996 ein beschlussfähiges Konzept vorliegen zu haben, näher zu kommen, setzte CDU-Generalsekretär Peter Hintze mit Blick auf den Hannoveraner Parteitag im Mai 1996 eine »Parteikommission Steuern« ein. Anstelle des zunächst vorgesehenen Friedrich Merz wurde Wolfgang Schäuble mit der

Kommissionsleitung beauftragt, was ihr zusätzliches Gewicht verlieh (Bremer Nachrichten 11.6.1996) und Schäuble als wichtigen Akteur neben Waigel etablierte.

Waigel, der diesen Schritt als Erhöhung des Drucks auf seine Person begriff – gab es doch bereits eine Steuerkommission, an der zahlreiche CDU-Vertreter beteiligt waren –, bemühte sich, den Impuls zur Beschleunigung des Verfahrens wiederum zu entschleunigen und die Erwartungen an die geplante Steuerreform zu senken. Er bezweifelte, dass es bis 1998 gelingen werde, die Streichung wichtiger Subventionen mit allen Interessenverbänden zu verhandeln (Die Welt 3.5.1996). Das Politikfeld war jedoch erkennbar dynamisiert worden: Mit der Kommission des BMF und den Kommissionen von CDU, CSU, SPD, FDP sowie Bündnis 90/Die Grünen arbeiteten im Sommer 1996 nicht weniger als sechs Gremien an Reformkonzepten. Äußerst medienwirksam hatten auch die Delegierten auf dem Bundesparteitag der FDP (Karlsruhe, 7. bis 9.7.1996) einen an die Vorschläge Uldalls angelehnten Drei-Stufen-Tarif von 15, 25 und 35 Prozent für die Einkommensbesteuerung beschlossen.

Wenngleich interne (und weniger externe) Expertise also von verschiedenen Seiten genutzt wurde, war (bis auf einige Gemeinsamkeiten wie die Verbreiterung der Bemessungsgrundlage durch Abbau von Steuervergünstigungen und Senkung der Steuersätze sowie die Verstärkung der steuerlichen Missbrauchsbekämpfung und die Erleichterung des betrieblichen Generationenwechsels) kaum eine einheitliche Linie aus den verschiedenen Vorschlägen zu destillieren. Dies machte zugleich die Reformkommunikation schwierig.

2.2 Kommunikation: Regierungskommunikation im Zeichen von Interessenpluralität

Die Regierungszentrale verfügte durchaus über eine mehrjährig bewährte Infrastruktur für eine kohärente politische Kommunikation (Fröhlich 1997; Korte 1998). Im Zentrum stand dabei die so genannte Morgenlage, bei der Kohl in der Regel mit dem Chef des Bundeskanzleramtes, allen Staatsministern des Amtes, den Abteilungsleitern 2 »Außenpolitik« und 5 »Politische Analyse«, seiner persönlichen Referentin sowie dem Chef des Presse- und Informationsamtes zusammenkam (Korte 2003: 35; Rosumek 2007: 157–220).

Seit 1995 gehörte diesem Kreis auch Andreas Fritzenkötter als Leiter des neu geschaffenen Arbeitsstabes »Öffentlichkeitsarbeit und Medienpolitik« an. Seine Berufung zum persönlichen Sprecher Kohls (Mertes 2000: 70) war durchaus nicht unproblematisch, da sie eine enge und gleichgerichtete Zusammenarbeit mit dem Regierungssprecher voraussetzte, um Kohärenz herzustellen (siehe auch das Interview mit Fritzenkötter in Rosumek 2007: 203–220).

Die Berufung Fritzenkötters kann – wenn auch nicht gesondert auf die Steuerreform bezogen – dennoch als institutionelle Anpassung im Kommunikationsbereich gelten, da zumindest er selbst durch diese Entscheidung und seine Ernennung auch eine gewisse Modernisierung und Öffnung der Kommunikationsstrukturen im Kanzleramt etabliert sieht. Seine Rolle sieht er jedoch bewusst hinter den Kulissen (zitiert in Rosumek 2007: 204) und auch nicht in Konkurrenz zum Regierungssprecher, der für die gesamte Koalition sprechen müsse. Die Morgenlage ist vor diesem Hintergrund als Runde persönlicher Vertrauter zu verstehen; hier wurden Termine und Verlautbarungen sowie die Kommunikationsbemühungen abgestimmt.

Die von Beginn an erkennbaren Unterschiede zwischen den Koalitionspartnern erschwerten jedoch eine Abstimmung der Kommunikation. Dies alleine ist nicht weiter außergewöhnlich (Mertes 2007: 31), wurde jedoch durch eine Reihe von Faktoren so beeinflusst, dass es zu einer eher reaktiven als aktiven Kommunikation kam: Zum einen war dies dem Urteil des Bundesverfassungsgerichts vom 22. Juni 1995 geschuldet, in dem das Gericht den Gesetzgeber zu einer Neuregelung der Bemessungsgrundlage der Vermögenssteuer bis Ende des Jahres 1996 aufforderte (BVerfGE 93: 122).

Zum anderen gaben die Beratungen über das Jahressteuergesetz 1996 Anlass dafür, dass eine Vereinfachung der Lohn- und Einkommensteuer verstärkt diskutiert wurde. Dabei war jedoch sichtbar geworden, dass im Haushalt von Bund, Ländern und Gemeinden ein Loch von 56 Milliarden D-Mark klaffte. Gleichzeitig hatte die Zahl der Arbeitslosen die Grenze von vier Millionen überschritten und die Steuerzahler beklagten die nach wie vor hohe Abgabenlast.

Die Vielstimmigkeit in der politischen Debatte und die über diverse Kommissionen gegebene Vervielfältigung von Gremien mit eigenem Kommunikationsanspruch erschwerten die Situation zusätzlich. Der Versuch des Relaunches einer einheitlichen Strategie für die Regierungsarbeit mit dem im Frühjahr beschlossenen »Programm für Wachstum und Beschäftigung« konnte nicht durchdringen, da das Programm zuvörderst als Sparpaket wahrgenommen wurde – ein Eindruck, der durch die rasche Umsetzung einiger seiner Teile (gegen den erwartbaren Widerstand der Gewerkschaften und der SPD; FAZ 15.5.1996) noch verstärkt wurde und sich kommunikativ dem Vorwurf öffnete, einseitig arbeitgeberfreudige Politik zu verfolgen: Die geplante Erhöhung des Kindergeldes – eine Hauptforderung der SPD-Opposition – wurde vertagt, während die Vermögenssteuer zum 1. Januar 1997 abgeschafft wurde (Die Welt 23.5.1996). Gleichwohl musste der Regierung klar gewesen sein, dass sie zur Durchsetzung weitergehender Maßnahmen auch über ein Konzept der Umsetzung verfügen musste, das mit der potenziellen Blockademacht der SPD im Bundesrat umgehen konnte.

2.3 Durchsetzungsfähigkeit: Vernetzung ohne gesonderte Etablierung eines strategischen Machtzentrums

Nachdem Kohl über den Kabinettsbeschluss innerhalb der Koalition und der Regierung eine Position markiert hatte und durch die Einsetzung der Kommissionen wichtige Akteure benannt und ressortübergreifend vernetzt hatte, wandte er sich dem Problem erwartbarer Widerstände im Bundesrat zu – ein Vorgehen, das durchaus im Sinne der SPR-Anforderung »Konfliktfrühwarnsystem aufbauen« verstanden werden kann, wenngleich es nicht zu einer wie auch immer gearteten institutionellen Verdichtung dieser Bemühungen kam.

Hier schaltete sich der Kanzler vielmehr selbst ein und verhandelte (einem etablierten Muster zur Umgehung von Blockaden im Bundesrat folgend) direkt mit den Ministerpräsidenten über potenzielle Konzessionen und Kompromisse. Diese Konstellation schloss den Finanzminister aus, sodass Renzsch hier sogar den Anlass zu einer Distanzierung zwischen Kohl und Waigel erkennt (Renzsch 2000: 189).

Die SPD-geführten Länder hatten anlässlich des Entwurfs eines Jahressteuergesetzes 1997 (BR-Drs. 390/96) deutlich gemacht, dass sie die ersatzlose Streichung der Vermögenssteuer ebenso ablehnten wie die großzügige Reform der Erbschaftssteuer. Für ihre Zustimmung im Bundesrat hatten sie finanziellen Ersatz gefordert (SZ 1.6.1996). Unter der Zusage, dass der Bund keine Kosten auf die Länder abwälzen werde, konnte Kohl größeres Wohlwollen der Länderchefs für eine gemeinsame Zusammenarbeit bei einem nationalen Sparpaket verzeichnen (SZ 14.6.1996). Die konkrete Aufteilung der Finanzlasten oder gar Kompensationsgeschäfte bzw. Anreize zur Unterstützung wurden jedoch nicht erkennbar.

Grundsätzlich lähmte das vorsichtige Navigieren zur Beibehaltung eines möglichst großen Handlungsspielraums die Herausbildung klarer Positionen und Zuständigkeiten in der Kernexekutive. Interministerielle Kooperation oder der Austausch zwischen verschiedenen Planungseinheiten war zwar ansatzweise in den diversen Kommissionen gegeben – dies jedoch mehr als Resultante jeweiliger parteipolitischer Überlegungen denn als Ausdruck strategischer Planung der Kernexekutive.

Eine umfassende ressortübergreifende Vernetzung der Akteure sowie der Aufbau eines themenspezifischen Frühwarnsystems im strategischen Machtzentrum kann am Beispiel des Steuerreformversuches nur ansatzweise erkannt werden. Reaktion statt Aktion, Überraschung statt Kalkül und taktische Positionsverschiebungen statt strategischer Linie bestimmen den Eindruck.

Eine besondere Schwierigkeit der politischen Kommunikation mit Auswirkungen auf die Etablierung des strategischen Machtzentrums bestand darin, dass – aus vielfältigen Gründen – in der politischen Debatte das Verhalten des Kanzlers in der Steuerreform als Ausweis bzw. Ausfall seiner politischen Führungsqualität und Zukunftsfähigkeit (auch und gerade aus der eigenen Partei heraus) gedeutet wurde.

Wenn Personalisierung der politischen Kommunikation unbestritten helfen kann, so kann sie in solchen Fällen zugleich zur Bürde werden, weil der machtpolitische Unterton einer Debatte deren sachpolitischen Gehalt in den Schatten stellt. Da ohne erkennbares Ziel auch die Ausbildung einer Strategie und damit eines strategiefähigen Machtzentrums abseits der bereits beschriebenen Zuständigkeiten und Akteurskonstellationen schwierig wird (Raschke und Tils

2007: 128; Glaab 2007), wurde hier eine Hypothek in die weitere Gestaltung des Reformprozesses übertragen.

3 Agenda-Setting: unfreiwilliger Reformanlauf unter ungünstigen Bedingungen

Zur Charakterisierung der strategiefähigen Kernexekutive wurde bereits auf mehrere Initiativen, Kommissionen und Diskussionen hingewiesen, die die inhaltliche Debatte um die Steuerreform prägten. Hier soll nun wiederum aus der Perspektive der Kernexekutive ein näherer Blick auf das Agenda-Setting im Reformprozess geworfen werden. Dazu sind einige allgemeine Kontextinformationen notwendig.

Die Regierung von Helmut Kohl wurde im Oktober 1994 nur sehr knapp im Amt bestätigt. Besonders die FDP erfuhr eine empfindliche Schwächung, denn sie erreichte auf Bundesebene nur noch 6,9 Prozent gegenüber elf Prozent im Jahr 1990. In einige ostdeutsche Landtage konnte sie zudem nicht mehr einziehen. Gestärkt ging hingegen die SPD aus den Bundestagswahlen hervor, die überdies im Bundesrat bereits seit dem Amtsantritt der rot-grünen Regierung in Hessen unter Hans Eichel im April 1991 über die absolute Mehrheit der Stimmen verfügte. Seit der Ablösung der schwarz-gelben Regierung in Magdeburg durch Reinhard Höppner im Juli 1994 konnte die SPD gar über mehr als drei Viertel der Bundesratsstimmen (mit)bestimmen.

Kohl hatte in seiner ersten Regierungserklärung der 13. Wahlperiode am 23. November 1994 das Programm der christdemokratisch-liberalen Koalition formuliert. Für den Bereich der Innenpolitik gab er – analog zu seiner Forderung nach weniger Staat aus dem Jahr 1983 – das Ziel eines »schlanken Staat(es)« (BT Sten. Ber. 13/5: 40) aus, also die Reduzierung der Staatsaufgaben bei gleichzeitiger Rückführung der Staatsquote von bisher 52 auf 46 Prozent (BT Sten. Ber. 13/5: 41; jüngere Berechnungen des Statistischen Bundesamtes ergaben, dass die Staatsquote 1994 bei nur 47,9 Prozent lag; Braakmann et al. 2005: 461). Außerdem sollte der strikte Kurs der Haushaltskonsolidierung fortgesetzt und die Steuer- und Abgabenlast für Bürger und Wirtschaft gesenkt werden.

Fast beiläufig erwähnte Kohl das Vorhaben, eine Steuerreform umzusetzen. Außerdem sollte das Steuerrecht spürbar vereinfacht (BT Sten. Ber. 13/5: 40), das Existenzminimum freigestellt, der Solidarzuschlag baldmöglichst abgebaut und die »im internationalen Vergleich wettbewerbsverzerrenden Sonderlasten« (Gewerbekapitalsteuer, betriebliche Vermögenssteuer, Gewerbeertragsteuer) abgeschafft werden.

Faktisch blieben Kanzler und Koalition damit ihrem seit zwölf Jahren nahezu unveränderten »finanzpolitischen Policy-Kern« (Grunden 2004: 54) treu: »Reduzierung der Staatsquote, Senkung der Steuern (vor allem für Unternehmen) bei gleichzeitiger Konsolidierung der Staatsfinanzen« (Grunden 2004: 54). Die entsprechenden Aussagen finden sich auch in der Koalitionsvereinbarung (11.11.1994) wieder.

Der FDP, die im Bundestagswahlkampf für weitreichende Steuersenkungen geworben hatte, war es allerdings während der Koalitionsverhandlungen nicht gelungen, die Bundesregierung auf eine Agenda zu verpflichten, die eine umfassende Steuerreform beinhaltete. Nicht einmal bei ihrer Hauptforderung, den Solidarzuschlag mit einem »klar absehbaren Ende« (Werner Hoyer in: Frankfurter Rundschau 3.11.1994) zu versehen, konnte die Partei sich durchsetzen (vgl. Heinrich 1995).

Dafür macht Ganghof vier Faktoren verantwortlich: Erstens belasteten die Kosten der deutschen Einheit die öffentlichen Haushalte nach wie vor in erheblichem Maße. Zweitens führten die umfangreichen Investitionsanreize in den östlichen Bundesländern zu einer nicht unerheblichen Minderung der Einkommensteuereinnahmen. Drittens hatte das Bundesverfassungsgericht eine Reihe von »teuren« Urteilen gefällt, wie etwa zum steuerfreien Existenzminimum (BVerfGE 82: 60) oder zur Vermögens- und Erbschaftssteuer (BVerfGE 93: 121). All dies musste schließlich unter der strengen Maßgabe der Maastrichter Euro-Kriterien geschultert werden, die eine höhere Neuverschuldung verbot. »Kurz: Der fiskalische Bewegungsspielraum war denkbar klein« (Ganghof 2004: 81). Ein riesiges Haushaltsloch verband sich im weiteren Verlauf der Legislaturperiode mit (negativen) Rekordzahlen an Arbeitslosen.

Zum weiteren Kontext der Wirtschafts- und Sozialpolitik (Bergmann 2002: 274–301) gehörte zudem das Scheitern des Bündnisses für Arbeit im März 1996, das als Symptom »eine[r] Abkehr vo[m] ›Kooperationskurs‹ hin zur Konfrontation mit den Gewerkschaften« (Bergmann 2002: 277) gedeutet werden kann. Das Scheitern des Bündnisses 1996 kann insofern durchaus parallel zu dem Kurswechsel unter der Regierung Schröder gesehen werden, die ebenfalls nach dem Ende der Bündnis-Bemühungen auf einen neuen Politikansatz setzte, der in der Agenda 2010 seinen Ausdruck fand (Korte und Fröhlich 2006: 295–315; Nullmeier in diesem Band).

Die Kohl-Regierung reagierte angesichts der schlechten Wirtschaftsdaten unter anderem mit dem »Programm für Wachstum und Beschäftigung«, das sie am 26. April 1996 in den Bundestag einbrachte. Wesentliche Punkte des Programms beinhalteten die Kürzung der Lohnfortzahlung im Krankheitsfall von 100 auf 80 Prozent einerseits und andererseits die Abschaffung der Vermögenssteuer.

Dazu kam die Debatte um die Reform der Rentenversicherung. Die Koalition stand einerseits unter einem Druck, handeln zu müssen, konnte aber zugleich die für sie positiven Ergebnisse der Landtagswahlen am 24. März 1996 als unerwartete Bestätigung der Bonner Regierungskoalition sehen, die »den Protagonisten die Sicherheit gab, die Einschnitte in das soziale Netz auch durchsetzen zu können und in der Bevölkerung zumindest nicht auf Ablehnung zu stoßen« (Bergmann 2002: 278). Jetzt also sollte der Versuch unternommen werden, ein ganzes Bündel von Reformmaßnahmen umzusetzen, und die Steuerreform erhielt einen neuen Stellenwert als Teil dieses Bemühens um einen Kurswechsel.

3.1 Kompetenz: Problemerkennung ohne Problembearbeitung

Parallel zu den Beratungen in diversen Kommissionen hatten nicht zuletzt der Bund der Steuerzahler und die Wirtschaftsverbände Forderungen zur Reform des Steuerrechts formuliert (Frankfurter Rundschau 26.9.1995; Die Welt 6.10.1995). Im Februar 1996 hatte auch die SPD-Opposition von der Regierung Vorschläge für eine Reform der Einkommensteuer nach den Maßgaben höherer Gerechtigkeit und einer Vereinfachung des Systems vorgelegt (vgl. Träger 2008: 53).

Die Regierung selbst hatte den Reformbedarf frühzeitig identifiziert (siehe die Einsetzung der Bareis-Kommission), dann jedoch die Behandlung des Themas verschleppt. Auch Helmut Kohl resümiert rückblickend: »Es war zweifelsohne ein Fehler, den ich mit zu verantworten habe, die Vorstellung und Diskussion der Steuer- und Rentenreform bis zur Mitte der Legislaturperiode aufzuschieben. Unser Zeitplan sah ursprünglich anders aus« (Kohl 2000: 15). Die Begründung für die Verzögerung sieht Kohl im Drängen einiger CDU-Landesverbände, vor »ihren« Landtagswahlen keine drastischen Einschnitte und Veränderungen anzupacken.

Der Reformbedarf war zwar erkannt, die Reformrichtung stand jedoch nur vage fest – und dies lag nicht zuletzt an einem Problemumfeld, das ebenso herausfordernd wie komplex war: Die Debatte um die Steuerreform verknüpfte sich mit der Bekämpfung der Arbeitslosigkeit, der Reform der Rentenversicherung oder der Einführung des Euro zu einem Reformknäuel, das durchweg keine positive Resonanz in der Bevölkerung fand. Die Verknüpfung der Themen untereinander war den Beteiligten durchaus bewusst, da etwa Kohl und Waigel die steuerliche Entlastung zugleich im Kontext einer höheren Eigenbeteiligung in der Renten- und Sozialversicherung sahen.

Die Klärung einer eindeutigen Reformrichtung war von Beginn an durch zwei Faktoren behindert: Zum einen gab der Haushalt keinen großen Handlungsspielraum her und zum anderen trafen die Reformmaßnahmen auf breite Ablehnung in der Bevölkerung. Rasche Entlastungen der Bürger oder vergleichbare positive Parallelreformen, um diese negative Haltung zu kompensieren, waren durch die etatmäßigen Zwänge blockiert.

Im Urteil der Bevölkerung wurde die Steuerreform nach Daten des Politbarometers 1996 konsequent als nachgeordnet wahrgenommen. Die Bevölkerung sah konstant und zu zwei Dritteln die Bekämpfung der Arbeitslosigkeit auf Platz 1 der wichtigsten Probleme. Die Steuerreform kam mit Durchschnittswerten zwischen zehn und 15 Prozent im Jahresverlauf nie über Platz 3 der Agenda hinweg. Gleichzeitig erwies sich das Meinungsbild als äußerst verwirrend: Die bereits beschlossene Kürzung der Lohnfortzahlung traf mit einer Ablehnung von über zwei Dritteln auf deutlichen Widerstand, während die Senkung des Spitzensteuersatzes dagegen nur von knapp 51 Prozent begrüßt wurde (Politbarometer in SZ 21.9.1996). Im Dezember 1996 fand sich ein ähnlich diffuses Bild bei der Frage, wie denn eine Steuerreform finanziert werden könne: 49 Prozent sprachen sich für die Streichung von Abschreibemöglichkeiten aus, nur 18 bzw. 15 Prozent dagegen für eine Kompensation durch die Erhöhung der Mehrwertsteuer oder die Einführung einer Energiesteuer.

Weitergehende Pläne wie etwa die Besteuerung von Nacht- und Sonntagsarbeit wurden dagegen wiederum klar von 77 Prozent der Befragten abgelehnt (Politbarometer in SZ 14.12.1996). Einige der geplanten Kürzungen waren selbst innerhalb des Unionslagers nicht mehrheitsfähig. Diese Resonanz auf Eckpunkte des Konzepts deutet schon auf die Herausforderungen für die Kommunikation und Vermittlungsarbeit hin.

3.2 Kommunikation: Unklarheiten behindern Reformbereitschaft

Die konsequente und überzeugende Kommunikation des Reformvorhabens stellte sich als überaus schwierig dar. Ein Beispiel mag dies illustrieren: Bevor sich der Bundesparteitag der CDU mit dem Thema Steuerreform auseinandersetzen konnte, kam es zum Aufflammen der Diskussion um die Erhöhung der Mehrwertsteuer. Die SPD, die eine Erhöhung dieser Steuer ablehnte, argumentierte, dass diese Verbrauchssteuer Geringverdiener am stärksten belaste, da diese einen Großteil ihres Einkommens für ihre Lebenshaltungskosten ausgeben müssten. CDU-Generalsekretär Peter Hintze bestätigte die bisherige Haltung der CDU, die eine Erhöhung der Mehrwertsteuer in der laufenden Wahlperiode ausschloss, indem er verlauten ließ, es sei zu früh für verbindliche Auskünfte zu diesem Thema.

Wenige Stunden später belehrte ihn Kohl eines Besseren: In einem seiner Urlaubsinterviews verlautbarte er, eine Mehrwertsteuererhöhung sei nach 1998 unumgänglich (FAZ 10.8.1996). Was als mangelhafte Absprache erscheinen mag, offenbart ein weiteres Wesensmerkmal von Kohls Regierungsstil, der hier bewusst ein Interview in den Medien nutzte, um die Diskussionen etwa im Kabinett zu präjudizieren (vgl. Langguth 2001: 110).

Dieser Vorstoß Kohls veranlasste wiederum den niedersächsischen Oppositionsführer Christian Wulff (für den gerade der Kommunalwahlkampf begonnen hatte) zu heftiger Kritik am Kanzler. Er habe »überhaupt kein Verständnis« (SZ 17.8.1996) für Kohls Anlauf zur Erhöhung der Mehrwertsteuer und halte diesen für »einen großen Fehler« (taz 17.8.1996).

Auch die FDP nutzte die Gelegenheit zur Profilierung. Parteichef Gerhardt widersprach Kohl und sagte der »Welt am Sonntag«, wer jetzt schon beginne, »die Mehrwertsteuererhöhung für unumgänglich zu halten, bei dem ist der Durchsetzungswille für eine Steuerentlastung eher fraglich« (Welt am Sonntag 18.8.1996). In einem Interview mit dem ZDF verteidigte Kohl seinen Vorstoß mit der Aussage, man müsse auch über eine Mehrwertsteuererhöhung sprechen dürfen (Bonn direkt, ZDF 18.8.1996). Er wolle im September ein Paket vorlegen und dies mit Kanzlermehrheit abstimmen lassen. Dann würden auch die Sozialdemokraten wieder verhandlungsbereit sein.

Kohl versuchte damit den Eindruck zu vermitteln, er handle nach einem bestehenden Zeitplan für die einzelnen Schritte der Reform. Unterstützt wurde er bei der Klarstellung der Regierungsposition durch Kanzleramtsminister Friedrich Bohl. In zwei der zur damaligen Zeit eher seltenen Interviews Bohls stellte dieser klar: »Wir wollen die Bürger steuerlich entlasten. Wichtig ist, dass sich Arbeit und Leistung lohnt [...]. Wir werden Anfang des Jahres dann einen Vorschlag [den der Waigel-Kommission; A.d.V.] haben, den wir im Bundestag diskutieren und verabschieden und durch den Bundesrat zu bringen haben. Und dann soll dieses [Reformpaket; A.d.V.] spätestens zum 1. Januar 1999 in Kraft treten. Der Bürger wird deshalb vor der Bundestagswahl wissen, was auf ihn zukommt« (Das Interview, SFB 17.8.1996).

Ob eine Mehrwertsteuererhöhung dann unumgänglich sei, werde man anhand der Möglichkeiten und Notwendigkeiten feststellen. Eine höhere Neuverschuldung komme jedenfalls (angesichts der Erfordernisse der Maastricht-Kriterien) nicht in Frage. Eine solche Debatte erscheint nicht unbedingt geeignet, Problembewusstsein zu schaffen, da der Bevölkerung hier durchaus signalisiert wurde, dass einige Reformen (hier die Mehrwertsteuererhöhung) selbst in der Kernexekutive eine Frage der persönlichen Ansicht, nicht aber eine unumgängliche Notwendigkeit darstellten. Die Verknüpfung der Sachentscheidung mit der Wahlentscheidung sollte sich noch als zweischneidig erweisen.

Auch beim CDU-Bundesparteitag 1996 in Hannover waren die Eckpunkte der Reform nicht eindeutig geklärt. Im Vorfeld des Parteitags legte die Schäuble-Kommission auf der eigens dafür abgehaltenen Konferenz »Steuerpolitik für das 21. Jahrhundert« (auf Initiative Schäubles am 30.9.1996 in der Bad Godesberger Stadthalle (taz 2.10.1996)) ein Steuerkonzept vor, das als Leitantrag eingebracht werden sollte. Bundesfinanzminister Theo Waigel trat als Gastredner auf. Im Gegensatz zu Waigel, dem auf der Konferenz eineinhalb Stunden Redezeit eingeräumt wurden, erhielt Gunnar Uldall 90 Sekunden, um sein Konzept zu skizzieren (taz 3.10.1996).

Inhalt des CDU-Entwurfs war die Forderung, den Eingangssteuersatz von 25,9 Prozent auf unter 20 Prozent und den Spitzensteuersatz von 53 Prozent auf 35 Prozentpunkte zu senken. Der gleiche Satz von 35 Prozent sollte für die Körperschaftssteuer gelten. Offen blieb, ob der Einführung eines Stufentarifes gegenüber einem linear-progressiven Tarif der Vorzug gegeben werden sollte. Zur Gegenfinanzierung sah das Papier unter anderem vor, die Zuschläge von Schichtarbeit ebenso zu besteuern wie Lohnersatzleistungen.

Auf dem Parteitag, so Schäuble, sollten die Delegierten jedoch nur die Grundzüge der Steuerreform abstimmen, damit der CDU ein Spielraum erhalten bliebe (Berliner Zeitung 2.10.1996). Darüber hinaus musste die CDU-Kommission den Eindruck vermeiden, mit den Vorschlägen der offiziellen Regierungskommission unter dem Vorsitz Waigels in Konkurrenz zu treten, die ihre Ergebnisse erst zum Jahresende vorlegen wollte. Entsprechend hatte Schäuble die Ansätze der CDU mit der Waigel-Kommission abgestimmt (Interview Schäuble, ARD 7.10.1996) und nicht so detailliert ausgearbeitet, als dass sie der als wichtiger eingeschätzten Regierungskommission hätten den Weg verbauen können (NZZ 2.10.1996). Damit war jedoch zugleich die Chance eingeschränkt, klare Deutungsmuster zu etablieren.

Ende November 1996 kristallisierte sich zudem heraus, dass die Koalition ihre Strategie hinsichtlich des Zeitplans der Steuerreform modifizieren musste. Zunächst noch von Regierungssprecher Peter Hausmann dementiert, zitierte die »Welt am Sonntag« Kohl, der im Gespräch mit CDU-Politikern gesagt habe: »Wir dürfen nicht so verrückt sein, ohne Steuerentlastungen in den Bundestagswahlkampf zu ziehen, während SPD und FDP massive Entlastungen fordern.

Schon Adenauer hat gesagt: Wahlen gewinnt man nur mit dem Portemonnaie der Bürger« (Welt am Sonntag 24.11.1996; General-Anzeiger 25.11.1996).

Hinter diesem Vorstoß, den Waigel wenig später bestätigte (Welt am Sonntag 1.12.1996), stand ein klares Kalkül: Die Teile der Steuerreform, die Entlastungen bringen, sollten bereits 1998 in Kraft treten; jene Regelungen, die für die Refinanzierung der Reform sorgen sollten, erst nach der Wahl. Außerdem könne man so hoffen, dass viele Besserverdienende 1998 die letztmals geltenden Abschreibungsmöglichkeiten nutzen und investieren würden. Der davon ausgehende Sonderimpuls zur Konjunkturbelebung würde der Regierung zugeschrieben werden.

Bevor die konkreten Vorschläge der Reformkommission Waigels veröffentlicht wurden, kam es jedoch erneut zum Eklat. Christian Wulff hatte aus Niedersachsen im Gespräch mit der »Hannoverschen Allgemeinen« eine Kabinettsumbildung ins Gespräch gebracht. Die Unzufriedenheit in der Sachpolitik hatte merklich auf die Machtpolitik übergegriffen. Wulff forderte: »Wenn sich der Eindruck erhärtet, dass die Steuerreform im Gestrüpp einer diffusen Diskussion stecken bleibt, muss auch an eine Kabinettsumbildung gedacht werden« (Hannoversche Allgemeine 18.1.1997).

Die Vokabel von der »diffusen Diskussion« nahm dabei direkt auf das bereits angesprochene Defizit bei der Etablierung klarer Deutungsmuster Bezug. Die Debatte um mögliche Nachfolger Waigels im Amt des Finanzministers (genannt wurden Stoiber, Seiters oder Gerhardt) kam für die Union denkbar ungelegen. Sofort griff Kohl ein und nannte eine Ablösung Waigels völlig abwegig (Tagesspiegel 20.1.1997). In den ARD-Tagesthemen wehrte sich der Bundesfinanzminister gleichzeitig mit dem Hinweis, dass der Angriff Wulffs in Wahrheit auf Kohl und Schäuble ziele (Tagesthemen, ARD 20.1.1997). Dass Kohl unter Beschuss stand, glaubte auch ein nicht genanntes führendes Kabinettsmitglied. Der Kanzler wehre jeden Angriff auf seine Politik sofort ab – dies seien erste Zeichen von Verteidigung und Schadensbegrenzung (Kieler Nachrichten 20.1.1997).

Für die Kommission Waigels war längst absehbar, dass der angestrebte Termin nicht eingehalten werden konnte. Statt Ende 1996 legte sie ihren Bericht, die »Petersberger Steuervorschläge«, am

22. Januar 1997 vor (Bundesministerium der Finanzen 1997b). Das Gremium hatte einen schwierigen Balanceakt zu vollführen: »Einerseits brauchte [es] einen Körperschaftsteuersatz, der trotz Gewerbesteuer niedrig genug war, um im Steuerwettbewerb bestehen zu können. Andererseits mussten sich die Steuersatzsenkungen einigermaßen in Grenzen halten, damit die Reform finanzierbar blieb« (Ganghof 2004: 88).

Aktuell galt eine Gesamtbelastung von etwa 57 Prozent auf Körperschaftsgewinne, die Deutschland einen erkennbaren Nachteil im Standortwettbewerb einbrachte. Wegen der starken Konkurrenz strebten in der 13. Legislaturperiode fast alle Parteien einen Körperschaftssteuersatz von etwa 35 Prozent an, sodass eine Senkung dieses Satzes um zehn Prozentpunkte »politisch ohne weiteres durchsetzbar gewesen« (Ganghof 2004: 82) wäre.

Dass dies nicht so einfach war, lag an dem Problem des Abstands zum Spitzensteuersatz der Einkommensteuer, der so genannten Satzspreizung. Der Meinung einiger Steuerrechtsexperten, die den Standpunkt vertraten, eine zu große Spreizung der Spitzensätze von Körperschaftssteuer und Einkommensteuer sei verfassungswidrig, schloss sich im Februar auch der Bundesfinanzminister an (FAZ 25.2.1997).

Die konkreten Aussagen zur Gestaltung der Mittel und Ziele der Steuerreform waren damit nicht nur zwischen verschiedenen Repräsentanten des strategischen Machtzentrums unterschiedlich – einzelne Akteure, darunter auch der Bundeskanzler, mussten eingenommene Positionierungen wiederholt räumen. Inmitten dieser Relativierungen und Vielstimmigkeit war es noch nicht gelungen, die wesentlichen Leitideen der Reform konsequent zu kommunizieren.

3.3 Durchsetzungsfähigkeit: geringe Erfolgsaussichten und fehlende Gelegenheitsfenster

Tatsächlich hatte sich die Koalition in eine schwierige Situation gebracht. Kohl selbst resümierte: »Wir waren regelrecht eingeklemmt zwischen der Wirtschaft, die uns Stillstand bei wichtigen Reformvorhaben vorwarf, einer Opposition, die die Reformen blockierte, und einer Bevölkerung, die die Reformen fürchtete« (Kohl 2000: 16).

Die Petersberger Steuervorschläge vom Januar 1997 müssen in diesem Kontext gleichwohl als ein mutiges Programm angesehen werden. Im Mittelpunkt des Konzepts stand die Senkung des Körperschaftssteuersatzes von 45 Prozent auf 35 Prozent, sodass sich zusammen mit dem auf 5,5 Prozentpunkte abgesenkten Solidaritätszuschlag und der Gewerbesteuer ein Steuersatz von durchschnittlich 48 Prozent gegenüber den bisherigen 57 Prozent ergeben hätte.

Diesem Konzept hätte ein Spitzensteuersatz von 35 Prozent für die persönliche Einkommensteuer entsprochen. Da dieser jedoch zu drastischen Einnahmeausfällen geführt hätte, schlug die Kommission einen oberen Steuersatz von 39 Prozent vor, senkte aber die Einkommensgrenze für diesen Satz deutlich. Daraus resultierte eine stärkere Entlastung für die oberen Einkommen (bis zu 14 Prozent), jedoch nur eine leichte Entlastung der unteren und mittleren Einkommen (etwa drei Prozent). Im Gegenzug sollte darum der Eingangssteuersatz von 25,9 Prozent auf 15 Prozentpunkte abgesenkt werden.

Das Volumen der Vorschläge umfasste über 80 Milliarden D-Mark, zu denen weitere 7,5 Milliarden durch die Senkung des Solidaritätszuschlags kamen. Durch die Verbreiterung der Bemessungsgrundlage sollte knapp die Hälfte der Einsparungen refinanziert werden. Im Bereich der Unternehmen waren die Streichung von Sonderregelungen sowie die striktere Auslegung der Regeln bei der Gewinnermittlung geplant. Für Arbeitnehmer entfiel nach dem Plan die Steuerfreiheit für Feiertags- und Nachtarbeit, die Werbungskostenpauschale wurde gekürzt und die Einnahmen aus der gesetzlichen Rentenversicherung sollten bis zu deren Hälfte besteuert werden. Dreißig Milliarden D-Mark waren als Nettoentlastung geplant, die bei den Steuerzahlern verbleiben sollte.

Wie bereits erwähnt, wandelte sich der Stellenwert der Steuerreform innerhalb der strategischen Prioritätensetzung der Regierung: Das Thema wurde ihr – trotz der generellen Verpflichtung auf eine Reform der Steuerpolitik in der Koalitionsvereinbarung und im Regierungsprogramm – mehr oder weniger aufgedrängt und bot sich schließlich als Aufhänger für eine Revitalisierung der wirtschaftspolitischen Leistungsfähigkeit der Koalition an.

Der Prozess hin zur Steuerreform 1998 offenbarte dann jedoch mehr die Grenzen bzw. die verbrauchten politischen Ressourcen der Koalition, als dass er diese hätte erneuern können. Die Abwägung politischer Profilierungschancen und öffentlicher Reformerwartungen muss dabei im Falle der Steuerreform 1998 als nicht notwendigerweise gleichgerichtet bzw. sich gegenseitig verstärkend angesehen werden.

Die Bewertung der Erfolgsaussichten blieb dabei im Übrigen realistisch und vorsichtig. Der Vorwurf der Blauäugigkeit kann in diesem Zusammenhang kaum einem Akteur gemacht werden – die schlechten Aussichten für das Reformwerk hatten ja gerade dazu geführt, dass die Anstrengung mehrmals verzögert worden war. Ein Gelegenheitsfenster hatte sich nicht aufgetan – im Gegenteil: Wirtschaftlicher und budgetärer Druck hatten das Problem auf die Agenda gebracht.

Der Verhandlungskorridor war sowohl in der Sache als auch im Verfahren mit Blick auf potenzielle Kooperationspartner bzw. Gegenspieler äußerst gering. Die zu erwartenden Widerstände von verschiedenen Seiten waren hinlänglich bekannt. Zugleich hatten alle Beteiligten schon 1996 fest die nächste Bundestagswahl im Blick. Dies sollte insbesondere die Dynamik in Politikformulierung und Entscheidung bestimmen.

4 Politikformulierung: die Petersberger Steuervorschläge

Die Petersberger Steuervorschläge läuteten die Phase der konkreten Politikformulierung und Entscheidung ein. Zugleich wurden Alternativen – auch im Kontakt mit dem Koalitionspartner und der Opposition – erwogen.

4.1 Kompetenz: Konzept und Kompromiss

Trotz heftiger Meinungsverschiedenheiten im CDU-Bundesvorstand zwischen Kohl und Blüm, der eine im Petersberger Konzept fehlende verbindliche Zusage über die Erhöhung der Mehrwertsteuer zugunsten der Rentenversicherung forderte, wurde der Entwurf zwar bei vier Gegenstimmen (Blüm, Geißler, Graf Schwerin und Wulff; FAZ 24.1.1997) angenommen, im Wortlaut allerdings nur begrüßt und nicht gebilligt. Kohl schien keinen Wert auf eine substanzielle

Debatte im Kreise der Mitglieder des Parteivorstands zu legen, da er das 40-Seiten-Papier erst kurz nach Beginn der Sitzung verteilen ließ, sodass nur Zeit für eine oberflächliche Lektüre blieb.

Was als effiziente Entscheidungsvorbereitung gedeutet werden mag, kommentierte damals nicht nur »Die Zeit« als Abnutzungserscheinung der Regierungspolitik: »›Reformen‹ werden im trauten Koalitionszirkel austariert. Zu mehr, zu öffentlichem Verhandeln, gar zum Austesten von Alternativen, reichen die Kraft und der Atem der Koalition nicht« (Die Zeit 24.1.1997).

Die erste Reaktion von Seiten der SPD war deutlich ablehnend. Die Sozialdemokraten wiesen besonders die Besteuerung der Schichtarbeit, die höhere Mehrwertsteuer und die unausgewogene Entlastung der verschiedenen Einkommensgruppen zurück. Ihr Vorsitzender Lafontaine formulierte apodiktisch: »Sie glauben doch im Ernst nicht, dass so etwas Gesetz wird« (Bild 25.1.1997). Eine Zustimmung sei völlig ausgeschlossen.

Daran änderte einstweilen auch die öffentliche Aufforderung Schäubles an Lafontaine nichts, die Umsetzung des Konzepts nicht zu blockieren. Es gehe jetzt nicht, so Schäuble, »um Profilierung oder das kleinliche Sammeln von Punkten, sondern um die Zukunft unseres Landes.« Obwohl er der SPD attestierte, »überhaupt keine Alternative, ja nicht einmal tragfähige Gegenvorschläge in Einzelpunkten« zu haben, sei die Regierungskoalition jederzeit bereit, mit den Sozialdemokraten in ernsthafte Gespräche über die Verwirklichung der Steuerreform einzutreten (Pressemitteilung der CDU/ CSU-Fraktion 24.1.1997).

Gleichwohl enthielt das Angebot des Unionsfraktionsführers an die SPD, gemeinsam Handlungsoptionen zu sondieren, keinerlei konkrete Kompromissvorschläge. Stattdessen unterstrich es die Überzeugung, mit den Petersberger Steuervorschlägen die richtigen Lösungsansätze gefunden zu haben. Lösungsalternativen zu bewerten, hielt das Regierungslager angesichts der frischen Vorschläge der Waigel-Kommission offenbar für nicht angebracht. Stattdessen wolle man dafür sorgen, dass die Änderungen zügig im Kabinett entschieden würden und dann Ende 1997 im Gesetzblatt stünden (Interview Bohl, WAZ 30.1.1997).

Während die Industrie positiv reagierte, protestierten Bauern, Gewerkschaften und Versicherer. Bei einer Forsa-Umfrage zeigte sich, dass die Wahrnehmung der Steuerreform in der Bevölkerung weiterhin denkbar schlecht war: Auf die Frage »Profitieren Sie von der Steuerreform?« antworteten nur zwölf Prozent mit »Ja«, 76 Prozent hingegen mit »Nein«. Die Antworten auf die Frage, ob mehr Arbeitsplätze entstünden, fielen ähnlich aus. Dass Waigel die Steuerreform geglückt sei, hielten nur acht Prozent für zustimmungsfähig; weniger geglückt sagten 43 Prozent und 36 Prozent der Befragten hielten die Reform gar für misslungen (Forsa-Umfrage veröffentlicht am 27.1.1997; fehlende Anteile »k.A./weiß nicht«). Hier war noch erhebliche Überzeugungsarbeit zu leisten, wenn die fest sitzende Ablehnung der Reform in Zustimmung oder zumindest Duldung umgewandelt werden sollte.

4.2 Kommunikation: Schwierigkeiten beim Vertrauensaufbau

Der Widerstand aus den eigenen Reihen war damit bereits in der Phase des Agenda-Setting vorprogrammiert. Kohl war unter anderem wegen des Landtagswahlkampfes in Hessen bestrebt, die Wogen zu glätten (Kohl in einem Bericht von Norbert Lehmann, ZDF 25.1.1997). Immer mehr Spitzenpolitiker der Koalition waren unzufrieden mit der Informations- und Kommunikationspolitik des Regierungsbündnisses. Schlimm sei vor allem, so kritisierten sie, dass viele Rentner durch die Diskussion um die Besteuerung der Renten verunsichert seien, real betreffe es doch nur ganz wenige.

Auch die Diskussion um die Erhöhung der Mehrwertsteuer sei verfrüht – Mitschuld daran trage Kohl. Aus der CDU-Spitze hieß es: »Man blickt langsam nicht mehr durch« und »Wir brauchen endlich eine strukturierte, klar gegliederte und vom Kanzler geführte Diskussion. Sonst schlittern wir in eine Diskussionskatastrophe« (Die Welt 29.1.1997). In Verstärkung des schon angedeuteten Übergreifens der Unzufriedenheit in der Sachpolitik auf unmittelbare Machtfragen stellte »ein Kohl-Vertrauter« fest: »Erstmals seit 1989 haben wir eine Debatte um die Führungsfähigkeit des Kanzlers« (Stern 6.2.1997).

Wenngleich Kohl und sein Kanzleramtsminister Bohl, die sich über weite Strecken der Steuerdiskussion in der Öffentlichkeit zurückgehalten hatten, dem erwähnten Vorwurf nun mit erhöhten Kommunikationsbemühungen und Präsenz begegneten (vgl. Interviews oder Wortmeldungen Bohls: WAZ 30.1.1997; Kölner Stadt-Anzeiger 10.2.1997; Inforadio 12.2.1997; ZDF und ARD 14.2.1997; Express 22.2.1997 sowie DLF 25.2.1997), gab es noch immer Zweifel am Konzept.

Mit Blick auf die SPR-Anforderung einer klaren und positiven Reformsprache hatten die Petersberger Steuervorschläge schon im Titel eine gewisse Ambivalenz aufzuweisen: Der Begriff »Vorschlag« enthält sowohl ein Element der Vorläufigkeit als auch eines der Bescheidenheit im Angesicht möglicher Alternativen. Die Rede von »dem« Petersberger Steuer-»Konzept« oder auch -»Paket« hätte hier einen deutlicheren Gestaltungsanspruch markieren können. Dieser wäre jedoch andererseits wieder mit dem Umstand kollidiert, dass sowohl die Unionsparteien als auch die Opposition und die Landesregierungen noch auf dieses Konzept reagieren mussten und gegebenenfalls Änderungen anmelden würden.

Da nun der Steuerdiskurs mit der Vorlage der Kommissionsvorschläge eine Phase erreicht hatte, in der um das Gelingen der »Jahrhundertreform« hätte gekämpft werden müssen, erhofften sich einige Unionspolitiker spätestens mit der am 31. Januar 1997 anstehenden Regierungserklärung Kohls eine Orientierung und eine klare Richtungsvorgabe (vgl. BT Sten. Ber. 13/155). Kohl hatte die Regierungserklärung bezeichnenderweise unter den Titel »Gemeinsame Verantwortung für mehr Beschäftigung in Deutschland« gestellt.

Die Medien berichteten von weitreichender Enttäuschung angesichts des Tonfalls der Erklärung, die nach dem Motto »Keine Aufregung, er, Kohl, werde es schon richten« (WAZ 1.2.1997) zu verstehen sei. Wörtlich hatte Kohl gesagt: »Die Bundesregierung und die Koalition von FDP und CDU/CSU jedenfalls lassen sich nicht dabei [bei der Steuerreform, A.d.V.] beirren, die notwendigen Entscheidungen für die notwendigen Reformen herbeizuführen« (BT Sten. Ber. 13/155: 13953).

Diese affirmative Betonung der eigenen Gestaltungsfähigkeit stand jedoch zu sehr im Schatten der absehbaren Mitwirkungsrechte der Opposition im Bundesrat. Realistische Erwartungen und Glaubwürdigkeit wurden damit gerade nicht erzeugt. Kohls Appell an Opposition und Landesregierungen ging zudem in einer teils aufbrausenden Debatte unter, in der Lafontaine den Kanzler als »Ursache unserer Krise« (BT Sten. Ber. 13/155: 13963) bezeichnete.

Später, im Kontext des bevorstehenden Steuergipfels, war es Kohl dagegen bei einer Grundsatzrede vor der CDU/CSU-Bundestagsfraktion durchaus gelungen, die Union auf die vorgezogene Steuerreform einzuschwören. In der von Fraktionsmitgliedern als bewegend und mitreißend beschriebenen Ansprache unterstrich Kohl, er werde mit großem Kampfeswillen in die Auseinandersetzung gehen. Die Fraktion habe mit lang anhaltendem Beifall reagiert (Welt am Sonntag 23.2.1997).

Es schien zu diesem Zeitpunkt, als sei es Helmut Kohl zumindest geglückt, die Reihen der Union zu schließen und sich damit mehr Verhandlungsspielraum zu verschaffen. Doch auch dieser Erfolg war nur eine Momentaufnahme im gesamten Prozess. Im Juni 1997 musste das Reformkonzept deutlich überarbeitet werden. Angesichts einer verfahrenen Situation mit Blick auf den Bundesrat kam es zum Versuch eines Befreiungsschlages, den der Bundestagsabgeordnete Peter Rauen in einer Fraktionssitzung vorbereitete, indem er forderte, die gesamte Steuerreform auf 1998 vorzuziehen. Diesem – wohl im Voraus abgestimmten – Vorschlag stimmten Helmut Kohl und Wolfgang Schäuble zu (Die Welt 5.6.1997).

Wenige Tage später entschloss sich die Unionsfraktion im Bundestag zu weitreichenden Änderungen am bisherigen Koalitions-Steuerkonzept, die bis zu den Beratungen des Entwurfs am 26. Juni (BT Sten. Ber. 13/183) eingearbeitet werden sollten (Die Welt 12.6.1997). Ziel war es, unpopuläre Kapitel der Reform zu entschärfen. So sollte etwa die Besteuerung der Feiertags- und Nachtarbeit erst 2003 voll in Kraft treten, bei Lebensversicherungen nur die Prämien besteuert werden und der Freibetrag für Landwirte nicht gestrichen, sondern von 2.000 auf 1.300 D-Mark gesenkt werden (Die Welt 12.6.1997).

Diese Zugeständnisse änderten nichts an der herrschenden prekären Lage. Im laufenden Haushalt fehlten allein 30 Milliarden D-Mark. Kanzleramtsminister Bohl kündigte daher an, dass es für 1997 einen Nachtragshaushalt geben und die Bundesregierung ausnahmsweise eine höhere Neuverschuldung in Kauf nehmen werde. Damit prophezeite er, dass die Regierung für 1997 eine Störung des wirtschaftlichen Gleichgewichts feststellen müsse (SZ 21.6.1997).

Diese Hiobsbotschaft war der Auslöser, dass sich die Abgeordneten der Unionsfraktion zu Wort meldeten und ihrem Ärger Luft machten. Die Parlamentarier fühlten sich spät oder falsch informiert. Sie würden in ihren Wahlkreisen zunehmend mit unangenehmen Fragen konfrontiert, auf die es aus Bonn keine Antwort gebe. Ihre Sorge sei, dass ausgerechnet die bürgerliche Regierungskoalition ihre Kompetenz in der Wirtschafts- und Finanzpolitik verliere. Zudem würden sie von der Koalitionsführung teilweise erst dann informiert, wenn sie die Entscheidungen bereits der Presse entnommen hätten (SZ 24.6.1997).

Dabei war die Kommunikation gegenüber der Partei nur eine Ebene, auf der Vertrauen aufgebaut und Dialog hätte etabliert werden müssen. Nicht zu unterschätzen war neben der SPD auch der Widerstand der Arbeitnehmerschaft gegen die Steuerreformpläne. Die Gewerkschaften IG Metall und die Gewerkschaft öffentliche Dienste (ÖTV) kritisierten insbesondere die Pläne der Besteuerung von Feiertags- und Schichtarbeit (FAZ 26.2.1997). Karl Heinz Däke, Präsident des Bundes der Steuerzahler, machte für die Unzufriedenheit der Bevölkerung die Koalition verantwortlich, der es bisher nicht gelungen sei, die an sich richtigen Konzepte ihres Reformvorhabens der breiten Öffentlichkeit verständlich zu vermitteln (Handelsblatt 28.2.1997).

Wichtig waren dabei nicht zuletzt belastungsfähige Zahlen. Die SPD monierte eine Finanzierungslücke von 44 Milliarden D-Mark in der Konzeption der Bundesregierung (FAZ 22.2.1997). Tatsächlich wurden eine Reihe von Einsparmöglichkeiten im Haushalt geprüft. Im Bereich der Bergbausubventionen des Bundes wurde ein Sparpotenzial von zirka fünf Milliarden D-Mark ausgemacht.

Nachdem das Bundesverfassungsgericht am 11. Oktober 1994 den Kohlepfennig für verfassungswidrig erklärt hatte (BVerfGE 191: 186), war der Bund mit einer Subvention aus dem Staatshaushalt eingesprungen, weil sonst der Steinkohleabbau nicht wettbewerbsfähig gewesen wäre. Im Frühjahr 1997 sollten diese Unterstützungsleistungen von 9,1 auf 3,8 Milliarden D-Mark reduziert werden (FAZ 8.3.1997). Die Ankündigung einer drastischen Senkung der Bundessubventionen für den Kohlebergbau musste jedoch bei den ohnehin schon kritisch eingestellten Gruppierungen der Arbeitnehmerschaft wie ein Verstärker für ihren Unmut wirken. In Bonn kam es zu massiven Berg- und Bauarbeiterdemonstrationen, sodass die Wochenzeitung »Die Zeit« fragte: »Wer führt in Bonn eigentlich noch Regie?« (Die Zeit 14.3.1997).

Die Demonstrationen zeigten augenfällig, dass es der Regierung nicht gelungen war, zur Absicherung ihrer Politikformulierung und -entscheidung Dialogformen zu etablieren. Im Schäuble-Lager musste man zugeben, dass man die Bergarbeiterproteste und die politische Dynamik »so nicht erwartet« habe (Die Zeit 14.3.1997). Dies führt direkt zu der Frage, ob und wenn ja wie bei der Suche nach Bündnispartnern und öffentlichem Rückhalt gegebenenfalls auch eine Anpassung der Verhandlungsstrategie vorgenommen wurde.

4.3 Durchsetzungsfähigkeit: fehlender Konsens und Mehrheitssuche

Waren die Forderungen der Opposition von der Exekutive bisher meist zurückgewiesen worden oder unbeachtet geblieben, zeichnete sich nun ein Prozess ab, innerhalb dessen sich die Bundesregierung mehr und mehr mit der (Verhinderungs-)Macht der SPD auseinandersetzen musste, um gegebenenfalls schon im Vorfeld eines offiziellen Vermittlungsverfahrens eine Annäherung oder teilweise Verständigung zu erreichen.

Auf die Forderung Lafontaines, die Reform müsse bereits 1998 in Kraft treten – oder gar nicht, reagierte Finanzminister Waigel behutsamer als sonst: »Wir sind bereit, die Steuerreform schon zum 1. Januar 1998 umzusetzen. Dazu müssen Sie [gemeint ist Lafontaine, A.d.V.] unsere Vorschläge aufgreifen [...] und auf ein Vermittlungsverfahren verzichten« (BT Sten. Ber. 13/155: 13968). Hier ist also durchaus ein Versuch zu erkennen, die Verhandlungsstrategie in Richtung einer Konsensorientierung anzupassen, indem man den SPD-Forderungen entgegenkam und Flexibilität in der Ausgestaltung der Reform ankündigte.

SPD-Fraktionsgeschäftsführer Peter Struck nutzte das Verhandlungsangebot der Regierungskoalition und regte ein Treffen zwischen Bundeskanzler Kohl und SPD-Parteichef Lafontaine sowie den beiden Fraktionsvorsitzenden Schäuble und Scharping an. Sowohl die CSU als auch die Liberalen reagierten erwartungsgemäß empört. Spitzengespräche ohne Beteiligung der FDP »bedeuten das Ende der

Koalition in Bonn« (Jürgen Koppelin, FDP-Landesvorsitzender in Schleswig-Holstein, Kölner Stadt-Anzeiger 10.2.1997).

Auch CSU-Chef Waigel, der nicht bei den Gesprächen dabei gewesen wäre, reagierte verärgert auf den Versuch, einen Keil in die Koalition zu treiben. Das Bemühen, Bündnispartner zu gewinnen, führte also in ein Dilemma, da Partner außerhalb der Koalition nicht als Ergänzung, sondern Infragestellung des eigenen Beitrags zur Reform gesehen wurden. Dass das von Struck vorgeschlagene Vierer-Treffen nicht zustande gekommen war, versuchte der SPD-Fraktionsvorsitzende Rudolf Scharping in politisches Kapital umzumünzen. Er habe gelernt, »dass der Bundeskanzler nicht mehr so ohne weiteres für die ganze Koalition reden kann.« Und weiter: »Das ist verständlich, diese Koalition ist zerstritten, sie hat keine innere Substanz mehr« (ARD 13.2.1997).

Um diesem Vorwurf zu begegnen, trat Friedrich Bohl nach einer Koalitionsrunde vor die Presse: »Die Koalitionsrunde war sich heute einig, auf die SPD zuzugehen, um die aktuellen steuerpolitischen Fragen zu erörtern« (ARD 14.2.1997). Gleichwohl hatte die SPD ihr Ziel erreicht, ihren Parteivorsitzenden Lafontaine durch direkte Gespräche mit Kohl über die Steuerreform aufzuwerten.

Der Bundeskanzler hingegen schien sich der Situation bewusst, dass man andernfalls in gleicher personeller Konstellation im Herbst unter dem Druck der näher rückenden Wahl im Vermittlungsausschuss verhandeln würde. Darum zeigte er sich im Vorfeld der Gespräche nicht nur offen für Überlegungen, Teile der Steuerreform bereits auf den 1. Januar 1998 vorzuziehen, sondern war der SPD auch beim Tagungsort entgegengekommen – wiederum kam es also zur Anpassung der Verhandlungsstrategie in Richtung Konsens (Express 23.2.1997).

Das Treffen der Koalitionsspitzen mit der SPD-Delegation am 24. Februar 1997 (es nahmen nur zwölf Personen teil: Helmut Kohl, Theo Waigel, Friedrich Bohl, Wolfgang Schäuble, Michael Glos, Wolfgang Gerhardt, Hermann Otto Solms, Oskar Lafontaine, Rudolf Scharping, Ingrid Matthäus-Maier, Henning Voscherau und Heinz Schleußer) blieb jedoch ohne Durchbruch.

Die Sozialdemokraten stellten die Zahlen der Koalition als Grundlage für die Rechnungen zur Steuerreform abermals in Frage, sodass ein Abgleich zwischen dem Bundesfinanzministerium und dem nordrhein-westfälischen Finanzministerium verabredet wurde. Lafontaine erklärte rückwirkend: »Bei den Verhandlungen musste ich ständig aufpassen, dass unsere Verhandlungskommission [...] der anderen Seite nicht zu weit entgegenkam. [...] Insbesondere der Fraktionsvorsitzende Scharping war immer wieder versucht, der CDU steuerpolitisch sehr weit entgegenzukommen« (Lafontaine 1999: 62).

Ein Scheitern des Dialogversuches war jedoch nach dem ersten Treffen auch nicht attestiert worden. Den Wunsch des SPD-Vorsitzenden, die Gespräche mögen doch auch weiterhin in dieser Zusammensetzung fortgeführt werden, konnte Kohl reaktionsschnell abwenden, indem er vorschlug, für die Anschlussgespräche solle jede Seite drei Vertreter benennen (Die Welt 26.2.1997). Mit dem Rückzug Kohls war Lafontaine gezwungen, sich ebenfalls zurückzuziehen, wollte er als Kohl ebenbürtig wahrgenommen werden.

Bei einem zweiten Gespräch noch in derselben Woche (am 28. Februar 1997) blieben beide Seiten zwar im Wesentlichen bei ihren Vorstellungen, meinten aber auch, »beim Verhandlungspartner jeweils in bestimmten Punkten Bewegung erkannt zu haben« (Zohlnhöfer 1999: 332). So schien sowohl bei der Besteuerung der Nacht- und Feiertagszuschläge als auch bei der Senkung der Lohnnebenkosten ein Kompromiss möglich (Der Spiegel 3.3.1997).

Diese Fortschritte wurden durch die Eskalation um die Kohlesubventionen zunichtegemacht. Während also noch keine Einigung mit der SPD in Sicht war, die vielleicht den öffentlichen Rückhalt für Reformen hätte vergrößern können, war es gerade der Mangel an öffentlicher Unterstützung, der es der SPD ermöglichte, sich ohne großen Schaden und mit Bezug auf die Proteste aus den Steuergesprächen zurückzuziehen. Sie sagte ihre Teilnahme am dritten Steuertreffen ab, obwohl die Koalition zuvor ein Kompromissangebot vorgelegt hatte, nach dem die Forderungen der Sozialdemokraten nach einem höheren Grundfreibetrag bei der Einkommensteuer schrittweise hätten erfüllt werden können (Tagesspiegel 24.2.1997).

Für die Rückkehr der SPD an den Verhandlungstisch stellte Lafontaine zunehmend inhaltliche Bedingungen, die von der Koalition abgelehnt wurden, wie etwa eine spürbare Entlastung der Arbeitnehmer. Deshalb sei davon auszugehen, so Hendrik Träger, »dass eine auf Druck der SPD durchgeführte und den sozialdemokratischen Forderungen folgende finanzielle Entlastung der Arbeitnehmer im

Wahlkampf eingesetzt werden sollte, um so die Wahl als ›Steuersenkungspartei‹ zu gewinnen und die Regierung bilden zu können« (Träger 2008: 57).

Wie bereits mehrfach angekündigt, gab die Regierung nun parallel zu den Gesprächen mit der SPD den Startschuss für das Gesetzgebungsverfahren. Das Kabinett billigte den ersten Teil der Steuerreform, der alle Vorschläge beinhaltete, die bereits zum 1. Januar 1998 wirksam werden sollten: die Verminderung der ertragsteuerlichen Belastung für gewerbliche Einkünfte und die Reduzierung des Solidaritätszuschlags auf 5,5 Prozent (Bundesministerium der Finanzen 1997a).

Nach einem Strategiegipfel der Union im Kanzleramt verlautete, Kohl habe kaum noch Hoffnungen auf eine Einigung mit der SPD bei der Steuerreform. Deshalb setze man unter Einbringung der Petersberger Steuervorschläge in Form eines Gesetzesentwurfs (BT-Drs. 13/7480) auf das offizielle Gesetzgebungsverfahren. Kohl gab sich selbstbewusst: Wenn die SPD nicht mitmache, werde die Regierung die Steuerreform allein durchbringen (WAZ 24.3.1997).

Wie die Hürde der Unterstützung im Bundesrat genommen werden sollte, blieb jedoch weiterhin offen, da auch keine Risse in der Ablehnungsfront der A-Länder zu erkennen waren. Lafontaine hält dementsprechend in seiner Rückschau fest: »Durch die Veröffentlichung des Petersberger Konzepts [...], ohne [vertrauliche und im Vorfeld stattfindende] Abstimmung mit dem Bundesrat, hatte sich die Regierung Kohl in eine schwierige Lage manövriert« (Lafontaine 1999: 62). Und weiter: »Das Petersberger Modell bot uns eine hervorragende Möglichkeit, die Regierung Kohl vorzuführen« (Lafontaine 1999: 61). Die Regierung hatte kaum Bündnispartner und öffentlichen Rückhalt sichern können und stand nun unter dem selbst auferlegten Zwang, ihre Handlungsfähigkeit unter Beweis zu stellen.

Angesichts der offenkundig fortbestehenden Probleme der Durchsetzungsfähigkeit im Bundesrat erklärte sich der Bundeskanzler Anfang April erneut zu Verhandlungen mit der SPD bereit: »[...] wenn's sein muss, ich auch persönlich« (Farbe bekennen, ARD 3.4.1997). Wenige Tage später stellte SPD-Bundesgeschäftsführer Franz Müntefering mit Genugtuung fest: »[...] ich finde gut, dass der Kanzler endlich das macht, was unsere Erwartung ist, nämlich die Sache zur Chefsache zu machen. Er ist verantwortlich. Er macht nun das, was wir wollen, er kommt nun wieder an den Tisch« (ARD 7.4.1997).

Die Verhandlungsbereitschaft Kohls bezeichnete Schäuble in einem Interview als Teil der Regierungsstrategie: »Wir würden uns eine Menge Vorwürfe einhandeln, wenn wir nichts vorlegen, weil wir das, was wir für notwendig halten, mit der Mehrheit im Bundesrat doch nicht hinkriegen. Im Moment fahren wir zweigleisig. Wir stehen zu jedem Termin während der Osterpause für Gespräche mit der SPD zur Verfügung. Sonst sehen wir uns am Ende im Vermittlungsausschuss wieder« (Die Zeit 28.3.1997).

Das schließlich angesetzte Treffen am 23. April 1997 wurde jedoch bereits nach weniger als einer Stunde ergebnislos beendet. Lafontaine bemängelte, die schriftliche Erklärung des Scheiterns seitens der Koalition sei bereits verteilt worden, bevor das Treffen beendet war (Die Welt 24.4.1997). Damit war die Chance einer Einigung im vorparlamentarischen Raum zunächst vergeben.

Parallel zu den Gesprächen mit der SPD hatte die Bundesregierung also den verfassungsgemäßen Weg der Gesetzgebung beschritten. Dazu hatte sie die Petersberger Vorschläge in zwei Gesetzentwürfe aufgeteilt: zum einen das »Steuerreformgesetz 1998«, das alle Teile der Reform beinhaltete, die auf 1998 vorgezogen werden sollten (wie die Senkung des Solidarzuschlags), zum anderen das »Steuerreformgesetz 1999«, das die weiteren Regelungen enthielt (BT-Drs. 13/7242 bzw. 13/7480).

Die Stellungnahme des Bundesrates (BR-Drs. 280/97 (Beschluss): 1 bzw. BT-Drs. 13/7917: 5) überraschte nicht: »Finanzpolitisch unsolide, sozial unausgewogen und wirtschaftspolitisch verfehlt«, seien die Entwürfe nicht in der Lage, die Aussichten auf eine wirtschaftliche Belebung entscheidend zu verbessern. Und trotzdem war die Front der SPD-Länder im Bundesrat keineswegs so geschlossen, wie diese Stellungnahme vermuten ließe. Neben Ministerpräsidenten wie Hans Eichel, der die Reformpläne für sein Land Hessen ablehnte (Interview, HR1 24.4.1997), gab es auch die Landeschefs Gerhard Schröder (Niedersachsen) und Kurt Beck (Rheinland-Pfalz), die angaben, im Bundesrat den Interessen ihrer Länder verpflichtet zu sein (SZ 28.4.1997).

In dieser Zeit führte Oskar Lafontaine eine Reihe von Gesprächen, um die A-Länder auf Kurs zu halten (Träger 2008: 62). Die

Ministerpräsidenten waren geneigt, ihre Unabhängigkeit von ihrer Partei unter Beweis zu stellen. Die prinzipiell mögliche Auflösung des Vetoblocks der SPD stand jedoch unter der Bedingung, hinreichende Kompensationsgeschäfte anbieten zu können, für die die Regierung allerdings aufgrund der angespannten Haushaltssituation »offensichtlich keine ausreichende Verhandlungsmasse« hatte (Lehmbruch 2002: 171). Hinzu kam, dass auch christdemokratische Ministerpräsidenten wie Bernd Seite (CDU), Landesvater von Mecklenburg-Vorpommern, ankündigten, den Reformentwurf abzulehnen, wenn es keine Ausgleichsleistungen für die östlichen Bundesländer gebe (Focus 28.4.1997).

Die Steuerschätzung vom Mai 1997 offenbarte nochmals die dramatische Lage des Bundeshaushalts und führte zu einem heftigen Streit zwischen den kleinen Koalitionspartnern CSU und FDP. Als Ausgleichsmaßnahme für die prognostizierten Steuerausfälle hatte sich die Koalition bei einem Strategietreffen unter Leitung Kohls für Einsparungen und gegen Steuererhöhungen ausgesprochen (Handelsblatt 14.5.1997).

Dennoch hielt sich Waigel – neben der Privatisierung von Bundesvermögen – die Möglichkeit der Erhöhung der Mineralöl- und Mehrwertsteuer offen (Frankfurter Rundschau 20.5.1997). Dies wiederum lehnten die Liberalen bekanntermaßen grundsätzlich ab. Der FDP-Vizevorsitzende Rainer Brüderle forderte daraufhin mehr oder weniger dezent den Rücktritt des Bundesfinanzministers: »Waigel ist das Problem der CDU und der CSU, sie muss darüber entscheiden.« Für Michael Glos (CSU) war dies »eine bewusste Störung des Koalitionsfriedens« (Frankfurter Rundschau 20.5.1997).

Die dramatischen Steuerausfälle, die die Steuerschätzung voraussagte, beeinflussten auch das Steuerkonzept der SPD. Dieses hatte die Partei nach Bekanntwerden der Zahlen vorgelegt, dabei allerdings den ursprünglich enthaltenen Eingangssteuersatz von 19,5 Prozent auf 22 Prozent angehoben (Kölner Stadt-Anzeiger 24.5.1997). Insgesamt sollte das Konzept ein Volumen von 75 Milliarden D-Mark umfassen und eine Nettoentlastung von 7,5 Milliarden D-Mark enthalten. Damit waren die Sozialdemokraten, die über den längsten Zeitraum der Diskussion eine aufkommensneutrale Reform gefordert hatten, der Koalition ein Stück weit entgegengekommen.

Als Spitzensteuersatz beinhaltete der Entwurf einen Wert zwischen 45 und 49 Prozent, der damit immer noch weit über dem von der Bundesregierung geforderten Wert lag. Zur Gegenfinanzierung schlug die SPD zum einen die Erhöhung der Mineralölsteuer um sechs Pfennig pro Liter (Einnahmen: 6,5 Milliarden) und der Mehrwertsteuer um ein Prozent (16 Milliarden) vor. Zum anderen sollten 40 Milliarden D-Mark durch die Verbreiterung der Bemessungsgrundlage erzielt werden. Neben der seit langem von der Partei geforderten Erhöhung des Kindergeldes sah das Konzept vor, Privatvermögen über einer Million D-Mark mit einem Prozent zu besteuern (acht Milliarden) (dpa 2.6.1997).

Der Zeitpunkt, an dem die Sozialdemokraten ihr Steuerkonzept vorlegten – nach Auskunft Henning Voscheraus aus taktischen Gründen spät gewählt (vgl. Träger 2008: 60) –, markiert für die Koalition einen weiteren Wendepunkt in der Diskussion über das Thema Steuerreform. Nach dem Milliardenloch im Bundeshaushalt, das die Steuerschätzung offenbart hatte, stellten sich zwei Fragen: Steuererhöhung ja oder nein? Und: Sollte die Absenkung des Solidaritätszuschlags verschoben werden oder nicht?

Entlang dieser Konfliktlinien bildeten sich nun deutlicher als zuvor die verschiedenen Lager innerhalb der Koalition heraus. Bekanntermaßen galt die Gruppe um Finanzminister Waigel, für die sowohl eine Erhöhung der Mehrwertsteuer als auch der Mineralölsteuer vorstellbar war, als Widersacherin der FDP, die Steuererhöhungen grundsätzlich ablehnte.

Hinzu kam nun, dass Bernhard Vogel, Ministerpräsident Thüringens, im Bundesrat eine Koalition gegen die Rückführung des Solidaritätszuschlags um sich scharte (Die Welt 29.5.1997). Die Rückweisung eines solchen Einspruchs des Bundesrates mit Zweidrittelmehrheit hätte nach Art. 77 Abs. 4 des Grundgesetzes auch einer Zweidrittelmehrheit des Bundestages bedurft, was im Fall des Solidarzuschlags als ausgeschlossen gelten konnte. Von Seiten der Liberalen verlautete dazu, es sei Aufgabe des Fraktionsvorsitzenden Schäuble, für Disziplin innerhalb der Union zu sorgen (Die Welt 29.5.1997).

Die Koalition bot in jenen Tagen ein zerstrittenes Bild. Inmitten aller Irritationen war sie noch nicht dazu gekommen, eine gemeinsame Strategie für die Auseinandersetzung mit der SPD auszuarbeiten (Bremer Nachrichten; Frankfurter Rundschau 27.5.1997). Ein nicht genannter Finanzexperte der Union monierte: »Da hat sich niemand konzeptionelle Gedanken gemacht« (Die Zeit 29.5.1997). Vor dem Zusammentreten des Vermittlungsausschusses am 4. Juli musste die Koalition entscheiden, ob sie gemeinsam mit der SPD eine Minimallösung erreichen oder an ihren Vorschlägen festhalten und damit untergehen wollte. Dieser Einsicht gewahr, nutzte Wolfgang Schäuble das Steuerkonzept der SPD als willkommenes Instrument, dem unbeugsamen liberalen Koalitionspartner zu drohen.

Indem Schäuble den Sozialdemokraten Gesprächsbereitschaft signalisierte – obwohl sich die Positionen des SPD-Konzepts kaum von jenen Lafontaines beim gescheiterten Steuergipfel unterschieden –, deutete er der FDP an, dass sich die Union notfalls auch mit der SPD auf einen Steuerkompromiss einigen könnte (SZ 28.5.1997). Weil dies das sichere Ende der Koalition bedeutet hätte, mussten sich die Liberalen entscheiden, ob sie weiterhin keine Steuererhöhung zum Stopfen der Haushaltslöcher und eine deutliche Nettoentlastung trotz leerer Staatskassen fordern wollten. Doch der wirtschaftspolitische Sprecher der FDP-Bundestagsfraktion, Paul Klemens Friedhoff, gab sich unnachgiebig. Rüttele die Union am Beschluss der Koalition, weder Etatlöcher mittels Steuererhöhungen zu stopfen noch den Solidaritätszuschlag zurückzuführen, so stelle sich für die FPD die Koalitionsfrage (FAZ 1.6.1997).

In den Ausschüssen des Bundestages wurde unterdessen an Änderungsvorschlägen zu den Gesetzentwürfen gearbeitet. Dabei kam es im Finanzausschuss – anders als die konfrontative Haltung der SPD erwarten ließ – in mehreren Punkten zur Zusammenarbeit zwischen Regierung und Opposition, sodass einzelne Vorschläge einstimmig verabschiedet werden konnten. Ging es etwa um die Besteuerung der Sonderzuschläge für Schicht- und Nachtarbeit, so wurde angeregt, diese über einen Zeitraum von vier Jahren einzuführen. Die Koalition ging damit auf die Sozialdemokraten zu, die in der ursprünglich geplanten Abschaffung der Besteuerungsbefreiung einen klaren Nachteil für ihre Wählerklientel ausgemacht hatten.

In der Debatte im Plenum hingegen kritisierte die SPD die zum Teil von ihr mit ausgearbeiteten Entwürfe scharf (BT Sten. Ber. 13/184). Der kooperativen Haltung in den Ausschüssen stand die Konfrontationsstrategie der SPD in der Öffentlichkeit gegenüber, deren

Ziel es war, die Handlungsunfähigkeit der Regierung zu demonstrieren.

Obwohl die SPD nach außen deutlich gemacht hatte, dass sie zum gegebenen Zeitpunkt keine Einigungschancen sah (DLF 27.6.1997; Frankfurter Rundschau 25.6.1997), zeigte sich Kohl angesichts des Beschlusses der Steuerreformgesetze 1998 und 1999 im Bundestag mit Koalitionsmehrheit zuversichtlich, dass ein Einvernehmen mit der SPD im Vermittlungsverfahren möglich sei (Die Welt 27.6.1997). Parallel erhöhte Kanzleramtsminister Bohl den Druck auf die SPD. Die Entscheidung über die Steuerreform sei eine Nagelprobe für die Glaubwürdigkeit der Sozialdemokraten: »Wer dieses Schlüsselprojekt für Wachstum und Beschäftigung blockiert, trägt die Verantwortung dafür, dass neue Arbeitsplätze in Deutschland nicht entstehen« (Express 29.6.1997).

Der Druck blieb ohne Wirkung. Am 4. Juli lehnte der Bundesrat die Steuerreformpläne mit breiter Mehrheit ab und Wolfgang Gerhardt sprach die symptomatischen Worte: »Wir sind an der Regierung, aber nicht an der Macht« (FAZ 8.7.1997).

Währenddessen wurde im Vermittlungsausschuss weiter nach einer Mehrheit für eine Reform gesucht. Das Angebot der Koalition, statt einer Nettoentlastung von 30 Milliarden D-Mark auch mit 15 Milliarden D-Mark einverstanden zu sein, schlug die SPD aus. Ihrer Meinung nach war auch diese Summe zu hoch (FAZ 29.7.1997). Weil dieses Angebot verhandlungsfähig hätte sein müssen, wurde in der Presse daraufhin der Vorwurf laut, die SPD stelle unerfüllbare Bedingungen (Der Spiegel 4.8.1997). Dass die Verhandlungen scheiterten, überraschte folglich nicht. Der Vermittlungsausschuss beschloss ein so genanntes »unechtes Ergebnis«, indem er den Entwurf mit den Stimmen der SPD ablehnte (BR-Drs. 528/97).

Weil die Zeit drängte – immerhin beinhalteten sowohl das Konzept der Bundesregierung als auch jenes der sozialdemokratischen Opposition Regelungen, die 1998 in Kraft treten sollten –, wurde für den 5. August 1997 eine Sondersitzung des Bundestages einberufen, auf der sich die beiden Konzepte gegenüberstanden. Erwartungsgemäß wies der Bundestag die Ablehnung des Vermittlungsausschusses mit den Stimmen der Koalition zurück (BT Sten. Ber. 13/186: 16860f.). Gebilligt wurde hingegen die Abschaffung der Gewerbekapitalsteuer zum 1. Januar 1998.

Angesichts dieses Ergebnisses zeigte sich die Bundesregierung entschlossen, ein zweites Vermittlungsverfahren einzuleiten. Zeitgleich wurden Forderungen laut, die Machtbefugnisse des Bundesrats müssten langfristig begrenzt werden (so etwa Graf Lambsdorff im Interview mit der »Süddeutschen Zeitung« (8.8.1997) und BDI-Präsident Henkel in der »Bonner Rundschau« (7.8.1997)).

Obwohl Schäuble der SPD weit entgegengekommen war – etwa mit der Senkung des Eingangs- bzw. des Spitzensteuersatzes auf 22 bzw. 45 Prozent –, kam keine Bewegung in die Debatte, da die Sozialdemokraten alle Vorschläge ablehnten. Vielmehr forderten sie ein gänzlich neues Konzept, das nicht nur »sozial ausgewogen und solide finanziert« (Stern 21.8.1997) sein, sondern vor allem offiziell vorgelegt werden müsse. Damit zielte die Opposition auf eine Schwachstelle des Angebots Schäubles, das zwar mit Bundeskanzler Kohl, nicht aber mit der FDP abgesprochen war.

Bewegung brachte dann die Bürgerschaftswahl in Hamburg vom September 1997. Henning Voscherau, Erster Bürgermeister der Hansestadt und SPD-Steuer-Verhandlungsführer, hatte diese verloren und war von Hans Eichel in der Funktion des SPD-Verhandlungsführers abgelöst worden (FAZ 25.9.1997). Zum einen versicherte Helmut Kohl weiterhin seine Verhandlungsbereitschaft: »Meine Hand bleibt weiter ausgestreckt« (Welt am Sonntag 21.9.1997). Jedoch forderte er die SPD auf, das Steuerkonzept der Koalition nun nicht weiter durch Populismus und Wahltaktik zu verwässern.

Zum anderen schlug Wolfgang Schäuble überraschend vor, sowohl Mehrwertsteuer als auch Mineralölsteuer könnten zur Finanzierung der Lohnnebenkosten um jeweils einen Prozentpunkt angehoben werden (Stuttgarter Zeitung 22.9.1997). Der Vorschlag traf auf Wohlwollen bei der SPD, die Schäuble für diesen Vorstoß ausdrücklich lobte (Sächsische Zeitung 24.9.1997).

Doch nicht nur die Ablehnung von Seiten der kleinen Koalitionsparteien, sondern auch die Kritik aus der CDU kam prompt. Die Stimmung in CDU und FDP sei »massiv und vehement dagegen« (FAZ 24.9.1997). Schäuble hatte diesen Vorschlag bei der Sitzung des Arbeitskreises Umweltschutz der CSU in Ingolstadt präsentiert und ihn ausdrücklich als seine eigene, nicht mit der Fraktion abgestimmte Meinung gekennzeichnet. Trotzdem musste er sich ungewöhnlich deutliche Kritik vom bayerischen Finanzminister Erwin

Huber gefallen lassen: »Ich erwarte, dass sich auch der Fraktionsvorsitzende an die gemeinsame Linie der Partei hält« (FAZ 24.9.1997).

Wäre der Vorschlag von den Sozialdemokraten umgehend angenommen worden, hätte dies erheblichen Druck auf die kleinen Koalitionsparteien CSU und FDP ausgeübt, da die Einigung mit der SPD über die Steuerreform greifbar gewesen wäre. Zudem hätten die kleinen Koalitionäre den Vorschlag nur schwer öffentlich ablehnen können, ohne als Verhinderer dazustehen.

In einem Interview mit dem »Spiegel« erklärte Schäuble seinen Vorstoß damit, er habe versucht, reformwillige SPD-Ministerpräsidenten aus der Ablehnungsfront herauszulösen. Jedoch seien am Ende »alle Verhandlungswilligen [von Lafontaine, A.d.V.] wieder eingefangen« worden. Wäre der Plan aufgegangen, hätte Schäuble »leichter die Koalitionspartner auf [seinen] Kurs zwingen« (Focus 29.9.1997) können.

Zwei Auffassungen standen sich deutlicher denn je gegenüber: diejenigen, die sich – wie Schäuble – mit der SPD einigen wollten, und jene, die einen Schlussstrich ziehen wollten, falls die eigenen Vorstellungen nicht verwirklicht werden konnten. Am 17. Oktober 1997 stimmte der Bundesrat endgültig gegen die Steuerreformgesetze der Koalition. Dennoch gab die Bundesregierung die Reform nicht verloren. Bohl erhielt den Auftrag, der SPD ein abermaliges Gesprächsangebot zu übermitteln. Weil die SPD dies umgehend zu den »substanzlose[n] telefonische[n] Schnellschüssen« (SZ 13.11.1997) der Koalition zählte, beklagte Bohl: »Sich noch nicht einmal an einen Tisch zu setzen und die Überlegungen anzuhören und vielleicht darauf zu reagieren, das ist reinste Blockade – Blockade pur« (ProSieben 12.11.1997).

In der Haushaltsdebatte im Bundestag am 26. November präsentierte Lafontaine überraschenderweise den Vorschlag, »den Eingangssteuersatz auf 22 Prozent [und] den Spitzensteuersatz auf 49 Prozent zu senken« (BT Sten. Ber. 13/206: 18675). Zudem versuchte er in Interviews, dem Image des Blockierers entgegenzuwirken. Er habe schon vor Monaten verkündet: »Wenn der Dicke wirklich einen Deal mit uns will, dann sucht er den direkten Kontakt zu mir.« Er allein sei handlungs- und abschlussbereit, »in vier Stunden wäre alles zu regeln« (Der Spiegel 1.12.1997).

In der Phase aufkeimender Hoffnung wurde in vertraulichen Gesprächen zwischen Waigel, Schäuble und Solms auf der einen und Scharping und Eichel auf der anderen Seite vereinbart, die Mehrwertsteuer bereits zum 1. April 1998 um einen Prozentpunkt zu erhöhen. Oskar Lafontaine hatte, um dieses Klima nicht zu stören, auf dem Hannoveraner Parteitag (2.–4.12.1997) der SPD auf persönliche Attacken gegen den Kanzler verzichtet.

Beim folgenden Treffen einer Sechsergruppe aus hochrangigen Koalitions- und SPD-Vertretern am Abend des 10. Dezember 1997 konnte jedoch keine Einigung erzielt werden. Die Schuld daran wurde der FDP zugeschrieben. Obwohl die SPD-Verhandlungsdelegation die Bereitschaft hatte erkennen lassen, beim Spitzensteuersatz auf private Einkommen unter den bisher als Schmerzgrenze dargestellten Wert von 49 Prozent zu gehen, und Waigel und Schäuble bereit gewesen seien, eine geringfügige Erhöhung der Mineralöl- und Mehrwertsteuer zu akzeptieren, sei Solms strikt dagegen gewesen (SZ 12.12.1997). Zu ihrer Verteidigung brachte die FDP vor, sie habe sich zum einen in den Gesprächen zunehmend isoliert gefühlt. Zum anderen sei massiv Druck auf die Partei seitens der anderen Koalitionsparteien ausgeübt worden (SZ 11.12.1997).

Bundesfinanzminister Theo Waigel erklärte die Steuerreform für die 13. Legislaturperiode für gescheitert und gab bekannt, entgegen der Ankündigung keinen neuen Gesetzentwurf mehr vorlegen zu wollen. Stattdessen sollten die Vorschläge der Petersberger Steuerkommission in einem Regierungsprogramm für die Zeit nach der Wahl zusammengefasst werden (Hamburger Abendblatt 23.12.1997).

Damit wurde die nicht realisierte Steuerreform zu einer weiteren Illustration dessen, was Bundespräsident Herzog – an verschiedene Seiten adressiert – im April 1997 in seiner Berliner Rede deutlich als Gefahr benannt hat: »Ob Steuern, Renten, Gesundheit, Bildung, selbst der Euro – zu hören sind vor allem die Stimmen der Interessengruppen und Bedenkenträger. Wer die großen Reformen verschiebt oder verhindern will, muss aber wissen, dass unser Volk insgesamt dafür einen hohen Preis zahlen wird. Ich warne alle, die es angeht, eine dieser Reformen aus wahltaktischen Gründen zu verzögern oder gar scheitern zu lassen. Den Preis dafür zahlen vor allem die Arbeitslosen. [...] Eine Selbstblockade der politischen Institutionen können wir uns nicht leisten« (Herzog 1997).

5 Bilanz: Erfolgskontrolle

Die Kategorien und Bestandteile des SPR haben eine ganze Reihe von Defiziten aufgezeigt, die in ihrer Summe das Scheitern der Reform durchaus plausibel machen. Das SPR erlaubt, solche Defizite und Probleme systematisch zu erfassen, und identifiziert Aufgaben und Anforderungen, die strategische Reformpolitik ermöglichen. Die vielfältigen Kontingenzen und Bestimmungsfaktoren des Politischen machen die Kriterien des SPR nicht zu einem Garanten für politischen Erfolg. Sie geben jedoch Orientierung bei der Optimierung von Reformpolitik. Dazu gehört im Besonderen auch der Bereich Erfolgskontrolle, dessen Wichtigkeit das SPR für die Dauer des gesamten Reformprozesses unterstreicht und der hier abschließend thematisiert werden soll.

Viele der im SPR an dieser Stelle benannten Punkte können beim Versuch zur Steuerreform nicht nachgewiesen werden: Ausgefeilte Evaluationstechniken (die ja vor allem in der hier nicht erreichten Phase der Politikumsetzung wichtig werden) lassen sich nicht finden; einen strategischen Stakeholder-Dialog gab es ebenso wenig wie die zielgruppenspezifische Nutzung von Evaluationsergebnissen. Es wäre jedoch zu kurz gegriffen, wenn man das SPR als Checkliste verstünde, die über das Abhaken oder Fehlen bestimmter Anforderungen in der Summe Erfolg oder Misserfolg von Reformpolitik vorhersagen könnte. Jedes Reformvorhaben hat auch seine spezifische Rationalität und seinen spezifischen Kontext.

Was das SPR jedoch leisten kann, ist der Hinweis auf jene Punkte, die abseits anderer, kontingenter Variablen durchgängig die Chancen für eine erfolgreiche Politik erhöhen. Dabei lässt sich in der Summe der Schluss ziehen, dass Defizite gemäß dem SPR selten ausgeglichen wurden. Folglich kann man sich nicht des Eindrucks erwehren, dass die Regierung den Reformversuch von Beginn an verstolpert hat und in der Folge über eine lange Zeit zwar das Fallen vermied, jedoch auch nicht wirklich Tritt fassen konnte.

Diese Dynamik erklärt sich auch aus den ambivalenten Wirkmechanismen hinter den drei vom SPR benannten Bereichsaufgaben in der Erfolgskontrolle: So wurde im Bereich »Responsivität gewährleisten« die öffentliche Resonanz durchaus auf professionellem Weg im Kanzleramt analysiert – die Umfragewerte mahnten jedoch zur Vorsicht und hielten gerade nicht zu sicherem Voranschreiten in der Reformpolitik an. Auch bewahrten sich die Verantwortlichen bis zuletzt (wenn auch kleiner werdende) Handlungsspielräume – allerdings zum Preis einer lange Zeit als diffus und unklar erscheinenden Reformbotschaft. Schließlich wurden auch Kontrollmechanismen effektiviert – allerdings wurde das zu erreichende Ziel einer erfolgreichen Reformrealisierung mehr und mehr durch das Ziel einer erfolgversprechenden Wahlkampfpositionierung überlagert.

Die Klärung der Ursache des Scheiterns wird unter anderem in der eingangs erwähnten Kontroverse zwischen Zohlnhöfer und Renzsch diskutiert. Zohlnhöfer argumentiert, dass das Beispiel Steuerreform zeige, dass »sich die Handlungslogiken von föderativem Verhandlungssystem und wettbewerbsorientiertem Parteiensystem als partiell unvereinbar erwiesen« (Zohlnhöfer 1999: 317).

Das Scheitern sei eher »der Logik des Parteienwettbewerbs als [dem] Immobilismus des politischen Systems« (Zohlnhöfer 1999: 324) geschuldet: »Alle beteiligten Parteien versprachen sich letztlich von einer Nichtentscheidung einen größeren Wahlerfolg als von einer Einigung zu den Bedingungen des Gegenspielers. Insofern sind Entscheidungsblockaden bei gegenläufigen Mehrheiten in Bundestag und Bundesrat offenbar um so wahrscheinlicher, je näher die nächsten wichtigen Wahlen rücken und je positiver die Erwartungen der Beteiligten bezüglich des elektoralen ›payoffs‹ im Fall der Nichteinigung sind« (Zohlnhöfer 1999: 345).

Renzsch dagegen betont eine durchaus vorhandene Kompromissfähigkeit auch auf Seiten einzelner SPD-Länderchefs und führt das Scheitern letztlich auf die Vetoposition der kleineren Koalitionspartner CSU und FDP (Renzsch 2000: 187) zurück: »Die Steuerreform ist nicht am kompetitiv induzierten Mangel von Kooperationsbereitschaft der beiden großen Parteien gescheitert – die wollten mehrheitlich durchaus Reformen und hätten sich auf eine aufkommensneutrale Regelung verständigen können. Vielmehr scheiterte sie daran, dass ein sich abzeichnender Finanzkompromiss zwischen Bund und Ländern von den beiden kleineren Koalitionspartnern CSU und FDP, die eine deutliche Steuerentlastung zugunsten ihrer Wählerklientel und zu Lasten der Länder durchsetzen wollten, verhindert wurde« (Renzsch 2000: 190f.). Beide Positionen verbindet damit der Blick auf die auch in der detaillierten Schilderung erkennbare Wahlkampforientierung.

Aufschlussreich für die Gestaltung von Reformpolitik im Sinne des SPR sind in diesem Kontext die retrospektiven Deutungen der Steuerreform von Schäuble und Kohl – nicht zuletzt, weil sie in der Ursachenanalyse genau jene Punkte diskutieren, die auch innerhalb des SPR hohe Relevanz haben.

Schäuble bilanziert: »[Wir standen] vor dem Phänomen, dass in der öffentlichen Wahrnehmung unsere Reformansätze einerseits als zu spät oder zu zögerlich eingeschätzt wurden, andererseits aber fast jeder konkrete Reformschritt den meisten Menschen schon wieder zu weit ging. Was erfolgreich zustande gebracht worden war, wurde in der Öffentlichkeit als erledigt betrachtet, ohne dass uns daraus ein längerfristig wirksamer Bonus erwachsen wäre. Dafür wirkten die ungelösten Probleme zusammen mit dem subjektiven Ärger über die eine oder andere Belastung infolge der beschlossenen Reformen massiv gegen uns. Es war wohl unser größter Fehler in diesen vier Jahren, dass wir es nicht geschafft haben, unsere Reformen in einen den Menschen plausiblen Gesamtzusammenhang zu stellen. Immer wieder waren wir konfrontiert mit enervierenden und die Ressourcen bindenden Detaildebatten. Über die Frage einer äußerst maßvollen Besteuerung von Spitzenrenten brachten es unsere eigenen Leute fertig, den großen Wurf unseres Petersberger Steuerreformkonzepts [...] schon gleich zu Anfang kaputtzureden. [...] [Dies zeigt], wie eine an vielen Problemstellen ansetzende und in eine Gesamtkonzeption eingebettete Reformpolitik im öffentlichen Kleinkrieg zerschlissen werden kann« (Schäuble 2000: 17).

Schäuble betont ebenso, dass man in der ersten Hälfte der Legislaturperiode Zeit verloren habe: »Weil Reformen in der Politik immer zunächst auf Widerstand stoßen, wurde der Zeitverlust zum zusätzlichen Problem – sowohl innerhalb der Regierungskoalition als auch hinsichtlich der verbesserten Chancen der rot-grünen Mehrheit im Bundesrat, gegen Ende der Legislaturperiode eine Blockade durchzuhalten« (Schäuble 2000: 18). Für den gesamten Prozess scheint mithin die grundsätzliche Einschätzung von Fischer, Schmitz und Seberich (2007: 212) bestätigt zu sein: »Die parteipolitischen Kräfteverhältnisse, anstehende Wahltermine sowie die jeweiligen ökonomischen Rahmenbedingungen markieren den Handlungskorridor«.

Eine besondere Problematik, die Schäuble mit seinem Verweis auf den Umgang mit den Ergebnissen der Expertenkommissionen nur tangiert, verdient Erwähnung: Wiewohl der auch im SPR unterstrichenen Notwendigkeit Rechnung getragen wurde, interne und externe Expertise auszuschöpfen, so muss gleichfalls angemerkt werden, dass ein Zuviel an Kommissionsergebnissen sowie parallel arbeitende Gremien nicht zur Verstärkung, sondern eher zur konzeptionellen Unschärfe geführt haben.

Die unterschiedlichen Resultate relativierten sich nicht nur gegenseitig, sondern konnten auch parteipolitisch genutzt werden. Lafontaine betont etwa: »Immer wieder trieben wir die Koalition [...] mit der Forderung vor uns her, auf das Bareis-Gutachten zurückzugreifen und ein entsprechendes Steuergesetz vorzulegen. Ich wusste um die Schwierigkeiten, die mit einem solchen Steuergesetz verbunden waren. Es machte mir aber Vergnügen, die Regierungsparteien mit ihren eigenen Parolen und Versprechungen in Verlegenheit zu bringen« (Lafontaine 1999: 60).

Zweifellos eröffneten die eingesetzten Expertengremien – neben den genannten dysfunktionalen Aspekten – in prozessualer Hinsicht wiederum Chancen. So wurde über die Einsetzung getrennter Kommissionen parteipolitisches Profil akzentuiert, die Involvierung unterschiedlicher Gruppen gewährleistet und – nicht zuletzt – der politische Prozess strukturiert und Zeit gewonnen: Die jeweils arbeitenden Kommissionen boten bis zur Vorlage ihrer Ergebnisse einen Zeitraum, in dem diverse Kommunikationsprozesse vorangetrieben, Positionierungen getestet und Beteiligung organisiert werden konnten. Die wiederholte Bezugnahme auf die Arbeit von Kommissionen und das Abwarten der jeweiligen Ergebnisse zeigt deutlich diese Funktionen und damit die Ambivalenz der Kommissionsarbeit.

Die verschiedenen Kommissionen standen allerdings nicht im wirklichen Zentrum der Reformpolitik. Kohl sprach nach der verlorenen Wahl 1998 deutlich von Vermittlungsproblemen und sah bereits den Beginn des Jahres 1997 von einer schlechten Stimmungslage gekennzeichnet (Kohl 2000: 14–19). Die Opposition habe konsequent die Pläne der Regierung als unsozial diffamiert (Kohl 2000: 16) und damit die Einsicht in die Notwendigkeiten der Reformen zusätzlich behindert: »Oskar Lafontaine machte mit starker Unterstützung des DGB erfolgreich die ›Gerechtigkeitslücke‹ zu einem

Leitmotiv der gesellschaftlichen Diskussion über unsere Reformpläne« (Kohl 2000: 16). Mehr noch: Die SPD hatte im Wahlkampf ganz bewusst darauf gesetzt, den Überdruss an Reformen auch als Kritik am Wort selbst zu fokussieren.

In der Haushaltsdebatte 1998 formulierte der Kanzlerkandidat Schröder – durchaus als Echo zu vielen ähnlichen Äußerungen Lafontaines: »Wenn einer der durchschnittlich verdienenden Menschen heute das Wort ›Reform‹ nur hört, bekommt er schon einen Schrecken und denkt: Jetzt wollen Kohl und Blüm wieder an mein Portemonnaie – so verkommen ist der Reformbegriff in ihrer Regierungszeit« (zitiert nach Fröhlich 2001: 185 f.).

Dabei hatte Kohl die entlastenden Effekte der Steuerreform immer als kompensatorische Maßnahme für die belastenden Effekte im Bereich der Rentenversicherung verstanden. Diese Kombination der Reformbemühungen drang jedoch nicht durch. Auch Schäuble ordnet dies ähnlich ein: »[...] Lafontaine schlug nicht so sehr auf die altsozialistische Ideologenpauke, sondern verstand es geschickt, die SPD als Wächter der sozialen Gerechtigkeit zurechtzuschminken, was ihm angesichts des Diffamierungspotenzials, das unsere Reformpolitik zwangsläufig enthielt, erlaubte, hinter dieser Maske pure Destruktion zu betreiben. Der Generalverdacht der sozialen Schieflage war nun mal unser Problem« (Schäuble 2000: 21).

Kohl hebt dabei, ebenso wie Schäuble, noch einen anderen Faktor hervor, der seine Rolle im Reformprozess massiv bestimmt habe: »Die zeit- und kräftezehrenden Verhandlungen über das europäische Währungssystem banden meine Kräfte in ganz starkem Umfang. So fehlte mir teilweise die Zeit für die Mitgestaltung und Begleitung der Reformdiskussion und für die Stabilisierung der Partei« (Kohl 2000: 18). Für Kohl war die – auch als Reformprozess zu verstehende – Einführung des Euro mit eindeutiger Priorität versehen; für dieses Ziel war er bereit, einiges zu investieren – letztlich auch die Siegchancen bei der Bundestagswahl (Leinemann 2001: 102–119; Dyson 1998).

Ein Stakeholder-Dialog im Bereich der Wirtschafts- und Finanzpolitik war zwar ansatzweise im Konzept der CDU-Bundesgeschäftsstelle für den Wahlkampf vorgesehen. Allerdings ließen sich zu diesem Zeitpunkt die erhofften Verbündeten für die Reformstrategie aus der Wirtschaft und den moderaten Gewerkschaften nicht mehr mobilisieren (Bergmann 2002: 292). Die Gewerkschaften gingen nach dem Ende des Bündnisses für Arbeit und dem Eklat um die Kohlesubventionen deutlich auf Distanz zur Regierung, während sich aus der Wirtschaft durchaus wohlwollende Stimmen für den Kanzlerkandidaten Schröder vernehmen ließen.

Auch hier kam eine weitere Kontextentwicklung dazu: Die Steuerreform stand im Kontext der Haushaltslücke und Verschuldungsproblematik. Schäuble bilanziert: »Die heftige öffentliche Debatte traf uns umso unangenehmer, als mit dem Thema Staatsverschuldung ein Markenzeichen der Union, nämlich die finanzielle Solidität, in seinem Kern angegriffen wurde« (Schäuble 2000: 19).

Hier hatte beispielsweise die umstrittene und letztlich fehlgeschlagene Initiative Waigels zur Neubewertung der Goldreserven der Bundesbank im April 1997 einen verheerenden Eindruck hinterlassen (Duckenfield 1999). Zudem drohte die Regierung mit Überschreitung der Maastricht-Kriterien ihren eigenen Anspruch nicht einlösen zu können: »Aus den Ingredienzien Arbeitslosenzahlen, magere Wachstumsziffern, Reformstau und Streit um soziale Gerechtigkeit, projiziert auf die Folie einer ungewöhnlich lange amtierenden Regierung Kohl, entstand eine für die Koalition und insbesondere die Union am Ende tödliche Melange – Überdruss« (Schäuble 2000: 21). Dieser Eindruck dürfte auch dafür verantwortlich gewesen sein, dass die Blockade im Bundesrat nicht als Obstruktion der Opposition, sondern als Führungsschwäche der Regierung gedeutet wurde (Bergmann 2002: 55).

Kohl und Schäuble sind sich einig in der Schuldzuweisung gegenüber der SPD. Beide bemängeln jedoch auch die fehlende innerparteiliche Geschlossenheit und beziehen sich hier auf die Debatte um das Zukunftsprogramm im Frühjahr 1998. Der ehemalige Fraktionsvorsitzende schreibt: »Das Bedürfnis nach Reformen war auch in der Union groß. Aber es ging unseren Mitgliedern offenbar wie den meisten Menschen: Sie sahen zwar den einzelnen Schritt, nicht aber immer den Gesamtzweck, und deshalb waren sie genauso anfällig für Detailkritik, die dann schnell zur generellen Politikschelte wurde« (Schäuble 2000: 25).

Schäuble sieht zwei letztlich vergebene Chancen zur Neuorientierung und -aktivierung der Partei. Zum einen nennt er seine mit viel Beifall bedachte Rede auf dem Leipziger Parteitag im Oktober 1997:

»Diesmal nutze ich die Gelegenheit, die beschlossenen Gesetze und Reformkonzeptionen in einen systematischen Zusammenhang zu stellen. Die Reaktion auf dem Parteitag und in der Öffentlichkeit war überschwänglich. Die stellvertretende Parteivorsitzende Angela Merkel, die neben mir auf dem Podium saß, meinte nach der Rede, nun wisse sie wieder, warum sie in der CDU sei« (Schäuble 1999: 25). Und weiter: »Was für viele wie Flickwerk ausgesehen hatte, bekam durch die Art der Darstellung plötzlich Sinn und Ziel« (Schäuble 1999: 25).

Dieser Eindruck, so Schäuble, wurde jedoch durch das ihn völlig überraschend treffende Interview Kohls überdeckt, in dem dieser Schäuble einerseits zum denkbaren Nachfolger erklärte und andererseits am nächsten Tag bekräftigte, im Falle eines Wahlsiegs bis 2002 im Amt bleiben zu wollen. Hier deuteten sich unverkennbar Spannungen innerhalb der Kernexekutive an.

Den zweiten Versuch zur Neuorientierung und -aktivierung der Partei sehen Schäuble und Kohl im Bemühen um ein neues Zukunftsprogramm. Schon im Wort wird deutlich, dass die Akteure in durchaus mustergültiger Art und Weise die im SPR zugrunde gelegten Imperative als relevant erachteten. Hier sollten bewusst Handlungs- und Zukunftsfähigkeit (eine entscheidende Vokabel im politischen Wettbewerb; Fröhlich 2001; 2004) bewiesen und im Sinne der Erfolgskontrolle Gesamtkosten und -nutzen bewertet werden.

Der Anlauf zum Zukunftsprogramm stellt damit ein Beispiel politischen Lernens dar, bei dem im Reformprozess flexibles Nachsteuern umgesetzt wurde. Schäuble, der für das auf dem Bremer Parteitag 1998 zu verabschiedende Programm den Vorsitz der Parteikommission innehatte, schreibt: »Es war der Versuch einer politisch nicht ganz ungefährlichen Gratwanderung. Denn einerseits wollten wir nach 16 Jahren Regierungszeit auf eine allzu selbstgerecht erscheinende Erfolgsbilanz verzichten – was für ein Parteiprogramm ja eher untypisch ist. Andererseits durften wir aber auch den für die Zukunft notwendigen Reformbedarf nicht als Kritik an unseren bisherigen Leistungen oder Unterlassungen erscheinen lassen« (Schäuble 2000: 30f.).

Für Schäuble wurde das »viel gelobt[e] Zukunftsprogramm« allerdings wieder unglücklich präsentiert, da bei der Vorstellung auf einer Pressekonferenz Nachfragen und Fokus einseitig auf den zwischen

CDU und CSU massiv umstrittenen Punkt der Einführung einer möglichen Ökosteuer lagen. Schäuble geht sogar so weit zu sagen, dass einige der Journalisten für diese Frage bewusst durch Mitarbeiter aus dem Bundeskanzleramt »munitioniert« (Schäuble 2000: 33) worden seien. Unabhängig von der Stichhaltigkeit dieses Verdachts ist seine Formulierung ein weiterer Ausweis für die Spannungen und Spaltungen innerhalb der Kernexekutive, die sich unter dem Eindruck der nahen Bundestagswahl vergrößerten.

Dies betraf zum einen die Parteien: Gab es schon innerhalb der CDU erhebliche Diskrepanzen, so bestanden solche auch deutlich mit bzw. zwischen CSU und FDP. Alle Parteien blickten auf die Auswirkungen ihres Verhaltens in der Steuerreformdebatte für ihre Wahlchancen. So stellte sich der Finanzminister als CSU-Parteivorsitzender aus dem Flächenland Bayern anfangs gegen jegliche Überlegungen einer signifikanten Erhöhung der Mineralölsteuer. Zugleich wollte die FDP keinesfalls ihren Ruf als Steuersenkungspartei kompromittieren: »Nahezu alle, auch eher unwichtige von der Koalition zu treffende Entscheidungen mutierten für die FDP zur Nagelprobe auf das liberale Profil« (Schäuble 2000: 22).

Die von CSU und FDP markierten Fronten verringerten jedoch ihrerseits die Einigungschancen mit der SPD. Erst spät gelang es Schäuble, Waigel in Teilen von der Ökosteuer zu überzeugen, doch dann »hatte sich in der FDP bei Fraktionschef Solms und dem Parteivorsitzenden Gerhardt die Überzeugung durchgesetzt, dass eine Fortsetzung der Konfrontation zwischen Koalition und rot-grüner Opposition den Liberalen für die Wahl 1998 die bessere Überlebensperspektive bot als eine teilweise Auflösung von Bundesratsblockade und Reformstillstand« (Schäuble 2000: 24).

Spätestens zu diesem Zeitpunkt war die Steuerreform kein eigenständiges Thema der Sachpolitik mehr, sondern vollends in die machtpolitische Arena hinübergezogen. Die FDP etwa sah hinter dem Erfolg der Reform, und das heißt einer zumindest teilweisen Einigung mit der SPD, den Vorboten zu einer Großen Koalition nach der Bundestagswahl 1998. Helmut Kohl (der in Fortführung seiner langjährigen Überzeugung fest zur FDP und einer Großen Koalition höchst ablehnend gegenüberstand) sah in Wolfgang Schäuble, trotz dessen Bekundungen des Gegenteils, nicht den um Erfolg in der Reform bemühten Fraktionsvorsitzenden, sondern den Konkurrenten, der ihm nach der Bundestagswahl als möglicher Kanzler einer Großen Koalition Amt und Anspruch streitig machen würde.

Schäuble sieht solche internen Spannungen auch als »Ausdruck von innerer Erschöpfung einer Koalition, die in 16 Jahren angesichts schwindender Wahlaussichten müde geworden war« (Schäuble 2000: 34). Das Misstrauen und die »latente Konkurrenz« (Leinemann 2001: 104) zwischen Schäuble und Kohl fanden einen bezeichnenden Höhepunkt in einem Gespräch über die Wahlchancen und einen personellen Wechsel, das beide im April 1998 entzweite (Leinemann 2001: 118).

Wenngleich es durchaus zu Annäherungen in zentralen Streitfragen der Reform gekommen war, so gab es – innerhalb und außerhalb der Koalition – keine parteipolitische Motivation mehr zur Einigung. Lafontaine legte in den Verhandlungen permanent mit neuen Forderungen nach, während die FDP einige Bereiche für grundsätzlich inakzeptabel erklärte und auch Kohl begann, eine rote Linie für die Kompromissfähigkeit der Union zu markieren.

Einige Positionswechsel sind vor dem Hintergrund einer sachorientierten Gestaltung des Reformprozesses kaum nachzuvollziehen. Sie bekommen jedoch Sinn, wenn man das weitere machtpolitische Gelände nachzeichnet, innerhalb dessen die Steuerreform stattfand. Vor diesem Hintergrund wäre es verfehlt, von einer auf die sachpolitische Wirkung der Steuerreform konzentrierten Erfolgskontrolle zu sprechen, für die sich tatsächlich nur wenige Anhaltspunkte finden. Erfolgskontrolle fand statt – allerdings als äußerst sensible Kontrolle der Faktoren, die die Erfolgschancen der unterschiedlichen Akteure mit Blick auf die nächste Bundestagswahl beeinflussen konnten.

Es ist durchaus symptomatisch, dass diese Wahl von mehreren Akteuren auch als Entscheidung über die Reform deklariert wurde. Hier wurde also (zumindest teilweise) genau jenes konkrete Mandat zur Reform gesucht, dessen Vorhandensein zu Beginn des Reformprozesses vieles hätte erleichtern können. Ein in Überzeugungsarbeit gewonnenes politisches Mandat, das sich als erkennbarer Wählerwille in normative Grundlage sowie Auftrag zur Reform umsetzen lässt, kann im Prozess selbst unschätzbare Ressource und Treibstoff der Politik sein und über manche Klippe bzw. Blockade hinweghelfen. Dass sich andererseits die Agenda der Politik nicht als Liste vorhersehbarer Themensetzungen der Regierung oder der Bevölkerung ergibt, fällt unter die bereits genannten Kontingenzen des Politischen.

Die Validität der im SPR gebündelten Kriterien kann am Beispiel der gescheiterten Steuerreform auch darin erkannt werden, dass es im Reformprozess nicht zu einer Optimierung, sondern eher zum Auseinanderdriften der strategiefähigen Kernexekutive kam. In den unterschiedlichen Phasen bestand kontinuierlich Unsicherheit über die Sache selbst (Kompetenz), was in einer letztlich nicht durchdringenden Kommunikation resultierte, die mit geringer werdender Durchsetzungsfähigkeit einherging.

Es konnte jedoch auch gezeigt werden, dass es durchaus Anpassungen der Strategie, Versuche der Neuorientierung und -aktivierung gab. Deren Erfolglosigkeit und die nicht erfolgte Realisierung des sachpolitischen Einigungspotenzials zwischen den verschiedenen Akteuren ist durch die geradezu magnetisierende Wirkung des Kraftfelds Bundestagswahl zu erklären, die die einzelnen Positionierungen machtpolitisch ausrichtete. Das richtige Timing von Reformprozessen und die Auswirkungen der Simultaneität paralleler Reformprojekte haben bei der Anwendung des SPR wie bei der Gestaltung erfolgreicher Politik entscheidende Bedeutung.

Literatur

Bergmann, Knut. *Der Bundestagswahlkampf 1998. Vorgeschichte, Strategie, Ergebnis.* Wiesbaden 2002.

Braakmann, Albert, Norbert Hartmann, Norbert Räth und Wolfgang Strohm. »Revision der volkswirtschaftlichen Gesamtrechnungen 2005 für den Zeitraum 1991 bis 2004«. *Wirtschaft und Statistik 5/2005.* Hrsg. Statistisches Bundesamt. Wiesbaden 2005. 425–462.

Bundesministerium der Finanzen. »Finanznachrichten vom 20.3.1997«. Bonn 1997a.

Bundesministerium der Finanzen (Hrsg.). *Reform der Einkommensbesteuerung. Vorschläge der Steuerreform-Kommission vom 22. Januar 1997 (»Petersberger Steuervorschläge«).* Schriftenreihe des Bundesministeriums der Finanzen 61. Bonn 1997b.

Duckenfield, Mark. »The Goldkrieg: Revaluing the Bundesbank's Reserves and the Politics of EMU«. *German Politics* (8) 1 1999. 106–130.

Dyson, Kenneth. »Chancellor Kohl as Strategic Leader: The Case of Economic and Monetary Union«. *German Politics* (7) 1 1998. 37–63.

Einkommensteuerkommission. *Thesen der Einkommensteuer-Kommission zur Steuerfreistellung des Existenzminimums ab 1996 und zur Reform der Einkommensteuer.* Schriftenreihe des Bundesministeriums der Finanzen 55. Bonn 1995.

Fischer, Thomas, Gregor Peter Schmitz und Michael Seberich. »Die Strategie der Politik«. *Die Strategie der Politik. Ergebnisse einer vergleichenden Studie.* Hrsg. Thomas Fischer, Gregor Peter Schmitz und Michael Seberich. Gütersloh 2007. 195–221.

Fröhlich, Manuel. *Sprache als Instrument politischer Führung. Helmut Kohls Berichte zur Lage der Nation im geteilten Deutschland.* München 1997.

Fröhlich, Manuel. »Sprachstrategien im Wettbewerb um die Macht. Die Haushaltsdebatten in den Wahlkämpfen von 1979 bis 1998«. *Aufstieg und Fall von Regierungen. Machterwerb und Machterosionen in westlichen Demokratien.* Hrsg. Karl-Rudolf Korte und Gerhard Hirscher. München 2001. 147–190.

Fröhlich, Manuel. »Die Sprache des Wahlkampfs. Argumentationsmuster und Strategien«. *Trends der politischen Kommunikation. Beiträge aus Theorie und Praxis.* Hrsg. Forum Medien Politik. Münster 2004. 60–71.

Ganghof, Steffen. *Wer regiert in der Steuerpolitik? Einkommensteuerreform zwischen internationalem Wettbewerb und nationalen Verteilungskonflikten.* Schriften des Max-Planck-Instituts für Gesellschaftsforschung Köln 50. Frankfurt am Main und New York 2004.

George, Alexander L., und Andrew Bennett. *Case Studies and Theory Development in the Social Sciences.* Cambridge 2005.

Glaab, Manuela. »Strategie und Politik. Das Fallbeispiel Deutschland«. *Die Strategie der Politik. Ergebnisse einer vergleichenden Studie.* Hrsg. Thomas Fischer, Gregor Peter Schmitz und Michael Seberich. Gütersloh 2007. 67–115.

Gros, Jürgen. *Politikgestaltung im Machtdreieck Partei, Fraktion, Regierung. Zum Verhältnis von CDU-Parteiführungsgremien, Unionsfrak-*

tion und Bundesregierung 1982–1989 an den Beispielen der Finanz-, Deutschland- und Umweltpolitik. Berlin 1998.

Grunden, Timo. *Nach dem Machtwechsel der Politikwechsel? Die Frage der sozialen Gleichheit in christdemokratischer und sozialdemokratischer Steuer- und Haushaltspolitik 1994–2002.* Duisburger Materialien zur Politik- und Verwaltungswissenschaft 14. Duisburg 2004.

Heinrich, Gudrun. »Koalitionsverhandlungen und Regierungsbildung auf Bundesebene im Spiegel der Presse«. *Zeitschrift für Parlamentsfragen* (26) 2 1995. 193–203.

Herzog, Roman. »Aufbruch ins 21. Jahrhundert«. Berliner Rede 26.4.1997. www.bundespraesident.de/Reden-und-Interviews/Reden-Roman-Herzog-,11072.15154/Berliner-Rede-von-Bundespraesi.htm?global.back=/Reden-und-Interviews/-%2c11072%2c6/Reden-Roman-Herzog.htm%3flink%3dbpr_liste (Download 18.11.2007).

Homeyer, Immo von. »›Große Steuerreform‹ – Wer gewinnt, wer verliert?«. *Gegenwartskunde* (45) 4 1996. 519–529.

Knoll, Thomas. *Das Bonner Bundeskanzleramt. Organisation und Funktion von 1994–1999.* Wiesbaden 2004.

Kohl, Helmut. *Mein Tagebuch 1998–2000.* München 2000.

Korte, Karl-Rudolf. *Deutschlandpolitik in Helmut Kohls Kanzlerschaft. Regierungsstil und Entscheidungen 1982–1989.* Stuttgart 1998.

Korte, Karl-Rudolf. »Information und Entscheidung. Die Rolle von Machtmaklern im Entscheidungsprozess von Spitzenakteuren«. *Aus Politik und Zeitgeschichte* B43 2003. 32–38.

Korte, Karl-Rudolf, und Manuel Fröhlich. *Politik und Regieren in Deutschland. Strukturen, Prozesse, Entscheidungen.* 2. Auflage. Paderborn, München, Wien und Zürich. 2006.

Korte, Karl-Rudolf, und Gerhard Hirscher (Hrsg.). *Darstellungspolitik oder Entscheidungspolitik? Über den Wandel von Politikstilen in westlichen Demokratien.* Berichte und Studien der Hanns-Seidel-Stiftung 81. München 2000.

Lafontaine, Oskar. *Das Herz schlägt links.* München 1999.

Lambsdorff, Otto Graf. *Konzept für eine Politik zur Überwindung der Wachstumsschwäche und zur Bekämpfung der Arbeitslosigkeit.* Bonn 1982.

Langguth, Gerd. *Das Innenleben der Macht. Krise und Zukunft der CDU.* Berlin 2001.

Lehmbruch, Gerhard. *Parteienwettbewerb im Bundesstaat. Regelsysteme und Spannungslagen im Institutionengefüge der Bundesrepublik Deutschland.* 2. Auflage. Wiesbaden 2002.

Leinemann, Jürgen. *Helmut Kohl. Ein Mann bleibt sich treu.* Berlin 2001.

Mertes, Michael. »Führen, koordinieren, Strippen ziehen: Das Kanzleramt als Kanzlers Amt«. *Darstellungspolitik oder Entscheidungspolitik? Über den Wandel von Politikstilen in westlichen Demokratien.* Berichte und Studien der Hanns-Seidel-Stiftung 81. Hrsg. Karl-Rudolf Korte und Gerhard Hirscher. München 2000. 62–84.

Mertes, Michael. »Bundeskanzleramt und Bundespresseamt. Das Informations- und Entscheidungsmanagement der Regierungszentrale«. *Information und Entscheidung. Kommunikationsmanagement der politischen Führung.* Hrsg. Karl-Rudolf Korte und Gerhard Hirscher. Wiesbaden 2003. 52–78.

Mertes, Michael. »Regierungskommunikation in Deutschland: komplexe Schranken«. *Reformen kommunizieren. Herausforderungen an die Politik.* Hrsg. Werner Weidenfeld. Gütersloh 2007. 17–35.

Raschke, Joachim, und Ralf Tils. *Politische Strategie. Eine Grundlegung.* Wiesbaden 2007.

Renzsch, Wolfgang. »Die große Steuerreform 1998/99. Kein Stilbruch, sondern Koalitionspartner als Vetospieler und Parteien als Mehrebenensysteme. Diskussion eines Beitrags von Reimut Zohlnhöfer in Heft 2 der ZParl«. *Zeitschrift für Parlamentsfragen* (31) 1 2000. 187–191.

Rosumek, Lars. *Die Kanzler und die Medien. Acht Porträts von Adenauer bis Merkel.* Frankfurt am Main und New York 2007.

Schäuble, Wolfgang. »SPD darf Steuerreform nicht verhindern«. Pressemitteilung der CDU/CSU-Fraktion im Deutschen Bundestag. Bonn 1997.

Schäuble, Wolfgang. *Und sie bewegt sich doch.* Berlin 1998.

Schäuble, Wolfgang. *Mitten im Leben.* München 2000.

SPD (Hrsg.). »Zukunft sichern – Zusammenhalt stärken. Die sozialdemokratische Alternative zur Flickschusterei der Regierung Kohl«. Beschluss des SPD-Präsidiums vom 25. April. Bonn 1996.

Sturm, Roland. »Die Wende im Stolperschritt – eine finanzpolitische Bilanz«. *Bilanz der Ära Kohl. Christlich-liberale Politik 1982–1998.* Hrsg. Göttrik Wewer. Opladen 1998. 183–200.

Träger, Hendrik. *Die Oppositionspartei SPD im Bundesrat. Eine Fallstudienanalyse zur parteipolitischen Nutzung des Bundesrates durch die SPD in den 1950er-Jahren und ein Vergleich mit der Situation in den 1990er-Jahren.* Europäische Hochschulschriften 564. Frankfurt am Main u.a. 2008.

Uldall, Gunnar. *Die Steuerwende. Eine neue Einkommensteuer – einfach und gerecht.* München 1996.

Wagschal, Uwe. »Schranken staatlicher Steuerungspolitik. Warum Steuerreformen scheitern können«. ZeS-Arbeitspapier 7/98. Bremen 1998.

Waigel, Theodor. »Die Erarbeitung der Petersberger Steuervorschläge durch die Steuerreform-Kommission«. *Steuerrechtsprechung, Steuergesetz, Steuerreform.* Hrsg. Paul Kirchhof, Wolfgang Jakob und Albert Beermann. Köln 1999. 983–993.

Weidenfeld, Werner (Hrsg.). *Reformen kommunizieren. Herausforderungen an die Politik.* Gütersloh 2007.

Zohlnhöfer, Reimut. »Die große Steuerreform 1998/99. Ein Lehrstück für Politikentwicklung bei Parteienwettbewerb im Bundesstaat«. *Zeitschrift für Parlamentsfragen* (30) 2 1999. 326–345.

Zohlnhöfer, Reimut. »Vom Wirtschaftswunder zum kranken Mann Europas? Wirtschaftspolitik seit 1945«. *Regieren in der Bundesrepublik Deutschland. Innen- und Außenpolitik seit 1949.* Hrsg. Manfred G. Schmidt und Reimut Zohlnhöfer. Wiesbaden 2006. 285–313.

Synthese und Perspektiven: Vom Strategietool zum Optionenreservoir

Thomas Fischer, Andreas Kießling, Leonard Novy

Das Strategietool für politische Reformprozesse (SPR) ist als Analyse- und Beratungsinstrument für abgeschlossene, laufende und anstehende Reformprozesse konzipiert. Es lässt sich einerseits einsetzen, um ex post Stärken und Schwächen einer Reformpolitik zu untersuchen und somit politisches Lernen zu ermöglichen. Andererseits kann es während der konkreten Durchführung von Reformvorhaben erfolgversprechende Optionen des Nachjustierens aufzeigen. Außerdem soll seine Ex-ante-Anwendung die systematische Entwicklung von Reformstrategien erleichtern.

Aus den Studien zur Gesundheitsreform der Großen Koalition, der Agenda 2010, der Rentenreform der Regierung Schröder und der Steuerreform der Regierung Kohl, denen die Untersuchungssystematik des SPR zugrunde liegt, lassen sich bereits erste Erkenntnisse für politisches Lernen ableiten, die zu einer Erhöhung der Strategiefähigkeit politischer Akteure beitragen können. Doch auch Weiterentwicklungsperspektiven für die Ex-ante-Anwendung zeichnen sich ab: Hier erscheint der Ausbau des SPR in Richtung eines Optionenreservoirs für Politikstrategen als sinnvoller nächster Schritt.

1 Die Balance zwischen Kommunikation, Kompetenz und Durchsetzungsfähigkeit als zentrale Erfolgsdeterminante von Reformen

Erfolg und Misserfolg liegen in der Reformpolitik häufig nah beieinander. Das zeigen die Studien in diesem Band: Die Gesundheitsreform stärkte zwar die staatliche Steuerungsfähigkeit in der Gesundheitspolitik; die Umstellung der Finanzierungsbasis, die zu einer nachhaltigen Stabilisierung der Beitragssätze hätte führen sollen, gelang jedoch nicht. Im Rahmen der Agenda 2010 wurde die Arbeitslosenversicherung vollständig umgekrempelt. Diese Politik hatte nicht nur einen massiven Vertrauensverlust für die SPD-Regierung zur Folge. Sie trug auch wesentlich zur Gründung und zum Aufstieg der LINKEN bei – und damit zur nachhaltigen Schwächung der SPD im deutschen Parteiensystem. Die Rentenreform ermöglichte einen Systemwechsel, der Reformkurs musste jedoch durch die Rürup-Reform nachträglich korrigiert werden. Allein die Steuerreform der Regierung Kohl kann eindeutig als gescheitert betrachtet werden, da sie nicht einmal zur Umsetzung kam.

Die Frage nach dem Erfolg oder Misserfolg politischer Gestaltungsvorhaben lässt sich also nicht in simplen Ja/Nein-Kategorien beantworten. Auch umgesetzte Reformen werden im öffentlichen, medialen und wissenschaftlichen Diskurs nicht selbstverständlich als erfolgreiche Projekte wahrgenommen.

Das Strategietool für politische Reformprozesse bietet hierfür einen Interpretationsansatz: Das SPR geht davon aus, dass Reformen nur dann erfolgreich sind, wenn sie alle drei Dimensionen strategischer Prozesssteuerung berücksichtigen und in ein ausgewogenes Verhältnis zueinander setzen. Erfolge in nur einer Dimension können die Missachtung der anderen Dimensionen nicht dauerhaft kompensieren.

1.1 Gesundheitsreform: die Bedeutung der Kernexekutive für das Gleichgewicht der strategischen Dimensionen

Bei der Gesundheitsreform der Großen Koalition zeigen die Ergebnisse der Studie von Bandelow und Schade (S. 85–144) die Relativität politischen Erfolgs besonders deutlich. Das liegt auch daran, dass sich die Reform aus zwei Komponenten zusammensetzt: einer Finanzreform, die zum Ziel hatte, die Beitragssätze langfristig zu stabilisieren, und einer Strukturreform, die zu einer Stärkung der Steuerungsfähigkeit der Politik führen sollte. Als Erfolg kann bei beiden Teilreformen verbucht werden, dass sie überhaupt verabschiedet wurden, was in diesem Politikfeld keineswegs selbstverständlich ist.

Überdies wurde mit der Reform ein grundlegender Umbau des Gesundheitssystems eingeleitet.

Die Politik scheint sich also in der Dimension der Durchsetzungsfähigkeit bewährt zu haben. Es ist gelungen, parlamentarische Mehrheiten für eine grundlegende Reform zu bilden. Bei der Finanzreform war die gemeinsame Lösungsfindung zwar schwieriger, doch gelang es den Koalitionspartnern, sich auf einen Kompromiss zu einigen: den Gesundheitsfonds.

Schon im Bezug auf die Zielerreichung unterscheiden sich die beiden Teilreformen jedoch: Die Finanzreform führte nicht zur nachhaltigen Stabilisierung der Beitragssätze. Es wurden inhaltliche Aspekte in der Kompetenzdimension vernachlässigt. Die parteipolitisch geprägten Problemsichten und -analysen der Koalitionsparteien CDU/CSU und SPD führten zur Favorisierung unterschiedlicher und als inkompatibel betrachteter Reformkonzepte – des Prämienmodells und der Bürgerversicherung. Trotz der vorangehenden Expertenkonsultation waren diese Konzepte keineswegs fachlich und finanziell abgesichert. Denn die Akteure hatten die Finanzierungsmodelle ausschließlich unter politischen Gesichtspunkten entwickelt. Weder wurden sie sorgfältig auf ihre Konsequenzen hin überprüft noch fachlich weiter ausformuliert.

Auch das Zustandekommen des Gesundheitsfonds lässt sich hauptsächlich aus der Durchsetzungsperspektive erklären. Das Modell eignete sich deshalb als Kompromiss, weil es im Fall veränderter Mehrheitsverhältnisse sowohl in Richtung des Modells Bürgerversicherung als auch in Richtung des Modells Gesundheitsprämie weiterentwickelt werden kann. Die wissenschaftliche Beurteilung dieser Lösung – etwa durch den Sachverständigenrat zur Begutachtung der gesamtwirtschaftlichen Entwicklung – fiel allerdings negativ aus.

Die Strukturreform erreichte hingegen ihr Ziel – auch weil die Kompetenzdimension hier stärker berücksichtigt wurde. Internationale Vorbilder wurden systematisch ausgewertet. Die Politikformulierung der Strukturreform erfolgte im Gegensatz zum Gesundheitsfonds stark evidenzorientiert.

Die Kommunikationsdimension wurde indessen bei beiden Teilreformen vernachlässigt. Bei der Finanzreform lag ein Hauptproblem im falschen Erwartungsmanagement – hier weckte die Regierung zuerst die Erwartung einer Beitragsstabilisierung, die nicht eingelöst werden konnte. Den erreichten Kompromiss kommunizierte sie dennoch als großen Erfolg. Bei der Strukturreform setzten die Fachpolitiker stärker auf eine Vermeidung von Kommunikation als auf deren strategische Nutzung. Diese Abschottung ging auf Kosten der Transparenz und verstärkte so die negative Wahrnehmung der Gesamtreform in der breiten Öffentlichkeit.

Die Gesundheitsreform bestätigt somit die Annahme, dass bei Großen Koalitionen in besonderem Maße die Neigung besteht, die strategische Dimension der Durchsetzungsfähigkeit überzubetonen und gleichzeitig die Dimensionen Kompetenz und Kommunikation zu vernachlässigen. Allerdings wird bei der differenzierten Betrachtung von Finanz- und Strukturreform deutlich, dass eine stimmige Zusammensetzung und gemeinsame Zielpräferenzen innerhalb der Kernexekutive diese Neigung zum Teil kompensieren können.

So hat das strategische Machtzentrum im SPD-geführten Gesundheitsministerium, das die Strukturreform in enger Zusammenarbeit mit der Fachebene der Unionsparteien gestaltete, neben der Durchsetzungs- auch die Kompetenzdimension stark betont. Auf der Ebene der Fachpolitik konnte die Kernexekutive so ihre inhaltlichen Ziele im Großen und Ganzen erreichen. Dies ändert jedoch nichts am grundsätzlichen Defizit der Gesundheitsreform: der Vernachlässigung der Kommunikationsdimension. Insbesondere die Bürgerperspektive wurde unzureichend berücksichtigt, was zu einer überwiegenden Ablehnung und grundsätzlichen Skepsis gegenüber der Reform führte.

1.2 Agenda 2010: Durchsetzung auf Kosten von Kommunikation und Kompetenz

Dass es bei der Agenda 2010 Schwächen in der Reformkommunikation gab, ist schon fast ein Gemeinplatz. Darüber sollte man jedoch nicht vergessen, dass diese Schwäche über bloße Vermittlungsprobleme im Sinne klassischer PR hinausging. Sie lag, so ein zentrales Ergebnis der Analyse von Nullmeier (S. 145–190), auch in einer falschen Einschätzung des politischen und öffentlichen Diskurses sowie der fehlenden Dialogorientierung gegenüber den Bürgern. Die veröffentlichte Meinung im Jahr 2003 war durchaus reformfreundlich und verstärkte gemeinsam mit dem reformorientierten Elitendiskurs die Wahrnehmung des hohen Reformdrucks. Dies beeinflusste wesentlich das Reformkonzept der Agenda 2010 und führte innerhalb der Regierung zu einer Überschätzung der eigenen Durchsetzungsfähigkeit.

Erschwerend kam hinzu, dass die Agenda-Politik nach dem Scheitern des Bündnisses für Arbeit bewusst als Machtstrategie konzipiert wurde. Die Suche nach Konsensstrategien hatte sich aus Regierungssicht erschöpft. Im Vordergrund standen nun Durchsetzungswille und Machtpolitik. Mögliche Reformgegner wurden gezielt umgangen und ausgegrenzt. In der Praxis ging dieser Ansatz zu Lasten der strategischen Kompetenz- und Kommunikationsdimension.

Im Vordergrund des strategischen Handelns stand die Sicherung von Mehrheiten in Bundestag und Bundesrat. Aufgrund der Mehrheitsverhältnisse im Bundesrat war es nötig, einen Konsens mit den Unionsparteien herzustellen. Weite Teile der SPD wurden hingegen eher als potenzielle Reformgegner gesehen, ihre Folgebereitschaft schien höchst fraglich. Auch der Sieg über die innerparteilichen Kritiker war somit eine wichtige machtpolitische Zielsetzung. Eindimensional unter dem Aspekt der Durchsetzungsfähigkeit betrachtet, hat diese Strategie durchaus Erfolge aufzuweisen: Die Bildung von parlamentarischen Mehrheiten gelang, die Vorschläge der Hartz-Kommission konnten umgesetzt, die Arbeitslosenversicherung umgebaut werden.

Allerdings wirkte sich diese Überbetonung von Machtpolitik bei der Reformdurchsetzung negativ auf die anderen strategischen Dimensionen aus, was wiederum der Reform insgesamt schadete. So waren die Spielräume für die Entwicklung inhaltlicher Konzepte durch den angestrebten Konsens mit den Unionsparteien eingeschränkt. Der neue Politikansatz der Agenda 2010 war also auch eine Folge der knappen Regierungsmehrheit von Rot-Grün.

Hinzu kam, dass die Stoßrichtung der Agenda 2010 in gewisser Weise die verbliebenen Gestaltungsoptionen widerspiegelte, die nicht schon in früheren Anläufen erfolglos erprobt worden waren. So waren zum Beispiel einige Reformoptionen bereits im Verlauf der Bündnis-für-Arbeit-Politik gescheitert. In der Kompetenzdimension wirkte sich dies insofern aus, als es sich bei der Agenda 2010 keineswegs um einen evidenzgestützten, langfristig geplanten und kontinuierlich betriebenen Politikwechsel handelte, sondern vielmehr um eine Flucht nach vorne.

Überdies ließ sich die gewählte Reformstrategie weder der Partei oder einem bestimmten sozialen Lager noch der rot-grünen Koalitionsregierung eindeutig zurechnen. Auch das kostete die Regierung Schröder Unterstützung in der Fraktion, an der eigenen Parteibasis und bei den Wählern. Die starke Betonung der Durchsetzungsfähigkeit führte im Verlauf der Reform dazu, dass dialogische Kommunikation unmöglich wurde, da sie vom inneren Zirkel der Reformer um Kanzler Schröder mit einer drohenden Infragestellung des eigentlichen Reformkerns gleichgesetzt wurde. So gelang es weder, Vertrauen aufzubauen, noch, Bürgernähe herzustellen. Die Reformbereitschaft in der Öffentlichkeit und in der Partei wurde durch dieses Vorgehen nicht gefördert, sondern hat im Gegenteil sogar weiter abgenommen.

Der Agenda 2010 scheint die Prämisse zugrunde gelegen zu haben, dass die Durchsetzung eines als grundsätzlich alternativlos erachteten Vorhabens die konkreten Inhalte nachträglich legitimieren und ausreichende Zustimmung sichern könne. Dies mag mit daran gelegen haben, dass die bevorstehende »Durststrecke« zu optimistisch eingeschätzt wurde. Außerdem setzte man darauf, Zustimmung über die – großenteils reformfreundlichen – Massenmedien generieren zu können. Letztendlich zeigte sich jedoch, dass die Regierung Schröder hier zu hoch gepokert hatte. Die erwünschte Akzeptanz stellte sich nicht ein. Im Gegenteil verhärteten sich die Fronten dadurch weiter, dass die politischen Schlüsselakteure aus einer Art Festungsmentalität heraus auf der weitestgehend unveränderten Durchsetzung ihres Reformmodells beharrten.

1.3 Rentenreform: die nachträgliche Aufwertung der Kompetenz- und Kommunikationsdimension

Bei der Rentenreform gelang es vergleichsweise gut, die Balance zwischen den drei Strategiedimensionen herzustellen. Zwar setzte die eigentliche Rentenreform von 2001 konsequent auf größtmögliche Durchsetzungsfähigkeit. Sie wurde jedoch zu einem späteren Zeitpunkt durch die Rürup-Reform ergänzt, die, wie die Studie von Hegelich (S. 191–251) zeigt, sehr viel stärker die Dimensionen Kompetenz und Kommunikation berücksichtigte, sodass letztlich ein relatives Gleichgewicht der drei strategischen Dimensionen gegeben war.

Wie die Gesundheitsreform und die Agenda 2010 verlief auch die Riester-Reform zunächst unter dem strategischen Primat der Reformdurchsetzung, während die Kompetenz- und die Kommunikationsdimension weitgehend vernachlässigt wurden. Das strategische Machtzentrum innerhalb der Kernexekutive hatte durchaus gute Gründe dafür, die Dimension der Durchsetzungsfähigkeit so stark zu betonen, war die Rentenreform doch eine zentrale Bewährungsprobe für die Verwirklichung der Idee einer neuen Sozialdemokratie und versprach somit erhebliche Profilierungschancen für die Unterstützer der Schröder-Linie.

Die Regierung plante einen Systemwechsel, der mit dem Aufbrechen der korporatistischen Struktur des deutschen Rentensystems einhergehen sollte. Deshalb wurde – ähnlich wie bei der Abkehr von der Bündnis-für-Arbeit-Politik bei der Agenda 2010 – die Erzeugung machtpolitischen Drucks an die Stelle von breiter Verhandlung gesetzt. Der Kreis der zentralen Reformakteure setzte sich aus Vertretern der neuen Sozialdemokratie zusammen, die ihre Linie auch parteiintern durchsetzen wollten. Damit stand von vornherein fest, dass der Schwerpunkt bei der Rentenreform in der Dimension der Durchsetzungsfähigkeit liegen würde – gerade auch wegen der Konflikte mit parteiinternen Gegnern, die es auszufechten galt.

Die Verhandlungen mit der Opposition führten zu einem unter Durchsetzungsgesichtspunkten erfolgreichen Kompromiss: Durch die Einigung auf eine hohe staatliche Förderung der privaten Vorsorge konnten sich sowohl die SPD als auch die Union als politische Kräfte präsentieren, die sich für die sozialen Belange der Bürger einsetzen. Das Gesetz konnte auch deshalb erfolgreich durch die parlamentarischen Beratungen gebracht werden, weil es in einen zustimmungspflichtigen und einen nicht-zustimmungspflichtigen Teil gegliedert worden war.

Mithilfe dieser Strategie konnte die Rentenreform durchgedrückt werden. Dies geschah jedoch auf Kosten des öffentlichen und parteiinternen Rückhalts und, in der Folge, auf Kosten jener politischen Mehrheiten, die für weitere Reformprojekte erforderlich gewesen wären. Die Regierung umging die Parteibasis und auch im Verhältnis zu den Bürgern fehlte jegliche Dialogorientierung. Allerdings war es im Gegensatz zur Gesundheitsreform und der Agenda 2010 bei der Rentenreform zumindest gelungen, mit dem demographischen Wandel an ein überzeugendes kommunikatives Deutungsmuster anzuknüpfen.

In der Kompetenzdimension waren hingegen die Spielräume durch das so genannte Riesterparadox schon zu Reformbeginn stark eingeschränkt. Dieses Paradox bestand darin, dass der Beitragssatz stabilisiert, gleichzeitig das Rentenniveau jedoch nicht gesenkt werden sollte. Die Lösung dieses Widerspruchs war eine Kompensation der Rentenkürzung durch den Aufbau kapitalgedeckter Elemente. Die feste Entschlossenheit, diesen Lösungsansatz durchzusetzen, überlagerte gewissermaßen die Kompetenzdimension.

Das im Riesterparadox umrissene und später weiter ausdifferenzierte Ziel der Reform wurde nicht erreicht. Damit war klar, dass weitere Reformen nötig sein würden: Hier scheint von vornherein die mögliche Notwendigkeit einer Nachbesserung durch weitere Reformen einkalkuliert worden zu sein. Die Rürup-Reform, die auf die Riester-Reform folgte, betonte sehr viel stärker die Dimensionen Kompetenz und Kommunikation. So sorgte die Rürup-Kommission für eine Einbindung der Sozialpartner in die Rentenpolitik und gab den Gewerkschaften in diesem Bereich wieder eine Stimme.

Die Durchsetzungsstrategie der Riester-Reform kann also mit Blick auf den Systemwechsel in der Rentenpolitik durchaus als erfolgreich bezeichnet werden. Gleichzeitig zeigt aber gerade die Rentenreform, dass es nicht möglich ist, involvierte Interessen dauerhaft im Sinne von »pressure politics« zu übergehen.

1.4 Steuerreform: Scheitern in allen strategischen Dimensionen

Die Steuerreform der Regierung Kohl ist die einzige der in diesem Band untersuchten Reformen, für die keine parlamentarischen Mehrheiten zustande kamen. Dies ist wohl zum Teil eine Folge der schwierigen Ausgangslage und der Auszehrungserscheinungen der Regierung Kohl. Fröhlich und Schneider (S. 253–308) zeigen in ihrer zeithistorischen Analyse auf, wie gut sich das Scheitern der Steuerreform durch die Missachtung aller drei strategischen Dimensionen von Reformpolitik plausibel erklären lässt. Die eklatantesten Schwächen werden dabei in der Dimension der Durchsetzungsfähigkeit erkennbar.

Zumindest zu Beginn war die Regierung Kohl sehr darum bemüht, eine solide Wissensbasis für die angestrebte Steuerreform zu schaffen. Die Bareis-Kommission, die ein erstes Konzept erarbeitete, stieß die Diskussion um die Reform an. Später wurden zwei weitere Kommissionen, eine unter dem Vorsitz von Schäuble und eine unter dem Vorsitzenden Waigel, gebildet. Letztere erarbeitete die Petersberger Steuervorschläge. Allerdings gab es im Falle der Steuerreform wohl sogar ein Zuviel an Expertise. Auch die Opposition setzte Kommissionen ein. Im Sommer 1996 arbeiteten sechs unterschiedliche Gremien an Reformkonzepten. Die Ergebnisse relativierten sich gegenseitig. Die wahre Flut an Expertenmeinungen, die über den politischen Prozess hereinbrach, verwässerte am Ende das inhaltliche Profil der Reform – statt zu dessen Schärfung beizutragen.

Zudem beschränkte die feste Überzeugung der Unionsparteien, mit den Petersberger Steuervorschlägen die richtigen Lösungen gefunden zu haben, deren Offenheit für Verhandlungen und Dialog. Dies erwies sich gerade angesichts der Pluralität diskutierter Lösungsansätze als problematisch. Im Reformprozess herrschte zunehmend Unsicherheit auf der Sachebene.

Diese inhaltliche Verunsicherung prägte auch die politische Kommunikationsarbeit. So bestand eines der Hauptprobleme bei der Vermittlung der Steuerreform darin, dass es CDU, CSU und FDP nicht gelang, ihre Kommunikation abzustimmen. Zum Beispiel waren CDU und FDP in der Frage der Mehrwertsteuererhöhung nicht einer Meinung, weshalb es zu widersprüchlichen Aussagen gegenüber der Öffentlichkeit kam. Die Bevölkerung war unzufrieden mit der Reform, was auch daran lag, dass es der Regierung nicht gelang, die Konzepte ihres Reformvorhabens der breiten Öffentlichkeit verständlich zu vermitteln. Im Umgang mit Reformgegnern konnten sich die Koalitionsparteien ebenfalls nicht auf eine einheitliche Position einigen. Es gelang nicht, eine gemeinsame Strategie für die Auseinandersetzung mit der SPD auszuarbeiten.

Dies verschärfte die ohnehin schon komplizierte Situation in der Dimension der Durchsetzungsfähigkeit weiter. Die äußerst heterogene Akteurskonstellation mit den unterschiedlichen Mehrheiten in

Bundestag und Bundesrat und den starken Interessen von CDU, CSU und FDP war ausgesprochen ungünstig für die Durchführung einer Steuerreform. Die Regierung Kohl hatte diesem Vorhaben deshalb ursprünglich auch nicht oberste Priorität eingeräumt. Erst wirtschaftlicher und budgetärer Druck brachte das Thema auf die Agenda.

Entsprechend eng waren die Verhandlungskorridore: Die vorherrschenden Akteurskonstellationen hätten eine Abstimmung mit der SPD oder zumindest das Herauslösen einzelner Länder aus der Gegnerkoalition im Bundesrat erfordert. Genau dies scheiterte jedoch. Um SPD-Ministerpräsidenten zum Schulterschluss mit der schwarz-gelben Koalition zu bewegen, wären finanzielle Kompensationen nötig gewesen, für die die Regierung keinerlei Spielräume sah.

Zwar gab es für die Abstimmung mit der SPD diverse Gesprächsrunden, in denen mehr oder weniger intensiv nach einer gemeinsamen Reformlösung gesucht wurde. Sie führten jedoch nicht zu einem konstruktiven Ergebnis. Auch zwei Vermittlungsverfahren scheiterten. Der Grund dafür lag nicht nur in der Haltung der SPD-Opposition. Auch innerhalb der Regierungskoalition existierten zahlreiche Spannungen, die insbesondere durch den Widerstand der kleineren Koalitionsparteien CSU und FDP entstanden. So schien nach Schäubles Vorschlag, Mehrwertsteuer und Mineralölsteuer zur Finanzierung der Lohnnebenkosten anzuheben, eine Einigung mit der SPD zum Greifen nahe. Doch die FDP, die gerade im Hinblick auf die baldige Bundestagswahl an ihrem Image als Steuersenkungspartei festhielt, blockierte eine solche Lösung.

Mit diesem Wahlkalkül stand die FDP nicht allein: Je näher die Bundestagswahl von 1998 rückte, umso stärker ging es den involvierten Akteuren aller Parteien darum, ihre Wiederwahl zu sichern. Die inhaltliche Gestaltung der Steuerreform sowie ihre Vermittlung und Durchsetzung gerieten dadurch immer weiter ins Hintertreffen.

2 Zur Weiterentwicklung des Strategietools

Die Fallstudien zu Gesundheitsreform, Agenda 2010, Rentenreform und Steuerreform zeigen, dass die Anwendung des SPR zur Analyse abgeschlossener Reformprozesse einigen Erkenntnisgewinn bringt.

Ein großer Teil der vom SPR erfassten Steuerungsziele und -aufgaben, so das Ergebnis der Studien, werden im politischen Tagesgeschäft zwar berücksichtigt. Allerdings geschieht dies in der Praxis in aller Regel nach »Bauchgefühl« und kaum systematisch. Gerade auf dem Gebiet der Erfolgskontrolle scheinen noch erhebliche Verbesserungsmöglichkeiten für strategisch angelegte Reformpolitik zu liegen, denn bei keiner der hier analysierten Reformen hat eine systematische Prozess- und Ergebnisevaluation stattgefunden. Ein weiteres gravierendes Defizit besteht – wie die Synthese gezeigt hat – darin, dass die drei reformpolitischen Strategiedimensionen Kompetenz, Kommunikation und Durchsetzungsfähigkeit meist nicht in ein ausgewogenes Verhältnis zueinander gesetzt werden.

Welche Schlüsse ergeben sich nun aber aus den dargestellten Untersuchungsergebnissen für die Ex-ante-Anwendung bzw. die prozessbegleitende Anwendung des Strategietools?

Das SPR bietet eine umfassende Übersicht über relevante Steuerungsziele und -aufgaben strategischer Reformpolitik. Politische Entscheider und Planer können bei anstehenden Reformprozessen anhand des SPR abgleichen, welche Aufgaben unter den jeweils gegebenen Rahmenbedingungen und Akteurskonstellationen besonders relevant sind. Dabei soll es jedoch keineswegs um bloßes Abhaken von Reformaufgaben gehen. Politische Strategie bedeutet eben gerade nicht das Befolgen eines von Anfang an unveränderlich feststehenden Plans. In der Politik zeichnet sich strategisches Handeln durch die ausgeprägte Fähigkeit und permanente Bereitschaft zum Nachfokussieren, Nachjustieren und Lernen aus. Genau dabei soll das dynamisch angelegte SPR Politikstrategen unterstützen: Die Systematik der vom SPR bereitgestellten Steuerungsaufgaben erleichtert es ihnen, Schwachstellen im Rahmen der permanenten Erfolgskontrolle punktgenau und rechtzeitig zu identifizieren.

Hinzu kommt: Jede Reform ist anders. Politische Entscheidungsprozesse sind hochkomplex, verlaufen störanfällig, oft sogar zufällig. Für die Herbeiführung politischer Reformentscheidungen existieren deshalb keine abstrakten Rationalitätskriterien oder pauschalen Erfolgsrezepte. Eine Gebrauchsanweisung für Reformpolitik kann es nicht geben. Daraus folgt, dass politische Entscheidungsträger und -vorbereiter bei der SPR-Anwendung eine Gewichtung der Kriterien des Tools vornehmen müssen. Manche Aufgaben können in spezifischen Situationen durchaus außen vor gelassen werden. Angewandt auf laufende oder anstehende Reformprozesse kann die Systematik des SPR jedoch dazu beitragen, dass eine Entscheidung für oder gegen bestimmte Steuerungsaufgaben bewusst geschieht, die Aufgaben also nicht einfach übersehen werden.

Für die Ex-ante-Anwendung des Tools stellt sich zusätzlich die Frage, welche Methoden und Instrumente besonders gut geeignet sind, um die einzelnen Steuerungsaufgaben zu erfüllen und damit die Erreichung der jeweiligen Steuerungsziele zu ermöglichen. So können etwa bei der Analyse des Problemumfelds diverse wissenschaftliche Methoden helfen, wie Cross-Impact- oder SWOT-Analysen. Und auch der – wie die Studien zeigen – vielfach vernachlässigte Bereich des Dialogs mit den Bürgern lässt sich mithilfe einer Fülle innovativer Partizipationsinstrumente intensivieren. Beispiele hierfür sind aktivierende Befragungen, elektronische Fokusgruppen oder Open-Space-Konferenzen. Auch diese verschiedenen Instrumente und Methoden können anhand der Kategorien des SPR systematisiert werden. Dazu wird das Tool um eine dritte Ebene erweitert, die an die Ebenen der Steuerungsziele und -aufgaben anschließt.

Derzeit arbeitet das Programm »Politische Reformprozesse« der Bertelsmann Stiftung an einer um Instrumente und Methoden erweiterten Fassung des Strategietools, die die Funktion einer »Toolbox« bzw. eines Optionenreservoirs für Politikstrategen erfüllen soll. Insofern präsentiert also auch die vorliegende Buchpublikation nur Zwischenergebnisse aus der Arbeit der Bertelsmann Stiftung zur Erhöhung der Strategiefähigkeit deutscher Reformpolitik.

Die Autoren

Nils C. Bandelow ist seit 2007 Professor für Innenpolitik an der Technischen Universität Braunschweig. Zuvor war er Hochschuldozent an der Ruhr-Universität Bochum und Lehrstuhlvertreter an der Heinrich-Heine-Universität in Düsseldorf. Einer seiner Forschungsschwerpunkte liegt auf dem Gebiet der Politikfeldanalyse, wobei er einen besonderen Fokus auf Fragen der Gesundheits-, Verkehrs- und Biotechnologiepolitik legt. Nils C. Bandelow hat an der Ruhr-Universität Bochum Sozialwissenschaften und Biologie studiert und dort auch promoviert. Er forschte als DFG-Forschungsstipendiat an der University of Birmingham/GB und leitete ein DFG-Projekt zum Regieren in der EU. In seiner Habilitationsschrift setzte er sich mit den Konzepten britischer und deutscher Kernexekutiven zur europäischen Verfassungs- und Währungspolitik auseinander.

Thomas Fischer leitet das Büro der Bertelsmann Stiftung in Brüssel. Davor war er bis Juli 2008 in der Bertelsmann Stiftung zunächst als Leiter des Programms »Transformation und Reform«, anschließend als Leiter des Programms »Politische Reformprozesse« auch für das Projekt »Optimierung politischer Reformprozesse« verantwortlich. Er studierte Politikwissenschaft, Recht und Volkswirtschaft an der Universität München und arbeitete von 1993 bis 1997 als wissenschaftlicher Mitarbeiter am Geschwister-Scholl-Institut für Politische Wissenschaft in München. Von 1998 bis 2000 war Thomas Fischer wissenschaftlicher Koordinator am Europäischen Zentrum für Föderalismus-Forschung (EZFF) der Eberhard-Karls-Universität Tübingen.

Manuel Fröhlich ist seit 2005 als Juniorprofessor an der Friedrich-Schiller-Universität in Jena tätig. Dort beschäftigt er sich schwerpunktmäßig mit internationalen Organisationen und Globalisierung, Politik und Regieren in Deutschland sowie der Sprache der Politik. Er studierte Politikwissenschaft, Mittlere und Neuere Geschichte sowie Anglistik an der Gutenberg-Universität in Mainz und promovierte im Jahr 2000 mit einer Arbeit über Dag Hammarskjölds politische Ethik, für die er den Promotionspreis der Fakultät der Sozial- und Verhaltenswissenschaften der Universität Jena erhielt. In Jena war er stellvertretender Leiter des VW-Forschungsprojekts »Wirkungsgeschichte der Allgemeinen Erklärung der Menschenrechte«. Vor seinem Ruf auf die Juniorprofessur arbeitete er außerdem als wissenschaftlicher Assistent am Institut für Politische Wissenschaft der Christian-Albrechts-Universität in Kiel. Er ist Leiter des Forschungsrates der Deutschen Gesellschaft für die Vereinten Nationen (Berlin) und Fellow der NRW-School of Governance (Duisburg).

Simon Hegelich ist seit August 2005 Koordinator der Graduate School of Politics (GraSP-Münster) am Institut für Politikwissenschaft der Westfälischen Wilhelms-Universität Münster. Parallel dazu war er am Institut für Politikwissenschaft der Technischen Universität Darmstadt am Aufbau der Graduate School of Urban Studies sowie an der Technischen Universität Braunschweig an der Planung einer Graduate School mit den Schwerpunkten Verkehrs- und Umweltpolitik beteiligt. Simon Hegelich studierte Politikwissenschaft, Soziologie und Pädagogik an der Universität Münster. In seiner politikwissenschaftlichen Dissertation setzte er sich mit dem Thema »Reformkorridore des deutschen Rentensystems« auseinander. Schwerpunkte seiner Tätigkeit sind die Politikfeldanalyse sowie Fragen der Sozialpolitik, der Europäischen Integration und der politischen Ökonomie.

Andreas Kießling war von 2006 bis 2008 als Projektmanager für das Programm »Politische Reformprozesse« der Bertelsmann Stiftung tätig. Nach seinem Studium der Politikwissenschaft arbeitete er als wissenschaftlicher Mitarbeiter am Geschwister-Scholl-Institut für Politische Wissenschaft und in der Forschungsgruppe Deutschland des Centrums für angewandte Politikforschung (C. A. P.) an der Ludwig-Maximilians-Universität München. Schwerpunkt seiner dortigen Tätigkeit war die Parteienforschung, insbesondere im Hinblick auf die CSU, mit der er sich auch in seiner Dissertation mit dem Titel »Die CSU. Machterhaltung und Machterneuerung« auseinandersetzte. Heute arbeitet Andreas Kießling im Bereich Energiepolitik bei der E.ON Energie AG in München.

Leonard Novy leitet das Projekt »Optimierung politischer Reformprozesse« der Bertelsmann Stiftung. Er studierte Geschichte, Politik und Publizistik in Berlin. Den »Master in Philosophy« erwarb er an der University of Cambridge. Dort promovierte er auch zur europäischen Verfassungsdebatte. Von 2004 bis 2005 war er Fellow am Government Department der Harvard University. Als freier Autor war er zudem für diverse Zeitungen und Radiosender tätig.

Frank Nullmeier ist seit 2002 Professor für Politikwissenschaft an der Universität Bremen und Leiter der Abteilung »Theorie und Verfassung des Wohlfahrtsstaates« des Zentrums für Sozialpolitik. Von 2002 bis 2003 war er außerdem Mitglied der als »Rürup-Kommission« bekannt gewordenen »Kommission für die Nachhaltigkeit in der Finanzierung der sozialen Sicherungssysteme«. Weitere Stationen seiner wissenschaftlichen Laufbahn waren eine Professur für Politikwissenschaft an der Universität Essen, die Vertretung des Lehrstuhls für Sozialpolitik an der Universität Konstanz sowie die wissenschaftliche Leitung und Geschäftsführung des »Projektes Universitätsentwicklung« zur Modernisierung der Verwaltungs- und Entscheidungsstrukturen der Universität Hamburg. Frank Nullmeier hat Politikwissenschaft, Volkswirtschaftslehre, Soziologie und Öffentliches Recht an der Universität Hamburg studiert und sich 1998 mit einer Arbeit zum Thema »Zwischen Neid und sozialer Wertschätzung. Zu einer politischen Theorie des Sozialstaats« habilitiert.

Mathieu Schade ist als Assistent des Personalvorstandes der Deutschen Telekom für die externe Kommunikation sowie die Koordination der Verbandstätigkeiten verantwortlich. Zuvor war er als wissenschaftlicher Mitarbeiter am Lehrstuhl für Innenpolitik der TU Braunschweig und als Projektmanager bei der Bertelsmann Stiftung tätig. Seinen Abschluss in den Fächern Politikwissenschaft, Volkswirtschaftslehre und Rechtswissenschaften erwarb er an der TU Braunschweig.

Stefan Schneider ist seit 2007 parlamentarischer Mitarbeiter beim Europäischen Parlament. Zuvor arbeitete er für das Projekt »Der Auswärtige Ausschuss im Deutschen Bundestag 1969–1972« bei der Kommission für Geschichte des Parlamentarismus und der Politischen Parteien in Berlin. Er hat an der Friedrich-Schiller-Universität in Jena Politikwissenschaft und Neuere Geschichte studiert.